성서 내러티브의 상실:
18-19세기의 해석학 연구

한스 W. 프라이 지음
김승주, 조선영 옮김

성서 내러티브의 상실:
18-19세기의 해석학 연구

지은이 한스 W. 프라이
옮긴이 김승주, 조선영
편 집 김요셉, 이찬혁, 이상원

발행인 이영욱
발행처 감은사
전 화 070-8614-2206
팩 스 050-7091-2206
주 소 서울시 강동구 암사동 아리수로 66
이메일 editor@gameun.co.kr

종이책
초판1쇄 2022.09.20.
ISBN 9791190389662
정 가 33,000원

전자책
초판1쇄 2022.09.20.
ISBN 9791190389679
정 가 24,800원

The Eclipse of Biblical Narrative:
A Study in Eighteenth and Nineteenth Century Hermeneutics

Hans W. Frei

|목차|

서문

이 책은 하나의 본문을 다루거나 하나의 주해 작업을 행하는 것이 아니라, 분석에 대한 분석이라는 거의 전설적인 범주(legendary category)를 다룹니다. 역사적, 철학적, 신학적 설명을 요구하는 특정 문제들에 직면하고서 저는 할 수 있는 대로 이에 대한 대답을 제공하려고 노력했습니다. 하지만 성서에 관한 책이 성서 자체를 결코 들여다보지 않는, 이 이상한 결과에 대해서는 부인하지 않겠습니다. 그럼에도 저는 이 책이 성서 연구에 매우 중요한 함의를 가지게 될 것이라고 확신하는 바입니다. 이렇게 주장하는 것은 자신의 상품을 홍보하는 것과도 같기에 매우 어색하기도 하네요. (이 책에서 보여준) 제 사상을 성서 본문을 주해하는 일에 어떻게 적용했는지 알기 원하는 독자들은, 『예수 그리스도의 정체: 교리 신학의 해석학적 기초 탐구』(The Identity of Jesus Christ: An Inquiry into the Hermeneutical Bases of Dogmatic Theology)라는 제목으로 얼마 전에 시행한 간략한 신학적 실험이 1974년 가을, 포트리스 출판사(Fortress Press)에서 출판될 예정인데, 그 책의 10-13장을 보시기를 권합니다.

이 책을 작업하면서 수없이 많은 도움을 받았습니다. 제 사고에 특히 영향을 준 작가들로, 에리히 아우어바흐(Erich Auerbach), 카를 바르트(Karl Barth), 길버트 라일(Gilbert Ryle)을 언급하고 싶습니다. 아우어바흐의 고전적인 연구, 『미메시스: 서구 문학에서 사실주의에 대한 초상』(Mimesis: The Representation of Reality in Western Literature)은 이 책 전체에 걸쳐 분명하게 나타납니다. 이 위대한 책은 시대를 거듭하며 불가피하게 점차로 엄격하게 검토됐지요. 그렇지만 제가 아는 한, 성서를 연구하는 어떤 사람도 『미메시스』 첫 세 장에 있는 성서 구절 분석 및 초기 기독교의 성서 해석에 대한 분석이 가진 힘과 적합성을 부정한 적이 없습니다. 그리고 이러한 탐구가 놀라운 힘을 발휘하는 이유는 다소간에 거의 탐구되지 않은 채 남아 있습니다.

카를 바르트의 경우에 그의 유명한 로마서 주석서나 또는 『교회 교의학』(Church Dogmatics)의 방법론적 서론인 '하나님의 말씀 교리'보다도 저 기념비적인 사업의 후반부, 대략적으로 제2권 제2부에서 시작하는, 하나님의 선택 교리에 영향을 받았습니다. 바르트의 성서 주해는 이 책에서 묘사하는 변화들이 일어날 때 행하여질 수 있는 일종의 내러티브 읽기의 모델인 것 같습니다. 바르트는 신학적으로 가장 중요한 성서 내러티브들에 대한 역사적 읽기와 사실주의적 읽기를 구분하는데, 이때 역사를 이야기의 사실주의적 형태에 대한 의미의 검증으로 만들어버리는 우를 범하지 않습니다. 이 과정의 좋은 예로서 저는 수많은 다른 본문들 중 『교회 교의학』 제11권 제2부(340-409쪽)에 있는 구약에 대한 두드러진 표상적 해석 및 제4권 제1부(224-28쪽)에서 복음서 이야기를 내러티브적으로 다룬 것을 인용하고 싶습니다. 바르트가 아마도 이 찬사를 받고 그리 기뻐하지 않았을 것이라는 점을 덧붙여야겠습니다. 그에게 있어서 신학은 불가피 충성을 요구하는 학문이었기에, 이 책에서 제시하는 외부적 탐구 방식(external treatment)을 거부했을 것 같습니다.

길버트 라일의 『정신의 개념』(*The Concept of Mind*)은 '정신 철학'(The Philosophy of Mind)이라는 집합적인 표제하의 논의에서 매우 비판적이고도, 많은 경우 건실하게, 검토되어 왔습니다. 그럼에도 해석학에 관심이 있는 사람이라면 누구나 이 책에 감사해야 할 특별한 이유가 있습니다. 이는 라일이 개별적이고 의도적인 행위 개념을 탈신화(demystification)하고 지적 행위를 분리된 정신적/외적 구성 요소들로 나누기를 거부했다는 점에서 그렇습니다. 이는 기록된 진술을 바라보는 방식과 그것을 어떻게 읽어야 하는지에 대해 잘 적용되는 교훈입니다. 이 복잡한 문제에 대해서는 교리적이지 않은 것이 가장 좋습니다. 하지만 (해석학에 관한 직접적인 것은 아니더라도, 또한 최종적으로 성공했든지 아니든지 간에) 최소한 라일의 작업은, '실존'(Exis-tence)이나 '존재'(Being)에 관한 현상학자들과 철학자들의 왜곡되고 (제가 보기에는) 성공하지 못한 노력—유사한 이원론을 다루기 위한—을 교정해주는 놀라운 해독제가 됩니다. 그러므로 저 책은, 우리가 기록된 담론을 합리적이고 지적으로 읽어내기를 기대하면서 그렇게 읽을 수 있다는 것을 그들보다 더 잘 설명해줍니다.

저처럼 천천히 글을 쓰는 사람에게 친구와 동료가 있다는 사실은 특히 다행스러운 일입니다. 어려운 문제들을 단지 한두 차례가 아니라 해를 거듭하며 저들과 논의할 수 있기 때문이지요. 이 책을 집필하면서 꼭 필요했던 대화 상대자가 많이 있었습니다. 이들 중 네 사람은 그러한 차원에서 저를 도와주었을 뿐 아니라 원고를 읽고 예리한 충고를 해주기까지 했습니다. 이들의 격려와 비평이 없었다면 저는 이 일을 해내지 못했을 것입니다. 이는 제게 감사의 이유일 뿐 아니라 (갚아야 할) 큰 빚으로 남아있습니다. 이들은 바로 윌리엄 클렙쉬(William A. Clebsch), 스티븐 크라이츠(Stephen D. Crites), 데이비드 켈지(David H. Kelsey), 클로드 웰치(Claude Welch)입니다. 또한 예일대학교 편집부 편집자인 제인 아이세이(Jane Isay)와 교정교열가

앤 와일드(Anne Wilde)의 근면하고도 전문적인 도움은 대단히 중요한 역할을 했습니다. 또한 조지 헌싱어(George Hunsinger)는 색인을 멋지게 만드는 데 도움을 주었습니다.

1973년 10월 22일

에즈라 스타일스 칼리지(Ezra Stiles college)

예일대학교(Yale University)

H. W. F.

제1장
서론

　일반적으로 18세기 역사비평의 발흥 이전에 서구 기독교의 성서 읽기는 대단히 사실주의적이었다. 다시 말해 교리적이고 교훈적인 읽기뿐만 아니라 문자적인 동시에 역사적인 읽기를 추구했다고 할 수 있다. 단어와 문장은 기록된 그대로를 의미했고, 그랬기에 단어와 문장은 실제 사건과 진실을 정확하게 기술한다고 여겨졌다. 그 용어가 아니면 안 됐기에 해당 사건과 진실은 해당 용어로 기록된 것이었다. 성서의 일부분을 다른 방식으로 읽는 것도 가능하긴 했다. 예를 들어, 본문의 영적인 의미나 알레고리적인(allegorical) 의미를 따르는 읽기도 허용됐으나 해당 본문이 가장 분명하게 요구하는 것처럼 보이는 문자적인 의미와 어긋나서는 안 됐다. 그런 본문들 중 가장 두드러지는 본문들은 서로 연결됐을 때 단일한 이야기적 사건 순서 또는 역사적 사건 순서를 형성하는 것들이었다. 근대의 한 소규모 학파가 성서의 '구속사'(history of salvation) 개념—역사 기술학과 신학의 탐구를 위해 특별히 고안된 영적이면서 역사적인 내러티브—을 발명하기 훨씬 이전부터 기독교 설교가들과 신학 주석가들(아우구스티누스[Au-

gustine]가 이들 중 가장 중요한 인물이었음)은 현실 세계가 성서 이야기들이 말해
주는 하나의 내러티브에 의해 형성됐다고 생각했다. 이 현실 세계는 창조
에서부터 다가올 최후 종말까지의 기간을 포함했다. 또한 사람이 살아가
는 자연적인 환경과 흔히 사람이 스스로를 위해 만들어내고서 '역사' 혹
은 '문화'라고 이름 지은 이차적인 환경에 대한 지배권도 그 안에 포함됐
다.

　　서구 기독교계에서 핵심적인 성서 이야기들에 대한 문자적이고 역사
적인 읽기가 우위를 완전히 상실했던 적은 한 번도 없었다. 오히려 이 읽
기는 르네상스와 종교개혁 시기에 성서를 읽는 지배적인 방법이 되면서
새로운 동력을 얻었다. 근대의 성서 해석학은 이 읽기로부터 출발했으며,
연구는 연속성과 저항 가운데서 이어졌다. 성서 이야기에 대한 전통적인
사실주의 해석법에서 다음의 세 가지 핵심 요소는 매우 중요한데, 이는
저항을 태동시킨 진원지가 되기도 했다.

　　첫째, 만약 성서 이야기를 문자적으로 읽는 것이 자명한 일이라면 성
서 이야기가 실제 역사적인 사건들을 가리키고 묘사한다고 여기는 것은
자동적인 수순이었다. 문자 그대로의 의미를 형성하는 과정에서 이야기
가 실제 역사를 가리킨다는 것은 즉각적이고도 자연스럽게 수반되는 절
차였다. 성서 이야기가 문자 그대로 실제 역사를 묘사한다고 보는 관점은
본문이나 글이 신뢰할 만한 역사 보도이므로 문자적인 차원에서 볼 때 하
나의 '증거'로서 가장 정확한 의미를 전달한다고 여기는 관점과는 상당한
차이가 있었다. 해석사의 새로운 단계는, 주석가들이 해석에 있어 전자가
아닌 후자의 문자적 의미 사용을 채택했을 때, 혹은 이 두 관점을 혼동하
여 사용했을 때(18세기 후반에 흔히 일어난 현상) 태동했다. 물론 이 새로운 단계
출현의 원인이 되는 지적 배경에는 이신론적 신념, 경험철학, 역사비평학
이 일부 자리를 차지하고 있었다.

둘째, 만일 성서 이야기들이 기술하는 실제 역사적 세계가 오직 하나의 시간적 순서를 갖는 세계라면 그것을 묘사해낼 수 있는 하나의 점증적인 이야기가 이론적으로 존재해야만 했다. 따라서 시간상 연속적인 부분들을 서술하는 여러 성서 이야기는 단 하나의 거대서사 속에 서로 꼭 들어맞아야 하는 것이었다. 이것들을 이어 붙이는 해석학적인 방법은 초기의 성서 이야기를 나중에 등장할 이야기를 내다보는 표상과 모형으로 만들고 초기 사건을 의미론적 패턴으로 삼는 것이었다. 먼저 등장하는 이야기(또는 사건)는 본래의 문자적인 의미나 특정한 시간상의 지시 대상을 상실하지 않으면서도 후에 등장하는 이야기를 위한 표상이 됐다.[1] 일반적으로 이러한 표상화(figuration)는 구약의 인물이나 사건 혹은 예언이 신약에서 어떻게 성취됐는지를 보여주는 방식으로 사용됐다. 이 방법론은 각기 독특한 성서의 각 권을 하나의 통합된—특히 구약과 신약의 차이를 품어내는—정경으로 만들어 주었다.

표상화나 모형론(typology)은 성서 이야기의 문자적 의미와 충돌을 일으키기는커녕, 문자적 해석법의 자연스러운 연장이었다. 이 방법론은 전체적인 성서 이야기라는 기준에서나 전체적인 역사적 현실 묘사라는 기준에서 보아도, 문자적인 의미를 보존하는 해석법이었다. 따라서 표상화는 한때 문자적이고 역사적인 읽기 과정에 속했으며, 단일한 역사와 의미론적 모형에 호소하여 성서 이야기와 의미를 공통의 거대서사로 묶어내는 해석법이었다.

---

1. Erich Auerbach, *Mimesis* (Princeton: Princeton Univ. Press, 1968), pp. 48f, 73ff., 194ff., 555. 또한 *Scenes from the Drama of European Literature* (New York: Meridian Books, 1959), pp. 11-76에 있는 Auerbach의 논문 "Figura"를 보라. Auerbach는 표상적 또는 모형론적 과정에 대해 이용 가능하면서도 가장 분명한 분석을 보여준다. (나는 이 책에서 저 두 용어를 동의어로 사용한다.)

셋째, 성서 이야기들을 하나로 엮어서 얻은 세계는 현재 유일하게 존재하는 현실 세계 자체와 일치했다. 그러므로 이론상 그 세계는 어떤 시대나 어느 독자의 경험이든 다 포용할 수 있어야 했다. 독자 자신 역시 일원이 되는 그 세계 속에서 본인의 자리를 찾는 것은 가능한 일일 뿐만 아니라 하나의 의무이기도 했다. 독자는 이 일을 표상적 해석법을 사용하거나—매우 당연하게도—자신의 삶의 방식을 통해 성취해냈다. 독자는 자신의 경향, 행동과 열정, 삶의 형태와 더불어 자기 시대의 사건들까지도 이야기로 이루어진 그 세계 속의 표상들로 이해해야 했다.

예를 들어 인간의 창조와 '타락'(창 1-3장)과 같은 이야기는 그 자체만으로도 의미가 있었고, 사도 바울부터 시작하여 많은 기독교 해석가들이 사용한 거대서사의 맥락 안에서도 의미가 있었다. 하지만 이밖에도, 표상화 작업은 성서 밖에 있는 일반적인 인간 경험의 구조나 한 사람의 개인적인 경험, 그리고 경험에 근거한 선과 악의 일반적인 개념에도 의미를 제공했다. 중요한 사실은 이러한 경험, 사건, 개념 등이 작지만 지배적인 한 이야기 안에 표상적으로 정렬됐다는 점이다. 성서적 해석이 필수적인 요소(need)가 됐지만, 해석 방향은 성서 이야기에 의해 자세히 설명되고 접근 가능하게 된 하나의 실제 세계 안으로, 성서 밖의 사상, 경험, 현실이 통합되는 쪽이었다—그 반대가 아니었다. 아우어바흐(Auerbach)가 호메로스(Homer)의 『오딧세이아』(Odyssey)와 구약 내러티브를 강하게 대비시키며 제시했듯 말이다.[2]

우리의 현실을 몇 시간 동안 망각하는 것을 목표로 하는 호메로스의 것과는 전혀 달리, 이것[구약 내러티브]은 우리의 현실을 뛰어넘는 것을 목표로

2.　Auerbach, *Mimesis*, p. 15.

했다. 우리는 삶을 그 세계 속에 끼워 맞춰야 하며 스스로를 보편 역사의

구조 속 한 요소로 인식해야 했다. … 이외에 세계에서 일어나는 모든 일들

도 이 내러티브의 한 요소로만 이해될 수 있었다. 다시 말해 이 세계에 대

하여 우리가 알고 있는 모든 사실들은 … 신적 계획의 요소로서 이 내러티

브에 딱 들어맞아야 했다.

해석 과정 가운데서 (성서의) 내러티브 자체는 새로운 상황과 사고방식

의 출현에 계속해서 적응하며 끊임없는 개정 과정을 거쳤다. 그러나 꾸준

하게 개정된 결과물 또한 일반적이고 포괄적인 세계에 대한 하나의 적합

한 묘사로 남아 있었다. 적어도 근대의 출현 이전까지는 그랬다. 18세기를

지나면서 이런 종류의 해석법과 관점은 갈수록 빠르게 해체됐다. 사실 붕

괴의 씨앗은 스피노자(Spinoza)와 같은 17세기의 급진적인 사상가들뿐 아니

라 보수적인 사상가들 안에서도 자라고 있었다. 17세기의 코케이우스(Jo-

hannes Cocceius)와 18세기의 벵엘(Johann Albrecht Bengel)은 독실한 기독교인들

이었는데, 이들은 저 미묘한 변화의 시작을 알린 사람들이었다. 나중에 영

국에서 일어난 이신론 논쟁, 그리고 뒤이어 발흥한 역사비평학에 비추어

보면, 이러한 변화는 보다 분명하게 드러난다. 코케이우스와 벵엘(전자가 후

자보다 모형론을 훨씬 더 많이 사용했음)은 각자의 시대에 일어나는 사건들을 성

서 이야기와 역사의 내러티브 구조에 일대일로 대응시키려 노력했으며

성서 구절을 사용하여 본인들이 경험하고 있는 실제 사건의 현 단계를 규

정하고 미래 단계와 실제 역사의 끝을 예측하려고 했다. 그런 시도가 기

독교 저술가들 사이에서 전례가 없는 것은 결코 아니다. 하지만 이러한

시도는 그 특정 시대의 전체적인 맥락에서 봤을 때 성서 이야기의 문자적

의미와 해당 이야기가 지시한다고 여겨졌던 실제 사건 간의 결합이 끊어

졌다는 신호였다. 물론 당시의 독실한 사람들은 이 사실을 알아차리지 못

했다. 이런 식의 예언은 시대착오가 아니라 새로운 문화 발전의 신호였다. 왜냐하면 이제 강조점은 실제 사건, 가능성 높은 해당 사건의 추이, 그리고 성서 곳곳에 숨겨져 있는 과거와 미래 역사의 '실제' 세계에 대한 상징과 언급으로 이동했기 때문이었다. 성서의 언어 형태로부터 계산해내야 할 신비한 상징(signs)과 숫자 체계는 아직 발생하지 않은 사건 형태에 대한 일종의 예견적 검시/확인(proleptic verification)으로 기능했다. 아이러니하게도—이 두 사람의 성경주의(biblism)를 생각해보면—성서 서술이 '실제' 역사 세계로부터 분리되는 일이 발생한 셈이었다. 실제 역사 사건들은 하나님의 섭리적인 설계 아래서 자신들만의 자율적인 시간 체계를 구성했다. 이전까지 실제 사건에 다가가는 통로로서 필수적이었던 성서 이야기는 이제 사건에 대한 접근 대신, 해당 사건에 대한 검시/확인만을 제공해줄 뿐이었다. 그럼으로써 사건 발생 시점 이전에 예측하거나 발생 이후에 해설함에 있어서 정확하기만 하다면, 이론적으로 어떤 종류의 설명을 통해서든 해당 사건에 접근 가능하다는 사실 및 해당 사건들의 자율성을 확증해주었다. 성서는 하나님의 섭리 안에서 단순히 정확한 설명만을 포함하고 있었던 것이다. 이제는 성서 이야기와 그것이 묘사하는 '현실' 사이에 논리적 구분과 반성적 거리(distance)가 생겨났다. 묘사와 현실이 일치한다고 생각하든(코케이우스와 벵엘) 불일치한다고 생각하든(스피노자) 관계없이, 성서에 묘사된 세계와 실제의 역사적 세계는 생각과 감각에 있어서 구분되기 시작했다.

내러티브와 현실 간의 논리적·반성적 거리가 한번 멀어지기 시작하자, 자연히 이 간극을 메우려는 수많은 노력을 불러일으킬 정도까지 멀어졌다. 성서 이야기의 사실성(또는 허위성)에 대한 막대한 양의 연구가 진행됐고, 성서 이야기의 의미와 종교적 의의를 사실적인 측면이나 다른 종류의 의미에서 집중적으로 따져보는 흐름이 발달하기 시작했다. 성서 이야기의 기본적인 종교적 의미를 연구하는 많은 사람들 중 상당수는 성서 이야기가 다른 종류의 사실과 의미의 체계로 완전히 격하되어서는 안 된다는 강한 확신을 갖고 있었다. 그렇지만 그런 확신을 소유한 이들조차도 다른 주석가들과 함께 성서 이야기가 성서 밖의 경험, 개념, 현실에 관한 독립된 이해와 조화를 이루고 그것들의 진정한 의미를 밝혀준다는 사실을 보여주려 애썼다.

중요한 것은 해석의 방향이 이전 시대와 정반대가 됐다는 점이다. 성서 이야기와 이로부터 뽑아낸 개념이—그것들이 무엇이 됐든 간에—우리가 실제 세계로 인식하는 바를 설명해주는가? 이 이야기/개념이 단일한 (거대)서사 체계보다도 다른 일반적인 의미 체계에 더 잘 들어맞지는 않는가? 광교파교도(Latitudinarian)이면서 회의론적인 성향의 주석가였던 미들턴(Conyers Middleton) 박사는 창세기 1-3장이 알레고리인지, 사실인지는 상관이 없다고 생각했다. 어느 경우든 주어지는 의미가 같았기 때문이었다. "이 세계는 시작점을 갖고 있고 하나님의 창조물이라는 사실, 그리고 이곳의 핵심적인 거주민인 사람이 본래 행복과 완벽의 상태에서 지음을 받았지만 창조주의 뜻에 거스르는 자신의 탐욕과 열정을 좇느라 그것들을 상실해버렸다는 사실"은[3] 변하지 않는다는 것이다. (모든 종교의 근간인) 창조주에 대한 믿음과 (계시 종교의 필요성을 위한 토대인) 사람의 타락이라는 전제가 이 이야기의 의미였다. 이 의미의 형태가 제공된 특정 내러티브가 문자적으로 읽히든 알레고리적으로 읽히든 상관이 없었다. 다시 말해, 성서 이야기가 실제 역사인지 여부와 무관하게 '의미'는 그것이 서술되는 특정 이야기로부터 떼어낼 수 있는 것이었다. 미들턴은 내러티브 속 사건의 역사성을 전혀 의심하지 않았던 로크(Locke) 같은 일부까지 포함하여, 당시의

---

3.   "An Essay on the Allegorical and Literal Interpretation of the Creation and Fall of Man," Conyers Middleton, *Miscellaneous Works* (1752), vol. 2, p. 131.

많은 주석가의 전형적인 예였다. 성서 이야기의 의미는 여전히 성서 밖 또는 보다 일반적인 상황과 관련이 있다고 여겨졌다. 하지만 성서 이야기는 그 상황에 맞춰 해석되어야 했지 상징이나 다른 방법을 사용하여 외부의 의미 양식을 이야기 안으로 끌어들여선 안 됐다.

내러티브적으로 묘사된 세계와 '현실' 세계 간의 거리두기를 동반하는 해석 방향으로의 전환이 성서 이야기에 대한 문자적·사실주의적 해석의 첫 번째 붕괴 신호였다면 이와 연관된 두 번째 신호는 표상적 해석의 와해였다. 모형론 또는 표상화는 이러한 전환에 대처할 수 없었다. 한때 표상화는 문자적 읽기의 연장으로서 신뢰를 받았지만 문자적·역사적 읽기가 해체됨에 따라 표상적 해석 또한 문예 기법이자 역사적 논거로서의 신뢰를 상실했다. 문예 기법 혹은 논리 기법—더 기본적으로—으로서의 표상화는 가장 기본적인 가정이었던 '한 명제는 단 하나의 의미를 갖는다'와 대치했다. 역사적 논거(즉, 구약은 특별히 예수 그리스도를 가리키며 그 안에서 성취된 예언들을 포함한다는 주장)로서 표상화는 한때의 담화와 사건이 수백 년 후의 특정 사람들과 사건들을 예언적으로 지시한다고 제안하면서 한계점을 넘어섰고 신뢰성에 부담을 주었다. 당연하게도 표상화는 성서의 내러티브 세계를 현재의 경험에 연결하는 방식이자 성서적 내러티브와 성서 밖 사건의 세계, 경험, 개념을 연관시키는 방식으로서는 더 이상 신뢰 받지 못하고 서서히 잊혀졌다. 다시 한번 강조하지만, 이제 해석학적 요구는 반전됐다. 표상화의 후예들은 알레고리와—그리고 나중에서야—신화(myth)와 같은 해석학의 거울-이미지(mirror–image) 범주들 속에서 발견될 뿐이었다. 이런 범주들은 다른 개념들과 더불어 성서 이야기를 기술적으로 분류하고 그 이야기를 경험 세계와 이성적 해석 세계의 독립적인 의미 안으로 통합하는 데 기여했다.

성서 이야기에 대한 사실주의적 내러티브 읽기가 붕괴되자 문자적(혹은 언어적) 의미와 역사적 의미도 단절됐고 해당 의미들에 자연히 수반됐던 문자적 해석과 표상적 해석 절차도 와해됐다. 한때 표상적 읽기는 문자주의나 다름없었다. 즉, 전체적인 이야기 또는 그 이야기를 품고 있는 통합적 정경 수준으로까지 확대된 문자주의로 여겨졌던 것이다. 그러나 이제 표상적 의미는 문자적 의미와 반대되는 것으로 인식됐다. 첫 번째로, 언어적 (혹은 문자적) 의미는 한 진술의 유일한 의미와 동일시됐고, 이런 인식은 논리적·문법적 규칙으로서 어디에서나 만연하게 됐다. 따라서 성서의 표상적 읽기는 이 규칙을 무분별하게 벗어난 것으로 여겨졌다. 두 번째로, 성서의 통일성을 성서로부터 이끌어내려는(또는 성서 안으로 집어넣으려는) 시도 자체는 이제 특정 본문에 대한 문자적 읽기와 다른 것—양립 불가능한 것이 아니라면, 적어도—으로 생각됐다.

더군다나 표상적 읽기는 정경을 통합하는 데 더 이상 설득력 있는 도구가 아니었다. 문자적 읽기는 시간이 지나면서 두 가지 사실을 의미했다: (1) 원청중에게 본문의 본래 의미가 무엇이었을지 평가하는 데 사용되는 문법적/어휘론적 정확성, (2) 묘사와 실제로 일어난 사실 간의 우연적 일치. 사실주의 읽기는 사실상 두 번째 의미와 동일시됐다. 기록된 묘사와 묘사가 가리키는 가장 개연성 높은 역사적 사건의 재구성 사이를 연결하는 작업이 사실주의 읽기를 구성했다. 시간이 지나면서 역사비평적 읽기가 사실주의 읽기의 본래 형태를 계승했다. 표상적 읽기와는 달리 이 두 읽기는 역사뿐 아니라 특정한 역사적 사건 순서(historical sequences)에 관심을 쏟았기 때문에 정경의 통일성을 염두에 두지는 않았다.

표상적 읽기는—옛 사실주의적-내러티브적 읽기의 문자적 해석법의 연장과 동일시됐던 만큼—역사비평적 관점에서 볼 때 터무니없는 역사적 주장을 개진한다고 여겨졌고 빠르게 신뢰성을 상실해 갔다. 과거에 표상적 읽기의 주된 역할은 정경을 통합하는 것이었지, 단순히 어색한 역사적 증거 본문 차원에 머물렀던 적은 없었다. 그러나 표상적 읽기는 역사적 주장과 증명 간의 치열한 싸움이 벌어지는 경기장 안으로 입장하는 순간 와해되고 말았으며 이와 더불어 성서를 통합하는 도구로서도 실패하게 됐다. 역사비평가들은 특정 본문과 역사적 상황에 관심을 두었다. 그들에게 있어서 수천 년에 걸친 각기 다른 문화적 차원과 조건을 가로지르는 성서의 통일성은 어떠한 경우에든지 신빙성이 약한—사실 매우 미심쩍은—가설에 불과했다. 이 가설을 정 증명하고 싶은 경우라면 다른 종류의 주장을 사용해야 했지, 구약의 발언이나 사건이 신약에서 몇 번 기적적으로 성취됐다는 역사적 주장에 의존해서는 곤란했다. 종합해보면, 표상적 읽기는 성서 이야기 안에서 한 개인과 세계가 어디에 위치하는지를 규정하는 방법으로서는 더 이상 사용될 수 없었다. 그뿐 아니라, 표상적 읽기는 정경의 통일성을 선호하는 일개 역사적-사실적 주장으로 취급당하면서 터무니없는 주장을 한다고 여겨졌다. 하지만 예전에 짝을 이루었던 문자적 사실주의 해석법처럼 표상적 읽기에도 후계자가 있어야만 했다. 왜냐하면 기독교 신학자들에게 성서의 통일성이란 신빙성만큼이나 중요했기 때문이었다.

성서 이야기의 사실주의적-문자적 읽기는 자신의 가장 가까운 후계자를 성서의 특정 사건과 본문에 대한 역사비평적 재구성 속에서 발견했다. 그들의 질문은, '우리는 본문을 얼마나 신뢰할 수 있는가?'였다. 성서의 통일성에 관심이 있던 표상적 읽기는 성서신학이라 불리는 사업 속에서 가장 가까운 후계자를 발견했다. 이 사업에서는 역사적이고 문화적인 차이의 간극을 뛰어넘는 종교적 의미들의 통일성을 확립하고자 노력했다. 이 목적은 다양한 방식을 통해 이룰 수 있었다. 혹자는 성서 전체의 범위에서 주요한 종교적 '개념들'의 일치나 유사성을 증명하려 노력했다. 다른 사람들은 성서 전체가 점증적으로 발전하며 누적되는 단일한 '역사'를 반영한다는 사실을 보여주려 노력했다. 이 역사는 한때 이스라엘 민족에게 영향을 주었던 고유하고 특별한 사건들에 관한 역사이자 발전적이며 통합적이지만 동시에 독특한 '히브리 정신'(Hebrew mind)에 관한 역사였다. 사건들과 '정신'의 개별 고유성(distinctiveness)은 모두—자연-역사적(natural-historical)이고 또한 신적인 인도 아래—성서의 통일성을 구성했다.

성서 이야기에 대한 문자적 읽기와 표상적 읽기는—한때 자연스러운 동맹 관계에 있었지만—이제 분리되어버렸고, 각각의 후계자들은 상대방을 상당히 불편한 시각으로 바라보았다. 역사비평학과 성서신학은 각기 다른 사업이었으며 팽팽한 긴장 관계 속에서 동행할 수밖에 없었다. 하지만 각각은 개신교(Protestantism)가 항상 유지해왔던 성서의 종교적·교리적 권위를 주장하는 데 나름대로 중요한 역할을 했다. 성서의 신빙성이나 통일성이 담보되지 않는다면 성서의 권위가 치명적으로 약화될 수밖에 없었기 때문이었다.

이후에 이어지는 내용은 성서 이야기에 대한 사실주의적 해석법과 표상적 해석법이 어떻게 와해됐는지에 관한 연구이자 해석 방향의 전환에 관한 연구다. 역사비평학이 옛 해석법을 부분적으로 계승했음에도 불구하고, 본서는 성서에 대한 역사비평학과 역사비평학의 역사를 다루는 책이 아니다. 역사비평학이 많은 부분에서 관련되는 주제이긴 하지만 '어떻게 해석할 것인가' 하는 질문은 주지하다시피 이보다 훨씬 더 많은 것들을 포함한다. 확실히 역사비평이 학문 방법의 표준이 됐을 때 성서 이야기는 종종 실제로 발생한 특정 사실에 비춰 검증을 받거나 해당 이야기를 탄생시킨 과정이나 문화적 상황을 재구성하는 일과 동일시됐다.

하지만 해석이란—따라서 해석과 이해의 원칙 및 규칙을 연구하는 학문인 '해석학' 또한—이보다 더 많은 것을 의미했다. 성서 이야기의 언어적 의미(verbal sense)에 대한 관심은 계속됐다. 18세기 동안에 언어적 의미란 자구적인 문학 서술―은유적, 알레고리적, 또는 상징적 측면과 대비되는―을 뜻했다기보다는 문법적으로나 논리적으로 올바른 명제의 단일한 의미를 가리켰다. 언어적 의미 연구를 위한 기본적인 배경은 전체 문장과 개별 단어인 경우가 많았다. 어떤 경우든지 '언어적 의미'는 문학(literary)보다는 문헌학적(philological) 혹은 '문법사적'(grammatical-historical: 18세기 후기에 일반적으로 사용된 전문용어로서 본문 속 단어의 문법적 연구뿐 아니라 어휘론적 연구도 가리킴) 영역에 속한다고 여겨졌다.

본문의 언어적 의미를 넘어서는 종교적 의의, 관념적 의미, 또는 중심 내용(subject matter)―'단순한' 언어적 의미와 구분하기 위하여 간혹 사용됐던 용어―이 존재했다. 그것이 무엇인지, 또한 그것이 본문 속에 내재되어 있는지, 아니면 단순히 일부 독자가 본문을 사용하여 얻어낸 특정한 용법 또는 적용에 불과했는지는 의견이 격렬하게 충돌하는 지점이 됐다. 하지만 모든 주석가들은 한 본문을 이해함에 있어서 언어적 의미 이상의 무언가가 수반된다는 사실에 동의했다. 본문의 해석과 해석학은 역사비평적 분석의 경계를 잠식했고 일부 학자들은 보고된 사건의 비평적 재구성이 내러티브 본문의 중심 내용을 구성한다고 생각했다. 그렇지만 해석은―따라서 해석학 또한―언어적 의미와 관념적 의미 또는 종교적 의의에 대한 연구를 포함했으며 '중심 내용'에 관한 일부의 혼동에도 불구하고 본문의 '실제적' 역사 사건이나 상황으로 뚜렷하게, 또는 보편적으로 축소되지 않았다.

그렇다면 본서는 성경비평학의 역사라기보다는 성서 해석학 이론의 일부 역사를 다루는 책이라고 할 수 있다. 물론 이 두 가지 사업을 깔끔하고 완전하게 구분 지을 수는 없다. 특별히 본서의 주제는 신구약 성서의 역사 기록 같은 이야기들(history-like stories)을 해석하는 적절한 규칙과 원칙에 관한 18-19세기 초의 논의를 다룬다. 그렇지만 이 시기에 진행됐던 성

서 이야기의 해석학에 관한 모든 역사를 제공하는 것은 아니다. 그보다
이 책은 하나의 논지를 가지고 성서 이야기에 대한 옛 사실주의적-표상적
접근이 어떤 방식으로 와해됐는지를 현저하게 묘사하고 설명히는 역사적
연구물이다.

논지를 제시하자면 다음과 같다. 사실주의적 혹은 (반드시 역사적이지는
않더라도) 역사 기록과 비슷한 요소는, 중요하게 다루어지는 만큼, 기독교
신앙을 형성하는 데 일조한 많은 성서 이야기들이 가진 분명한 특징이었
다. 이 특징은 오직 적절한 분석 과정에 의해서만 강조될 수 있었다. 해당
요소 자체와는 달리 그 과정을 서술하는 것이 비록 어려울지라도 말이다.
핵심 성서 이야기들의 사실주의적 특징이 18세기 대부분의 중요한 주석
가들로부터 인정을 받고 동의를 얻었다는 사실은 인상적이다. 하지만 이
특징을 구분해내는 데 필요한 비평학 이전 시대의 분석적 또는 해석학적
과정은 대부분의 주석가들의 의견 속에서 복구할 수 없을 정도로 와해되
고 말았다. 이 두드러지는 사실주의적 특징은 결국 무시되거나 아니면—
더 인상적이게도—그것을 구분해낼 수 있는 '방법'이 없다는 이유로 그 존
재나 독특성이 부정당했다. 그에 대한 뚜렷한 특징이 존재한다고 모두들
동의했음에도 불구하고 말이다!

성서 주석가들은 창세기 1-3장, 이삭을 기꺼이 바치려는 아브라함의
이야기, 그리고 공관복음 같은 이야기들의 문체의 간결성, 현실적인 묘사,
주제에 있어 인위성(artificiality)이나 영웅적 평가가 결여되어 있다는 사실
을 반복해서 강조했다. 다시 말해, 그들은 표현/묘사와 표현 대상 사이에
긴밀한 연관 관계가 있으며, 이것들이 성서 이야기들 안에서 서로 강하게
관련되어 있다고 믿었다. 의미와 내러티브 형태는 상호 간에 중요한 영향
을 미쳤다. 혹자가 성서 이야기의 역사 기록 같은 특징 또는 사실주의적
특징은 결국 착각일 뿐이며, 성서 이야기의 진정한 역사는 역사적으로 재

구성되거나, 그것들의 진정한 의미는 알레고리 또는 신화로 설명되어야 한다고 설득당했더라도 사실주의적 특징은 여전히 거기에 존재했다. 이는 위에서 서술한 이상한 상황을 초래했다. 다른 이들은 성서 이야기가 역사가 아니거나 간혹 우연히 역사가 될 뿐이며 그것들의 진정한 의미는 역사적 기록과 무관하다고 보았다. 이런 결론이 사실주의적 이야기의 특징과는 정반대였음에도 불구하고, 어떤 경우든지—역사나 알레고리 또는 신화로 해석하든지—성서 이야기의 의미는 결국 이야기 또는 묘사 자체와 다른 무언가라고 했다.

경험철학, 이신론, 역사비평학 이전에 사실주의적 특징은 자연스럽게 문자적 의미와 동일시됐는데, 문자적 의미는 자동적으로 역사적 진실과 같은 것으로 인식됐다. 하지만 이러한 사고 흐름들이 제 명을 다한 후, 개연성 및 언어 중립적인 역사적 진실성이 성서 이야기의 '문자적 의미'를 엄격하게 지배하고 논리적으로 종속시키는 상황이 되자, 그 반대의 주장이 옳은 것이어야만 했다. 즉, 사실주의적 내러티브의 특징 그 자체를 중요한 요소로 인식하기 위해서는, (다시 말해, 문자적 의미 또한 신뢰할 만한 사실 보도인지 여부와는 상관없이, 이야기의 의미를 알레고리적 또는 신화적 또는 다른 유형의 비문자적인 방식으로 이해하는 것이 아니라 문자 그대로 받아들이기 위해서는) 문자적 의미와 역사적 지시 대상이 날카롭게 구분되어야 했다. 그리고 나서야 문자적 의미가 의미를 가질 수 있었다. 심지어는 해당 이야기가 역사적인 언급을 하고 있지 않다고 생각하더라도 그래야 했다. 하지만 주석가들, 그중에서도 역사비평학의 영향을 받은 주석가들은 성서 이야기의 사실주의적 특징을 인식했을 때 실질적으로는 자신들이 본 바를 이해하지 못했다. 왜냐하면 그들은 자신들이 그 특징을 인정할 경우 성서 이야기의 역사-유사성(history-likeness)뿐 아니라 일정 정도의 역사적 가능성을 인증해주는 것이나 다름없다고 생각했기 때문이었다. 성서 이야기의 역사적 사실성을 주장하고 싶어 하는 사람들은 이러한 사실주의적 특징 또는 역사-유사성을 본 인들의 주장을 뒷받침하는 근거로 활용했다. 반대로 사실성을 부정하는 사람들은 결국 역사-유사성이 예리한 특색이라는 사실을 부정하는 데까지 나아갔다. 사실상 이런 사람들은 자신이 본 것을 보지 않았다고 부정하는 셈이었는데, 왜냐하면 (다시 한번) 이들은 역사-유사성이란 적어도 잠재적으로 실제 역사와 동일하다고 생각했기 때문이었다.

찬동하거나 반대하는 경우 모두 역사-유사성(문자적 의미)을 역사(표면적 지시 대상)와 혼동하고 전자를 후자의 양상으로까지 해석학적으로 축소시킨 것은, 혹자가 실제로 깨달은 것을 이해하는 데 필요한 독특한 범주와 적절한 해석 과정이 결여되어 있다는 뜻이었다. 즉, 실제로 주석가들은 성서 이야기의 문자적이고 내러티브적인 형태가 의미를 결정하는 데 굉장히 중요하다는 사실을 깨달았던 것이다. 한 가지 추가하자면, 그럼에도 범주와 해석 절차가 결여된 상태는 그 이후 대체적으로 변함이 없었다.

18세기 말의 특수한 상황이 적절한 주목을 받도록 성서 이야기의 사실주의적이고 내러티브적인 특징과 이에 적합한 유형의 분석 절차를 조금 더 면밀하게 살펴보는 것이 바람직하겠다.

예를 들어, 공관복음은 일정 부분 내러티브적인 특성을 갖고 있다. 물론 이들은 케리그마(kerygma)처럼 다른 유형의 기록 특성도 갖고 있다. 케리그마란 초기 기독교 공동체의 선포적인 형태—교훈적인 형태보다는—를 띤 신앙을 가리켰으며, 이를 다르게 표현해보면 독자로부터 비슷한 생각을 불러일으키는 방식으로 이해를 도모하는 자기-헌신적(self-committing) 진술로 기록된 형태라고도 할 수 있다. 이외에도 복음서는 자신들이 속한 문화와 공동체의 문서였으며 근동(Near East) 및 인류 일반의 종교적이고 신화적인 문학 양식과 유사한 부분들을 가지고 있었다. 또한 복음서는 우연인 경우를 제외하고선 의심할 나위 없이 일어나지 않은 많은 일들 사이에서 일어났었을 수도 있는 몇몇 일들을 보도하는 기록물이 아니었다. 이 모든 사실은 이 이야기를 이해할 수 있는 많은 방식들이 존재한다는 것을 의미했다. 하지만 부분적으로는 이 내러티브들이 독특한 것도 사실이었다. 이 점은 그 내러티브를 어떻게 받아들여야 할지 모르는 주석가들을 포함하여 대부분의 주석가들이 인정한 바였다. 간단히 말해, 이 독특성은 공관복음이 구약의 많은 부분과 공유하는, 지워버릴 수 없는 중요한 특색이었다. 우리는 창세기와 복음서 이야기들이 18세기 후반의 성서 해석학의 발전에 기여한 중심 내용들을 제공했다는 사실을 기억해야 한다.

나는 복음서 기사의 내러티브 형태에 대해 논하면서, 그것이 이야기하고 있는 것은 무엇이며 어떻게 이해되어야 하는지를 결정하는 것은 그 기사를 구성하고 있는 사건들에 대한 묘사나 내러티브적 연출이 가지고 있는 기능이라고 주장한다. 이 사건들이 시간 순서라는 장치에 의해 적어도 부분적으로 연출됐다는 사실까지 포함해서 말이다. 예를 들어, 복음서 이야기가 메시아로서의 나사렛 예수를 다룬다는 것은 예수의 지위가 실현되는 방식을 서술한다는 뜻이다. 물론 우리가 이미 알고 있는 사실을 단순히 보여주는 다른 유형의 이야기들도 존재한다. 또한, 그 어떤 종류의 묘사도 초월하는 통찰 또는 감정적 상태를 표현하거나 불러일으키는 방식으로 기능하는 이야기도 있다. 이 경우, 이야기는 공통의 원(源)의식이나 신앙을 불러내는 일종의 소환(evocation)—주문(invocation)이 아니라면—이기 때문에 부족할지라도 목적에 가장 알맞은 수단이 된다. 나중의 두 경우 모두에서 특정한 연출 형태는 말하고자 하는 바를 말함에 있어 유용하긴 하지만 필수불가결한 것은 아니다. 내가 일부분 주장하는 바는, 하나의 해석학적 선택지가 발견되긴 했지만 제대로 고려된 적이 없이 18-19세기 초에 무시됐다는 것이다. 그것은 많은 성서 내러티브들(특히나 복음서들)—사실상 주제의 누적적 기술(cumulative account)과 마찬가지인—을 내러티브적 연출이 필수적인 첫 번째 유형으로 분류하려는 시도였다.

내러티브적 연출은 '사실주의적인' 내러티브의 주요 특징 중 하나다. 나는 이 용어 안에 이야기의 의미, 주제, 또는 중심 내용에 있어 시간 순서와 내러티브적 형태의 필수불가결함뿐 아니라 더 많은 의미들도 담는다. 나는 사실주의라는 용어가 등장인물 및 개별 인격체가 (그들의 내면적인 깊이 또는 주관성에 있어서나, 행위/사건의 행위자와 피해자로서 기능할 수 있는 역량 면에서) 자연적이고—더 특정하게는—사회적인 외부 환경의 배경 속에 견고하고 중요하게 자리 잡는 특이한 유형의 내러티브적 묘사를 뜻한다고 여긴다. 사실주의적 내러티브란 그 속에서 주체와 사회적 환경이 짝을 이루고, 등장인물과 외부적인 상황이 서로를 알맞게 연출하는 유형의 내러티브다. 등장인물이나 상황이 분리되어버리면, 그것들의 상호작용이라 할지라도 더 실제적이거나 더 중요한 무언가의 흉내조차 될 수 없었다. 이야기 안에서는 어느 하나가 다른 하나보다 더 중요하지도 않았다. 일찍이 헨리 제임스(Henry James)는 "등장인물 외에 사건에 결정적인 것은 무엇인가? 사건 외에 등장인물을 잘 묘사하는 것은 무엇인가?"라고[4] 질문했었다.

이 모든 사안들(중심 내용을 묘사나 누적되는 연출로부터 분리할 수 없다는 점 및 인간 주체와 사회적 배경의—표상적 특성보다는—문자적 특성, 등장인물과 상황, 그들 간의 상호작용에 대한 상호적 연출)을 따져보면 사실주의적 내러티브는 역사 기록과 비슷했다.[5] 물론 이러한 유사성이 두 기록 간의 차이점을 배제하진 않았

4. "The Art of Fiction," reprinted in Henry, James, *The Future of the Novel*, ed. and introd. by Leon Edel (New York: Vintage Books, 1956), pp. I5f.
5. 역사 기술과 설명에 있어서 내러티브의 역할에 관한 논의는 다음을 보라. Michael Scriven, "Truisms as the Grounds for Historical Explanation," in Patrick Gardiner (ed.), *Theories of History* (Glencoe, 111.: Free Press, 1959), esp. pp. 470f.; Arthur C. Danto, *Analytical Philosophy of History* (Cambridge: Cambridge Univ. Press, 1965), esp. chs. 7, 10, 11; W. B. Gallie, *Philosophy and the Historical Understanding* (2nd

다. 예를 들어 근대의 역사가들은 사건을 해명하기 위해 기적에 의존하는 모습을 당연히 비뚤어진 시선으로 바라보았을 것이다. 근대가 거의 보편적으로 동의하는 바에 따르면, 역사적 기술이란 실제 일어났다고 여겨지는 일련의 사건들의 순서를 만족스럽게 연출한 내러티브와 해당 사건들의 발생 원인에 대한 규명도 포함했다. 이때, 사건의 원인이 초자연적인 주체에게 돌려져선 안 됐다. 당연하지만 이와는 반대로, 성서 이야기 안에는 비기적적인 기사와 설명, 그리고 기적적인 기사와 설명이 끊임없이 뒤섞여 있다. 하지만 우리의 정의를 따르자면, 기적적인 기사도 사실상 그것이 묘사하고 있는 행위 이외의 것을 의미하지 않는 이상 사실주의적이거나 역사 기록과 비슷한 특징을 가지고 있다(그렇다고 기적적인 기사가 역사와 같은 의미로서 사실 면에서 진실하다는 것은 아니었다). 말하자면 그런 기적적인 기사가—신적 존재든 인간적 존재든—특정 등장인물이나 이야기를 연출함에 있어서 필수불가결한 행위 묘사를 제공한다면, 그 또한 역사 기록과 비슷한 특성 또는 사실주의적 특성을 갖고 있다는 것이다(사실, 성서의 기적은 자주, 그리고 분명히 비상징적이다).

마지막으로, 사실주의적 내러티브를 단순히 오락이나 권고적 실습으로 취급하지 않고 진짜 진지하게 받아들이고 나면, 교훈적 자료를 제시할 때 문체 면에서나 내용 면에서, 또한 등장인물들과 행위를 묘사함에 있어서, 해당 내러티브의 탁월한—아니면 적어도 진지한—효과들이 우발적이고 임의적이며 평범하고 일상적인 특성들과 분리할 수 없을 정도로 어우

---

ed., New York: Schocken Books, 1968), chs. 1-5; Louis O. Mink, "The Autonomy of Historical Understanding," *History and Theory* 5 (1), 1966, 24-47, esp. 38ff.; 나는 또 이 주제에 대해, 출판되지 않은 박사학위 논문(1968), Charles L. Lloyd, Jr., "The Role of Narrative Form in Historical and Theological Explanation"의 도움을 받았다.

러져 있다는 사실을 발견하게 된다.[6] 사실주의적 내러티브에는 정형화되고 신화적인 영웅들이 아닌 평범하고 신뢰할 만한 개인들의 운명과 그들의 교제가 연출되어 있다. 더군다나 보통은 평범한 언어로 표현되어 있다(아우어바흐는 이것을 혼합된 문체라고 불렀는데, 이 용어는 평범한 교제와 진지한 효과를 아울러서 구현한다). 문체와 기사는 서로 떼려야 뗄 수 없는 사이다. 예를 들어, 예수의 교훈이 취하는 비유적 형태는 특별한 주제들을 일상적인 사건들로부터 도출해낸 비유들과 통합됐으며, 이때 간결하고 평범한 언어를 사용했다. 사실주의적 내러티브의 능동성과 수동성도 같은 원칙을 나타낸다. 믿을 수 있는 개인들과 그들의 신뢰할 만한 운명은 평범한 언어와—누적됐을 때 진지하고 탁월하며 비극적이기까지 한 강력한 역사적 힘의 영향을 만들어내는—평범한 사건들의 연속을 통해 연출된다. 역사적 힘은 평범하고 '하잘것없으며' 실제 있을 법한 개인들을 인식 가능한 사실주의적 '유형들'로 만든다. 이 개인들은 등장인물과 사건으로 가득 찬 특정 상황이 결정적으로 교차하는 지점에서 그 힘을 받아내는 대상이 된다. 그렇지만 이 과정에서 개인들이 본래 갖고 있던 불확정적 또는 임의적 개성을 잃어버리는 일은 없었다. (놀랄 것도 없지만, '유형'[type]은 마르크스주의[Marxist]를 따르는 문예비평가들이 즐겨 사용하던 용어였다. 물론 그들이 자신들의 해석 과정 도중 역사적 특성만 남도록 개인의 임의성을 완전히 축소시켜버리지는 않았는지를 따져 묻는 것은 좋은 자세다. 이러한 의심은—결국 사실로 인정되든 안 되든—적어도 외부의 이데올로기적 고려 사항에 지배받는 문학 해석들을 다룰 때 정당하다. 그러나 분명 이 개념들은 마르크스의 경우에만 국한되지 않았다. 문학을 설득력 있게 만드는 데 인간 '유형'은 꼭 필요한 도구라는 사실을 이해하고 이에 의지하는 것은 아리스토텔레스와 콜리지[S. T. Coleridge] 만큼이나 서로 다

---

6. Auerbach, *Mimesis*, p. 44.

른 사람들도 공유하는 경향이었다.)[7]

　에리히 아우어바흐(Erich Auerbach)는 서구 문학의 사실주의 전통이 운명의 성쇠를 거듭하며 이어졌다고 이야기한다. 하지만 그는 이 전통의 발전 과정 중에서 세 번의 역사적 전성기도 발견한다. 성경, 단테의 『신곡』, 그리고 19세기—특히 프랑스의—소설이 그것이다. 일반적으로 성서 주석가들은 이 누적적인 특성과 사실주의적 또는 역사 기록 비슷한 내러티브적 특성이 성서의 특징이라는 데 동의한다. 물론 그들은 이 특징이 성서 전체에 만연하다거나 심지어 이 특징을 실제로 보여주는 일부 성서 이야기들의 유일한 문학적 특성이라고까지는—당연하지만—인정하지 않았다. 분명히 시편, 잠언, 욥기, 바울서신은 사실주의적 내러티브들이 아니었다. 또한 예수에 대한 묘사와 요한복음에 등장하는 사건 순서 간의 연결에서는 사실주의적 특성보다는 고도로 양식화된 특성들이 발견된다. 양식화된 특성은 심지어 더욱더 사실주의적인 공관복음에서조차 발견됐다. 공관복음서에서 유일하게 즉각 알아볼 수 있는 (물론 대단히 중요한) 시간적 연속성을 가진 이야기는 예수의 수난, 십자가 처형, 부활뿐이었다. 하지만 이 모든 사실을 인정하더라도—저급하고 우스꽝스럽거나 목가적인 종류가 아니라—아주 진지한 종류의 누적적이고 사실주의적인 내러티브가 성서의 특징이라는 데는 일반적으로 모두들 동의한다. 이 특징은 성서를 고대의 신성한 문학작품이나 세속적인 문학작품과 비교해볼 때 더욱 분명하게 드러난다.

7.　문학적 사실주의(realism)에 있어서 마르크스주의자들의 신념의 중요성에 대해서는 George Lukács, *Studies in European Realism* (New York: Grosset and Dunlap, 1964), p. 6을 보라. '부가적인'(extrinsic) 접근 방식으로서의 마르크스주의 문학 분석에 대해서는 René Wellek and Austin Warren, *Theory of Literature* (New York: Harcourt, Brace and World, 1956), ch. 9를 보라.

이 모든 사실은 노골적으로든 암묵적으로든 주석가들이 인정해 온 바였다. 우연히도 18-19세기 초는 최소한 영국에서 진지한 사실주의 문학과 비평이 다시금 활빌하게 확산되던 시기였는데, 이 시기의 주석가들조차도 위의 사실에 동의했다. 하지만 모두에게 인정받은 성서 내러티브의 사실주의적 또는 역사 기록 비슷한 속성은 사실상 제대로 된 평가를 받지 못했다. 왜냐하면 성서의 그러한 속성이 그 자체로 의미와 해석에 어떤 영향을 미치는지를 따져보는 대신 이 속성과 관련한 문제는 사실주의적 내러티브가 역사적인지 아닌지에 관한 전혀 다른 문제로 즉시 치환되어 버렸기 때문이다.

이 간단한 치환 때문에, 그리고 의미와 해석에 관한 두 개의 범주와 배경 사이를 논리적으로 혼동한 탓에, 성서 해석학의 역사에서 아직까지도 해결되지 못한 채 남아있는 한 이야기가 탄생했다. 만일 우리의 주제를 20세기 성서 해석학으로 정하고 연구를 진행한다면, 나는 사실주의적 성서 내러티브의 독특성과 그것이 해석에 갖는 의의를 인정하는 것에 관련해서는 이야기가 이전 시대와 크게 다르지 않다는 사실을 발견하리라 생각한다.

제2장
비평학 이전의 성서 내러티브 해석

18세기 이후 성서 해석은 두 방향으로 발전했는데, 이 두 개의 발전 양상은 때로 충돌이 불가피해 보였다. 한쪽에서는 성서 기록의 기원과—어떤 면에서는—신뢰성에 대한 의문을 제기했다. 다른 쪽에서는 이 기록이 가지고 있을 지속적인 의미나 가치를 배울 수 있는 적절한 방법은 무엇인지에 대한 탐구를 계속했다. 충돌의 위험은 두 번째 질문에 대한 답이 첫 번째 질문에 대한 답에 부분적으로 또는 완전히 의존하고 있는 것처럼 보일 때 발생했다. 해석학의 과제는 흔히 이 두 무리의 비좁은 사이를 통과할 수 있는 지도를 작성하는 일로 여겨졌다.

근대의 성서적-역사적 비평학(biblical-historical criticism) 및 다소 늦게 출현한 사촌격인 역사적-비평적 신학(historical-critical theology)의 기원은 논의와 논쟁이 지속되는 주제다. 두 분과의 방법론은 17세기에 크게 의존했는데, 가령 『신학정치론』(*Tractatus theologico-politicus*)의 첫 열두 장에 담긴 스피노자의 사색들, 성서의 진실성은 교리적 권위가 아닌 독립된 이성적 판단에 의해 증명될 것이며 또한 증명되어야 한다는 소시니안주의자들(Socinians)의 신념, 그리고 흐로티우스(Hugo Grotius)와 시몽(Richard Simon)과 같은 학자

들의 선구적인 비평적 주해가 미친 영향은 컸다.[1] 하지만 이 방법론이 18
세기 후반기에 협연의 열매로—즉, 전해내려오는 전통과 문학의 연장선에
서서—주로 독일 학자들 사이에서 시작됐다는 데는 의심의 여지가 없다.

　오경의 일부 초기 본문들, 특히 학자들이 성서적 우주기원론(cosmogo-
ny)이라고 부르기 좋아했던 본문들은 복음서의 본래 문서 형태와 함께 특
히나 비평학의 관심을 끌던 주제였다. 이 성서 본문들에 마찬가지로 깊이
몰두해있던 당시의 해석학 이론으로서는, 보수주의자와 자유주의자가 성
서 주해에 있어 역사 조사의 역할과 성과를 두고 벌였던 치열한 몸싸움—
때로는 확연한, 때로는 희미한—을 불안하게 지켜볼 수밖에 없었다. 보수
주의자는 (영감됐다는 이유로) 이 이야기가 전달하는 사건의 사실성과 기록된
본문의 권위 있는 진실성을 주장했다. 자유주의 비평가는 신성한 문헌의
정확성과 진실 여부가 다른 모든 문헌과 마찬가지로 동일한 평가 기준을
따라 결정되어야 한다고 주장했다. 또한 기적에 관한 보도나 경험할 수
없는 사건을 포함하는 고대 문헌은 자연적인 경험과 설명 이론을 토대로
재구성되어야 한다고 했다.

　역사비평적 방법론이 주장했던 바는, 사실에 대한 성서의 추정적 주
장의 진실성이 독립된 조사 절차에 따라 검증받아야 하며 성서 자체의 권
위에 의해 담보되지 않는다는 것이었다. 성서 저자의 사상 및 글의 기원
과 형태는 그것들이 비롯됐을 가능성이 가장 높고 자연스러운 특정한 역
사적, 문화적, 개인적 삶의 상황에 근거하여 설명되어야 했다. 또한 이 방

1.　17세기로 거슬러 올라가는 성서적-역사적 비평학과 역사적-비평적 신학의 뿌리에
　　대한 논의는 다음을 보라. Klaus Scholder, *Ursprünge und Probleme der Bibelkritik im
　　17. Jahrhundert*, Forschungen zur Geschichte und Lehre des Protestantismus (Munich:
　　Kaiser, 1966), vol. 10, p. xxxiii. 또한 바로 이 문제에 대한 다른 학자들의 의견을 검
　　토하는 Scholder, ibid., pp. 7ff.을 보라.

법론은 신적 원인이나 성서 역사 혹은 성서 문헌에 호소하여 도움 받는 일 없이(그렇다고 이러한 것들에 반드시 편견을 가져야 하는 것도 아니었다) 이 설명 원칙들을 적용하는 것을 뜻하기도 했다.

해석학과 역사비평을 분리하거나 연관 짓는 일은 그때나 지금이나 쉬운 일이 아니다. 일부 주석가들은 본문에 대한 역사비평 작업이 완료됐을 때 해석 작업도 완료됐다고 생각하는 경향이 있었지만, 다른 이들은 역사적 분석과 본문의 의미를 모으는 일을 날카롭게 구분했다. 하지만 여전히 다른 주석가들은 역사비평적 해석과 설명적 해석이—완전히가 아니라면—많은 부분에서 일치한다고 보았다. 그 결과 남은 것은 이 '과학적' 과업을 넘어선 규범적 적용 작업뿐이었다. 즉, '본문으로부터 배울 수 있는 종교적 가르침은 무엇인가?' 하는 것이다.

개신교 개혁자들

주해 원칙이 교리적으로 체계화된 종교와 단단히 결합되어 있던 초기에는 해석 원칙을 제시하는 일이 더 쉬웠고 더불어 이 원칙과 역사적 판단의 관계를 설정하는 것도 어렵지 않았다. 개신교 개혁자들에 따르면, 성서는 스스로를 해석했고 단어의 문자적 의미가 그것의 진정한 뜻이었으며, 보다 애매모호한 본문은 의미가 분명한 본문에 비춰 해석되어야 했다. 이 전통은 자주 인용되는 루터의 발언에 전형적으로 표현되어 있다. 즉, "성서는 성서를 통해서 볼 때 가장 분명하며, 가장 쉽게 접근할 수 있고, 이해할 수 있으며 스스로를 해석하고 증명하고 모든 사람들의 말을 판단

한다."[2] 루터는 이외에도 성서가 주는 신앙의 위로를 위해 본문을 하나님의 말씀으로 듣고 믿어야 한다는 것과 관련하여 더 많은 것을 이야기했다. 그는 본문을 단순히 역사적으로 읽는 것에 대해 경고했으며, 따라서 단순한 역사적 신앙에 반대했다. 또한 형식적인 외적 읽기뿐 아니라 내적 읽기를 고집했고, 단순히 글자가 아니라 진정한 중심 내용에 주의를 기울여야 한다고 말했다. 그럼으로써 독자는 성서의 중심으로서 그리스도를 발견할 수 있어야 했다. 그리스도는 신약뿐 아니라 구약의 의미도 됐기 때문이다.

하지만 위에 인용된 루터의 말은 성서 해석과 관련된 중대한 기술적(technical) 문제에 대한 그의 전형적인 견해였다. 교회의 교사 직분과 전통에 매개되지 않는 성서의 직접적 권위에 대한 수많은 주장은 이 문제에 의존하고 있었다. 루터의 견해는 오랫동안 발전해 온 전통적이고 복잡한 성서 해석 이론에 대한 극단적인 대안이었는데, 그 이론에서는 본문의 문자적, 알레고리적, 유비적, 그리고 비유적(tropical) 의미까지 구분하고 있는 실정이었다. 이런 다중적인 의미에 반대하여 루터의 단순화는 문자적(그가 선호했던 표현을 따르면, 본문의 문법적 혹은 역사적) 의미야말로 진정한 의미라고 확언함으로써 과감한 탈출구를 제공했다.[3]

루터파 전통과 칼뱅주의 전통은—명백하고 정확한 교리적인 불일치부터 기본적인 종교적, 윤리적, 정치적 기질의 차이까지—광범위한 문제들을 놓고 갈라서기 시작했다. 하지만 기본적으로 성서 해석 절차에 있어서만큼은, 두 전통은 내용이 아닌 강조점 면에서 차이를 보였다. 본문을

---

2.   M. Luther, "Assertio omnium articulorum," *Werke* (Weimar: Böhlau, 1883-), vol. 7, pp. 960ff.

3.   Luther, "Auf das überchristlich, übergeistlich und überkünstlich Buch Bock Emsers zu Leipzig Antwort," *Werke*, pp. 650-52.

다루는 기술적인 문제를 벗어나 보다 넓은 주해의 배경 문제로 이동하면 두 전통이 여러 뚜렷한 차이를 보였음에도 불구하고 말이다. 두 전통 모두 본문의 문법적 의미를 우선시했는데, 이러한 일치는 두 종교개혁자에 게까지 거슬러 올라갔다. 덧붙이자면, 루터와 칼뱅 모두 철저한 문법적 읽기를 고수하긴 했지만 표상적(figural) 또는 모형론적(typological) 해석도 보조로 사용했다. 이는 그들로 하여금 본문과 교훈, 그리고 시대적으로 앞선 사건과 나중의 사건을 서로 연관시킬 수 있게 해주었으며, 그들의 신학이 요청한 대로 성서를 통합된 정경으로 보는 관점을 획득할 수 있게끔 했다. 루터와 마찬가지로 칼뱅 또한 그리스도를 성서 전체의 중심 내용으로 보았다. 서로 간의 상이한 강조점에도 불구하고, 둘은 구약과 신약이 인류의 구원을 위해 인류에게 직접 선포된 바로 그 하나님의 말씀이라고 생각했고, 신구약의 통일성이 성서 곳곳에 드러난 방식에 대해서도 비슷한 의견을 견지했다. 칼뱅은 성서의 모든 본문이 직접적으로나 간접적으로 그리스도를 가리킨다고 생각하진 않았지만, 대체적으로 구약이 그리스도와 구원, 그리고 그리스도가 세우실 삶의 방식을 예언하거나 미리 예표한다고 여겼다.

이 지면이 일차적으로 집중하는 것은 종교개혁자들의 해석 과정이지 성서의 신학과 권위에 대한 그들의 사상이 아니다. 그렇기 때문에 종교개혁자들이 성서로부터 추출해낸 의미 간의 일치나 차이보다는 그들이 성서로부터 의미를 추출해내는 방식에서 보인 일치점을 깨닫는 것이 더 중요하다. 그러나 과정과 결과를 분리하는 것은 항상 쉽지 않다. 루터는 인간의 의와 하나님의 계명에의 순종을 혹독하고 타협 없이 요구하는 율법이 성서와 이 땅에서의 일상적인 삶 속에 새겨져 있다고 굳게 믿었다. 율법은 꼭 필요한 것이었지만 동시에 부정적이고 무시무시한 인도자로서, 그리스도 안에서 구체화되고 율법의 행위와 전혀 상관없이 믿음 안에서 값없이 주어지는 신적 은혜, 즉 하나님의 말씀의 핵심에 사람이 의존하도록 했다. 하나님 편에서 봤을 때 의를 획득할 수 없는 우리의 무능력함이 우리로 하여금 그분의 자비 앞에 스스로를 공로 없이 내맡기게 했다. 그리고 우리는 성서의 예언대로 그리스도가 오심을 통해서 그 자비가 현실화됐다는 확신을 얻게 됐다.

하나님과 사람 사이의 기본적인 관계가 이와 같다는 루터의 확신이 너무나 강했던 나머지, 그는 율법과 복음의 이런 멋진 긴장 관계를 선포하거나 명백하게 시사하는 성서 본문만 진정으로 진실하고 권위 있다고 여기게 됐다. 즉, 모든 사람이 그 앞에서 절망적인 죄인으로 전락하는 절대적이고 단호한 요구와—오직 신적 은혜로부터 비롯되어 값없이 자비를 전가해주는—똑같이 완전하고 무조건적인 신의 사면이라는 선물 간의 대비를 보여주는 본문만 인정했던 것이다. 칼뱅은 이에 강하게 동의했다. 그러나 루터와 달리 칼뱅은 모든 성서 본문, 즉 율법의 엄준한 정죄 역할을 지지하지 않는 본문도 하나님의 말씀으로 충만하다고 보는 경향이 있었다. 그는 보편적인 인류 공동체 및 보다 특정한 그리스도인들의 삶 가운데 율법이 갖는 건설적인 기능을 더 긍정적으로 평가했다.[4] 이런 평가는 칼뱅으로 하여금 율법을 구약 전체와 사실상 동의어로 생각하도록 도와주었다. 같은 방식으로 율법 자체는 약속과 동일시됐는데, 서양 전통의 대부분의 정통 기독교인들처럼 칼뱅도 이 약속을 구약에서 발견되고, 신약에서 성취되거나 해결된 것으로 생각했다. 따라서 율법과 복음, 구약과 신약의 본질은 같은 것이었다. 즉, 그리스도가 하나님과 인류 사이의 중보자로서 시행하신—물질적 구원보다는—영혼 구원의 언약이 그 본질이었다.[5]

---

4.   John Calvin, *Institutes of the Christian Religion*, trans. by John Allen (7th American ed., Philadelphia: Presbyterian Board of Christian Education, 1936), Book 2, chs. 7, 8.

5.   Ibid., Book 2, ch. 9, 14. 다른 한편으로 약속과 율법의 구분에 대해서는 2.11.10을 보

루터보다 조금 더 조직적으로 사고하는 경향이 있던 칼뱅은 율법에서 복음으로, 구약에서 신약으로, 구원의 약속에서 성취로의 발전보다 더욱 광범위한 상관 관계를 발견했다. 그에게 있어 역사와 교리, 삶의 모습에 대한 묘사는 전부 하나로 모아졌다. 이것들을 하나로 묶는 것은 성서 말씀의 내러티브적 본문 속에 있는 공통 요소 및 독자/청자가 해당 본문을 신실하게 붙잡도록 하는 성령의 내적 증거였다.

칼뱅의 성령의 내적 증거 교리는 근대에 빈번하게 견지된 한 신학적 신념을 내다보는 것이었다. 곧, 성서 본문을 철저하게 읽는 행위와 본문의 거룩한 말씀(Divine Word)으로부터 논리적으로 독립된 영적(혹은 실존적) 적용을 이끌어내는 행위 사이에는 생산적이고 역설적인 긴장 관계를 유지해야 한다는 신념 말이다. 하지만 칼뱅은 19세기와 20세기 신학자들이 가장 큰 난관으로 여겼던 지점에서 어떠한 장애물도 발견하지 못했다. 근대의 주석가 크라우스(H. J. Kraus)는 칼뱅의 주해 원칙을 논평하면서 칼뱅에게 있어 성서는 영감되지 않았고 따라서 칼뱅은 성서가 일차적으로 그 자체로 누군가를 영감하지 않으며 다만 소통과 교훈만 하는 것으로 보았다고 옳게 평가했다.[6] 독자 자신과 교회의 교화를 위해 기록된 성서 말씀이 하나님의 말씀인지 분별할 수 있도록 성령의 내적 혹은 영감적 증거의 조명을 받아야 하는 것은 본문이 아니라 독자였다.[7] 물론 본문은 본질적으로 하나님의 말씀이며 진리를 꽤 명료하게 전달한다고 여겨졌다. 하지만 이런 내재적 명료성이 성령의 내적 증거를 해석 변두리로 몰아내지는 않았다. 크라우스가 계속해서 옳게 설명한 것처럼, 칼뱅에게 성령의 내적 증거

라; 또한 2.10.2.

6.　H.-J. Kraus, "Calvins exegetische Prinzipien," *Zeitschrift für Kirchengeschichte* 79-80, 1968-69, 331.

7.　*Institutes*, 1.7.4, 5.

와 그 결과로 생긴 종교적 태도는 전문적인 주해에 덧붙여지는 부차적이고 보조적인 원칙이 아니었다.[8] 독자는 그것을 통해서만 하나님 본인이 말씀하고 계시는 본문의 올바른 용법을 배울 수 있었다. 즉, 종교적인 태도는 칼뱅이 올바른 해석 자세에 포함된 것으로 믿었던 통합망의 핵심적인 부분이었다.

한편, 정반대의 극단으로 치우치는 움직임은 칼뱅에게서 아무런 보증도 얻지 못했다. 즉, 칼뱅에게 있어 본문의 명료성과 성령의 내적 증거 사이에 작동하는 상호작용은 적절하고 문제가 없었다. 그런데 이것을 '거룩한 말씀'/'객관적인 구원 사실'과 신자의 인격적 신뢰 사이의 '역설적인'/'변증적인' 관계라는 강력하고 고차원적인 이론으로 치환해버리는 일은 칼뱅에게 생소한 것이었다. 칼뱅은 19-20세기 기독교 조직신학자들과 달리 믿음을 명제로 전환하여 '믿어야 하는 것'과 연관시키고, 믿음을 인격적인 삶의 자세 또는 '구원 사실' 및 '현재의 믿음 사건'에 대한 '역사적 지식'과 결부시킬 수 있는 체계적인 이론 계획을 가지고 있지 않았다. 그들은 그러한 이론의 도움을 받아 신적 계시의 일관성 있는 이해 가능성을 주장하고자 했는데, 신적 계시는 특별하고 필수불가결한 과거의 역사 사건으로 고정되어 있으면서도 현재에 여전히 똑같이 일어나고 행해지는 하나님과 사람 사이의 인격적인 교제로 여겨졌다.

두 움직임—해석 절차에서 성령의 내적 증거를 이차적이고 '단순히 교화하는' 지위로 폄하하는 움직임과 성령의 역할을 성서적 이해를 포함하는 종교적 지식이나 이해에 관한 복잡한 이론의 핵심 요소로 승격하는 다른 움직임—은 모두 칼뱅에게 생소했다. 칼뱅에게 성령의 내적 증거와 본문의 의미 간의 일치는 단순히 약속과 성취, 율법과 복음, 구약과 신약이

---

8.   Kraus, p. 333.

짝을 이루는 상관관계의 일부였다. 역사, 교리, 삶에 대한 묘사는 성서 본문으로부터 부여받은 공통 혹은 공동의 묘사 덕분에 하나로 결합됐다. 이러한 일관성은 특별한 설명 이론이나 정당화 이론을 일절 필요로 하지 않았다. 그랬기에 본문에 대한 적절한 설명은 동시에 본문의 중심 내용에 대한 소개이자 종교적 적용을 위한 지침이기도 했다. 칼뱅은 원칙적으로 본문의 문자적 의미나 상징적 의미를 해당 본문의 역사적 지시 대상이나 종교적 사용으로부터 분리하지 않았다. 심지어는 그것들이 서로에게 결합되어 있다고 주장할 때도 그렇게 하지 않았다. 이 부분에서 칼뱅과 루터는—다른 많은 문제에서처럼—일치를 보였다. 설명적 읽기, 종교적 사용, 역사적 지시 대상, 다른 중심 내용 언급 간의 결합이 루터보다 칼뱅의 경우에 더 강했지만 말이다.

'만일' 두 사람이 중심 내용과 성서 본문의 문자 중 하나를 선택해야 했다면 두 사람은 분명 전자를 고르는 데 동의했을 것이다. 왜냐하면 루터에게—율법과 복음 사이 또는 하나님의 사랑이 압도하는 영역(혹은 왕국)과 이 세계에 존속하는 죄의 질서 속에서 하나님이 정의를 보존하는 영역 사이의 대조 같은—일련의 대조와 결의가 성서의 중심 내용 중 큰 부분을 차지했던 반면, 칼뱅에게는 내러티브로 구성되거나 내러티브 자체였던 성서의 중심 내용이 더 중요한 의미를 갖고 있었기 때문이었다. 하지만 둘 모두에게 중요한 사실은 중심 내용과 본문 중 하나를 선택하는 일이 사실상 이차적인 문제였다는 것이다. 그것은 교화와 교정에 따른 문제였지 원칙적으로 해야 하는 구분이 아니었다. 칼뱅은 단순히 올바른 역사적 또는 교리적 신앙, 즉 본문이 표명하는 문자적인 믿음을 따르는 신앙만으론 충분하지 않다고 주장했다. 하나님에 관한 올바른 지식은—오늘날의 표현대로 하자면—인격적인 것이어야 했다. 그 지식은 자기-이해와 연결되어야 했고 종교적이거나 경건한 본성을 갖고 있어야 했다.[9] 그런 의미에서 사람들 사이에서 통용되던 '문자는 죽이지만 영은 살린다'는 말은 맞는 말이었다. 그러나 성서의 사용에 있어서 훨씬 더 중요했던 사실은 영과 문자가 알맞게 일치하고 서로를 부정하지 않는다는 점이었다. 루터와 칼뱅에게 가장 중요했던 문자적 또는 문법적 의미는 보통 본문의 중심 내용과 일치했다. 즉, 본문과 중심 내용은 역사적 지시 대상, 교리적 내용, 삶에 대한 묘사와 처방 면에서 일치했다. 본문과 성령의 내적 증거 사이의 상호작용은 결과적으로 이런 자연스러운—또는 자연적으로 적절한—일관성이 갖는 일반적인 패턴 중 하나였다. 그러므로 칼뱅에게 있어 성서 본문은 말하고자 하는 바를 적절히 두 가지 방식으로 전달했다고 말하면 올바른 평가인 셈이다. 첫째, 본문은 세계나 현실을 알레고리적 묘사가 아닌 적절한 방식(즉, 문자적 또는 표상적)으로 묘사했다. 둘째, 그렇지만 본문은 현실 그 자체를 독자에게 연출해 보임으로써 독자가 내러티브의 망(narrative web)을 통해 현실에 접근할 수 있도록 해주었다. 덕분에 독자는 현실을 이해하고 그에 맞춰 자신의 삶의 형태를 결정할 수 있었다. 본문의 설명적(explicative) 의미와 역사적 지시 대상 간의 일치는 동일성을 구성하는 내러티브 연출 형태에 크게 의존했지, 지시 대상과 관련한 언어학 이론에 의존하지 않았다. 즉, 명사의 이름을 지정하고 그럼으로써 명사들이 가리키는 사물의 개념적 위치에 서게 되는 것, 말하자면 그 사물에 대해 독립적이고 언어-중립적인 이해를 가지게 된다는 이론과는 큰 관련이 없었다.

묘사되는 세계와 독자에게 연출되는 실제 세계(항상 묘사의 형식을 취함) 사이의 우연적 일치(혹은 동일시)는 독자나 청자로 하여금 묘사된 현실의 일부가 되게 했다. 결국 그들은 개인적인 반응이나 이에 맞는 어떤 인생관

---

9. *Institutes*, 1.2.

을 보여줘야 했다. 루터보다 칼뱅에게 더 명백했던 것은, '본문을 낭독하
거나 설교하는 행위'가 아니라 '성서 내러티브를 구성하는 (누적적인) 패
턴'(율법의 약속이 복음 안에서 성취되는 모습에 묘사된 특별한 방식을 통해 하니님이 이 세
계를 다루시는 법을 식별하는 것)이 현실을 제시한다는 것이었다. 동시에 그 현
실은 성령을 통하여 독자에게 효과적으로 경험되는 것이었다. 묘사, 세계,
종교적인 적용 간의 조화는 놀랄 만한 일이 아니었다. 왜냐하면 특정한
방식으로 세계를 움직이시는 그분은 사람의 마음 또한 움직이실 것이기
때문이었다. 그렇기에 성령의 내적 증거는 성서 본문의 실제적인 읽기에
있어 주변적이거나 교화 기능만 담당하는 부속물도 아니었고, 본문이 제
기하는 실증적인(objective) 주장들과 기독교 신앙에 대하여 개인이 견지하
는 입장 사이의 일치를 독자적으로 보증해주는 설명 이론도 아니었다. 성
령의 내적 증거는 독자의 생각, 마음, 활동과 상호작용하고 하나님과 세계
사이의 교제를 타당하게 묘사하는 성서 본문을 사용하여 하나님과 그의
세계를 독자에게 효과적으로 전달해주는 매개였다.

　　루터보다도 칼뱅이 더 강조한 것이 있다면 그것은 성서 본문의 알레
고리적이고 비유적인 읽기의 거부였다. 칼뱅은 (1) 저자의 의도나 (2) 더
큰 맥락이 다르게 지시하지 않는 한, 문법적인 의미가 진정한 의미라고
믿었다. 하지만 본문의 의미를 파악하는 데 있어 이 두 가지 기준조차—이
후의 주석가들에게 그랬던 것처럼—독립적인 설명 요소는 아니었다. 이
두 가지 기준은 본문의 문법적이거나 '진정한' 읽기를 대체하기는커녕 오
히려 강화했다.

　　칼뱅은 성만찬을 제정하는 그리스도의 말씀처럼,[10] 비(非)알레고리적
으로 보이는 본문을 문자적으로 읽는 것이 불가능할 때에도 알레고리보

10.　*Institutes*, 4.17.3, 21 passim.

다는 표상화에 가까운 유비적 읽기를 적용했다. 하나의 개념이 똑같지는 않아도 비슷한 특징들을 가진 채 다른 개념 뒤에 서 있었다. 몸은 빵이, 피는 포도주가 대신했다. 물리적 실재와 그것이 상징하는 영적 실재 간의 비슷하고 중요한 유사성을 드러내면서 말이다. 내가 앞서 언급한 현실의 언어적·내러티브적 표현, 그리고 성찬 제정 말씀(word of institution)과 직접적으로 관련된 설교/행위의 중요성에 대한 칼뱅의 강조를 따져보면 다음의 사실은 확실하다. 즉, 칼뱅에게 있어 성만찬을 축하하는 언어 행위는 성만찬이 대변하는 영적 실재를 타당하게 상징할 뿐만 아니라 언어적으로도 실체화한다(embody)는 것이다.

의미의 망(web of meaning)이 유비적인 성격을 띠는 지점에서, 언어적 의미가 실제적 지시 대상 또는 현실의 연출과 그토록 밀접하게 결합되어 있다면—그래서 알레고리적이거나 유비적인 해석이 여기서조차 배제되어야 한다면—문자적 의미가 혼자서도 충분히 의미를 표현하는 본문에서는 그 관계가 더더욱 밀접할 것이 틀림없었다. 두 가지 예가 이 사실을 충분히 증명해준다. 둘 모두 문자적인 동시에 명시적이거나 역사적인 읽기의 예지만, 그토록 중요했던 신구약의 기독론적 통일성 문제에 대해 갖는 의미는 분명히 정반대의 경향을 보였다. 창세기 3:15은 하와를 유혹하는 데 성공한 뱀에 대한 하나님의 발화를 기록한다. "내가 너로 여자와 원수가 되게 하고 네 후손도 여자의 후손과 원수가 되게 하리니 여자의 후손은 네 머리를 상하게 할 것이요 너는 그의 발꿈치를 상하게 할 것이니라."

이 말씀은 전통적으로 흔히 원복음(protevangelium)이라고 불리면서, 죄와 사단에 승리를 거둘 그리스도에 대한 최초의 감추어진 예언이자 상징으로 여겨졌다. 칼뱅은 그리스도를 가리키는 특정한 구약의 숨은 언급들을 항상 신중하게 취급했다. 그는 논리적이고 문법적인 이유를 들어 그런

해석을 거부했다.[11]

> 일부 해석가들은 의심의 여지없이 '씨'(개역개정은 זֶרַע를 '후손'으로 번역한다—
> 역주)가 그리스도를 가리킨다고 생각한다. 마치 여자의 씨로부터 누군가가
> 일어나 뱀의 머리에 상처를 입힐 것이라고 기록됐다는 듯이 말이다. 나는
> 그들의 의견에 동조하기 위해 기꺼이 고난을 감수하고 싶은 심정이지만 내
> 가 보기에 그들은 '씨'라는 용어를 지나치게 왜곡한 것 같다. 어떻게 집합
> 명사가 단 한 사람만을 가리키는 것으로 이해해야 한다고 인정할 수 있단
> 말인가? 더군다나 대결의 영속성이 강조되어 있는 것을 보면 승리는 인류
> 전체에게, 다가오는 모든 세대 가운데 계속해서 약속된 것이다. 따라서 나
> 는 '씨'가 여자의 일반적인 자손(posterity)을 의미한다고 해설한다.

만일 문자적 읽기가 칼뱅으로 하여금 이 구절의 의미를 사건의 진행
에 관한 특정한 예언보다는 일반적인 예언으로 이해하도록 이끌었다면,
이사야 7:14에 대한 동일한 읽기는 그로 정반대의 결론에 이르게 했다.
"그러므로 주께서 친히 징조를 너희에게 주실 것이라 보라 처녀[칼뱅은 논
란이 되는 이 번역을 지지했다: 사 7:14의 עַלְמָה는 '처녀'가 아닌 단순히 '젊은 여성'으로 번역
될 수 있다—역주]가 잉태하여 아들을 낳을 것이요 그의 이름을 임마누엘이
라 하리라." 칼뱅은 이 구절에 대해 참조할 수 있는 다른 해석들 가운데
이 본문을 단순히 그리스도에 표상적으로 적용하는 것을 반대했다. 그런
적용은 '선지자가 그때 태어난 아무 아기든 언급하고 그 아기를 통해—어
떤 흐릿한 그림을 통해서 하듯이—그리스도가 예표됐다고 하는 것'과 마

---

11. John Calvin, *Commentaries on the First Book of Moses, called Genesis* (Edinburgh: Calvin Translation Society, 1847), vol. I, p. 170.

찬가지라는 것이었다. 그의 해석학적인 결론은 다시 한번 문자적이다. 그러나 이번에는 정반대의 결과를 낳았다. "임마누엘이라는 이름은 문자적으로 한낱 사람에게 적용할 수 없다. 바로 그 이유에서, 선지자가 그리스도를 정확하게 가리키고 있다는 사실은 의심의 여지가 없다."[12]

칼뱅이라면 이 두 구약 본문에 적용된 문자적 읽기가 대조되는 결론에—즉, 첫 번째 경우에는 그리스도에 관한 언급이 아니라고 거부한 반면, 두 번째 경우에서는 그렇다고 찬성한 결론을—이르렀다는 사실에 대해 조금도 염려하지 않았을 것이다. 칼뱅이라면 이런 문법적 (혹은 문자적) 해석의 우선성이나, 이 해석의 어떤 특정한 결과값이 어떤 방식으로든 정경의 통일성에 대한 주장을 약화시킨다는 우려를 받아들이지 않았을 것이다. 왜냐하면 모든 성서의 의미는 예수 그리스도 안에서의 구원을 가리켰기 때문이다. 문법적인 요소가 편만한 기독론적 해석과 조화를 이룬다는 칼뱅의 자신감은 하나의 가정에 근거하고 있었다. 그 가정은 의심의 여지 없이 문법적 읽기와 상징적 읽기가 자연스럽게 일치하며 두 읽기가 서로를 보조하고 또한 필요로 한다는 것이었다. 특정 본문을 한 가지 방식으로만 읽고 다른 방식으로 읽지 않았다고 해서 이 행위가 둘의 상호적 증강(mutual enhancement)을 부정하는 것은 결코 아니었다. 두 읽기 사이의 가족 유사성 탓에 둘은 서로를 보완했다. 둘은 떼려야 뗄 수 없는 관계였다. 둘이 비록 동일하지 않다 하더라도, 서로에 대한 대체재도 아니었다.

문자적 해석에서 표상적 해석으로 일종의 확장을 허용하는 이런 가족 유사성은—특히 여러 다양한 본문들 가운데 공통의 의미를 발견해 낼 때—두 절차가 강조하는 내러티브의 측면에서 모순까지는 아니더라도 차이를 수반했다. 문자적 묘사는 그것이 누적해가며 연출하는 내러티브의

---

12.   John Calvin, *Commentary on the Book of the Prophet Isaiah* (Edinburgh: Calvin Translation Society, 1850) vol. I, pp. 244ff.

의미와 주제를, 단순히 설명하거나 지시하는 수준에 그치지 않고, 구성했다. 또한 그것이 이야기하는 현실도 (만약 있다면) 동시에 묘사하고 연출했다. 사실주의적 이야기가 꼭 역사 기록과 동일한 것은 아니었다. 하지만 둘 사이의 차이점은 지시 대상의 있음 여부에 있었지 각각의 경우에 적합한 기사가 따로 있었던 것은 아니었다. 오히려 이와는 반대로, 설명적 형태나 묘사적 형태만 따지고 보면 역사 기록과 사실주의적 이야기는 똑같았다.[13] 내러티브적 묘사와 그것에 의해 연출되는 현실이 서로 일치했기에, 이제는 강조점을 '묘사' 또는 '이야기 형태'에서 '묘사되는 현실'로 옮길 수 있게 됐다. 그것들이 불가분하게 공유하는 것은 내러티브 조직(narrative tissue)이라는 확신이 훼손당하지 않고도 말이다. 문자적 읽기가 내러티브적 형태에 집중하는 경향이 있고 역사적 언급을 명백하게 하기보다는 암시했다면, 표상화나 모형론의 경우엔 그 반대의 경향이 옳았다. 표상화나 모형론은 강조점이 묘사된 현실로 이동하도록 하는 경향이 있었고, 형태적으로 유사한 두 개 혹은 그 이상의 내러티브들에 대한 관심사가 정말 그 내러티브들을 유일한 실제 시간 순서에 맞추는 데 있도록 하는 경향이 있었다. (문자적 읽기와 표상적 읽기를 논할 때, 특정 방향을 향하는 경향성[tendency] 그 이상은 말할 수 없다.)

　　성서의 표상적 해석에서 강조점은 (1) 내러티브의 전체적인 추정적 시간 순서와 (2) 이 순서에 포함되는 것이 연대기적 시간 순서를 다루는 모든 별개의 성서 이야기들을 하나의 이야기로 합쳐놓는다는 사실에 있었다. 그 성서 이야기들은 하나의 시간 순서에 포함되고 서로가 서로를 언급하는 방식을 통해 같은 흐름의 일부로 연결됐다. 이야기들은 하나의 시간적 순서를 따르는 현실을 뒷받침하기 위해 각자의 독립적·자립적 지위

13.　본서 제1장을 보라.

의 상실 없이 서로에 대한 상징이 됐다. 각자가 묘사하는 시간 범위를 고려할 때 각각의 내러티브는 문자 그대로 서술적(descriptive)이었다. 모두는 전체적인 흐름이나 주제뿐 아니라 시간의 일관성 면에서 시간적으로 앞선 이야기가 나중의 이야기의 상징이 되는 방식으로 하나의 문학 내러티브를 형성했다.

문자 그대로의 설명적 의미가 실제 역사적 지시 대상과 동일했던 비평학 이전 시대에서는 문자적 읽기와 표상적 읽기가 서로 모순되기는커녕 가족 유사성과 상호보완의 필요에 의해 서로 뗄 수 없는 관계였다. 이후 해설과 지시 대상이 분리되자 이 두 종류의 읽기는 결별했을 뿐만 아니라 서로 충돌했다.

표상적 절차와 역사 속 그것의 운명에 대해 가장 심도 깊은 분석을 보여준 에리히 아우어바흐(Erich Auerbach)는 이 점을 다음과 같이 묘사한다.[14]

표상적 해석은 두 사건이나 인물 사이에 연결고리를 생성한다. 이 연결은 앞선 사건/인물이 자기 자신만이 아니라 나중의 사건/인물을 표상하고 후자가 전자를 포함하거나 완성하는 방식을 취한다. 한 상징의 양극은 시간상 분리되어 있지만 양극 모두가 실제 사건과 인물이기에 일시성(temporality) 안에서 공존한다. 둘 모두는 역사적 삶이라고 하는 한 흐름 속에 포함되어 있고 그것들의 상호의존성에 대한 이해만이, 즉 '영적인 이해'(intellectus spiritualis)만이 영적인 행위였다.

이 개념에 따르면, 이 땅에서 일어나는 사건은 자기 자신만을 표상하지 않고—예언하거나 확증하는 방식으로—다른 사건도 표상한다. 해당 사건이 지금 여기서 경험하는 현실의 힘에 대한 아무런 편견을 갖지 않으면서 말

---

14.   Auerbach, *Mimesis*, pp. 73, 555.

이다. 두 사건 간의 관계가 반드시 연대기적 전개나 인과적 발전으로 여겨
지는 것은 아니다. 모든 사건은 신적 계획의 일부이자 투영인데, 표상하고
표상되는 두 사건의 관계는 그 안에서 일체적인 것(oneness)으로 인식된다.
그것들과 세상(earthly) 사이의 직접적인 연결은 부차적인 중요성을 가질 뿐
이다. 또한 해석은 이따금씩 그런 연결에 대한 어떤 지식 없이도 존재할 수
있다.

　표상적 또는 모형론적 해석이 성공하기 위해서는 시간상 분리되어 있
는 사건들 사이의 섬세한 균형, 문자적 또는 사실주의적 절차와의 단단한
결합, 시간 순서에 대한 뚜렷한 의존이 분명 필요했다. 확실했던 한 가지
는, 하나의 모형(type)을 대형(antitype)과 병치하거나 상징과 성취를 나란히
놓으면 둘 중 하나를 선호하여 나머지 하나를 왜곡하고 저하시키는 결과
를 불러올 수 있다는 점이었다. 왜냐하면 한 인물, 한 사건, 일련의 법칙
들, 한 의식 등이 시간상 나중에 등장하고 완성시켜줘야 할 똑같이 실제
적인 무언가를 상징하면서도, 제 자신을 지키고 자체로서 하나의 실제를
유지하려면 앞선 시점에 상당한 부담을 강요할 수밖에 없기 때문이었다.
　이와 유사하게—아우어바흐가 지적했듯이(48쪽을 보라)—만약 이 복합
체(total complex)가 오로지 자신의 의미 구조를 통해서만 나중 사건들을 예
표한다면, 앞선 사건과 그것의 의미 패턴 사이의 섬세한 결합은 손쉽게
손상될 수 있었다. 사실 망가지지나 않으면 다행이었다. "신성한 문헌들
의 총체적인 내용은 주해의 맥락 속에 배치됐는데, 이 맥락은 문헌이 말
하는 바를 감각적 토대(sensory base)로부터 멀찌감치 분리해내곤 했다. 그런
맥락 속에서 독자는 감각적인 사건 자체에 대한 관심을 끄고, 그것이 갖
는 의미에 관심을 쏟도록 강요받았다. 이는 사건의 시각적인 요소가 촘촘
한 의미의 구조 속에 매몰될 위험이 있다는 것을 의미했다." 시간의 제약

을 받지 않고 훨훨 날아다니는 의미 패턴이 세상의 어떤 사건에든 덧붙여지는 것을 의미하는 알레고리는 어쨌거나 신약성서를 포함하여 초기 기독교 안에서 일반적으로 사용되던 해석 도구였다. 감각과 시간의 제약을 받는 묘사, 그리고 그것이 표현해내는 의미 간에 어떠한 내재적인 연결고리가 없었음에도 불구하고 말이다. 시간상 앞선 사건의 시공간적 현실이 그것의 의미를 선호한 탓에 사라져 버렸음에도 그 의미의 적용이 하나의 시공간적 사건에 고정되어 버린 경우, 알레고리와 모형론적(혹은 표상적) 해석은 자주 종이 한 장 차이밖에 나지 않았다.

그리스도는 언제나 소개되는 바와 같이 특정한 사람이었다. 하지만 광야에서 주어졌던 만나의 의미는 이야기의 상영을 통해서 상징이 될 수 있었지, 그것이 되고자 목적했던 특정한 묘사는 될 수 없었다. 만나는 영적인 빈곤 시기에 주어지는 신적 도움을 나타내는 상징으로서 그제야 그리스도의 구속 사역에 알레고리적으로 적용됐다.

표상화가 안고 있는 추가적인 위험도 있었다. 이 해석법으로 인해 시간상 꽤 떨어져 있는 두 개의 현실 간의 시간적 연결성이나 인과적 연결성의 본질은 흔히 진술하기 어려웠을 뿐만 아니라, 그런 진술은 그렇게까지 중요하게 여겨지지 않게 됐다(이 또한 아우어바흐가 지적한 사실이었다). 두 현실 모두 똑같이 실제적이었고 단일한 목적을 지향하는 사건들의 연속성 안에 정렬됐는데, 예를 들어 하나님이 백성에게 선물로 준 약속의 땅과 백성을 구원하는 그리스도의 구원 사이에서 앞선 사건은 상징으로 기능했다. 표상적 해석은 두 사건 중 하나를 양자택일하거나 두 사건을 같이 묶는 다른 경쟁적인 해석들에 대항하여, 연결고리를 생성하는 작동 원리의 진술이 제시하는 해석보다는 더 적게, 두 사건을 단순히 병치하여 얻는 해석보다는 더 많은 것을 납득시킬 수 있어야 했다. 두 사건을 구성하는 특징들 사이의 유사성과 둘 사이의 절정을 향해 치닫는 질서를 강조하면서 말이다. 사실상 이 병렬 배치는 그 자체로—설득력 있는 모습이길 바라면서—두 사건 사이의 결합을 구성하는 신적 목적을 보여주었다. 달리 이야기하면, 표상적 해석 절차의 '방법론'은 추상적으로 설명할 때가 아닌 실제 적용해봤을 때 더 잘 드러났는데, 이 사실 때문에 표상적 절차는 이신론 논쟁 시기에 대가를 톡톡히 치러야 했다. 즉, 문학이나 역사적 일관성과 비교의 유의미한 사용을 위해 필요한 '현장 포괄 규정'(field-encompassing rules) 진술에 익숙했던 사람들이 보기에 표상적 해석 절차를 좌우하는 규정은 상당 부분 함축적이거나 자의적인 것일 수밖에 없었다. 아예 존재하지 않는 것처럼 여겨지지 않으면 다행이었다.

철학 형식상 플라톤주의에 일정 부분 의존하고 있던 칼뱅은 성서 속 별개의 시대나 세대를 가로질러 등장하는 동일한 의미 패턴을 식별해내려고 하는 경향이 있었다. 즉, 칼뱅은 그런 의미가 개진된 특정 사건보다도 시대나 세대에 주목했다. 이와 유사하게, 그는 때때로 표상적으로 개진된 구원과 나중에 일어난 구원의 성취 사이의 관계를, 물질적으로 표현하여 영적 진리를 깨닫는 것으로부터 그것의 영적 본질을 직접적으로 이해하는 것으로의 변화와 동일시하기도 했다. 그럼에도 칼뱅에게 표상적 해석의 의미는 시간적 순서의 질서, 시공간적 사건에 대한 묘사, 문자적·문법적 의미의 우선성에 대한 확신과 내러티브를 통해서만 확립될 수 있는 것들 사이의 연결에 단단한 뿌리를 두고 있었다. 결과적으로, 그의 표상적 해석 적용이 개별 본문의 문자적 읽기와의 연결고리를 잃는 일은 없었으며 풍유의 유혹에 빠지는 일도 없었다. 문자적 해석과 표상적 해석 사이의 가족 유사성과 상호보완은 그로 하여금 신구약을 하나의 정경으로 볼 수 있게 해주었으며, 이 정경의 단일 주제는 인간의 타락과 예수 그리스도의 사역을 통한 구원 이야기였다.

현실의 내러티브 구조, 문자적이고 표상적 해석에 의해 정제된 본문,

그리고 설명적 의미와 실제 지시 대상 간의 일치 덕분에 칼뱅은—『기독교 강요』 제2권 중—하나님과 인간의 교제의 역사로부터 발생하는 교리와 삶의 형태를 자세히 서술하다가, 돌연 역사를 보여주는 정경 및 다시 역사 그 자체에 대한 검토로 자연스럽고 쉽게 전환할 수 있었다. 칼뱅은 내러티브 체계(narrative framework)의 누적적인 패턴에 알맞게 신구약의 유사성과 차이를 시간 순서의 맥락 속에 견고하게 하나로 모았다. 이를 통해 두 성서의 단일 의미에 대한 그의 표상 체계(figural scheme)가 드러났다(2.9-11). 율법은 구약성서의 성도에게 미래에 등장할 메시아에 대한 기대를 불어넣었다. 메시아가 등장하자 이 사실에 비추어 그가 실로 '그리스도이신 그분 안에서 찬란한 빛과 이해'에 참여했음이 확실해졌다. 하지만 이 단일한 패턴이 두 성서 간의 통일성을 수립한다면, 이것이 통일성의 출현 방식인 시간적 틀에 단단히 묶여 있다는 사실은 두 성서 간의 차이에도 영향을 주었다. 즉, 구약 성도의 상황과는 달리, 나중에 등장한 우리는 "그가 오직 그림자를 통하여 흐릿하게 보던 신비를 선명하게 보았다"(2.9.1). 복음이란 "하나님께서 약속하신 일을 그 안에서 행하시는 새롭고 특별한 종류의 사절단이었다." 단순히 "하나님이 인류와 화해하시고" 영생과 영적 진리에 관한 지식을 그들에게 부여하시는 방편인 "죄의 은혜로운 용서"만이 그 일의 전부가 아니었다. 그보다 단일하고 포괄적인 의미 패턴으로 추상화할 수 없는 하나의 사건 또는 이야기, 즉 "그의 아들의 위격 안에 약속의 진실이 [드러난]" 사건이 복음이었다(2.9.2).

우리의 언약과 하나님이 구약의 성도와 맺은 언약의 차이는 본질이 아닌 집행 면에서 생겼다. 그렇기에 유대인들의 눈앞에 펼쳐진 일시적인 기쁨은 그들의 최종 목표가 되어선 안 됐고, 그들이 "영생의 소망으로 택함을 받았고 이러한 택함의 진실성이 예언과 율법, 그리고 선지자에 의해 보증됐다는"(2.10.2) 표시로 여겨야 했다. 칼뱅은 구약의 조상들이 "이 땅에

있는 동안에는 하나님께서 당신이 약속하신 것을 종들에게 아주 드물게
주시거나 절대로 주시지 않는다"(2.10.7)는 것과 그렇기에 약속이 미래에
성취될 상태를 예표하는 상징이었다는 사실을 잘 알고 있었다고 주장했
다. "선지자들은 신적 선하심을 더 잘 설명하기 위해서 그것을 상징적인
방식으로 사람들에게 보여주었다. 하지만 … 그들은 생각과 사고를 이 땅
과 시간으로부터 떼어내고 … 필연적으로 미래의 영적인 삶의 기쁨에 대
한 묵상을 불러일으킬 만한 생생한 표현 방식을 부여했다"(2.10.20). 신구약
의 통일성은 우리의 언약과 동일한 조상들의 언약이 그들의 공로가 아닌
하나님의 은혜에 근거하고 있다는 사실에 의해 계속해서 증명됐다. 또한
"그들은 그리스도, 즉 자신들을 하나님께로 연합하며 그분의 약속에 참여
자가 되도록 하시는 중보자로서의 그리스도도 알고 소유하고 있었다"
(2.10.12).

정경의 통일성을 손상하지 않는다는 점을 제외하면, 신약과 구약 사
이에 차이는 실제로 존재했다. 사실 칼뱅은 '차이점들'이라는 제목하에
통일성에 대해 이전에 말했던 상당 부분을 반복한다. 하지만 그 과정 중
에서 강조점이 달라졌다. 구약에서 하늘의 유업은 "땅에서 받는 축복의
상징을 통해" 표현됐던 반면, 신약에서는 "여호와께서 우리의 생각을 하
늘의 것들에 대한 즉각적인 묵상으로 인도했다"(2.11.1). 이 맥락에서 칼뱅
은 지상에서의 소망과 축복의 좌절보다는 불완전성을 강조하는 경향을
보인다. 이스라엘 백성은 그들이 거주할 가나안 땅에 대한 약속을 실제로
받았고 또한 차지했다. 그럼에도 가나안 땅은 하늘의 도성과 영생에 대한
약속의 상징이었다. 지상에서의 축복은 거짓이라기보다 불완전했다. 그
렇기 때문에 그것은 거기서 끝나지 않고 대신 영적인 소망으로 이어졌다
(2.11.2). 칼뱅은 이 땅에서 벌어지는 사건의 진실성과 현실성, 그리고 각자
의 공간과 시간 속에서 주어지는 축복의 의미를 간단하게 평가절하하지

않았다(물론 칼뱅도 결국 그 방향으로 기울긴 하지만 말이다). 대신 그것들이 더 이상 그 자체로 의미를 갖지 못하고 미래에 등장할 무언가를 예표하는 다른 맥락에 위치시켰다.

하지만 이밖에도 구약의 일부 측면은 폐지가 됐는데(예, 의식법), 왜냐하면 그것은 이제 우리에게 실질적으로 알 수 있게끔 주어진 것의 일시적인 발현이자 그림자에 불과했기 때문이었다(2.11.4). 이런 측면에서 보면 표상적 관계는 그림자와 실제, 순간적인 것과 영원한 것, 역사에 기반했다는 점에서 상징과 제도 사이에 설정된다. 특히, 의식법과 제사법은 그리스도의 피를 통한 언약의 확증과 인준을 상징했다. 그림자-본질 관계의 패턴과 상대적으로 대비되는 첫 번째 종류의 표상화는 미래의 역사적이고 영원한 일을 예표하는 지상적·역사적 약속 및 사건과 관련됐다. 이 두 가지 종류의 표상적 해석 간의 가족 유사성은 분명했다.

칼뱅은 신약과 구약 사이에 추가적인 차이점이 있다고 지적한다. 이 차이점은 상대적인 다름과 유사성을 동시에 포함하는 방식으로 앞서 일어난 사건이 이후에 일어난 사건을 표상하는 것과 관련이 있었다. 왜냐하면 두 경우 모두 하나의 시간적 틀 안에 정렬되어 있기 때문이었다. 즉, 율법은 문자적 교리이고 복음은 영적 교리이지만 둘 다 같은 본질을 가르쳤다. 전자는 돌판에 새겨졌고 후자는 마음에 새겨졌다. 이때, 일원화된 시간 순서에 의지하는 동시에 그것을 형성하는 공통의 질서는 역사나 표상적이었다. "멀리 떨어져 있는 것들의 형상을 담고 있던 율법은 때가 되면 폐지되고 사라질 필요가 있었다. 하지만 본질 자체를 드러내는 복음은 견고하고 영속적인 안정성을 유지했다" (2.11.8).

따라서 표상적 해석은 정경의 통일성을 단 하나의 누적적이고 복합적인 의미 패턴과 동일시했다. 이 패턴은 일원화된 시간 순서와 그것의 각 단계 속에 포함된 요소이면서, 동시에 해당 순서의 연속적인 내러티브 연출에 의존했다. 이 시간 순서의 실제성과 누적적인 통일성을 고려했을 때, 불가분한 관계에 있는 문자적 읽기와 표상적 읽기는 그것의 적절한 내러티브 연출을 형성했다. 두 읽기를 동시에 사용할 때에만 해당 내러티브에 접근이 가능했던 것이다. 문자적이고 사실주의적인 해석은 성서 이야기의 설명적 의미와—적절한 상황에서는—실제 지시 대상을 자연스럽게 하나로 결합하여 성서 속 각각의 이야기의 의미를 제시하는 모습을 보여주었다. 한편, 표상적 해석은 여전히 설명과 지시 대상을 하나로 결합하면서도, 사건과 의미를 하나의 공통적인 패턴으로 이해했다. 이 패턴은 개별 성서 내러티브가 단일한 내러티브의 일부가 되도록 해주는 일원화된 시간 순서의 실제성에 의존했다.

하지만 설명적 의미와 실제 지시 대상 간의 일치만이 문자적 의미와 표상적 의미의 결합을 가능하게 한 것은 아니었다. 칼뱅이 당대까지 이어져 온 서구 기독교 전통의 대부분과 공유하던 상징에 대한 견고한 이해 또한 마찬가지로 필수적이었다. 즉, 아우어바흐의 표현을 빌리자면, 상징의 양극은 실제적이기에 "역사적 삶이라고 하는 흐름 속에 모두 포함됐고 그것들의 상호의존성을 이해하는 것만이—즉, 영적인 이해(intellectus spiritualis)만이—영적인 행위"라는 것이었다.[15] 의미의 구조는 한 역사적 사건 또는 표상적이고 의미론적으로 연결된 두 개 혹은 그 이상의 사건들 안에 어렴풋이 내재된 해당 사건(들)에 대한 묘사나 내러티브 없이는 기술될 수 없었다. 사건의 특성과 주제(혹은 역사적 내러티브나 역사 기록 비슷한 내러티브의 목적 지향 패턴)는 서로에게서 떼어낼 수 없는 관계였다. 해석이나 의미를 모으는 행위는 해석가 쪽에서 하는 어떤 물리적인 기여이거나 해석가가 대표하는 특별한 관점이 결코 아니었다. 이러한 확신 없이 사건의 순차적인

---

15. Auerbach, *Mimesis*, p. 73.

진행을 표상적으로 읽는 것은 연결점이 전혀 없는 사건과 의미의 패턴을
철저하게 임의적으로 결합하는 일이나 마찬가지였다.

우리가 이미 봤다시피 칼뱅은 독자의 마음과 생각 속에서 내적으로
증거하는 성령을 통해 독자가 어떤 경우든지 본문의 의미를 알 수 있다고
이야기했다. 성령의 내적 증거가 본문 자체에 새로운 차원을 추가하는 것
은 아니었다. 의미와 패턴(혹은 주제)은 문자적 읽기를 통해서든, 표상적 읽
기를 통해서든—이 둘 모두를 통해서일 가능성이 제일 컸지만—오로지 내
러티브 자체의 기능 중 하나로 드러날 뿐이었다. 의미와 패턴은 해석가나
가지각색의 해석학적, 종교적 "전통"에 의해 본문에 각인되는 것이 아니
었다. 전통이란 집합명사로서 한 이야기를 대변했다. 전통은 현재 또는 가
장 나중의 독자에게까지 전해져 내려온 그 이야기에 대한 해석과 화자 자
신의 정신이 어우러져 탄생한 결과물이었다. 그런데 후대의 독자에게는
본문 자체가 아닌 이야기에 관한 이 해석적 정신의 누적이 본문의 실제
중심 내용으로 여겨졌다. 칼뱅에게도 이 나중의 가능성(즉, "전통")이 성서
본문을 분석하는 데 적합한 논리 정연한 체계로 여겨졌는지는 알 수 없
다. 하지만 칼뱅은 전통이 내러티브 본문의 실제적인 읽기를 대체하는 것
을 단호히 반대했다. 문자적 읽기와—그것의 연장선에 서 있는—표상적
읽기는 내러티브 본문의 연대기적 순서와 목적 지향적인 패턴을 형성했
는데, 이것은 누적해가는 이야기가 가진 기능이었다.

정확히 이 문제, 즉 해석에 있어 두 관점의 입장이 나뉘는 문제에 대해
서 칼뱅이 딱히 언급한 것이 없다고 여길 수 있다. 하지만 이와 거의 똑같
은 논란거리에 대해서 그가 충분히 자신의 입장을 밝힌 적은 있었다. 그
에 따르면 하나님이 히브리인들을 다룰 때 지상에서의 축복과 저주 그 이
상을 넘지 않는다는 사실을 관찰한 일부가 확신에 차서 하나의 결론을 내
린다고 했다. 즉, "유대인들은 자신들의 유익을 위해서 다른 민족들로부

터 구별된 것이 아니었고 우리를 위해서 구별됐다. 기독교 교회가 영적인 일들의 예를 외형적인 형태를 통해 분간할 수 있도록 그 모범을 얻게끔 하는 것이 그 목적이었다"는 것이었다. 칼뱅은 "우리와 그들 사이에" 논쟁이 되는 부분을 다음과 같이 정의했다.

> 그들은, 가나안 땅 정복이 이스라엘 민족에게 최고조의 축복이자 궁극적인 축복으로 여겨졌지만, 그리스도의 계시로 인해 우리에게 가나안 땅은 하늘의 유업에 대한 상징이라고 주장한다. 하지만 이와는 반대로, 우리는 이스라엘 민족이 이 땅에서 향유하는 소유를 통해 마치 거울을 보듯, 하늘에 예비됐고 미래에 자신들이 받을 그 유업을 묵상했다고 주장한다.[16]

이스라엘 민족은 자신들이 향유하는 것이 정확히 무엇인지를 알았을까? 칼뱅은 이에 대해 아무런 이야기도 하지 않는다. 또한 향유가 그들이 향유하는 대상에 대한 직접적인 지식과 반드시 같을 필요도 없었다. 요점은 "이스라엘 민족"이 가나안 땅을 미래에 받을 유업에 대한 상징으로 인식할 때, 그리고 그때에만 가나안 땅이 상징이 된다는 것이 아니었다. 더 중요한 사실은 그들이 가나안 땅을 영원한 도성의 상징으로서 향유했다는 것이었다. 그랬기에 가나안 땅은 그 당시에도 상징'이었다'. 나중에 과거를 회상할 때에만 해석학적인 입장에서 가나안 땅이 상징이 되는 것이 아니었다. 현실이 가진 의미의 패턴은 그것의 전진 운동과 분리될 수 없었다. 의미 패턴은 전진 운동과 별개의 역행적 관점을 결합시켜 얻은 산물, 즉 역사와 해석이 각기 논리적으로 독립된 요소들이지만 이들을 하나로 결합하여 얻은 결과물이 아니었다. 그보다는 일련의 연속적인 사건들

---

16. *Institutes*, 2.11.1.

의 진정한 의미는 해당 사건들의 내러티브를 통해 드러났다. 그렇기 때문에 칼뱅에게 있어 해석이란—아우어바흐가 해당 전통에 대하여 전체적으로 표현한 것처럼—역사적 삶이라는 흐름의 일부분이어야 했다. 해석가가 적용하는 해석이 신실한 해석이려면, 유일한 영적인 행위는 창조가 아닌 이해, 즉 사실들을 있는 그대로 따라가는 모방 행위여야만 했다.

칼뱅에게 현실은 시간의 제약을 받는 내러티브와 간접적으로 연결된 채 또는 그것 없이 존재하지 않았다. 우리는 현실을 언제나 현실에 대한 서술이나—현실은 하나님이 인류를 순차적으로 다루는 것과 동일했기에—현실을 연출하는 내러티브적 묘사 아래서만 소유할 수 있었다. 그 이유는 분명했다. 우리는 해석가로서, 또한 종교적이고 도덕적인 인격체로서 동일한 내러티브의 일부였다. 우리는 우리가 처한 시공간적 틀로부터 벗어나서 해당 내러티브를 바라보는 독립적인 관찰자들이 아니었다. 우리에게는 행위는커녕 생각이라도 가능케 해줄 외부적 관찰 시점이 없었다. 내러티브는 현실과 현실에 의존하는 의미의 패턴을 효과적으로 연출했다. 그런데 그리스도의 계시 때문에 가나안 땅은 오직 우리에게만 상징이라고 말하는 것은 해당 내러티브의 일관성을 부정하는 일이었다. 이런 주장은 해석가가 처한 상황도 부정했다. 해석가는 전진 운동으로서 동일한 실제 사건들의 순차적인 진행에 지적으로 참여하여 스스로를 그 속에 배치시켜야 했다. 우리가 구약의 인물들과 다르게 표상적 이해 없이도 해당 내러티브의 종착점을 알고 있음에도 불구하고, 앞을 향하는 이 움직임은 여전히 유지됐다. 해석의 임무는 내러티브의 의미를 모으는 것이었지 역사적이고 내러티브적인 흐름을—아니면 둘 중 하나만을—논리적으로 별개인 어느 한 의미와 결합시켜 내러티브에 간섭하는 것이 아니었다. 그 별개의 의미는 해석가 개인의 관점일 수도 있었고 내러티브적 사건과 해석의 혼합물일 수도 있었다. 내러티브적 사건과 해석이 뒤엉킨 경우 사건 자체에 얼마나 많은 '의미'가 포함되어 있는지, 또 해석적 관점에 포함된 의미의 양은 얼마인지를 판단하기란 불가능했다.

문자적 읽기와 표상적 읽기의 일치는, 가장 우선적으로 문자적(혹은 문법적) 의미와 역사적 지시 대상의 일치에 의존했다. 두 번째로는 내러티브가 시공간의 현실을 특별한 방식으로 연출한다는 확신에 의존했다. 해석적 사고는 누적해가는 사건들의 순차적인 진행과 그것의 목적 지향적 패턴이 갖는 의미를—또는 그것들로부터 비롯되는 의미를—파악할 수 있고 또 파악해야만 했다. 왜냐하면 해석가 자신이 그 실제 흐름의 일부였기 때문이었다. 문자적 의미와 역사적 지시 대상이 더 이상 동일하지 않다면, 문자적 읽기와 표상적 읽기 또한 마찬가지로 더 이상 서로에게 속한 관계가 아니었다. 이와 비슷하게, 의미의 패턴이 본문 이야기나 사건 특성의 견고한 구성요소가 아니라 준독립적인 해석적 입장의 기능으로 여겨질 경우에 문자적 읽기와 표상적 읽기는 분리됐다. 표상적 읽기는 점차 일단의 매우 다양한 본문들에 통일성을 임의적으로 강요하고 강제하는 행위처럼 여겨졌다. 표상적 해석은 더 이상 문자적 읽기의 연장이 아닌, 하나의 볼품없는 역사적 주장 또는 사전에 확립된 교리를 위해서 본문들을 임의로 알레고리적으로 해석하는 행위로 여겨졌다.

종교개혁 이후의 개신교

문자적(혹은 문법적) 의미가 성서의 진정한 의미라고 확언하는 것은 루터파와 칼뱅주의 해석 전통에서 일반적인 현상이었다. 이에 더하여, 성서의 영감은 기록된 개별 단어의 영감을 의미하게 됐고 하나님의 말씀은 본문 자체와 동일시됐다. 루터파 사이에서 통용되던 이런 강한 문자주의는 루터에게서 뿌리를 찾을 수 있었지만 그래도 이는 그의 전체적인 입장이 아니었다. 그런데도 이 문자주의는 일리리쿠스(Matthias Flacius Illyricus)의 『성서의 열쇠』(*Clavis scripturae sacrae*)와 같은 초기의 해석학 저작물부터 크벤스테트(J. A. Quenstedt), 홀라츠(D. Hollatz), 칼로프(A. Calov)와 같은 후대의 정통주의 저술가들의 교의신학까지 지배했다. 놀랄 것도 없이, 이 저술가들은 18세기—이들이 세상을 떠난 지 한참 되고 교리적 조류도 바뀐—에 등장한 혁신론자와 이성주의 학자의 격렬한 비판 대상이 됐다. 그들은 본문 해석을 정통주의 교의신학의 요구에 굴종시켰다는 비난을 받았다.

하지만 18세기의 훨씬 더 진보적인 학자에겐 이들만큼이나 불쾌한—사실 더하면 더했지 덜하진 않은—관점이 있었으니 바로 경건주의 전통이었다. 경건주의 전통은 개신교 스콜라주의 정통파보다 나중에 등장했는데 주로 루터파 안에서 활동했으며 해석학을 교의신학에 종속시켰다. 경건주의 주석가들은 정통주의적이고 스콜라주의적인 사고방식을 고수하는 그들의 동료들만큼 성서 본문의 문법적 의미를 신봉하지는 않았다. 그들은 본문의 문자적이고 문법적인 읽기를 확증하면서도 이를 초월하고자 했다. 단일한 진술에 복수의 의미를 부여한다는 혐의는 표상적 읽기가 받았지만 실제 기소를 당해야 했던 것은 경건주의 해석 쪽이었다. 해석학에 관한 전형적인 경건주의 연구물을 꼽자면, 출판됐을 당시 세간의 찬사를 받았던 람바흐(Johann Jacob Rambach)의 『거룩한 해석학』(*Institutiones herme-neuticae sacrae*)을 들 수 있다.[17] 람바흐는 기센(Giessen)의 교수이면서 위대한 경건주의자였던 프랑케(August Hermann Francke)의 추종자였는데, 프랑케는 할레(Halle) 대학교의 설교자이자 교수였다. 람바흐는 특정한 영적인 은사

---

17. Sixth ed., 1764. 경건주의자들의 성경관과 그 궤변적인 영향(paradoxical effect)에 대한 확고한 설명은, Emanuel Hirsch, *Geschichte der neuern evangelischen Theologie* (Gütersloh: Bertelsmann, 1949-54), vol. 2, pp. 169-86을 보라.

들의 필수불가결함을 강조했다. 즉, 성서의 해석가에게 있어 지성의 조명 및 예수/하나님의 말씀에 대한 사랑은 전문적인 훈련 및 그가 소유해야 했던 전문 지식과 더불어 필수적인 것이었다. 성령의 조명 사역은 거룩한 성서의 매 장(page)과 그것을 온전하게 대하는 이들의 마음과 정신에 공평하고 균등하게 배분됐다. 종교개혁자들은 이와 똑같지는 않더라도 비슷한 주장을 내놓았었다. 하지만 람바흐는 이들과 달리 성령의 사역을 담는 이 두 개의 보고 사이의 일치가 한쪽에게 보통의 문법적·논리적 의미를 넘어선 영적인 의미를 분별할 능력을 요구한다고 생각했다. 적어도 일부의 거룩한 말씀의 경우엔 그럴 수 있어야 한다고 했다. 더군다나 그런 개별 말씀의 영적인 의미는 해당 말씀에 확장된 영향력과 강조를 제공했다. 따라서 그 말씀은 그것이 짊어질 수 있는 최대한의 의미와 중요성을 부여받았다. 이때, '강조'는 전문용어가 된다. 강조는 성서의 말씀이 보통의 용례나 해당 인접 문맥에서 갖는 의미보다 더 초월한 의미를 갖는다고 보는 교리나 방식을 뜻했다.

　람바흐는 이런 측면에서 칼로프와 같은 정통주의 신학자들과 철저하게 노선을 달리 했다. 칼로프는 문자적 의미를 집요하고도 배타적으로 좇았던 대표적인 사람이었다. 하지만 람바흐는 핵심 본문을 해석하는 근본적인 단서를 '신앙의 유비'(analogy of faith)로 보았다는 점에서만큼은 정통주의 신학자들과 노선을 같이 했다. 이 장치는 성서 본문들, 특히 의미가 모호한 본문의 서로 다른 의미를 전체적인 성서의 맥락에서 발견한 구원 교리들에 일치시킴으로써 조화시키고자 했다. 이 교리들은 당연히 아우크스부르크 신앙고백서(Augsburg Confession)를 따르는 건전한 루터파의 교리였다. 경건주의자들이 개인적인 열심을 내어 이 교리들을 붙잡았던 탓에, 그 교리들이 스콜라주의적인 루터파 신학자들 사이에서 가졌던 교훈적 진리의 지위를 벗어나 변형되긴 했지만 말이다.

성서의 우월성을 수호하는 이 두 개의 전통 사이의 차이는 단순히 개성의 문제가 아니었다. 한쪽은 배타적으로 문자적 읽기만 고집했고 다른 한쪽은—영적으로 독실한 이에게만 허락된—숨겨진 의미에 대한 영적인 해석으로 문자적 읽기를 보충했다. 이 둘 사이의 차이는 당대의 일부 종교 다툼만이 아니라 이 두 견해 모두를 반대했던 후대의 자유주의 학자들에게도 영향을 주었다. 자유주의 학자들이 얼마나 정통주의적 문자주의를 싫어했든지 간에, 그들이 이보다 더 참을 수 없었던 것은 한 본문 안에 다양한 의미의 층이 있다는 통제 불능의 주장과 개별 단어에 숨겨진 강조와 의미에 대한 탐구였다. 18세기 혁신론자들과 합리주의 학자들은 다른 모든 명제와 마찬가지로 성서적 명제 또한 하나의 의미만을 갖는다고 주장했다. 또한 모든 해석은 본래 본문을 최대한 엄격하게, 또는 신실하게 재구성한 채 시작해야 한다고 했다. 이런 면에서 보면, 18세기 자유주의 신학자들은 그들이 반대했던 경건주의자들보다는 정통주의자들에게 더 가까웠다. 예를 들어, 일반적이고 인위적이지 않은 해석학 이론에 근거하여 신약 해석학 분야를 개척했던 에르네스티(Ernesti)는 신학적인 견해에 있어서 꽤 보수적이었다. 그는 경건주의자들의 해석학 견해들을 재빠르게 거부했지만 더욱 정통주의적인 교의신학 전통에는 그다지 반대하지 않았다.

정작 경건주의는 그럴 의도가 전혀 없었지만, 역사는 별난 방식으로 경건주의가 성경비평학의 태동에 기여하게끔 했다. 모든 성서 본문과 정확한 표현에서까지 동일한 구원의 진리를 발견하고자 했던 열정은 복음서를 조화시키려는 수많은 18세기의 노력을 낳았다. 이뿐 아니라 경건주의 운동은 그 유명한 슈바벤의(Swabian) 벵엘(Johann Albrecht Bengel)처럼 경건주의 신념에 사로잡힌 위대한 사본학자들을 자극하여 사용가능한 모든 초기 사본을 활용함으로써 신약성서의 헬라어 원문을 복원하도록 했다.

우리의 중심 내용과 관련해서, 정통주의 전통과 경건주의 전통은 같은 입장이었다. 성서 내러티브를 해석함에 있어 두 전통은 종교개혁자들과 서구 기독교계가 초기부터 형성해왔던 큰 공감대를 따랐다. 이들 모두에게 내러티브의 문자적이고 역사적 읽기는 사실상 동일했다. 우리가 봤듯이 루터는 꽤나 자연스럽게 성서 단어의 문법적 의미와 역사적 의미를 동일시했다. 성서 본문이 명백하게 알레고리나 비유가 아니고 문자적일 경우, 그리고 내러티브적일 경우, 해당 본문은 또한 역사적이었다. 더군다나 루터와 칼뱅, 둘 모두는 신구약을 포함한 전체 성서가 그리스도를 선포한다는 주장과 문자적 읽기 사이에 아무런 모순이 없다고 생각했다. 만약 일말의 긴장관계가 있다면 그것은 표상적 읽기의 수고가 해결해주었다. 하지만 문자적(혹은 문법적) 읽기와 역사적 읽기 사이의 논리적 관계가 변함에 따라 표상적 읽기도 변화를 겪었다. 그것은 더 이상 문자적 의미의 확장이 아닌 미심쩍은 가치를 갖는 하나의 역사적 주장이 되어버렸다. 경건주의자들에게 후자의 기능은 단어의 신비적 또는 영적 의미가 담당했다. 이를 통해 그 단어들 중 어느 것이라도 '강조'될 수 있었으며 성령은 강조된 단어들을 사용하여 그리스도를 가리키거나 궁극적으로는 그리스도를 위해 현재와 미래 역사를 가리켰다.

성서 내러티브에 대한 설명적 해석을 내러티브의 역사적 실제성과 논리적으로 동일시하던 입장은 조금씩 무너지기 시작하더니 18세기가 진행되면서 급속도로 해체됐다. 물론 이 입장이 지금까지 잔류하는 몇몇 중요한 혼란을 남겼다는 사실을 앞으로 보게 될 것이다. 또한, 개신교 해석가들 사이(대표적인 예로, 코케이우스)에서 암묵적인 인정 이상의 지지를 받았던 구약 본문들의 표상적/모형론적 읽기는 시간이 지남에 따라 18세기의 진보적인 학자들에게서 성서 문자주의보다도 더 큰 조롱을 받았다.

성서 내러티브의 설명적 의미와 역사적 추정 사이의 분열은 해석학

이론에 치명적인 결과를 불러왔다. 해석학적 입장을 고치려는 움직임이 있긴 했지만, 그러한 보수 작업은 마침내 완전한 균열을 만들어냈다. 앞선 상황은 이제 완전히 반전됐다. 이전에 역사적 판단은 내러티브 본문의 문자적(어떤 경우에는 표상적) 의미가 갖는 한 기능에 불과했었지만 이제는 정반대가 됐다. 본문의 의미는 본문의 역사적 주장, 특성, 기원이 받는 평가에 따라 결정됐다. 유일한 대안은 내러티브의 의미에 대한 설명과 역사적 해석을 완전히 분리시키는 것이었다. 둘 사이의 모형론적 유사성도 배제하면서 말이다. 각각의 대안은 얼마간의 지지자를 끌어 모으는 데 성공했고, 이외에 다른 이들은 굉장히 불확실한 중립 지대에 머무르려 애썼다. 하지만 과거의 해석학적 입장은 그 어느 때보다도 빠르게 역사의 뒤안길로 사라졌다.

역사적 주장과 설명적 의미 간의 분열과 재통합이 시작되는 모습은 17세기에 처음으로, 그리고 18세기 초에는 확연하게 볼 수 있었다. 즉, 신약성서와 기독교 전통은 구약의 특정 예언들이 신약 이야기 안에서 성취됐다고 주장했는데 이것의 진정성을 두고 일부 이신론자들과 정통주의자들이 벌인 논쟁 속에서 조짐이 보였던 것이다. 문제가 됐던 것은 시대적으로 앞선 본문에 대한 나중의 해석이 과연 옳으냐 그르냐 하는 것이었다. 본문은 후대의 해석이 그것의 뜻이라고 주장한 것과 실제로 동일한 것을 의미했을까? 그런데 이 질문에 대한 의견 차이를 결정했던 기준은 또 다른 질문에도 답으로 기능했다. 즉, 신약의 저자들이 신약 자체의 역사적 진실성을 주장하기 위해 구약 본문을 증거로 사용했을 때 옳았을까, 아니면 틀렸을까? 주어진 구약 본문의 의미는—신약 저자들에 의해서든 아니면 후대의 주석가들에 의해서든—신약에 보도된 사건들에 적용될 수 있는 것이었을까? 다시 말해, 앞선 시대의 본문의 '의미'는 그것의 '지시 대상'과 일치했다. 본문은 그것이 적합하도록 해석된 특정한 후대의 사건들에 들어맞는 것일까, 아니면 몇몇 다른 사건들을 지칭하는 걸까? 어떤 경우든, 해당 본문의 의미는 스스로를 초월하여 특정한 사건들을 가리키는 데 성공하는지 또는 실패하는지에 따라 결정됐다.

스피노자

17세기의 스피노자(Benedict de Spinoza)와 독일계 네덜란드 신학자 코케이우스(Johannes Cocceius)는 성서에 대해 매우 다른 견해를 보였는데, 이를 통해 설명적 의미와 역사적 지시 대상, 내러티브적 묘사(혹은 형태)와 내러티브의 의미(혹은 중심 내용) 사이의 분열이 시작하는 것을 관찰할 수 있다. 스피노자의 『신학정치론』(*Tractatus theologico-politicus*)은 18세기가 되어서야 계발될 합리적이고 역사비평적인 해석학의 주요 원칙들을 이미 제시한 탁월하고 예언적인 저서였다. 그에 의하면 진리 및 진정한 미덕의 본성과 표준은 성서로부터 추론해낼 수 없었다. 왜냐하면 성서는 어떤 경우든지 근본적으로 자연 지식이나 추론적 지식 또는 역사적 지식을 얻을 수 있는 자료집이 아니었기 때문이었다. 성서는 하나님을 향한 경건과 순종만을 심어주려 할 뿐이었다.

성서가 진정한 경건(신적 기원에 대한 유일한 주장)을 가르치는지, 그렇지 않는지는 성서 진술의 의미와 성서 저자들의 의도를 검토해본 후에야 알 수 있었다. "성서에 대한 우리의 지식은 … 성서 안에서 찾아야 했다." 그리고 다시 말하지만, "성서 해석은 성서에 대한 검토와 저자들의 의도를 추론하는 것에서부터 시작했다. 이는 해석학의 근본적인 원칙들이 제시하는 타당한 결론이었다."[18] 결과가 어떻든지 이 원칙은 적용되어야만 했

---

18. *The Chief Works of Benedict de Spinoza* (hereafter *Works*), trans. and introd. by R. H. M. Elwes (New York: Dover, 1951), vol. 1, pp. 99, 100.

다. 심지어 성서의 진술이 이성의 진술과 단순히 다른 정도가 아니라 완전히 반대되는 예상 밖의 경우에도 말이다.

주요 개신교 전통에 있어 (표면상) 동일한 원칙은 성서 문서의 글자와 영의 일관성—동일시되지 않는다면—을 의미했다. 즉, 역사적 내러티브의 문자적 의미와 실제 역사적 지시 대상이 서로 일치했을 뿐만 아니라 성서 진술의 종교적 의미와 종교적 진리도 일치한다고 여겨졌다. 하지만 스피노자는 그렇게 생각하지 않았다. 그는 자신의 독자들을 준엄하게 훈계했는데(Works, 101), 성서를 해석할 때 "우리는 본문의 진실 여부를 좇는 것이 아니라 본문의 의미만을 좇으며, 단어들이 갖는 의미나 성서 외에 다른 어떤 토대도 인정하지 않는 이성을 통해서만" 본문을 검토한다고 말했다.

성서는 언어적(혹은 문자적) 의미와 성서가 전달하는 진정한 의미(혹은 교훈) 사이를 주의 깊게 구별하기를 요구하는 방식으로 교훈했다. 이 사실은 성서가 심어주고자 하는 믿음(혹은 믿어야 하는 사항들)과 관련해서 특히나 옳았지만 성서가 주된 목표로서 양성하고자 했던 경건의 영의 경우에도 옳았다.

> 성서는 어떤 사실을 설명할 때 부차적인 사례를 들어 설명하지 않는다. 성서는 사람들을, 특히 교육받지 못한 사람들을 헌신으로 이끌 수 있는 가장 큰 힘을 가진 규칙과 문체로 그 사실을 이야기한다. 그렇기에 성서는 하나님과 사건에 관하여 부정확하게 서술하면서, 이성을 납득시키는 것이 아니라 상상력을 매혹시키고 계속 붙잡는 데 그 목적을 둔다. (Wokrs, 91)

분명 성서 내러티브의 실제 중심 내용은 내러티브가 구술하는 사건이 아닌 내러티브가 전달하는 분리 가능한 종교적 교훈들이었다. 이러한 원칙상의 분리는 교훈의 전달 방식이 교훈 자체만큼이나 중요하다는 사실에 의해 보다 명백해졌다. 성서의 목적은 올바른 종류의 종교를 가르치는 데에만 있지 않고 사람들의 마음이 실천에 이르도록 움직이는 데에도 있었다. 사실 그들의 생각을 움직이는 것은 더 쉬운 일이었다. 왜냐하면 사람들은 원칙적으로 보편적이고 올바른 종교를 단순히 성경만이 아니라 이 신앙과 부합하는 개인의 본성과 일반적인 사상을 통해서도 알기 때문이었다. 신의 법(Divine Law)과 동일시되는 보편 종교는 "온 인류에게 보편적이고 일반적"이며 보편적 인간 본성으로부터 추론 가능하고 "어떠한 역사적 내러티브의 진실성에도 의존하지 않았다"(Wokrs, 61). 그 종교는 오직 하나의 교리를 지향했다. 즉, "신이 존재하고, 그 신은 절대자(Supreme Being)이며 정의와 자비를 사랑하고 구원받고자 하는 이는 그에게 순종해야 한다는 사실, 그리고 이 존재에 대한 경배는 각자의 이웃을 향한 정의와 사랑의 실천으로 이루어져 있다는 것"이다.[19]

　이러한 보편적, 자연적으로 인식 가능한 종교가 성서의 주된 내용이기도 했기에, 성서 내러티브의 의미를 그것의 역사적 진실성에서 찾을 수는 없었다. 성서 내러티브는 역사적으로 의심스러울 뿐만 아니라 성서적 보도들은 극악할 정도로 신뢰성이 없었다. 그렇기에 성서 내러티브의 문자적 의미와 역사적 지시 대상은 반드시 일치하지 않았으며(따라서 둘은 서로 별개의 사항이어야 했다) 둘이 일치하는 경우에도 그것이 반드시 성서 내러티브의 진짜 내용이거나 중심 내용은 아니었다. 후자는 분명 일종의 종교적인 것이었고, 그렇기에 오직 이차적인 측면 또는 주변적인 측면에서 역사적이었다.

　역사적 내러티브의 진실성은—그것이 얼마나 보증되든지 간에—우리에게

---

19. *Works*, p. 186; 참조, p. 104 passim.

지식도 그리고 그에 따른 하나님을 향한 사랑도 제공해 줄 수 없다. 왜냐하면 하나님을 향한 사랑은 그에 대한 지식으로부터 비롯되며 그에 대한 지식은 확실하고 명백한 일반적인 사상들로부터 기원해야 하기 때문이다. 이를 통해 우리는 역사적 내러티브의 진실성이 우리의 가장 고귀한 선을 이루는 데 필요요건이 되지 못하게 해야 한다. [*Works*, 61]

사실 이런 문자적, 역사적, 종교적 의미 사이의 구분조차 충분하지는 않았다. 왜냐하면 혹자는 성서 본문의 종교적 의미가 본문의 진실성(즉, 본문이 하나님의 진정한 의미를 담고 있다는 것)과 같기를 바라겠지만 그것은 당연시할 수 있는 문제가 아니라 증명의 문제였기 때문이다. 짐작건대, 증명 과정 중에 성서의 사상은 인간 본성으로부터 이끌어낸 일반적인 사상을 통해 그 보편적 신앙과 일치하는지, 안 하는지를 평가받았다. 그렇지만 "성서의 의미와 선지자들을 이해하는 것, 그리고 하나님이나 실제 진리의 의미를 이해하는 것은 전혀 다른 일"이었다.[20]

의미의 복잡한 일련의 용례(그리고 용례들 사이의 구분)를 고려하고, 특히나 의미와 진실 사이의 마지막 구분을 고려하고 나면, 성서 본문의 의미는 그것이 "이성"이나 진실과 얼마나 일치하는지가 아니라 오직 성서 자체로부터 추적해야 한다는 스피노자의 근엄한 명령을 이해할 수 있었다. 그러므로 기적적인 이야기의 문자적인 의미가 그 어떠한 역사적 지시 대상과 양립할 수 없는 것은 당연했다. 왜냐하면 실제로는 아무 일도 일어나지 않았거나 최소한 기록된 것과는 다른 어떤 일이 일어났을 것이기 때문이다. 하지만 이보다 더 중요했던 점은—즉, 의미 영역의 추론적 목적에 더 가까웠던 것은—만일 본문의 문자적 의미가 이성과 충돌을 일으키는

---

20. *Works*, pp. 170f.; 참조, p. 106.

것처럼 보이고 본문의 언어가 비유적이지 않다면, 이성이 가장 납득할 만한 해석을 찾기 위해서 비유적 해석에 의지하거나, 본문이 "다양한, 아니 사실은, 모순적인 의미들도 허용한다"(*Works*, 115)라는 주장에 기대선 안 된다는 것이었다. 우리는 그저 그 어려움이 다른 방식으로 해결될 수 있기를 바라면서 본문의 언어적 의미와 이성(혹은 진실) 간의 충돌을 받아들여야만 했다. 즉, 해당의 언어적 의미가 훌륭한 형이상학적 추론 위에, 따라서 종교적으로는 주변적인 요점 위에 세워져 있다거나 성서 본문의 내용은 그것의 언어적 형태와 다르다고 여기는 식(이것은 본문의 언어적 형태를 각기 다른 읽기로 다양하게 읽은 후에 내리는 결론과는 달랐다)으로 말이다.

그렇다면 성서 본문에 대한 알맞은 설명으로 여길 수 있는 것은 무엇일까? 우리는 본문의 역사적 정황(즉, 당시의 언어적 용례), 저자의 일반적인 견해, 본문과 전반적인 역사적 상황의 관계를 통해서 단어들의 의미를 이해해야 한다고 했다. 이러한 방식으로 본문의 의미를 일차적으로 확립했다면―그것을 절대로 위배하지 않는 채로―우리는 '선지자들과 성령의 생각'을 탐구하는 단계로 넘어갈 수 있었다. 그리고 여기서 가장 중요한 점은 '우리가 가장 보편적이고 모든 성서의 근본이자 토대가 되는 대상을 먼저 찾으려 한다'는 것이었다(*Works*, 104). 그것은 결국 보편적 신앙으로 드러나는데, 이 신앙은 인간 본성을 반성하여 일반적인 사상들로 얻어낸 결과였다. 그것은 또한 성서의 일반적인 의미이자 본문 속에 제시된 '진정한 미덕의 특정 외부적 발현'을 위한 토대이기도 했다. 그러므로 영적 의미(이 의미는 이성이나 진실과 양립 가능한지 불가능한지와 무관하게 오직 자기 자신에만 근거했다)와 이성의 위험천만한 분열은 사실상 그다지 위험하지 않은 것으로 드러났다. 이런 모든 단언에도 불구하고, 성서의 궁극적인 의미는 우리가 어쨌거나 종교적 진실이라고 알고 있는 것과 의심의 여지없이 똑같았다.

우리가 "선지자의 생각을 성령의 생각, 그리고 실제의 진실과 혼동"해서는 안 되고, 또 성서의 일부 본문은 여전히 뜻이 불분명하긴 했지만, 그럼에도 "우리가 구원과 관련된 문제와 복에 필요한 문제에 대해선 확신을 가지고 성서의 의도를 따를 수 있다는 사실은 가장 분명했다"(Works, 106, 11). 우리는 이런 문제와 관련하여 성서를 신뢰할 수 있을 뿐만 아니라, 성서의 의미와 하나님의 진리가 조화를 이룬다는 사실까지 믿을 수 있었다. 왜냐하면 성서는 의심의 여지없이 보편적으로 진실한 신앙에 근거했고, 그것을 사람들의 마음에 설득력 있게 개진했기 때문이었다.

요약하자면, 성서의 문자적 의미와 역사적 지시 대상은 서로 별개의 요소이며 빈번하게 대립했다. 하지만 (사실상 종교적 진리와 동일한) 성서의 종교적 의미는 이 요소들과 논리적으로 분리된 채 어떤 경우든 이들과 대립하지 않았다. 마지막으로 성서의 종교적인 힘—의미 또는 진실과 별개인—은 머리보다는 가슴에, 즉 추론이나 지적인 이해를 통해 생각에 호소하기보다는 경건과 미덕을 불러일으키는 방식을 택했기 때문에 이런 모든 방식의 의미에 상관없이 영향력을 행사했다. 이러한 성서 사용은 보편적 신앙의 건전성에 근거했음에도 그것과 (또는 성서 진술의 의미와) 동일하거나 대립하지 않았다.

주목해 볼 만한 것은, 본문의 문자적 의미와 역사적 지시 대상의 구별은 스피노자가 올바른 성서 해석 절차를 개진하는 과정에서 유일하게 지적하거나 가장 중요하게 취급했던 것이 아니라는 사실이다. 그렇지만 스피노자는 이를 확고하고 의도적으로 구별했다.

코케이우스

코케이우스(Johannes Cocceius)는 레이든 대학교(University of Leyden)의 신학 교수이자 칼뱅의 신실한 추종자였다. 그는 그럴 의도가 없었음에도 불구하고 신학의 미래를 여는 여러 길을 개척하는 데 거의 성공했다. 코케이우스는 분명 혁신자가 될 생각이 없었다. 그는 '언약신학'(federal theology)의 체계를 주제적 명료성을 가지고 작업한 첫 사람이었다. 코케이우스는 하나님과 사람 사이의 언약이라는 전통적인 개혁주의 개념을 가져다가 성서에 묘사되어 있는 역사 속에서 기능하는 각기 다른 시대적 단계에 관한 개념으로 발전시켰다. 그는 소위 말하는 19세기 구속사 학파(heilgeschichtliche Schule)의 선구자였다. 이 학파에 있어 성서의 통합적인 의미는 실제 사건들이 정렬되는 특별한 순서와 동일했다. 이 순서는 창조부터 역사의 끝까지의 기간을 포함했고 그리스도의 성육신이 그 중심이었으며 전체적인 사건들의 진행은 모호한 방식으로 다른 역사적 사건들과 연관됐다.

타락 이전의 행위언약과 (코케이우스가 믿은 바, 성부와 성자 사이에 맺어진 영원 전의 협정에 근거하여 출현한) 이후의 은혜언약 사이의 대비가 기본적인 구조였고 타락 이후의 시기는 시간적으로 구분된 신적 경륜의 여러 단계로 세분화됐다. 따라서 성서는 역사적 연속체에 대한 묘사였고 후대(즉, 코케이우스 자신의 때가 아닌 후대)의 관점에서 보면 유기적인 모양을 갖추고 있었다. 은혜언약의 한 단계가 다음 단계로 조용히 발전하거나 이어지는 것은 아니었다. 각 단계는 신적 경륜에 빈틈이나 빠진 데가 없도록 하는 방식으로 다음 단계로 차곡차곡 이어졌다. 성서가 서술하는 하나님의 사역은 은혜언약—신구약을 지배하지만 (특히) 예수 그리스도에 의해 약속되고 세워진 하나님 나라 및 신약에서 절정을 맞이한—을 통해 이루어진 구원에 관한 역사였다. 코케이우스는 은혜언약의 초기 단계와 후기 단계 사이에 존재하는 이런 특징적인 차이와 발전이 다음과 같다고 했다. 즉, 초기에 죄를 단순히 지켜보던 신적 태도는 후대에 죄를 진정으로 용서해주는 모습으로 변화했고, 인간은 율법 아래서 하나님에 대한 노예적인 두려움에 떨

었지만 복음 아래에서는 그를 향해 자유롭게 사랑을 표현했다.[21]

하지만 이제는 이렇게 시간적으로나 정신적으로 (혹은 종교적으로) 구분되는 성격의 신적 경륜이 성서의 유일한 주제가 아니라는 사실이 드러났다. 코케이우스는 또한 그리스도가 은혜언약의 두 세대(dispensation) 모두에서—즉, 구약과 마찬가지로 신약에서도—구원하는 믿음의 대상이었다고 주장했다. 그는 철저하게 보수적인 그의 성서 해석 속 묘사와 역사 사이의 관계를 다룸에 있어 초점을 일관되게 유지하지 못했는데, 이것이야말로 코케이우스가 우리 주제에 기여하는 바였다.

그리스도를 신구약의 중심 내용으로 여기는 일과 시간적으로 구별되고 또 정렬된 구속사의 각 단계들 사이에서 통일성을 발견하는 것은 사뭇 다른 문제였다. 두 관점을 하나로 묶고, 마찬가지로 신구약의 통일성과 차이점을 하나로 합치는 것이 가능하긴 했다. 칼뱅처럼 표상적 해석법을 사용하면 됐다. 이 해석 도구를 통해 개별 이야기에 대한 문자적·내러티브적 읽기는 하나의 지배적인 이야기로 확장됐고 동시에 그것이 가리키는 실제의 시간적 순서를 접근 가능한 것으로 바꿔주기도 했다. 이런 방식으로 신구약은 '예수 그리스도를 통한 구원' 같은 공통의 주제 면에서 문학적인 통일성을 이뤘고, 이 통일성은 신구약 성서가 묘사하는 사건들의 순차적이고, 시간적으로 구분되는 특성과 모순되지 않았다.

하지만 코케이우스에게서 문자적(혹은 내러티브적) 읽기와 역사적 지시대상은 분리되기 시작했다. 이런 면에서 그는 자신의 기독교 정통주의에도 불구하고 동시대인이자 귀화한 동포였던 스피노자와 별반 다르지 않

---

21. Johannes Cocceius, *Summa doctrinae de foedere et testamento Dei* (1648; 6th ed. Amsterdam, 1691), 예, pp. 266ff., 283ff. 이 논고에 대한 상세한 설명은 다음을 보라. Gottlob Schrenk, *Gottesreich und Bund im älteren Protestantismus vornehmlich bei Johannes Cocceius* (Gütersloh: Bertelsmann, 1923), pp. 82-115.

았다. 스피노자는 성서 해석 원칙에 있어 이신론과 역사비평학의 선두주
자로서, 문자적 해석과 역사적 해석을 코케이우스보다 훨씬 더 의도적으
로 구분했다. 일단 분열의 위험이 일말이라도 감돌면, 성서 내러티브들의
문학적 통일성은 시간적으로 순차적인 현실에 대한 묘사와 조정 불가능
한 긴장관계에 놓이게 됐다. 만약 그리스도가 구약의 주제로서 이미 등장
했다면 구속사나 계시의 역사 속에서 그가 성육신했을 때 뭔가 새롭거나
실제적일 것이 없었다. 이와는 반대로 만일 누군가가 시간 속에서 진정으
로 참신한 사건이 발생했다고 주장하면, 그리스도가 은혜언약을 성취할
때 구약이 약속을 통해 참여하는 것은 굉장히 미심쩍은 일이 됐다. 이 경
우 새 세대가 출현했을 때 진짜로 드러나는 것은 두 세대 사이의 차이와
이에 따른 앞선 세대의 완전히 시대착오적인 본질이었다. 구약의 안식일
법 준수와 관련하여 오래 지속됐던 논쟁에서 코케이우스의 청교도파 적
들은 사실상 그가 딱 이 관점을 견지한다고 비난했다.

코케이우스는 구원 경륜의 시간적으로 구분되는 순서를 강조했는데
이는 문자 그대로의 설명적 의미와 역사적 지시 대상의 전통적인 결합이
해체될 날이 멀지 않았음을 알려주는 또 하나의 지표였다. 이야기 자체는
더 이상 그것이 묘사하는 역사의 현실을 표현하지 않았다. 코케이우스의
신학은 대단히 성서적이었고 그는 성서의 통일성을 주장하는 새로운 노
력에 앞장섰던 인물이었다. 그렇기에 그와 같은 보수주의자에게 어떤 일
이 일어나는지를 관찰할 수 있다는 점에서 코케이우스의 경우는 흥미롭
다. 성경주의를 고수했음에도 불구하고 그가 다루기 시작했던 해석 원칙
들은 앞으로 예언의 성취를 둘러싸고 벌어질 이신론 논쟁을 주도할 원칙
들과 비슷했다. 코케이우스는 성서의 통일성을 내러티브적으로 이해하는
일에 종교개혁자들만큼이나 헌신적이었지만, 천하의 그조차 해석학 원칙
의 전환을 보여주기 시작했다. 이 전환은 내러티브가 역사적 지시 대상으

로서의 의미와 본문의 문학적(혹은 문자적) 의미로서 각각 해체되고, 표상적 해석이 둘 사이를 더 이상 설득력 있게 중재하거나 자연스럽게 중재하지 못했을 때 시작됐다.

　역사가의 회고적 시선에는 그 어떤 기술적인 변화보다도 감수성의 전환이 눈에 띈다. 이것의 가장 명확한 증거는 아마도 코케이우스의 표상적 읽기가 비상하고 지나치게 급증했다는 점일 것이다. 그의 읽기는 뒤늦은 퇴폐적인 성장이 보이는 온갖 종류의 낭비와 사치는 다 갖고 있었다. 그는 구약의 모든 사건과 의식을 신약의 상징으로 여겼을 뿐만 아니라 구약의 모든 상징이 성서 이후의 역사와 자기 당대의 사건들을 통해 성취됐다고 생각했다. 예를 들어 스웨덴의 열렬한 개신교 전사 왕, 아돌푸스(Gustavus Adolphus)의 죽음도 하나의 성취였다.[22] 그의 읽기는 이런 종류의 사고에 있어 종교개혁자들이 보여주었던 경제성이나 절제와는 극명하게 대비됐다. 물론 종교개혁자들의 개인적인 경험이나 현재 상황에 대한 이해를 성서 속에 서술된 실제 세계와 형태에 비교해보면 마음과 정신이 성령의 조명을 필요로 한다는 사실은 분명했다. 하지만 일단 그 은혜가 주어지자, 그들은 스스로가 그 전체 내러티브와 그것을 통해 내러티브가 신실하게 연출하는 세계 안에 포함된다는 사실을 손쉽고 자연스럽게 깨달았다. 그렇기에 그들은 마음 졸이며 안심을 제공해줄 만한 어떤 상징을 끊임없이 의지할 필요가 없었다. 즉, 현재 삶의 상황을 그 전체 이야기와 역사 속에 포함시켜주거나, 아니면 반대로, 성서의 역사를 교회사와 개인의 시간과 다가올 종말의 때까지를 아우르는 보다 큰 구속사의 흐름 속에 포함시켜줄 상징은 필요하지 않았던 것이다.

　하지만 코케이우스의 상황은 달랐다. 그의 감수성과 상상력은 끊임없

22.　Schrenk, p. 29.

는 위치 잡기(positioning)를 요구하는 것처럼 보였다. 그가 파악하고자 했던 것은, 자기 자신 하나보다는 본인이 속한 역사적 시대가 내러티브로 표현된 세계와 나란히 비교했을 때 어디에 위치하는지였다. 그 세계 속에 자신의 현재 시간을 알맞게 위치시킬 수 있는 것은 끊임없는 표상적 증식(figural proliferation)의 영향뿐이었다. 나중에 출현한 세대의 새로움과 관련한 구약의 위치의 경우도 마찬가지였다. 구약과 새로운 세대 사이의 연속성이 둘 사이의 차이만큼이나 실제적이라는 사실을 보증하기 위해서는 상징을 이용하여 끊임없이 위치를 잡아주는 절차가 요구됐다. 여기서 우리는 해석학 원칙들의 기술적인 변화를 넘어서, 성서의 세계에서 다른 시공간적 현실로의 점진적인 전이를 본다. 개인은 이 새로운 역사적 세계를 자기에게 맞는 집으로 여기거나 여기지 않을 수 있었지만 어떤 경우든지 진짜 내러티브가 연출해내는 현실은 성서의 가장 중요한 이야기와 더 이상 동일하지 않았다. 따라서, 순환논리 비슷하게, 성서 자체의 이야기는 점점 더 다른 시공간적 기준 틀과의 관계에 의존하게 됐다. 이제는 그렇게 해야만 성서의 이야기가 이해 가능하고 심지어는 사실적으로 표현될 수 있었다. 성서 이야기는 하나님이 인류를 구원한 한 역사의 위치를 잡아줌으로써 의미를 얻었다. 즉, 원복음(protevangelium)으로부터 시작해서 모든 성서적-역사적 이야기를 통하여, 그리고 그때부터 신성한 사건들과 세속의 사건들 가운데서 역사한 구원의 경륜 및 현재부터 그리스도의 천년왕국까지 전부 동원되어 그 역사에 위치를 부여했다.

성서 이야기는 더욱 큰 틀에 포함되기 시작하여 그 틀이 작동하는 세계로서 기능했다. 이제는 "구속사"가 성서의 의미가 됐다. 이신론자와 역사비평가가 "실제" 사건들의 세계를 참조하여 성서의 의미를 발견했던 것처럼, 코케이우스가 선구자가 된 구속사 학파도 구체적인 참조를 통해 성서의 의미를 결정하거나 설명적 이해를 도모했다. 물론 그들의 세계는 훨씬 더 보수적이었고 성서에서 기원했지만 말이다. 자기만의 방식과 그 자체로 하나의 포괄적인 세계였던 성서 이야기는 서서히 사라지기 시작했다. 즉, 독자가 이야기의 서술이 묘사하는 실제 세계 속에서 자기 자신과 자기 시대의 위치를 찾을 수 있게 해주던 그런 성서 이야기는 더 이상 존재하지 않았다. 역사를 되짚어보면, 기술적으로나 문화적 감수성 측면에서 이런 변화의 시작점에 서 있던 것은 코케이우스였다. 이신론자들은 약 100년(three generations) 뒤에 이 시작점으로부터 출발하여 나아갔다.

제3장
해석의 변화: 18세기

내러티브 형태를 띠는 성서 본문에 관한 관점과 주장이 완전히 변한 것은 18세기였다. 내러티브는 순차적으로 영국과 독일에서 분리 가능한—역사적이거나 관념적인, 아니면 역사적인 동시에 관념적인—중심 내용으로부터 구별되더니, 중심 내용이 곧 내러티브의 진정한 의미로 취급되기 시작했다. 이런 관점은 이전 시대(예외, 스피노자와 같은 소수의 사상가들)보다 훨씬 더 의식적으로 유지됐을 뿐만 아니라 18세기를 특징지었던 거대한 여러 신학 논쟁과 뒤엉켜 있었다. 그렇기에 이 해석학적인 문제를 보다 큰 신학적 상황 속에서 파악하는 것이 적절하다.

영국

만일 역사적 시기들이 단 하나의 연대기적·지형적 출발점을 갖는다고 이야기하는 것이 가능하다면, 근대 신학은 17세기에서 18세기로 넘어가는 시점에 영국에서 시작했다고 할 수 있다. 이에 관한 역사는 완전히 밝혀진 적이 없고[1] 아마 앞으로도 그럴 것이다. 왜냐하면 그러한 연구는 수많은 요소를 고려하고 포함시킬 것을 요구하기 때문이다. 이 요소 중 어떤 것은 거의 눈에 보이지 않았고, 어떤 것은 연구가 아직 덜 됐으며, 어떤 것은 지나치게 세부적인 측면까지 연구됐다. 마지막의 경우로는 도덕, 경건, 상상력, 지성에 관한 역사가 해당하겠다. 이 시기는 형이상학적인 시인들이 영국의 문화 담론의 장에서 사라지고, 근대 소설의 부흥을 예고한 버니언(John Bunyan)의 암울한 방식의 알레고리적 연출이 새롭게 출현한—그리고 점점 더 중요해진—사회 계층의 상상력을 사로잡기 시작하던 때였다. 애디슨(Joseph Addison)은 상상력의 사용과 즐거움을 변호하는 것—심지어 찬양하면서—이 필요하다고 보았던 반면에,[2] 버틀러(Butler) 주교는

---

1.   표준적인 설명은 여전히, Sir Leslie Stephen, *English Thought in the Eighteenth Century* (1876; New York: Harcourt, Brace and World, 1962), 2 vols.이다. 종교 사상이 어떤 식의 정통에 가까워질수록 더욱 깊이 몽매주의(obscurantism)에 빠지게 된다는 확고한 신념으로 쓰인, 다음의 학식 있는 작품은 영감을 주는 위대한 글의 호방함(spaciousness)과 탁월함이 없다. Mark Pattison, "Tendencies of Religious Thought in England, 1688 to 1750"은 대단히 논쟁적인 *Essays and Reviews* (1860)에서 출판됐고, Pattison, *Essays*, ed. Henry Nettleship (Oxford: Clarendon Press, 1889), vol. 2, pp. 43-118에서 재출간됐다. 몇몇 후기 연구들 가운데, 18세기 영국의 신학에 대한 가장 유용한 연구는, G. R. Cragg, *Reason and Authority in the Eighteenth Century* (Cambridge: Cambridge Univ. Press, 1964)과 E. Hirsch, *Geschichte der neuern ... Theologie*, vol. 1, chs. 13-17, vol. 3, ch. 27이다. 유럽 종교 사상의 일반적인 비평 운동의 맥락에서 영국 계몽주의에 대해서는 다음을 보라. Ernst Cassirer, *The Philosophy of the Enlightenment* (Boston: Beacon Press, 1955), ch. 4, .esp. pp. 171ff.; Peter Gay, *The Enlightenment, an Interpretation: The Rise of Modern Paganism* (New York: Knopf, 1966), esp, chs. 5-7; 또한 Paul Hazard, *The European Mind: The Critical Years* (1680-1715), (New Haven: Yale Univ. Press, 1953), pt. 3, chs. 1, 2; *European Thought in the Eighteenth Century from Montesquieu to Lessing* (New Haven: Yale Univ. Press, 1954), pt. I, chs, 3-7; pt. 3, Book 3, ch. 1.

2.   *Spectator Papers*, nos. 411-21, in *Works* (London: Bell and Daldy, 1872), vol. 3, pp. 395-430; 참조, John Locke, *An Essay Concerning Human Understanding* (New York

상상력을 "앞에서 기만하는 기능"으로 부르면서 그것이 종교적 진리를 찾는 여정에 관여하는 것을 맹렬하게 비난했다.[3] (아이러니하게도 저 표현은 그가 잘 선택한 몇 안 되는 표현 중 하나였다.) 생각의 내용과 형식은 감수성에 대한 즉각적인 호소에서 분리된 과학적 담론의 정확성과 합리성(sobriety)—경제성이 아니라면—을 점점 더 모범으로 삼았다.[4]

넘쳐나는 인쇄물과 쟁점 사이에서 일부 전문적인 문제들이 유난히 눈에 띄었고 해당 문제들은 중요성에 걸맞게 반복적으로 논의됐다. 그중 신학사(神學史) 연구에 가장 중요한 문제는 계시 개념이—다른 문제들의 발전과 궤를 같이하여—신학의 중심적인 전문 개념(technical concept)으로 대두됐다는 점이다. 계시는 이 고귀한 자리를 그 자체의 내용을 여러 차례 수정하면서까지 지켜냈는데 그러한 수정을 야기했던 것은 합리주의적 감수성에서 낭만주의적 감수성으로의 전환 같은 변화였다. 이제는 계시의 종말이 임박했다는 여러 징후가 있다.[5] 하지만 그것의 미래가 어떻든지 간에, 계시는 이때로부터 약 250년간 가장 탁월한 지위를 유지했다. 계시는 이

---

and London: Everyman's Library, 1965), vol. 1, pp. 123f. (Book 2, ch. 11 no. 2). Locke는 "공상"을 일으키고 "그 안에 어떤 진실이나 이유(reason)가 있는지 조사하기 위해 생각할 필요가 없는, 메타포(metaphor) 또는 암시(allusion)에 대한 "판단", 곧 생각들을 서로 신중하게 분리하는 일에 반대한다.

3. Joseph Butler, *The Analogy of Religion Natural and Revealed* (Everyman's Library, London: Dent, 1917), p. 9.

4. L. C. Knights는 Francis Bacon의 산문(prose) 문체가 다가오는 감수성 변화에 대한 초기 신호라고 이야기한다. Knights, "Bacon and the Seventeenth Century Dissociation of Sensibility," in *Explorations* (New York: New York Univ. Press, 1964), esp. pp. 112ff.을 보라.

5. 이 주장에 신빙성을 부여하는 일부 논의를 위해서는 다음을 보라. Wolfhart Pannenberg (ed.), *Revelation as History* (New York: Macmillan, 1968); F. Gerald Downing, *Has Christianity a Revelation?* (London: SCM Press, 1964); James Barr, *Old and New in Interpretation* (London: SCM Press, 1966) chs. 1, 3.

제까지 그것의 지적 탄생과 그것이 탄생하도록 도와준 여론 분위기의 변화에 대한 상징적 의미를 담당하고 있었다.

한때 계시 개념에 반응을 보이고, 그 개념을 형성하며 시험했던 이신론 논쟁은 특별한 신적 소통 방식을 신뢰할 수 있는지에 대해 일련의 주장들을 내놓았다. 나중에는 역사적 사건들을 매개로 하는 신적 자기 계시의 신뢰성에 대해서까지 의문을 제기했다.[6] 그 의문은 시작부터 두 가지 쟁점이 문제가 됐다. 첫 번째 문제는 현저하게 철학적인 성격을 띠었다. 역사적 계시라는 개념 자체가 갖는 내재적 합리성이나 신뢰성이 문제가 됐던 것이다. 계시는 인지하거나 이해할 수 있는 것인가? 또 제기됐던 질문은, 완벽하게 선하신 하나님이 그토록 오랫동안 인류를 확실한 지침 없이 내버려두었다가 그 특권을 결국 인간 민족 중 아주 작고 무례하며 고립된 일부에게만 허락한다는 것이 말이 되는 것인가? 아니면 소위 계시라는 것이 사실 하나님이 그동안 어디에서나 진리 및 인간의 행복과 관련하여 알게 해주신 것의 예시화(instantiation)에 불과한 것은 아니었을까? 또한 계시의 "신비"에 호소하는 일은 사실상 그 개념 자체가 불가해하다는 인정과 마찬가지 아니었을까? 그렇기에 계시의 신비라는 것은 새롭게 출현한 지적인 엄격함이라면 마땅히 거부해야 할, 허가받지 못한 상상력의

---

6. 이신론 논쟁 분석을 포함하고 있는 더욱 폭넓은 작품들은 다음과 같다. G. R. Cragg and Leslie Stephen (both, n. 1 above); Frank Manuel, *The Eighteenth Century Confronts the Gods* (Cambridge: Harvard Univ. Press, 1959); Ernest C. Mossner, *Bishop Butler and the Age of Reason* (New York: Macmillan, 1936); Roland N. Stromberg, *Religious Liberalism in Eighteenth-Century England* (London: Oxford Univ. Press, 1954). 간략한 언급들을 포함하여, 주요 이신론 저작들의 유용한 발췌문들은 Peter Gay, *Deism, an Anthology* (Princeton, N.J.: Van Nostrand, 1968)에 나온다. 계시 개념과 18세기 말의 관련된 개념 중 영어로 된 가장 간결한 진술은 J. M. Creed, *The Divinity of Jesus Christ* (Cambridge, Cambridge Univ. Press, 1938), chs. 1, 2에 나온다.

침범이거나, 더 심각하게는 종교적인 일에 스며든, 단순히 무지한 미신의 증거가 아니었을까?

두 번째 질문은 이것이었다. 계시의 합리성이나 내제적 가능성을 인정한다 하더라도 그런 일이 실제로 일어날 가능성은 얼마나 되는가? 쟁점은 이제 이론적인 문제에서 사실성에 관한 문제로 이동했다. 그 즉시 제기됐던 질문은 역사적 계시의 필수적인 증거를 구성하는 기적적인 사건들이 실제로 일어났다고 믿을 만한 확실한 근거가 있는지 여부였다. 특히 "과학 시대"의 자연스러운 가정은 명백하게 그 가능성을 부정하는 상황이었는데, 성서 기사들, 그중에서도 기적과 관련된 기사들은 얼마나 권위가 있는지가 의문의 대상이 됐다. 요컨대, 얼마나 제대로 검증을 받았는가? 그리고 같은 "외적 증거"로서 기적과 밀접하게 연관되어 기독교 진리를 뒷받침했던 것은 구약의 예언이 신약의 사건을 통해 성취됐다는 주장이었다.

물론 종교적 믿음을 뒷받침해 줄 만한 권위 있는 근거를 찾는 일이나 신정론과 원죄 관련된 문제처럼 다른 많은 문제도 나름대로 당시의 의견 충돌을 부추겼다. 하지만 계시 개념의 생존 가능성에 집중한 상기의 두 질문은 당시에 가장 중요했던 두 개의 전문적인 신학적 질문들이었다. 계시는 애초에 그리스도 중심적인 개념이었다. 만일 누군가를 붙잡고 '무엇이' 계시됐는지를 물어보면, 전형적인 영국 광교파 일원이 내놓을 답변은 '예수님이 메시아이시며, 이것이야말로 신약이 기독교인에게 요구하는 유일한 신앙'이라는 것이었다. 이에 더하여 그들은 순수하고 이타주의적인 삶을 살기로 굳게 결의했다는 강조도 들을 수 있었을 것이다.[7] (이런 대답

7. 이는 사실상 엄청난 영향을 미친 Locke, *The Reasonableness of Christianity* (Chicago: Regnery, 1965)의 요약인데, 그 작품은 이신론과 정통 사이에서 광교파의(latitudinarian) 길을 도표화했다. "믿음과 회개, 즉 예수를 메시아와 좋은 생명

은 나중에 독일의 개혁론자들이 반복했다.) 여기서 명백해지는 것은 위의 두 번째
(즉 사실성과 관련된) 질문이 결국 예수 그리스도가 직접 행한 기적들이나 그
와 연관되어 일어났던 기적들에 집중될 것이란 사실이었다. 즉, 그의 출
현, 행위, 운명을 통한 예언의 성취가 문제가 됐다.

논쟁은 이제 두 개의 다른 중점을 두고 진행될 가능성이 있었고 실제
로 그렇게 됐다. 첫 번째로, 물리적이고 역사적인 이 세계는 점점 더 자연
법에 따라 운행된다고 여겨졌다. 자연법을 규범적으로 이해하든 서술적
으로 이해하든 그것은 상관이 없었다. 그런 세계에서 기적이 일어날 수
있는지에 대한 일반적인 신뢰 가능성을 두고 논쟁이 벌어졌다.[8] 두 번째
로, 성서는 신약 저자들이 신뢰할 만한 보도자들이었다는 주장을 가장 중
요한 기준 중 하나로 삼고 있었는데, 그런 성서의 특정 기적 기사들을 믿
을 수 있는지를 두고 또 논쟁이 벌어졌다. 특히 예언의 성취를 주장하는
신약의 기사들이 문제가 됐다. 또다시 후자의 논의는 다양한 방식으로 진
행될 수 있었다. 혹자는 신약 저자들의 도덕적 순결성과 진정성을 옹호하
거나 반대할 수 있었다. 믿기 어렵지만 이 의혹은 영국에서 심각한 논쟁
의 지위를 획득했다.[9] 이 의혹을 다루는 여러 방식은 다시금 주로 영국에
존재했으며 이들 중 하나는 19세기까지 이어지기도 했다. 성서의 기적이
가능한지, 불가능한지는 외부의 독립된 증거에 근거하여 주장됐다. 예컨

(good life)으로 믿는 일은 영생을 얻고자 하는 모든 사람이 지켜야 할 새 언약의 필
수 조건이다"; p. 128, 참조, 또한 pp. 123ff., 134f. passim.

8. 기적의 신뢰성에 반대하는 결정적인 논쟁이 David Hume's Essay 10, "Of Miracles,"
in *An Enquiry Concerning Human Understanding* (1758)에 나온다는 데 일반적으로
동의한다.

9. 신약에 나오는 기적의 신빙성에 대한 논쟁은 Thomas Woolston, *Six Discourses on
the Miracles of Our Saviour* (1727-30)에 의해 기적이 완전히 알레고리화된 데서 시작
됐다. 예수의 부활을 주장한 사도들의 진실성에 대한 가장 정교한 변호는 Thomas
Sherlock, *Trial of the Witnesses* (1729)이다.

대, 어떤 사람은 시골 지역을 조사하여 갑작스러운 재앙의 지형적 증거를 찾고자 했다. 그 자체로는 설명이 안 되고 (바라기는) 지구의 큰 부분이나 지구 전체에 영향을 끼쳤으며 (추측건대) 노아의 홍수 이야기가 기원한 시대와 같은 시대까지 거슬러 올라가는 재앙의 증거를 찾고 싶어 했던 것이다.[10] 성서의 신뢰성 문제(더불어 우주 속 인간의 위치에 대한 불안감)를 다루는 이 방식의 놀라운 지속성은 다윈(Charles Darwin)의 『종의 기원』(*Origin of Species*)이 영국에 풀어놓은 폭풍우를 설명하는 데 오기까지 오랫동안 계속됐다.

독일

계시의 사실성 문제, 그리고 이것과 쌍을 이루는 성서의 신뢰성 문제, 두 문제 모두는 영국 저술가에게 그랬듯 독일 저술가에게도 아주 중요했다. 그럼에도 성서의 기적 기사의 신빙성을 검토하는 그런 외부적 절차는 독일에서 큰 역할을 하지 못했다. 독일어권 국가들의 논의는 상이한 성서 연구 전통이 주도했다. "내가 말하건대, 성서는 오직 개신교도의 종교다"라고[11] 말한 것은 영국인이었다. 하지만 이 주장은 하나의 신학적 입장으로서 스위스, 네덜란드, 독일에서 굉장히 강력하게 발전했다. 성서는 기독교 신앙과 기독교 행실을 위한 표준을 제공하는 유일한 출처로 여겨졌다. 신성한 정경을 이해하는 데 전통의 역할이 무엇인지를 두고 벌어졌던 17세기의 논쟁은 대부분의 개신교도가 보기에 문제를 꽤나 잘 일단락지었

---

10. 이 놀라운 이야기는 C. C. Gillispie, *Genesis and Geology* (New York: Harper Torchbook, 1959), 예, chs. 4, 5에서 뛰어난 필치로 다루어졌다.

11. *The Cambridge History of the Bible* (Cambridge: Cambridge Univ, Press, 1963), vol. 3; p. 175에서 인용된 William Chillingworth, *The Religion of Protestants* (1638).

다. 즉, 성서 대부분의 내용은 그 자체로 아주 명료하게 이해 가능한 것이었고 그 의미를 한낱 인간의 전통이 함부로 손대선 안 되는 것이었다.

이 특정한 질문—즉, 어떻게 그리고 무슨 권위로 성서 해석의 원칙을 세워야 할지는—은 종교개혁 이후로 언제나 가톨릭-개신교 논쟁의 심장부에 위치하고 있었다. 그 질문에 대한 개신교 측의 기술적인 진술은 소위 개신교 스콜라주의자들의 저작에서 확인할 수 있다. 성서를 둘러싼 종교개혁의 핵심 논의는 성서의 권위와 통일성에 관한 것이었지만 종교개혁 이후 17세기를 지나면서 개신교 해석가들은 본문 해석의 원칙을 세부적으로 세우는 일에 좀 더 좁게 초점을 맞췄다. 즉, 그들은 올바른 해석학적 질문은 무엇인지를 따졌으며, 이를 통해 성서가 실로 직접적이고 명료하게 이해 가능하다는 주장을 증명할 수 있기를 바랐다.

합리주의적 종교사상이 개신교 정통주의로부터 계승한 사상은 얼마 되지 않았다. 하지만 이것 한 가지만큼은 분명하게 계승했다. 즉, 개신교의 반(反)전통주의적 성서 해석은 종교적인 의미와 진리에 관련한 문제에 있어 합리주의가 반(反)권위주의적인 입장을 견지하도록 장려했던 것이다. 끊김 없이 계속 이어져 내려왔던 교회 전통뿐만 아니라 39개조(Thirty-Nine Articles)와 일치신조(Formula of Concord)와 같은 신앙고백서의 상황적이고 느슨한 권위도 성서 해석에 영향력을 행사하는 지위를 점차 상실했다. 게다가 성서의 있는 그대로의 의미에 만족하지 못하고 성서에 대한 이해가 독자에게 직접적으로 영향을 미치는 성령에게 달려있다는 주장은 합리주의적 해석과 연합한 정통주의 신앙의 잔재에 의해 반박당했다. 경건주의의 영향에도 불구하고 "영적" 읽기와 18세기 후반에 등장한 성서 해석의 이중 의미의 운명은 마침내 전통을 통한 해석 원칙의 운명만큼이나 어두워졌다. 그 결과 17세기를 생존해낸 개신교 측의 신비적-알레고리적 읽기가 무엇이었든지 간에 그 잔재마저도 마침내 증발해버리고 말았다. 18세기는 본문을 "있는 그대로" 직접적으로 읽는 시대였다. 이 점 하나에서만큼은 다양한 해석학 학파들이 일치했다. 실제로 '일반' 해석학을 가능하게 만들어 주었던 것은 이 공통된 입장이었다. 성서의 특별하고 유일한 진리가 무엇이었든지 간에, 본문의 의미는 모든 기록 문서에 공통적으로 적용되는 해석 원칙을 적용하면 이해할 수 있는 것이었다. 해석 방법론의 통일성과 보편성은 결과적으로 본문이 가진 의미의 통일성도 보장해주었다. 18세기 말이 되자 단일 본문에 여러 의미의 층이 있다는 믿음, 즉 문자적, 모형론적, 영적(혹은 신비적) 의미가 존재한다는 믿음은 더 이상 큰 힘을 발휘하지 못하고 완전히 사라졌다.

　18세기 후반부에 성서 본문의 의미를 탐구하는 이런 전통은 성서의 역사적 정확성과 관련하여 사실성을 묻는 질문과 결합했다. 이 질문은 이신론의 출현과 함께 제기됐다. 아직도 완전하게 계발된 것은 아니지만, 이 융합은 여러 방식으로 해석학적 문제를 다음과 같이 바꿔놓았다. 우리가 보았다시피 초기의 개신교 해석 전통에서 본문의 문자적이고 종교적인 의미와 본문이 사실 측면에서 얼마나 정확한지에 대한 판단은 전적으로 결합되어 있었다. 여기서 깨달아야 할 사실은 이 두 가지 요소가 서로 조화를 이룬다고 인식됐던 것이 아니라, 애초에 각각 구별된 문제로 생각된 적조차 없다는 것이다. 하지만 18세기가 진행됨에 따라 이런 상황은 점점 더 과거의 유산이 되어 버렸다. 독립적이고 비평적 질의로서 계시의 사실성을 묻는 단순한 질문이 이런 결과를 초래했다. 이제부터 역사적 사실, 문자적 의미, 종교적 진리 사이의 조화는 잘 해야 증명의 대상이 될 수 있을 뿐이었다. 최악의 경우엔 사실처럼 보이는 진술의 종교적 진리에 관한 일부 설명조차 해당 진술의 사실적 정확성이나 진실성을 부정한 후에야 개진될 수 있었다.

　18세기에 역사비평학과 해석학의 관계가 시작된 이후로 둘의 관계는 여전히 해결되지 못한 문제로 남아있다. 하지만 지금까지 이것 한 가지는 불변했다. 즉, 18세기 후반의 독일 성경학자들이 사실성(혹은 신뢰성) 문제를 검토했을 때, 독일 전통은 해당 문제가 성서 본문의 의미와 관련된 더 광범위한 해석학적 문제와 연관되어 제기되도록 했던 것이다. 이 때문에 사실성 문제를 둘러싼 영국의 논의와 다르게—이때까지 영국의 담론은 외부적 증거 여부를 둘러싸고 수렁에 빠져 있었는데—독일 학자들은 거의 전적으로 내부적인, 즉 문학적-역사적인 연구 절차를 밟았다. 또한 이 문학적-역사적 연구는 해석 원칙에 관한 수많은 논문과 연구 서적을 동반했다.

지금까지 성서 기사를 사실 면에서 신뢰할 수 있는지를 추정하는 것이 과제였듯이, 이제는 성서 기사 속에 제기된 주장을 옹호하거나 반박할 수 있는 내적 증거가 검토의 대상이었다. 성서 기사의 내적이고 상호적인 일관성과 내재적 신빙성, 성서 내부나 외부의 유사한 장르의 작품과 비교했을 때 해당 기사가 어떤 종류의 저작인지 여부, 특정 기사를 탄생시켰을 가능성이 있는 상황이나 관점을 그 예로 들 수 있다. 사람들이 이보다 더 많을 수 없을 정도로 다양한 신학적 견해를 가지고—물론 일부는 아무런 신학적 견해가 없었지만—계속해서 성서를 높게 평가했다는 사실은 '의미와 사실'(meaning-and-fact) 문제에 대한 관심을 고조시켰다. 18세기 후반 독일 성서 학계에서 이보다 더 철저하게 다뤄졌던 질문들은 없었다. 이 작업을 통해 독일 신학은 서구 개신교계에서 위상을 떨치게 됐다.[12] 기

---

12. 성서 해석사를 표준적으로 다룬 19세기 작품은 Gottlob Wilhelm Meyer, *Geschichte der Schrifterklärung seit der Wiederherstellung der Wissenschaften*, 5 vols., 1802-09이다. 동시대의 참고 문헌을 위해서는 K. G. Bretschneider, *Systematische Entwicklung aller in der Dogmatik vorkommenden Begriffe* (3rd ed., 1826), esp. pp. 106ff., 284ff. 을 보라. 현대 성서학자들의 역사를 다룬 20세기의 작품을 위해서는 다음을 보라. H.-J. Kraus, *Geschichte der historisch-kritischen Erforschung des Alten Testaments*

억해야 할 것은 역사 기록과 비슷한 성서 기사들의 신빙성을 둘러싸고 벌
어진 문학적-역사적 논쟁은 특별한 역사적 계시에 관한 주장, 특히 예수
가 메시아라는 주장에서 비롯되고 좌우됐다는 사실이다. 그렇기에 신학
과 성서 주해에 있어 서로 연결된 두 개의 "사실" 문제를 구분해야만 했
다. 먼저는 물리적인 기적을 포함하는 성서 기사를 신뢰할 수 있는지에
대한 질문이 존재했다. 즉, 자연법 또는 일률적인 경험을 명백하게 위반하
거나 적어도 그것으로는 설명이 안 되는 것처럼 보이는 사건을 어떻게 대
할 것인가 하는 문제였다. 두 번째 질문은 첫 번째 질문에 대한 답의 영향
을 받거나 받지 않을 수도 있었지만 더 중요했다. 해당의 성서 본문은 진
짜로 사람의 구원이 예수가 가르치고 행한 일에 달려있을 뿐만 아니라,
신적 명령과 권위에 의해 주어진, 추측건대 필수불가결한 사실의 표현으
로서 예수가 실존했고 성육신한 하나님의 아들로 존재했었다는 사실에
달려 있다는 것을 뜻했는가? 후자는 18세기 후반 이후로 언제나 신학을
괴롭혀왔던 문제로서, 기독교 신앙을 위한 "실증성"(positivity)과 관련된 주
해적, 신학적 문제였다. (영국에서 전개됐던 논의의 초기 단계에서도 실증성이 문제가
됐지만, 이러한 구체적인 형태로 또는 그와 비슷하게라도 관심을 받진 못했다.[13])

　"실증성"은 자연법이나 일률적 경험의 위반으로 인식되는 "기적"과는
다른 것이다. 하지만 둘 사이에는 명백한 유사점들이 있다. 왜냐하면 실증

(2nd ed., Neukirchen-Vluyn: Neukirchener Verlag, 1969); H.-J. Kraus, *Die biblische Theologie* (Neukirchen-Vluyn: Neukirchener Verlag, 1970); W. G. Kümmel, *Das Neue Testament: Geschichte der Erforschung seiner Probleme* (Freiburg/Munich: Alber, 1958); *The Cambridge History of the Bible* (Cambridge: Cambridge Univ. Press, 1963-70).

13. Kant와 초기 독일의 관념주의자들(1790-1800)의 실증성에 대한 유용한 분석에 있어서, 나는 출판되지 않는 박사학위 논문, Garrett Green, "Positive Religion in the Early Philosophy of the German Idealists" (1971)에 빚졌다.

성은 신격(God-head)이 유한한 세계에 직접적으로 (혹은 중개되지 않고) 개입했다는 증거였기 때문이다. 물론 그 개입이 일련의 물리적인 사건의 연속을 통해 직접적으로 알 수 있는 무언가일 필요는 없었다. 기독교 신학자들 중 신약성서가 예수의 존재와 존엄성이 갖는 독특한 지위를 통해 계시의 역사적 실증성을 주장한다고 계속해서 단언했던 사람들은 점점 이 주장의 근거를 예수의 존재를 증언하는 도덕적이고 개인적인 특성 속에서 찾으려고 했다. 그들은 이 특성들이 진정한 사실적 역사를 묘사한다고 주장했다. 그들은 기적이 겉보기에 또는 실제로 예수와 관련된 자연-역행적인 물리적 사건을 의미한다고 보지 않았다. 기적은 예수라는 존재가 갖고 있는 질적이며 내재적으로 설명 불가능한(imminently inexplicable) 독특성을 의미했고, 마찬가지로 그 기원을 알 수 없는, 예수를 믿는 믿음은 이 독특성에 전적으로 의존했다. 그렇게 실증성은 물리적인 기적이 아니라 각별히 역사적이고 내적인 (혹은 윤리적인 종류의) 기적에 고정됐다. 어쩌면 특성의 기적(miracle of character)이라는 표현이 더 맞을지도 모르겠다. 여하튼 이런 방식으로 혹자는 (바라건대) 기적과 관련하여 제기되는 더 곤란한 일부 질문들을 피해갈 수 있었다.

게다가 이 사람들이 보기에 인간 구원을 위한 역사적 사건이 실제로 발생했다는 점의 중요성을 주장하는 것도 실증성 안에 포함되어 있었다. 하지만 그것이 전부는 아니었다. 그들에게 실증성이란 종교적 진리의 내용이 실제 사건, 특히 예수의 독특한 존재를 드러내는 삶의 특성과 가르침을 '통해', 그리고 그것과 '함께' 주어졌다는 것을 의미했음이 꽤나 분명했다. 이후로 신학자들이 "예수 그리스도 사건"이라고 거칠게 부르게 된 이 두 가지 요소 사이의 긴장 관계는 신학적 성찰의 대부분을 차지했다. 실증성은 사건의 등장인물을 묘사함으로써 가장 효과적으로 취득할 수 있는 것인가 아니면 사건의 질적 내용을 묘사함으로써 취득할 수 있는 것인가? 만약 두 경우 모두가 합당하다면, 두 요소는 어떻게 연관되거나 결합되는가? 어느 쪽이 우선권을 갖는가? 그렇다면 이 문제는 내재적 또는 역사적 기적이 외부적인 개념의 모든 어려움을 피해가는 개념인시 여부와 밀접하게 연관됐다.

이것들은 명백하게도 신학적 주장과 성서 해석 모두를 포함하는 문제였다. 신학자와 성서학자, 그리고 다른 이들은 두 가지 차원 모두에서 큰 압박을 받았다. 18세기 말미에 이들 중 대부분은 역사적 연구의 자율성과 온전함(integrity)에 대해 나름대로 감을 잡기 시작했다. 즉, 역사적 연구는 그 어떠한 외부적 신념에 의해 좌우되면 안 된다는 것이었다. 이는 다른 주제를 연구할 때처럼 성서를 연구할 때도 마찬가지였다. 하지만 그들 중 많은 사람들은 성서에 개진된 기독교 신앙을 참된 종교로 최대한 단언하고 싶어 했다. 그리고 이 시대에는—그것이 옳았든 틀렸든—계시의 실증성이 신앙과 역사적 연구의 두 가지 관점을—조화롭게 또는 대립 속에—결합하는 주제였다. 왜냐하면 실증성은 표면적으로 성서 내러티브의 중심적인 의미로 보였기 때문이었다. 성서 내러티브의 "역사-유사성"(독일어로는 *Geschichtähnlichkeit*인데 다들 이 용어를 사용함)은[14] 모두가 인정하는 바였다. 만약 실증성이 성서 내러티브의 중심 의미가 아니라면, 이에 반박하는 자들에게 스스로의 입장을 증명할 책임이 있었다. 이제 성서에 대한 질문은 기적이 깃들어 있는 내러티브 본문에 초점을 맞추었다. 예를 들어, 복음서는 문자적으로 받아들여야 하는가? 만약 그렇다면, 어느 부분들을 문자적으로 읽어야 하는가? 예수의 탄생이나 수난 같은 이야기? 예수의 가르침과 존재에 대한 묘사? 둘 중 어느 하나를 택하건, 아니면 둘 다 택하건, 그 사람은 실증성이 해당 기사의 의미라고 주장하는 셈이었다.

---

14. 참고, C. Hartlich and W. Sachs, *Der Ursprung des Mythosbegriffes in der modernen Bibelwissenschaft* (Tübingen: Mohr, 1952), pp. 15, 59, 135 passim.

그 다음에 마주하는 것은 기독교 종교의 핵심으로 실증성을 주장하든지, 반대하든지 하는 신학적 문제였다. 사람들은 기독교가 합리주의적-도덕적 종교, 경험적 종교, 역사적 종교 중 하나라고 취사선택하거나 이 셋의 결합이라고 주장했다.

계시의 실증성을 찾는 작업은 당연히 해석상의 의견 충돌과 특정 본문을 다른 본문보다 강조하는 과정을 포함했다. 문제가 더 어려울수록 성서의 내러티브 부분, 특히 창세기와 복음 이야기—당연하게도—에 관심이 집중됐다. 나는 이미 해석가들이 두 부류로 나뉘어졌음을 강조했다. 한쪽은 사건 순서나 내러티브의 특성 속에서 실증성의 의미를 찾았고 다른 쪽은 실증성을 종교적 진리와 연관지어 찾았는데, 예수의 가르침, 사역, 삶이 검토 대상이 됐으며, 그들은 이것들을 예수의 실제 역사적 존재성과 연관 지으려 했다. 두 번째 부류의 사람들에게 이 연결고리를 점점 더 강하게 제공했던 개념은 "하나님 나라"였는데, 이 개념은 예수의 말씀 사역의 내용이자 그의 입장과 행동을 통해 구체화된 것이었다.

해석의 중재

우리가 앞으로 살펴보겠지만, 이 부류의 해석가들은 사실 굉장히 다양한 해석학적 입장을 갖고 있었다. 하지만 이들 모두는 해석학적이고 신학적인 양극단 사이를 "중재"하는 입장을 대표했다. 신학과 해석학, 두 영역에서 그들의 작업은 무척이나 고된 것이었는데, 그들 이후로 직계라고 할 만한 계승자들의 작업도 마찬가지였다. 신학 자체를 놓고 봤을 때 최초의 중재자들은 영국의 광교파(Latitudinarian)와 독일의 혁신론자(Neologian)였다. 수시로 흔들렸던 이들의 입장을 보면 그들이 끼어있던 양극단의 인력이 얼마나 강력했었는지를 알 수 있다.

혁신론자는 예수의 개인적인 입장, 성격, 덕이 그의 독특한 실존에 대한 표현으로서 갖는 중요성을 강조했다. 그렇기에 그들은 외부적인 사건들, 특히 그의 수난과 죽음을 그의 질적인 실존의 직접적이고 최고조의 구현(manifestation)으로 여겼다. 구원 교리에 따르면 우리는 하나님의 사랑에 의해 구원을 받고 하나님의 계획은 마침내 예수가 잉태됨으로 인해 역사적으로 실행된다. 동시에 이 사건은 예수 안에서 그리고 예수를 통하여 우리를 목적으로 하는 하나님의 사역과 의향을 의미했다. 이와 대조적으로 그들은 단순한 사건, 즉 예수의 공생애를 서술한 사건에 대한 강조가 야기하는 질적인 양상이나 의미의 암시는 시간의 제약을 받는 것으로 여겼다. 그렇기에 그것이 성서 저자가 종교적 진리의 내용을 담아 놓은 것과는 관련이 없다고 생각했다. 예수의 삶을 실존하는 인격적·초월적 악의 존재에 대한 투쟁으로 표현한 사건들이나 그의 죽음을 의인의 희생을 통해 죄인을 향한 하나님의 진노를 달래는 피의 대속으로 표현한 서술 그리고 종말론적 특색을 가진 예수 자신의 가르침과 예수의 공생애 및 재림에 대한 성서 저자의 종말론적이고 유대 메시아적 묘사는 시간의 제약을 받는 개념의 전형적인 예였다. 해당의 예는 성서 저자가 스스로를 "적응시킨"(accommodated) 당대의 문화적인 상황과 견해를 통해 설명 가능했다. 때문에 본문의 진정한 의미, 즉 저자의 실제 의도는 본문의 단어나 표현과 동일하지 않았다. 위대한 젬러(J. S. Semler)를 포함하여 일부 혁신론자들은 적응 이론(accommodation theory)에 의지했는데,[15] 이는 해석학적인 차원에서 실증성 개념을 물리적인 기적이라기보다 "특성"(character)으로 보는 그들

---

15. 이 이론과 Semler의 그 이론 사용에 대해서는, G. Hornig, *Die Anfange der historisch-kritischen Theologie, Forschungen zur systematischen Theologie und Religionsphilosophie* (Göttingen: Vandenhoeck and Ruprecht, 1961), vol. 8, ch. 8을 보라.

의 경향을 보여준다. 즉, 실증성은 단순한 등장인물보다는 진리에 관한 내용을 통해 가장 명확하게 표현된다고 보았던 것이다.

하지만 젬러 같은 사람들이 서술된 사건의 사실성을 단호하게 부정하는 입장[라이마루스(Reimarus)가 부활에 대해 견지했던 입장]이나 해당 사건이 초월적인 원인에 의해 야기된 것으로서 갖는 종교적인 중요성을 부정하는 입장[바르트(K. F. Bahrdt)와 바제도프(J. B. Basedow)와 같은 합리주의자들의 입장]을 만났을 때, 그들은 실증성을 실제로 발생한 사건으로 여기는 것이 중요하다는 입장과 본문의 의미는 서술된 사건의 기적적인 등장인물에 의존한다는 방향으로 되돌아갔다. 특히나 예수의 부활과 관련해서 그렇게 했다.[16]

당시에도 혁신론자들의 입장이 계시의 역사적 실증성을 철저하게 단언하는 쪽과 부정하는 쪽 사이에서 갈팡질팡했음이 분명했다. 그들은 "사실"의 중요성과 계시적 특성을 그것의 종교적 진리에 관한 내용 속에서 찾음으로써 구원의 지식과 신앙이 정말로 역사적 사건에 완전히 의존하는지에 관한 신학적인 문제를 제기하고 답변을 내놓지 않은 채 내버려두었다. 왜냐하면 진리에 관한 내용은 아마도 시간의 제약을 받지 않았고, 그렇기에 어느 정도까지는 자연스럽게, 그리고 보편적으로 깨달을 수 있는 것이었기 때문이다. 논점은 본래의 이신론 논쟁이 제기한 것과 동일했다. 예를 들면 틴달(Matthew Tindal)의 저작, 『창조만큼이나 오래된 기독교: 또는 복음서, 자연종교의 재출간』(Christianity as Old as the Creation: Or, The Gospel, A Republication of the Religion of Nature)이라는 제목이 보여주듯 말이다. 하나님에 대한 자연스럽고 절대적이지 않은(non-positive) 구원 지식을 암시하는 이신론에 맞서 역사적 계시의 신학적 필요성을 옹호할 수 있는 가장 빈틈없어

---

16. 이것이 Semler의 *Beantwortung der Fragmente eines Ungenannten insbesondere vom Zweck Jesu und seiner Jünger* (1779)과 *Antwort auf das Bahrdische Glaubensbekenntnis* (1779)에 나타난 그의 입장이었다.

보이는 도구는 하나밖에 없었다. 그것은 최초의(original), 유전되는, 그리고 자연적으로 지울 수 없는 범죄(guilt)이자 치명적인 도덕적, 형이상학적, 정신적 결함에 관한 특정 역사적 사건을 철저하게 확언하는 것이었다. 이 '결함'은 마찬가지로 실제적인 구원 사건에 의해서만 지워질 수 있었다. 하지만 이 도구의 사용은 성서 해석학과 신학에 포괄적인 해석학적 문맥을 제공해주는―그리고 이제는 실제 역사로 여겨야 하는―단 하나의 지배적인 이야기로의 회귀를 의미했다. 하지만 모든 혁신론자들은―이전의 광교파처럼―이런 교리를 하나같이 싫어했다. 사실 절대적인 계시와 자연종교 사이에서 고민하는 혁신론자들의 딜레마는 고대로부터 반복되어 온 난제의 전형적인 사례였다. 즉, 일관되게 대립하는 정통 교조주의와 급진적 계시 회의주의의 사이에 끼인 자유주의자가 스스로의 온전함을 지키면서 자리를 확보할 수 있는가 하는 문제였다.

　해석학적인 면에서 봤을 때, 다른 일부 관점들도 같은 딜레마를 안고 있었다. 저자가 어떤 암시를 주거나 명백하게 표상적인 언어를 사용하지 않는 이상 어떤 근거와 기준에 따라 한 본문이―그것이 사실과 유사한 서술이든지 종교적 개념의 개진이든지 상관없이―저자가 의도한 것과 다른 것을 의미한다고 판단할 수 있단 말인가? 적응 이론이 일차적으로 예수와 복음서 저자에 대해, 그리고 때로는 바울에 대해 주장했듯 말이다. 다시 말하면, 저자가 말하는 바를 문자 그대로 이해하고 그의 진술을 진리에 관한 신의 계시로 받아들이거나 논쟁을 벌이거나 저자가 틀렸다고 또는 착각했다고 판단하고 그의 진술을 부정할 수도 있었다. 아니면 실증주의자의 방식으로 성서 저자를 이해하여 그의 생각도 독자나 다른 모든 사람처럼 시간의 제약을 받는다고 여길 수도 있었다. 이런 대안들이 있는데 왜 성서 저자만큼은 역사적 상대성을 초월하는 능력을 가졌다고 여긴단 말인가? (그것은 어떤 경우에도 가정하기 힘든 사실이었다.) 특히 그가 자신의 한계를 가장 분명하게 드러내면서 의도적으로 그렇게 했다고 암시해주지 않는 지점들에서 말이다. 물론 본문의 의미를 추정함에 있어 이러한 대안들의 정확성이나 철저함은 다른 문제였다. 그렇지만 적응 개념과 같은 도구를 선호하는 자들에 대한 다음의 결론은 피하기 어려웠다. 즉, 그들이 그런 도구에서 "성서 자체의 권위를 직접적으로 건드리지 않으면서도, 당대의 견해와 더 이상 맞지 않는 성서적 개념을 이성과 조화시키기 위해 필요한 수단"을 발견했다는 것이다.[17]

신학적인 면에서, 18세기 후반(노골적인 종교 회의주의가 아직 드물 때)의 근대성의 원심 압력(centrifugal pressure)은 계시를 특별한, 구원을 베푸는, 기적적인 사건과 동일시하고, 또 실제 일어났던 사건이라고 주장하는 쪽과, 절대적 계시는 일절 부정하고 대신 솔직한 이신론이나 "자연종교"를 선택하는 쪽으로 완전히 나뉘는 양극화를 초래했다. 이에 상응하는 해석학적인 선택을 하기란 그리 쉽지 않았다. 한편에는 고대 내러티브의 저자가 의도한 실제 의미는 문자적이며 신뢰할 만한 역사적 보도를 전달한다고 하면서 신학적 실증성을 옹호하는 사람들 사이의 합의가 포진하고 있었다. 다른 편에는 신학적 실증성을 부정하면서 기사의 신빙성과 기사의 실제 의미는 문자적, 혹은 문자적으로 드러날 수 있다는 입장까지 같이 부정하는(왜냐하면 그들은 보통 성서의 명예를 손상시키고 싶어 하지 않았기 때문이었다) 사람들이 있었다. 결국 두 번째 입장은 홉슨(Hobson)의 선택을 야기했다. 그의 선택이 계시를 부정하는 사람들로부터 종교적 적절성이나 성서의 지위를 지켜냈는지는 모르겠지만, 성서 저자의 순수한 의도나 지능은 희생시키고 말았다. 이 선택지에 따르면 성서 저자는 내러티브를 기록하면서 거짓의 수준까지 본인의 실제 의도를 주의 깊게 숨겼든지, 아니면 본인이

---

17. 참고, *"Accommodation" Realencyclopädie für protestantische Theologie und Kirche* (hereafter RE) (3rd ed., Leipzig, 1896), vol. 1, p. 129.

무엇을 기록하고 있는지도 모른 채 내러티브를 기록한 셈이었다. 이 두 가지 경우 모두—특히 첫 번째가—실증성을 부정하는 이들의 입맛에 맞지 않았기 때문에 그들은 내러티브에 대한 다른 설명 방식을 선택했다. 즉, 저자가 내러티브를 문자적으로 받아들여지기를 의도했더라도 내러티브의 실제 의미는 그것의 문자적 의미와 같지 않다는 것이었다. 일단 성서 저자의 순수성을 지켜내는 데 성공하자 이번엔 성서 저자의 지능 차례였다. 즉, 성서 저자는 그때 당시 모든 사람들이 그랬던 대로 기적이 실제 일어난다고 믿었다는 것이었다. 그렇기 때문에 성서 저자를 정당하게 대우하려면 그를 당시의 문화적 배경에서 이해해야지 근대의 맥락을 끌고 와서는 곤란하다고 했다. 때문에 성서 저자와 그의 문헌을 이해하는 적절한 방법은 역사적 접근이어야 했고 '역사적'이라는 단어는 상대적으로 새로운 의미로 사용됐다. 단순히 어떤 일이 일어났는지를 연구하는 대신(물론 이 작업도 포함되긴 했다), "역사적 이해"는 고대의 작가가 스스로의 독특하고 문화적(혹은 역사적)인 제약을 받는 자의식 속에서 어떤 경험을 하고 어떤 방식으로 생각하는지를 이해하고자 했다. 젬러의 저작들을 통해 이러한 접근은 점차 성서 본문을 설명하는 지배적인 방식이 됐다. 하지만 이 방식의 가장 순수한 형태를 옹호했던 것은 그가 아니라 소위 '신화 학파'(mythical school)라고 불리는 단체였다(나는 편의상 이 학파를 '신화론자'[mythophile]라고 부를 것이다).

　계시의 실증성을 옹호하는 신학적 입장과 부정하는 입장에 각각 상응하는 해석학적 양극단의 대립은 이런 식이었다. 한편에는 내러티브의 실제 의미와 의도된 의미의 일치를 주장하는 입장이 서 있었다. 즉, 내러티브 본문의 문자적 의미와 역사적 신빙성을 모두 긍정하는 입장이었다. 다른 한편에는 내러티브가 문자적인 의미로 받아들여지도록 의도됐어도, 다른 고대 문헌들과 마찬가지로 역사적 제약 아래에 완전히 놓여있다고

보는 입장이 서 있었다. 때문에 성서 내러티브의 실제 의미는 저자의 (문자
적) 의도와 동일하지 않다고 여겨졌다. 성서 내러티브의 신빙성 또한 다른
모든 추정적인 사실 기술에 적용되는 동일한 기준에 의해 판단되어야 했
다. 신빙성은 저자의 순수성이나 이 문제와 관련된 기록의 실제 의미와는
아무런 관련이 없었다.

앞서 일어났던 신학의 양극화와 구별되는 해석학의 양극화는 18세기
말과 19세기 초에 가장 중요한 문제로 떠올랐다. 궁극적인 논점은 실증성
과 관련되어 있었기 때문에 핵심적인 본문들은, 실제로 일어났지만 경험
이 불가능한 또는 기적적인 역사적 사건을 보도한다고 주장하는 것들이
었다. 이 사건들은 경험이 불가능했음에도 불구하고 분명히 이해 가능한
패턴을 형성했다. 왜냐하면 해당의 본문들은 단회 발생적이고 완전히 이
상한 여러 기적과는 다르게, 순차적인 질서를 따라 구성됐기 때문이었다.
달리 표현하면 18세기 말의 신학계에서 해석학적 질문을 제기하는 데 필
요했던 결정적인 본문들은 구원과 관련된 계시적인 성격의 내러티브로
추정되는 것들이었다. 소위 "신성한 역사"(die heilige Geschichte)라고[18] 불리는
내러티브 말이다. 역사비평학과 성서 해석학의 일반적인—특정하기보다
는—의미 원칙의 발흥은 정경의 교의신학적 통일성과 권위를 효과적으로

---

18. "구속사"(Heilsgeschichte)와 "구속사 학파"(heilsgeschichtliche Schule)는 19-20세기
    에 유명했던, 성서의 통일성과 연속성에 관한 특정 관점 내지 전문적인 사상 학파
    를 지칭하는 용어가 됐다. 이 개념과 (때로) 이 용어는 17세기로 거슬러 올라갈 수
    있다. "Heilsgeschichte" in Die Religion in Geschichte und Gegenwart (hereafter RGG)
    (3rd ed., Tübingen, 1959), vol. 3, pp. 187f.를 보라; 또한 H.-J. Kraus, Die biblische
    Theologie, pp. 17ff., 240ff. passim.

    18세기 말과 19세기 초에 "신성한 역사"라는 어구는 신구약의 초자연적, 역사
    적 내러티브를 특징짓는 데 훨씬 덜 전문적인 의미로 사용됐다. 예를 들어, D. F.
    Strauss는 그것을 Das Leben Jesu, 10 (이 책에 대한 모든 언급은 2nd German ed.,
    Tübingen, 1837을 가리킴)에서 이 방식으로 사용했다.

분리했다. 이제 모든 내러티브는 각각의 역사적 정황 속에서 개별로 검토되어야 했다. 이러한 사실과 더불어, 계시의 중심인물이 누구인지에 대한 신학적·외교적 침묵, 그리고 예수와 그의 이야기가—성시적 우주기원론과는 다르게—명백하게 역사적이라는 사실은 가장 논쟁이 심했던 두 개의 내러티브가 왜 각기 다른 시기에 쟁점으로 떠올랐는지를 일부분 설명해준다. 즉, 모세의 창조 기사는 조금 더 이른 시기에 급진적이고 노골적으로 의논됐지만 복음서 이야기에 관한 논쟁은 슈트라우스(D. F. Strauss)의 『예수의 생애』(The Life of Jesus)가 1835년에 출간된 이후에야 절정에 이르렀다.

제4장
앤서니 콜린스: 의미, 지시 대상, 예언

　18세기에 절정을 맞은 성서 내러티브에 대한 해석의 변화는 점진적이고 복합적이었다. 내러티브의 문자적 의미와 명백하게 구별됐음에도 불구하고 스피노자의 사상에서조차 "사실"에 관한 질문은 논의의 중심이 되지 못했었다. 이 질문이 논의의 중심을 차지하게 된 것은 19세기였다. 코케이우스의 경우, 자신이 역사와 이야기를 따로따로 분리해내기 시작했다는 것을 깨닫지 못한 것이 분명했다. 하지만 지금까지 요약한 18세기 신학계의 일반적인 상황은 성서 이야기의 해석에 관한 문제가 논의의 중심이 되고 극적으로 변하며 점점 더 사람들의 관심을 받을 것이라는 사실을 암시했다.

　구약의 예언이 신약에서 성취되는 문제를 두고 제기됐던 18세기 초의 한 주장은 스피노자와 코케이우스의 저작보다 더 이목을 끄는 새로운 해석학적 움직임을 서술했다. 이 논쟁은 로크(John Locke)의 친구이자 철학 제자였고 강한 이신론적 신념으로 가득했던 콜린스(Anthony Collins)를 기존의 교회 지도층과 불화하게 만들었다. 이 일이 벌어지기 바로 직전 영국에서는 기독교 교리의 내용을 두고 격한 토론이 벌어졌다. 특히 역사의 시작부터 아주 엉망이 되어버린 인류의 상황을 교정하기 위해 필요하다는 역사적 계시의 개념이 이해 가능한 것인지에 대해 의견 대립이 심했다. 하지만 이제는 기독교 신앙의 이해 가능성보다는 복음서 이야기가 주장하는 사실들이 검토 대상으로 떠올랐다. 잠시 후면 기적의 신빙성, 특히 신약에 등장하는 기적의 신빙성을 두고 험악한 싸움이 벌어질 터였다. 하지만 지금의 경우에 예언이 성취됐다는 주장은 예수가 실제로 메시아였다는 주장을 펼치기 위해서 아주 중요했다. 질문은 다음과 같았다. 증거로서 인용된 예언은 해당의 예언이 증명해야 할 사건에 적용 가능한 것인가? 만약 가능하지 않다면 기독교가 예수에 대해 주장하는 바를 믿어야 할 이유는 어디 있는가? 성서 내러티브에 대한 해석이 특히 발전하기 위해서는 기적을 두고 벌어지는 다툼보다는 예언과 관련된 이 논란이 명백하게 더 중요했다.

모형론과 의미의 판단 기준

콜린스는 위스턴(William Whiston)의 『진정한 구약 본문의 복원과 신약의 인용을 변호하기 위한 에세이』(*An Essay towards restoring the true Text of the Old Testament, and for vindicating the Citations thence made in the New Testament*)에 대한 답변으로 『기독교의 근거와 이유에 대한 담론』(*A Discourse of the Grounds and Reasons of the Christian Religion*)을 1724년에 출판했다. 위스턴에 따르면 예수와 제자들은 본인들이 예언으로 간주한 구약 본문을 예수에게 문자적으로 적용하고 그가 약속된 메시아가 되도록 의도했다고 추론했다. 하지만 위스턴은 현재 우리에게 있는 구약 본문의 형태를 고려해보면 예언이 이러한 적용과 조화를 이루지 못한다고 인정했다. 이 상황을 타개하기 위해 그가 제시한 해결책은 원문 복원에 의지하는 것이었다. 초기 기독교 시대에 구약 본문은 기독교에 유리한 증거로 사용되지 못하도록 적대적인 유대교 자료에 의해 손상됐다는 것이었다. 위스턴은 실로 문자주의자였다. 그가 비록 자신의 입장을 빈약한 근거 위에 굳게 세웠지만 말이다.

설득력이 부족한 이런 추론의 등장은 그 자체로 이신론자와 정통주의 옹호자 사이의 싸움이 사실 관계를 다투는 단계로 넘어갔다는 증거였다. 물론 의미에 관한 질문도 여전히 제기됐지만 말이다. 논쟁의 핵심은 당연히 역사적인 성격을 띠었다. 예수가 메시아라는 주장의 증거가 무엇인지가 주요 쟁점이었다. 하지만 이 논쟁은 해석학적인 성격도 띠었다. 왜냐하면 위스턴의 글에 의해 시작된 논의는 주로 신약의 구약 예언 해석이 문자적으로 이해되어야 하는지 아니면 다른 방식으로 이해되어야 하는지에 집중하고 있었기 때문이다. 올바른 해석 원칙은 무엇인가?

위스턴의 에세이는 잔뼈가 굵은 논객이었던 콜린스가 수세에 몰린 정통주의 성서 해석 진영을 상대로 마음껏 뛰어놀 수 있는 기회를 제공했다. 그는 내내 비꼬는 투로 주장을 이어갔는데, 먼저는 『근거와 이유』에서 그랬고, 이 저작이 최소 35번 이상의 공격을 받은 이후이자 3년 뒤인 『문자적 예언 체계의 재고』(*The Scheme of Literal Prophecy Considered*)의 출간에서도 그랬다. 신약이 구약 예언의 성취를 이해하는 방식—이는 예수를 메시아로 주장하기 위해 필요한 근거였는데—은 완전히 잘못됐거나 말이 안 된다는 것이 그의 주장의 핵심이었다.

그의 반대파도 인정하는 바였지만 콜린스가 보기에 기독교 신앙은 구약 성서에 제대로 근거하고 있어야 완벽하게 수립될 수 있었다. 메시아로서 예수의 정체성과 진정성은 구약에 근거하는 방식으로 믿을 만하게 증명될 수 있었다. 이와 반대로 고대의 영감된 이러한 역사적 계보라는 "증거" 없이, 즉 예수라는 절정을 결론으로 맞고 예수와 신약 저자들이 증거로서 제시하는 그 역사적 계보 없이 기독교는 불확실해질 뿐만 아니라 거짓이 될 뿐이었다. 메시아 이론 체계는 구약이라는 배경 없이 말이 되질 않았고 모든 의미를 상실했다. 만일 예수가 고대로부터 약속된 바로 그라면, 실제로 고대로부터 약속됐다는 사실과 그가 그 약속을 이루기에 충분한 특징들을 갖고 있다는 사실을 성공적으로 보여주어야 했다. 즉, 후대의 계시는 앞선 진리와 조화를 이루어야만 했다. 예수와 연관되어 행해진 기적들로는 기본적인 메시아 주장을 수립할 수 없었다. 사실 '기적'은 예수를 메시아로 내세우는 주장에 별다른 도움이 되지 않았다. 물론 기적의 부재는 그런 주장을 반박하는 데 유용했지만 말이다. 메시아 주장은—정말로 일어났던 일이 무엇이든지 간에—신약의 사건이 실제로 예언의 특징을 가지고 있고 그럼으로써 선지자들의 예언을 성취한다는 사실을 증명할 때만 개진할 수 있는 것이었다.

바로 이 지점에서 콜린스는 일격을 날린다. 그는 위스턴이 사실상 옳았다고 말한다. 즉, 본문이 말해주듯, 신약이 인용한 구약 본문은 신약에서 기술된 상황에 문자적으로 적용될 수 없다는 것이었다.

> 구약에서 발췌하여 신약에서 역설된 증거들 중 간혹 그 증거가 구약의 제자리에서 갖는 문자적이고 명백한 의미로는 구약에서 발견되지 않거나 신약에서 사용되지 않는 경우가 있다. 학문적인 규칙에 의하면 그런 증거는 증거로 채택할 수 없다. 고대와 근대의 거의 모든 기독교 성서 주석가와 기독교 옹호자는 그런 증거를 이차적, 또는 모형론적, 또는 신비적, 또는 알레고리적, 또는 수수께끼 같은 의미로 적용해야 한다고 판단했다. 즉, 해당의 증거가 구약에서 갖는 명백하고 문자적인 의미와는 다른 의미로 적용해야

한다고 여겼던 것이다.[1]

이런 사실은 몇몇 고전적인 예를 통해 볼 수 있었다. 콜린스는 그런 경우를 전부 제시하고 하나하나 논박했다. 하지만 여기서는 한 예만 들어도 충분하다. 마태복음 1:22-23은 예수의 잉태와 출생이 이사야 7:14의 성취라고 주장한다. 하지만 이 예언을 그 자체의 문맥에서 문자적으로 따져보면, 예수를 가리킨다고 보기 어렵다. 그 예언은 유다의 왕 아하스의 때에 한 젊은 여성에게 적용되는 본문이었다.

콜린스는 나중에 『근거와 이유』에서 기독교 이후에 벌어졌다는 유대교 측의 고의적인 구약 본문 훼손에 관한 위스턴의 이론을 간단하게 처분해버렸다. 하지만 그의 목적은 신앙을 수호하는 정통주의자들이 주장하는 비문자적, 모형론적, 신비적 해석의 원칙(콜린스에게는 이 세 가지가 사실상 하나였음)이 실종된 지 오래라는 것과 이 때문에 우리는 사실상 신약 저자가 어떤 원칙에 의거해서 구약을 해석했는지 알 수 없다는 것을 지적하는 데 있었다. 콜린스는 자신의 반박에서 신약의 해석 과정이 유대교 랍비들의 본문 해석 과정과 비슷하다고 주장했다. 그는 상당히 진지하게 "저명한 암스테르담 학파(School of Amsterdam)의 박식한 히브리어 교수 수렌후시우스(Surenhusius)"를 길게 인용했다. 수렌후시우스는 근래에 알레고리적 해석에 능한 랍비를 만난 후 즐겁게 해당 방법론을 재구성했을 뿐만 아니라 이와 관련된 구약 본문에 대한 신약의 설명에 그 방법론을 적용해서 성공적인 결과를 얻었던 인물이었다. 박식한 수렌후시우스의 방법론의 요지는 마지막 10개 규칙을 통해서 알 수 있다. 콜린스는 이 규칙들을 모두 충실하게 열거해놨는데, 사실 이 규칙들은 모두 다음과 같은 식이었다. "어

---

1.   Anthony Collins, *A Discourse of the Grounds and Reasons of the Christian Religion* (London, 1737), pp. 35f.

순 바꾸기, 단어 추가하기, 단어 생략하기 … 이것들은 바울이 자주 사용하는 방법이었다." 콜린스는 참지 못하고 "수렌후시우스가 우연한 기회에 알레고리적 해석의 대가인 랍비들과 만나고 대화를 나눈 덕분에 사도들이 구약을 인용하고 적용한 규칙들이 세상에 알려지게 됐다"라고 상술했다. 이 사건은 너무나 비슷한 결론에 이르렀던 한 대화를 그에게 상기시켰다. 즉, 루터가 미사의 성찬 전례를 폐지할 주장들을 배울 수 있었다고 하는 악마와의 대화가 떠올랐던 것이다. 이 때문에 콜린스는, "랍비들은 기독교를 세웠고, 악마는 개신교를 세웠다"고 결론을 내렸다.[2]

요약하자면, 이제껏 "잃어버린" 것으로 여겼던 비문자적 해석을 좌우하는 규칙들은 사실 완전히 제멋대로인 헛소리였을 뿐이고 이 때문에 해석 자체도 본문의 문자적 의미를 상대로 장난을 치는 터무니없는 것이었다. 콜린스는 자신의 반대파에게 딱 두 개의 대안만을 남겨줌으로써 그들을 굉장히 불편하고 난처한 입장으로 몰아넣었다. 첫 번째로는 문자적 해석을 위한 규칙의 적용 가능성을 인정하는 방법이 있었다. 이 경우, 신약이 인용하고 주장하는 구약 본문의 의미는 명백하게 거짓이었다. 두 번째로는 신약 속 구약 예언의 해석을 좌우하는 규칙들이 비문자적 해석을 위한 것이라고 말할 수도 있었다. 그렇지만 이 말은 해석은 예언 본문에서 쓰인 단어들과 전혀 관련이 없기 때문에 무의미하다고 말하는 것과 다름없었다. 문자적이고 거짓이거나, 모형론적이고 무의미하거나 둘 중 하나였다. 콜린스에 의하면 이 두 대안만이 신약과 기독교 전통이 구약의 예언 본문을 해석한 방식이 될 수 있을 뿐이었다.

콜린스는 몇몇 바보 같은 반박을 받기도 했지만 굉장히 논리적인 비판도 받았다. 예를 들어, 오랜 기간 성전 감독이었다가 나중에 주교까지

2.　Ibid., pp. 54, 55.

된 셜록(Thomas Sherlock)에 의하면 구약 예언이 신약에서 성취됐다는 주장
은 정확하고 문자적이며 의도적인 예언이 마침내 현실화됐다는 것을 의
미하지 않았다. 성취를 주장하는 쪽이 말하고 싶어 하는 것은 신약에서
어떤 사건이 일어난 시점에서 과거를 되돌아보는 한 가지 관점이었다. 이
관점은 구약 본문의 일반적인 방향성 속에 포함되어 있고 신약까지 연결
된 하나의 섭리적인 계획을 깨닫는다. 그리하여 구약에서 언급하고 자세
히 이야기한 무언가가 신약 저자들이 주장하는 바로 그 절정(climax) 또는
성취를 내다보고 거기까지 이어진다는 것이다.[3] 이는 모형론 또는 표상화
에 대한 굉장히 논리적인 변호였다. 모형론을 적어도 부분적으로 과거 회
상적인 측면에서 보려는 경향 면에서나—이 부분은 코케이우스를 연상시
키는데—언약의 역사를 끊이지 않는 사건들의 연속으로 보려는 관점 면
에서 그랬다.

　셜록은 사실상 콜린스의 분절된(disjunctive) 전(全)포괄적인 대안이 실제
적이기보다는 겉보기에만 그럴듯하고 모든 가능성을 담은 설명도 제공하
지 않는다고 이의를 제기했던 것이다. 셜록은 문자적이지도 무의미하지
도 않은 해석이 존재한다고 주장했다. 이 해석이 문자적이지 않다고 한
이유는, 어떤 예언적인 발언이 후에 적용될 사건에 대해 정확한 묘사를
제공한다거나, 그 묘사를 만들어내는 선지자들이 특정한 사건을 예언하
려고 의도했기에 예언이 그 사건에 적용 가능하다고 주장하지 않았기 때
문이었다. 하지만 이런 식의 문자적인 의미를 띠지 않는다고 해서 이 해
석이 완전히 임의적이거나 무의미한 것은 아니었다. 구약 본문과 그 본문
이 적용되는 상황의 실제 닮은 점이나 유사성, 진정한 연결고리가 없을
때처럼 말이다.

3.　Thomas Sherlock, *The Use and Intent of Prophecy in the Several Ages of the World*
　　(London, 1728), Discourse 3, passim.

콜린스 스스로가 내린 "모형"에 대한 간결한 정의는 셜록의 논리보다 구식이었지만 그것과 논리적으로 잘 맞았고, 예언(prophesy)을 예측(prediction)과 동일시하거나 원문의 모형론적 적용을 완전히 임의적이고 무의미한 것으로 만드는 콜린스 본인의 주장을 반박했다.

> 모형(type)은 어떤 대상의 원형이나 패턴이고 이 원형이나 패턴을 갖는 그 대상과 연관성을 갖는다. 그 대상은 대형(antitype)이라고 불린다. 또한 신학적인 의미에서 모형은 미래의 더 탁월한 무언가의 표지 혹은 상징으로 정의된다. 모형은 미래의 무언가를 표상하도록 본래 하나님이 설계한 것이었다. 그 때문에 예언이 모형론적이라고 이야기할 때는 어느 하나가 다른 무언가를 예고하거나 대변하도록 설계됐다는 뜻이다. 마치 원형이나 패턴이 어떤 대상, 즉 이 원형이나 패턴을 갖는 대상을 대변하듯이 말이다.[4]

이 정의는 두 대상 사이에 내재적으로 존재하진 않는 유사성을 인위적으로 만들어내기 위해 박식한 수렌후시우스의 규칙들이 갖고 있던 미친 복잡함 같은 것은 결여하고 있었다. 그렇다고 이 정의가, 후대의 사건에 대한 본문의 의도적인 서술만이 (둘의 특징들 간에 일대일의 대응관계를 설정하면서) 둘 사이의 유사성이나 가능한 형태 또는 섭리적 연결고리를 인식할 수 있게 해주는 유일한 의미있는 토대라고 주장하지도 않았다. 하지만 여기서 개진된 신약의 구약 예언 해석을 콜린스가 이용한 적도 없었고 그렇다고 이러한 관점에 반대한 적도 없었다. 이 정의는 논란이 된 그의 두 글 중 두 번째 에세이에 굉장히 늦게 등장했다는 것은 인정해야겠다. 하지만 그 시기가 빠르든 늦든, 이런 종류의 고려가 모형론적 해석을 완전히 임

4.　Anthony Collins, *The Scheme of Literal Prophecy Considered* (London, 1727), p. 358.

의적이고 "왜곡적인"(wire-drawing) 조작과 동일시하는 그의 입장에 변화를 줬다는 징후는 없다. 콜린스가 비록 셜록의 에세이를 자주, 그리고 존중하면서 언급하긴 했어도 그의 사상의 요지를 파악하진 못했던 것이다.

하지만 누가 옳았든지 간에 콜린스의 견해는 미래가 지향하는 바였다. 만일 시간상 너무나 떨어져 있고 각자가 가리키는 지시 대상이 명백하게 다른 본문들을 하나의 연결된 연속물(series)로 잇고 싶다면, 예견적인 서술과 그 서술이 가리킨다고 (나중에) 여겨지는 후대의 사건의 특성이 일치한다고 하는 수밖에 없었다. 이런 방식을 택하면 사실상 화자나 저자가 수백 년 전에 예언적인 말들을 남기면서 적어도 일부는 예수를 염두에 두고 발언했다고 말하는 것과 다름없었다. 콜린스라면 기꺼이 자신의 적들을 이런 부류로 분류했을 것이다. 그리고 실제로도 그들 중 일부는 그런 결론을 꽤나 만족스럽게 받아들인 것으로 보인다.

조금 더 시간이 흐르자, 구약과 신약의 의미 사이의 통일성을 보여주고자 하는 다른 종류의 노력이 생겨났다. 구약과 신약은 종교적 사상과 관점에 관한 공통의 발전적인 역사를 통해 연결된다는 것이었다. 하지만 1725년 영국에서 활동하던 논객들은 이런 개념을 뒷받침해 줄 만한 근거를 아직 갖고 있지 않았다. 물론 이 개념은 인류 사상사의 점진적, 자연적, 자가 발전적 전환에 관한 가정에 근거해야 했다. 이신론자를 반대하는 정통주의의 수호자라면 이런 이론 체계를 거부했을 것이다. 이런 이론 체계는 의도적인 동시에 합리적으로 파악할 수 있는 섭리적인 계획의 뉘앙스를 결여하고 있었고 부분적으로 이해 불가능한 것이었으며 그렇기에 어떤 완전한 설명이 될 수 없었다. 그런데 이 두 가지의 조합, 즉 분명한 합리성과 신비의 조합이야말로 예언에 근거한 주장을 그 지지자들에게 그토록 매력적으로 만드는 이유였다. 셜록의 『예언의 사용과 의도』는 당대 성서 해석의 전형적인 예였다. 이런 해석에서는 최종적인 완성이 이뤄지는—그리고 여전히 숨겨져 있는—마지막 미래의 날까지 역사 속에서 새로운 언약과 갱신된 언약을 통해 일하는 하나님의 섭리적인 행동이 필수적으로 전제되어야 했다.

셜록과 같이 모형론적 해석 절차를 지지했던 후대의 사람들은 이 해석 방식에 문제가 있다는 사실을 쉽게 인정하지 않았다. 그들 모두는 꽤 노골적으로 섭리적 계획의 패턴에 호소했는데, 그 패턴은 신성한 언약의 역사 속에 완전히 드러났거나, 아니면 적어도 명백하게 볼 수 있는 것이었다. 구약과 신약 사이를 연결하고 이들과 나머지 역사 사이에 연결고리를 형성하는 것은 이 계획이었다. 섭리적 계획에 관한 교리가 성공적인 모형론적 해석이 제공하는 증거에 근거해서 성립되어야 하는 것인지, 아니면 반대로 오히려 그 교리가 모형론적 해석을 가능하게 해주고 설득력 있게 만들어주는 데 꼭 필요한 전제인지는 분명하지 않았다. 어느 쪽이든—그리고 이는 순환논증일 가능성이 제일 컸는데—해당 교리는 이신론자의 전제를 대체할 만한 것을 마련해주었다. 즉, 그 과정이 너무나 자연스러워 거의 의식할 수는 없었지만, 모든 합리적인 진술의 기원과 의미는 그 의미(다른 사람들, 특히 일차 청중에게 받아들여지는 의미)를 부여하고자 하는 인간 저자의 정신 속 의도에 의한 것이라고 했다. 이러한 전제는 모형론적 해석과 전형적인 예언의 성취를 옹호하는 사람들에게는 꽤나 이차적이고 불필요한 것이었다. 그들에게는 제한된 인간 저자가 의도하고 그의 유한한 이해력에나 어울리는 의미를 두 번째 의미, 더 큰 의미, 더 포괄적인 의미로 손쉽게—대체하는 것이 아니라면—보완해주는 신적 저자가 있었다. 하지만 이 신적 저자는 본문의 문자적인 단어들을 통해 보다 포괄적인 의미를 전달했다. 신적 의미를 파악하기 위해서 문자적 해석을 알레고리적 해석으로 대체할 필요는 없었던 것이다. 표상적 (혹은 모형론적) 해석은 역사적인 성격을 띤다고 생각됐기에 알레고리적이거나 다른 종류의 영적 해석보다도 문자적 해석에 가까웠다.

정통주의를 보다 철저하게 신봉하면서 이신론에 반대했던 이들은—
얼마 되진 않았지만—여전히 개신교 개혁자들과 서구 기독교 전통이 남
긴 기반 위에서 활발히 활동했다. 본문의 문자적 의미와 역사적 의미의
일치는 하나님 편에서의 동질적인 통일성(cognate unity)을 포함했다. 즉, 성
서의 신적 저자는 성서 안에 서술된 역사의 통치자와 동일했다. 본문이
갖는 의미의 저자이자 실재(actuality)의 주인인 그는 의미와 사실을 하나로
결합했다. 그렇기에 정통주의 해석가에게 있어 단어와 그것의 지시 대상
사이에는 각자를 논리적으로 구분된 개념으로 여겨야 할 만큼의 거리가
존재하지 않았다.

하나님이 제시하고 의도하는 진술은 문자 그대로, 그리고 자연스럽게
그것이 묘사하는 상황을 가리켰다. 그가 제공하는 서술은 그 자체로 지시
대상과 동일하거나 후자를 대신했다. 더욱이 하나님의 섭리적 통치의 관
점에서는 하나님이 제시하는 진술이 두 개의 사건을—하나는 문자적으로,
그리고 다른 하나는 예표를 통해서—동시에 묘사하지 말아야 할 이유가
없었다.

확장은 두 가지 방식으로 일어났다. 첫째, 시간적인 확장이 있었다. 하
나님이 미래의 사건을 가리키기 위해 의도하는 진술은 짐작건대 인간 저
자가 의도했던 것을 훌쩍 뛰어넘었지만, 섭리적으로 특정한 지시 대상을
향한 그의 의도가 아니라면 미래 사건에 관한 묘사와 연결됐다. 둘째, 시
간적 확장과 함께 본래 의미의 패턴이 이후의 적용에서 확장될 가능성은
매우 컸다.

이신론자들에게 대항하는 정통주의 수호자들은 복잡하고 거대하게
쌓여온 해석 전통을 모호하고 빈약한 방식으로 활용하고 있었다. 심지어
그들 중 일부는 자신들이 반대하는 적들의 사고방식과 거의 동일하게 예

언의 일부 저자들이 예수의 출현을 개인적으로 미리 알고 있었으며 이런 의미에서 그들의 진술은 예수에게 문자적으로 적용된다고 주장했다. 이들은 적들에게 훨씬 더 손쉬운 먹잇감이 됐다.

스티븐(Leslie Stephen) 경은 예언이 성취됐다는 주장을 지지하거나 반대하는 쪽 모두 "완전한 망각"(utter oblivion)에 빠져 있다고 바르게 진단했다. 즉, "유효한 논증은 두 입장 모두에 해당하는 몇몇 원칙들에 근거해야 한다는 원칙"이 잊혔다는 것이었다. 물론 그는 전형적인 역사적 편파성을 보이면서 이런 상황의 원인을 온전히 정통주의 수호자들의 둔감 탓으로 돌렸지만 말이다. 그들은 적들이 "유대인 저자들을 평범한 인간으로 취급한다"는 사실이 갖는 완전한 의미를 전혀 이해하지 못했다고 말했다.[5] 이런 전제에 맞서 모형론적이거나 표상적인 성취에 호소하는 방식으로는 주장을 펼칠 수 없었다. 그러한 방식은 그 본성상 성서의 지면에 부분적으로 드러나 있는 섭리적 계획을 믿는 믿음과 연결됐을 때만 가능한 것이었다.

당연하게도, 원래의 예언적 진술이 의미를 얻었던 논리적 조건들을 검토해보면 이신론자들이 그러한 믿음을 받아들여야 할 그 어떤 설득력 있는 이유도 없었다. 그 조건들은 언어의 다른 모든 합리적인 용례에서와 마찬가지로 이 경우에서도 잘 작동하는 것처럼 보였다. 예언적 진술이 말이 되는지, 말이 된다면 그것이 어떻게 가능한지, 또 그럴 경우 신약과 이후의 기독교 전통이 그것에 부여한 의미보다 나은 의미를 갖는지를 묻는 질문에 답하려 이신론자가 역사비평 방법론을 사용할 필요는 없었다. 그런 절차는 나중에야 도입됐는데, 크게는 그 스스로의 반성이 시작하면서부터였다. 이신론자는 어떤 진술이 말이 되는지에 대한 기초적인 분석만

---

5.   Stephen, *English Thought in the Eighteenth Century*, vol. 1, pp. 186f.

을 필요로 했다. 왜냐하면 그런 진술은 언어와 사상의 일반적인 쓰임새에 관한 보편적이고 이해 가능한 규칙들로 환원될 수 있었기 때문이었다. 콜린스 같은 사람들은 실제로 유대인 저자들이 평범한 인간이라는 가정을 고수했고, 이 사실이 본문의 의미와 관련이 없다는 정통주의 측의 주장은 순전한 착각이라고 했다. 그는 정통주의 수호자들에게 예언적 본문이 문자적 의미 외에 어떤 다른 합리적인 의미를 가질 수 있는지, 아니면 본문의 문자적·합리적 의미가, 신약이 예수에 대해 개진한 주장을 뒷받침하기 위해 그것에 부여한 의미와 어떻게 조화를 이룰 수 있는지 어디 한번 증명해보라고도 했다.

문자적인 의미, 명시적인 지시 대상, 언어학적 규칙

콜린스는 로크(Locke)의 제자였고 로크가 제공한 개념 도구들은 이 논쟁에서 굉장히 중요한 역할을 했다. 물론 그 도구들을 의식적으로 언급하는 경우는 드물었다. 콜린스는 "신(新) 철학"의 방식으로 유대인 저자들이 의도한 의미는 평범한 인간의 것이며 또 그렇게 해석되어야 한다는 자신의 신념을 표현했다. 그는 로크에게서 배운 바를 예언의 개념에 적용했고, 예언을 단 하나의 출처가 만들어 낸 의도적이고 문자적인 예측으로 바꿔 놓았다. 그 출처가 담고 있는 말과 의미는 비평가, 즉 인간 저자만이 접근할 수 있었다. 그 결과 콜린스는 새로운 방식으로 문자적 의미와 역사적 지시 대상을 동일시했다.

이제까지 개신교도들 사이(예외, 소시니안주의자)에서 성서의 진술은—명백하게 알레고리적이지 않는 한—문자적, 또는 확장되어 표상적인(혹은 모형론적인) 것으로 여겨졌었다. 또한 사람과 사건에 대한 진술이 문자적이라면 해당 진술은 실제로 역사적인 것으로 간주됐다. 문자 그대로의 설명적 의미와 역사적 지시 대상은 논리적으로 동일했다. 하지만 콜린스는 로크에게서 받은 인식론 수업에 근거하여 이제 완전히 다른 방식으로 의미와 지시 대상을 동일시했다. 자의식적인 역사비평 방법론이 대두되기 한참 전에 말이다. 문자적 의미와 역사적 지시 대상을 연관 짓는 이런 새로운 방식은 결과적으로 문자적 의미와 비유적(혹은 표상적) 의미를 완전히 분리시켰다. 여태껏 문자적 의미와 자연스럽게 일치했던 비유적 의미는 이제 그것의 정반대가 됐다. 우리는 이미 콜린스가 표상적 의미를 본문의 "신비적, 또는 알레고리적, 또는 수수께끼처럼 읽는 것, 즉 … 본문의 분명하고 문자적인 의미와 다른 의미"로 읽는 것과 같은 차원으로 분류했다는 것을 보았다. 종교개혁자들과 이들로부터 시작된 일반적인 전통이라면 이렇듯 표상화를 알레고리와 연관 짓는 것을 단박에 거부하고 이와 정반대가 진실이라고 주장했을 것이다.

    이 새로운 견해를 정확히 규명하기란 어렵다. 문자적 진술과 역사적 진술을 동일시 하는 콜린스의 방법은 사실상 둘의 본래 결합을 먼저 해체하는 과정을 전제했다. 그런 후에, 어떤 진술의 역사성을 판단하는 독립된 기준의 권세 아래에 문자적 의미를 굴복시키는 방식으로 둘을 재결합했다. 명제는 해당 명제에 동의하거나 반대하기 위해 필요한 일련의 상황, 즉 독립적이고 타당한 근거에 의해서 알려지거나 받아들이게 된 상황을 기술하거나 가리키면 문자적인 것으로 취급됐다. 콜린스가 역사적 진술 이외의 진술에서도 똑같은 방식으로 나아갔을지는 논쟁의 여지가 있다. 대답은 '그렇다'일 가능성이 높다. 왜냐하면 로크와 그의 추종자들에게 있어 의미는 독립된 실재의 표현과 관련이 있었고 17-18세기 동안 대체로 의미에 관해 제기됐던 질문들은 실제에 대한 우리 지식의 조건과 관련된 주장을 단순히 다듬은 것에 불과했기 때문이었다.

콜린스는 자신의 반대파에게 이분법적으로 보이는 대안, 즉 신약이 구약의 예언에 대해 개진하는 주장은 문자적인 것(즉, 의미가 있으며 따라서 거 짓임), 아니면 표상적인 깃(그런 주장은 말도 안 된나고 하는 것과 똑같음)으로 여겨야 한다는 대안을 내놓음으로써 사실상 문자적인 (혹은 역사 비슷한) 진술의 의미를 그것의 실제 역사적 지시 대상과 동일시했다. 성서적 진술이 어떻게 의미를 갖는지를 놓고 벌어진 이 논쟁에서 개진된 그의 (함축된) 해석 기준은 약 200년 후에 초대 논리 실증주의자들이 드러내 놓고 천명한 기준과 똑같았다. 그들은 중언부언(tautological)하지도, 감정적이지도 않은 모든 진술을 포괄하기 위해서 해당 기준을 제시했는데, 진술의 의미는 그것의 증빙 방법과 같다고 했다. 만일 어느 한 진술을 사실로 (혹은 거짓으로) 여길 수 있는 조건들을 제시할 수 있다면, 해당 진술은 의미를 갖거나—사실 같은 말이지만—문자적인 서술의 성격을 띠었다. 예언의 성취를 두고 제기된 주장 안에는 문자 그대로의 설명적 의미와 역사적 지시 대상 (혹은 추정 대상) 사이를 갈라놓고, 독립적으로 수립 가능한 사실 주장에 근거하여 의미를 규정하는 독립적인 판단기준 아래서 둘을 재결합시키는 과정이 담겨 있었다. 이제 특정한 내러티브 본문의 의미를 결정짓는 주해적 혹은 해석학적 주장은 그 본문이 제기하는 사실 주장의 수준에 관한 주장으로 변했다.

콜린스에게 이런 조치는 하나의 기정사실이자 너무나 자명한 것이었기에, 해당 방법이 종교적 논쟁 중에 날카로운 주장을 펼칠 수 있도록 이상적인 토대를 제공해줄 수 있다고 여겨졌던 것이 분명했다. 게다가 그의 많은 반대파들(특히, 챈들러[Edward Chandler])도 그의 방법을 똑같이 따르하여 의미에 관한 질문을 실재에 관한 질문과 일반적으로 동일시하기 시작했다. 그들은 예언 성취의 실제적이고 역사적으로 증명 가능한 진실성을 토대로 신약성서와 구약 본문에 대한 전통적인 기독교 해석이 의미를 갖는

다고 주장했다. 말할 필요도 없지만, 그들은 콜린스를 상대로 힘겨운 시간
을 보내야만 했다.

　한번 시도해봄직 했던 표상적(혹은 모형론적) 해석에 관한 이론 체계는
하나님의 진리와 역사가 하나로 결합하는 섭리적인 계획에 부분적이지만
중요한 접근을 전제했었다. 이것은 로크 및 콜린스와는 전혀 다른 접근이
었다. 이런 면에서 보면 둘은 단순히 다른 세계에 살고 있었던 것이다. 경
험적이고 도덕적인 일들이 갖는 섭리적인 의미에 관해 그들이 실제로 무
엇을 믿었는지는 상관없었다. 로크를 따르는 콜린스에게 역사적 진술이
란 간단하고 오직 경험적인 것이었으며 증거의 설득력에 어울리는 강한
인정을 필요로 했다.[6] 이런 전제가 작동하는 곳에서는 의미가 담긴 진술
과 실재를 하나로 결합시켜주는 하나의 이론으로 섭리적인 계획을 취급
하고 그것에 호소할 수 없었다. 그러한 일치는 생각의 내재적인 조건과
지각, 그리고 외부적 실재 사이의 관계에 대한 분석에 의해 설명되어야만
했었다.

　콜린스는 두 가지 방향으로 나아갔는데, 두 방향 모두 진술의 의미를
진술 외부에 성공적으로 안착시켰다. 첫째, 그는 특정 의미의 출처를 저자
개인의 의도와 연결했다. 둘째, 그는 오직 문자적 해석만 의미를 갖는 논
리적이고 인식론적인 분석에 의지했는데, 왜냐하면 모형론적 해석과 달
리 문자적 해석은 언어의 통제된 쓰임새를 이용했기 때문이었다. 이와 동
시에 단어의 의미, 특히 서술적인 예측의 진술에서 단어의 의미는 철저하
게 외부적 세계에 대한 감각 경험으로부터 비롯됐기 때문에 의미는 검증
가능성 또는 과거의 관찰에 근거한 가능성과 동일한 것이 됐다. 언어의
통제된 쓰임새를 분석해보면 의미가 명시적인 지시 대상과 동일해지는

6.　John Locke, *An Essay Concerning Human Understanding*, Book 4, ch. 16, nos. 10-11.

결과를 얻을 수 있었다. 진술에 담긴 의미는 그것이 가리키는 시공간적 사건이나 상황과 같았다.

첫째, 저자의 진술이 마침내 그의 의도와 일치하거나 일치하지 않음으로써 의미를 갖는 것으로 드러나더라도 상관없었다. 콜린스는 인간 저자의 의도를 고려하기 시작함으로써 성서 연구의 해석학적 정황에 새로운 요인을 들여왔다. 그가 유일한 사람은 아니었다. 의도와 언어적 쓰임새가 서로 일치한다고 했던 과거의 확증과 꽤나 다른 본문 해석 원칙을 추가하는 것이 당시로서는 일반적이었다. 이는 역사비평 방법론의 사용자들의 등장을 준비하는 데 있어 중요한 발전이었다. 기록된 단어에 근거하여, 역사적 조건과 인간이 생각하는 방식에 대한 지식에 근거하여, 동떨어진 신적 저자가 아니라 지금 여기 있는 인간 저자가 무엇을 생각했는지 높은 확률로 알아맞힐 수 있는데 왜 하늘에 답이 있다면서 거기를 샅샅이 살핀단 말인가? 몇 세대가 흐르자 역사비평가들은 이 지점에서 출발하여, 저자가 중요하긴 해도 그의 의도는 그의 말이 담고 있는 의미에 하나의 단서밖에 제공해주지 않는다고 주장했다. 역사가가 저자의 말에 담긴 의미를 결정하는 데 있어, 저자의 생각과 관점에 끼치는 문화의 영향력이 더 중요해졌던 것이다. 저자 개인이 의식적으로 내비치는 의도보다도 말이다.

기록된 단어는 의미가 머무르고 있는 저자의 생각에 대한 하나의 단서였다(즉, 의미는 해당 단어 속에만 담겨 있는 것이 아니었다). 물론 기록된 단어가 유일한 단서일 필요는 없었지만 말이다. 이런 상황에서 일부 철학적인 관점이 생각은 수동적이며 감각의 통제를 받는다고 주장하고 다른 관점들은 그렇지 않다고 하는 것은 별 의미가 없었다. 주어진 진술의 외부와 저자의 의도 속에 위치한 의미의 자리는 의미의 개념이 도달하는 다른 극단에서 작용하는 유사한 조건에 의해 보완됐다. 거기서도 의미는 단순히 단어 속이 아닌 단어가 지시하는 외부적 실재에 다시금 자리하고 있었다. 이런 관점이 성서 해석에 적용되면 그것이 암시하는 바는 분명했다. 의미를 대하는 관점들의 양극단에서 언어의 쓰임새는 의미를 결정짓는 일련의 조건들에 좌우됐다. 그것들은 이제까지 실제 주해와 그것에 동반되어 온 이론에 있어 일반적이었던 것들과는 굉장히 달랐다. 성서의 기록을 통해 묘사되고 접근 가능하도록 연출된 세계의 직접성과 성서의 기록이 표현하는 다양하지만 질서정연하고 상호 연결된 여러 의미의 층은 사라져 버렸다. 대신에 언어와 배경은 저자의 현실과 성서 기록의 단일하고 외부적인 지시 대상의 만남으로써 연결됐다.

이렇듯 저자에게, 즉 그의 의도와 (곧이어) 그의 정황에 의미의 한 단면을 배정하는 이 새로운 접근은 영국과 독일의 정통주의 (그리고 경건주의) 해석가들에게 뼈아픈 혼란을 야기했다. 그들은 설명적(특히나 문자적) 의미를 역사적 판단이나 지시 대상과 동일시하던 전통으로부터 불완전하게 끊어진 채, 명시적인 지시 대상을 문자적인 의미보다 중요하게 여기면서 둘을 새롭게 재통합하는 흐름에 동참했다. 그러면서 그들, 또는 그들의 초자연주의 후계자들은 새로운 주장을 펼쳤다. 그들은 명백하게 문자적인 종류의 성서 진술을 인간 저자들의 신실함과 정직함에 대한 증거라고 여기고 그것을 성서 기사의 역사적 사실성을 증언하는 타당한 증거로 생각했다. "신(新) 철학"의 도래 이전에 정통주의 해석가들은 이런 주장을 펼치지 않았었다. (하지만 이후로 이런 주장이 신학 변증가들 사이에서 완전히 사라진 적은 한 번도 없었다.)

이전 시대의 해석가들은 이런 종류의 주장이나 이를 반박하는 의심어린 반론을 펼치는 데 필요한 진술의 어휘로부터 인간 저자(저자 한 사람 혹은 그의 정황까지 고려하더라도)와 해당 진술에 의해 묘사된 경험적·역사적 사실이 논리적으로 구분되거나 따로 떨어져 있다고 생각해 본 적이 없었다.

하지만 18세기가 도래하고 콜린스가 대변한 이런 종류의 견해가 개진되
자 상황은 바뀌었다. 그랬기에 버틀러 주교는 예언의 성취만이 아니라 성
서 문헌의 간단명료하고 문자적인 특성에 근거하여 성서 기사들의 높은
신뢰성을 주장하게 됐던 것이다(이는 추가적으로 저자들의 신뢰성을 암시했다).[7] 우
리는 같은 주장을 반복해서 마주칠 것이다. 18세기 후반의 또 다른 예로
헤스(Johann Jakob Hess)의 저작들을 꼽을 수 있다. 이 주장이 겉보기에 비슷
해 보이는, 더욱 초기의 주장과 꽤 다르다는 것은 분명했다. 칼뱅의 제안
은 그런 초기의 주장을 대표했는데, 우리가 일단 성서의 권위를 인정하면
우리의 신앙은 하나님의 말씀의 단순함을 통해 그 탁월함을 분별함으로
써 견고하게 세워진다고 했다. 하나님의 말씀이 지닌 단순함은 인간의 예
술과 지식이 도달할 수 있는 그 어떠한 진리보다 더 위대하고 탁월한 진
리를 증언해준다고 했다.[8]

　콜린스 같은 사람들이 보기에 선지자의 정직함이라는 것은 크게 중요
치 않았다. 콜린스는 선지자의 정직함을 의심하는 데 딱히 참여하지 않았
다. 물론 그 또한 이신론자로서 다른 많은 사람들처럼 구약이 보여주는
도덕성의 수준을 보고 몸서리치긴 했지만 말이다. 그는 저자의 의도를—
이들의 진술의 의미야말로 그의 관심 대상이었는데—더욱 좁고 특정한
방식으로 이해했다. 그는 선지자들이 무언가를 미리 예언하려는 의도를
실제로 갖고 있었다고 강력하게 주장했다. 물론, 그것이 마침내 선지자들
이 예언한 것은 이것이라고 예수와 신약 저자들이 주장한 그것과 달랐지
만 말이다. 예언적 진술이 의미를 가지려면 그것을 확인해보는 수밖에 없
었다. 의도는 기록된 단어들에 내재한다는 전제하에, 예언적 진술이 내다
보며 기술하는 것처럼 보이는 사건을 확인해보고—즉, 나중에 그 사건이

7.　Joseph Butler, *Analogy of Religion*, pt. 2, ch. 7.

8.　Calvin, *Institutes*, Book 1, ch. 7, p. 1.

발생했는지, 안 했는지—그 후에 신약 저자들이 그 예언을 적용하는 사건들의 형태와 비교해보는 것만이 유일한 방법이라고 했다. 물론 선지자들이 언어의 일반적이고 합리적인 쓰임새를 위반한 것이 아니라면—이상한 정신 상태 때문이든, 아니면 그들이 일부러 혼란스럽게 하는 사람 또는 의도적인 사기꾼이었기 때문이든—그들의 의도는 신약 저자들이 그들의 진술을 가지고 만들어낸 결과물과 꽤나 다르다는 것이 드러났다. 하지만 당연하게도 선지자 측의 언어적 특이함은 신약 저자들이 구약의 진술을 인용할 때 보였던 불분명함(사실 터무니없었던 비문자적 사용)에 비할 바는 아니었다. 이것이야말로 박식한 수렌후시우스의 규칙들, 즉 신약이 구약을 알레고리적이거나 영적으로 해석할 때 정말로 쓰였던 규칙들의 실체였다. 모형론적 해석도 동일한 비난의 대상이 됐는데, 왜냐하면 그것은 단일한 지시 대상에 대한 문자적인, 즉 정확한 기술이 아니었기 때문이었다.

　이제 저자의 의도를 고려하는 것에서 넘어가 언어의 올바른 쓰임새를 결정하는 규칙들에 대한 콜린스의 견해를 살펴보도록 하자. 가장 중요한 점은 로크와 마찬가지로 콜린스에게도 종국엔 오직 두 종류의 개념만이 존재한다는 것이었다. 즉, 외부의 실재 및 그것의 특성을 표현하는 감각과 관련된 개념 하나와 우리 스스로의 정신이 작동하는 방식을 이해하도록 해주는 재고(reflection)의 개념 하나가 그것이었다. 경험적·역사적 사건에 관한 진술은 감각과 관련된 복잡한 개념들로부터 도출되는 것이 분명했다. 실제로 재고 개념에 관한 것이 아닌 모든 의미 있는 명제는 경험적인 사건을 가리켜야 했다. 다시 말해, 언어의 합리적인 사용은 논리적 일관성의 문제일 뿐만 아니라 기록된 진술이 외부에서 받아들인 인상이나 개념에 대응하는 문제와 관련되어 있었던 것이다. 이 사실은 콜린스가 가정하는 모든 것의 근저에 깔려 있었다. 그에게 있어 "의미"란 사실상 외부 세계에 대한 명제와 다름없었다. 문자적 언어는 그 명제에 대하여 유일하게

올바른 표현이었다. 또한 성서에 대한 앞선 시대의 정통주의적 문자주의
와 다르게 콜린스의 문자주의는 기록된 진술과 아무런 내재적인 관계성
이 없는 대상을 기술하는 것을 의미했다. 물론 그 대상이 해당의 진술을
지배하여 우리가 익히 아는 대상을 표현하는 상징이 되게끔 하는 식의 관
계성은 제외하고 말이다. 의미를 지시 대상과 동일시하는 것은 이해를 지
식과 동일시하는 것을 포함했다. 그렇기에 성서 저자의 언어가 의미를 갖
는지 여부는 어떤 명제의 의미든 결정하는 기준과 같은 기준에 의해 결정
되어야 했다.

첫 번째 기준은 개념 간의 일치(혹은 불일치) 여부였다. 이것 없이는 두
개념 간의 연결이 불가능했으므로 그 어떤 지식도 가능하지 않을 것이었
다. 콜린스에게는 정확하게 이 규칙이 모형론적 해석이나 알레고리적 해
석, 또는 문자적 해석 이외의 그 어떤 해석에도 적용될 수 없다고 여겨졌
다. 이 때문에 그러한 논의를 규칙이나 의미로 환원하려는 그 어떠한 노
력도 가망이 없었다. 그 결과로 얻을 수 있는 것은 완전히 임의적인 규칙
들뿐이었다. 왜냐하면 그렇게 만들어진 규칙들은 언어의 일반적인 쓰임
새를 위반하기 때문이었다. 만일 이 규칙들을 따를 경우 두 개념 사이에
존재한다고 주장된 일치가 무엇으로 이루어져 있는지 직접적이든 다른
중간 개념에 의해서든 보여 줄 방법이 없었다. 특히나 골치 아픈 모형론
적 또는 알레고리적 해석의 예를 인용한 후 콜린스는 이렇게 논평했다(콜
린스는 히브리서의 예를 들었지만 그것을 바울이 쓴 예로 간주했다): "바울의 담론을 우
리의 이해 방식에 맞추고 일련의 중간 개념들을 활용한 증명을 통해 해당
명제에 포함된 개념들 사이의 일치나 불일치를 확실하게 또는 가능성의
형태로 보여주는 것은 옳지 않다."[9]

---

9.   Collins, *Scheme*, p. 366.

두 번째 기준은 첫 번째 기준을 풀어놓은 것에 불과하긴 했지만, 같은 개념을 표현한다고 주장된 두 개의 진술 사이의 일치 형태는 동일성을 띠어야 한다는 것이었다. 한 사건에 딱 맞는 기술이 다른 기술과 일치한다고 했는데 두 번째 기술이 첫 번째와 조화를 이루지 않을 경우 우리에게 남는 것은 무의미였다. 또다시 예언의 성취에 대한 비문자적인 해석이 그러한 미심쩍은 구분에 해당된다고 했다.

세 번째 기준에 따르면, 주어진 개념이나 여러 개념들의 복합체는 그 시각에 존재하는 그 자체, 그 이상도 이하도 아니었다. 즉, 그것은 그 자신과 동일했을 뿐이지 동시에 다른 개념과 동일하지 않았다. 이것이 시공간 안에서 벌어지는 사건들과 관련하여 갖는 의미는 그 어떤—회고적, 동시대적, 또는 예언적—기술이든 사람은 딱 한 개의 사건이나 한 종류의 사건에 관해서만 생각할 수 있다는 것이었다. 특정한 기술은 하나의 지시 대상이나 한 종류의 지시 대상만 가질 뿐이었다. 다르게 표현하면, 어떤 명제든 하나의 의미만을 가질 수 있었다. 이 교훈을 배우고 적용하기 위해서 형식 논리학 규칙들을 배우고 유념할 필요는 없었다. 우리가 분명하게 생각하고 말하기만 하면 우리는 자연스럽게 이 원칙을 따르는 것이었다. 이는 인간의 이해 방식의 대략의 일부였다. 더욱이, 이름이나 개념은 기록된 단어들이 올바르게 사용되면 실제적이고 특정한 사물을 가리켰다. 이것이 이름에 구별된 의미를 부여하는 것이었지 추상적이고 고정된 종(種)의 본질이 의미를 주는 것이 아니었다. 올바르게 지시된 구별된 사물의 수만큼 많은 적절한 이름들이 존재했다. 각각의 이름은 개별 사물과 해당 사물이 속하는 종(種)을 지칭했다. 즉, 감각이 파악할 수 있는 개념들을 초월하여 존재한다는, 사전에 형성된(preconceived) 본질이자 추상적 또는 정신적으로 "실재하는" 그 본질을 지칭하는 것이 아니었다.

네 번째 기준에 의하면 단어는 개념을 나타내는 상징이기 때문에 언

어적 명제는 명백하고 분명한 개념을 표현하는 정도에 따라 의미를 가졌
다. 느낌(sensation)과 관련된 개념이 의미와 진실을 지니는지 확인해보려면
해당 개념과 그것을 표현하는 명제가 그것이 지시하는 대상에 제대로 조
응하는지를 알아봐야 했다.[10]

　의심의 여지없이 콜린스는 성서 해석을 위해 로크가 개념과 언어에
대한 그의 이론에 근거하여 내린 결론에—그의 실제적인 적용이 무엇이
었든지 간에—동의했다. (로크가 "전통적인 계시"라고 부른) 성경의 본래 의미를
그때에는 이해할 수 있었다 하더라도 우리가 이미 가지고 있는 개념으로
부터 도출해낸 개념에 의해 받아들이는 것을 제외하면 성서가 가진 의미
는 전달될 수 없다고 했다. 본래 계시가 무엇이었든지 간에 그것의 의사
소통은 다른 명제들이 의미를 갖는 방식과 똑같이 의미를 갖는 명제들을
통해서 이뤄져야 했다. 달리 이야기하면, 성서 해석은 언어의 의미 있는
사용을 결정짓는 일련의 규칙들을 따라야 했다. "우리의 단순한 개념들
… 즉 기본 토대이자 오로지 우리의 모든 관념과 지식과 관련된 그 개념
들을 얻기 위해서는 온전히 우리의 이성, 즉 우리의 타고난 기능(natural fac-
ulty)에 의지해야 한다. 그리고 어떤 방식으로든 그 개념들 또는 그 개념들
중 일부라도 전통적인 계시로부터 부여받을 수 없다." 그리하여 전통적인
계시로부터 전달받을 수 있는 새로운 단순한 개념이라곤 전혀 없었다.[11]

　로크는 이신론자가 아니었다. 그는 자신의 광교파적 입장을—지나치
게 간결한 것이 아니라면—아주 분명하게 『기독교의 합리성에 관하여』(*On
the Reasonableness of Christianity*)와 몇몇 단편에 개진해 놓았다. 하지만 지금 문
제가 되고 있는 논점과 관련해서는 그도 전심으로 콜린스의 편에 섰을 것

10.　이 지침을 위해서는 Locke, *Essay*, Book 3, ch. 11, no. 24; Book 4, ch. 4, 12-13; 그리
　　고 ch. 5, nos. 5ff. passim을 보라.
11.　Ibid., Book 4, ch. 18, no. 3.

이다. 만일 언어라는 것이 일련의 규칙에 따라, 합리적인 방식으로 사용되어야 하는 것이었다면 명제는 여러 의미를 동시에 가질 수 없었다. 또한 진술은 자신이 묘사하는 특성들에 조응하지 않는 현상은 가리키지 않았다. 자신의 비뚤어진 사상과 언어를 정당화하기 위해 신적 권위를 들먹이는 사람이 완전히 임의적으로 적용하는 경우를 제외하면 말이다. 모형론적 해석이나 그 어떠한 비문자적 해석도 느낌과 관련된 개념을 사용하는 진술의 평범한 지시 방식이 의미를 갖는지 여부를 판단할 수 없었다. 오히려 그 반대가 맞는 현실이었다.

콜린스는 『근거와 이유』에서 철학적 분석이 거둔 성과에 드물게 호소하면서 그들의 공통된 입장을 요약 정리했다. 그는 의미 있는 진술 또는 명제(문자적으로 받아들인 선지자들의 진술)와 임의적 또는 터무니없는 명제(예수에게 알레고리적이거나 모형론적으로 적용된 동일한 진술)를 구분했다.

> 저자가 명제에 한 번에 하나의 의미만을 부여했다고 가정하고(이 사실은 그의 어휘를 비평적으로 검토해보면 드러난다) 그 명제를 인용하며 그 하나의 의미에 근거하여 주장을 펼치는 것은 문법과 논리학의 일반적인 규칙들을 따라 진행하는 것이다. 이 규칙들은 인간의 규칙이기에 내세우고 설명하기가 어렵지 않다. 하지만 다른 어떤 방법에 근거하여 본문이 인용되고 설명되며 그것에 근거하여 주장이 펼쳐졌다고 가정하는 것은 굉장히 이상하고 이해하기 어려우며 일련의 규칙들로 환원하기도 어렵다.[12]

콜린스의 지도 아래 성서 내러티브의 의미와 해석에 관한 논쟁은 해당 내러티브의 지시 대상에 관한 논쟁으로 변했다. 설명적 의미는 역사적

---

12.   Collins, *Grounds and Reasons*, pp. 45f.

지시 대상으로부터 먼저 분리됐다가 그것에 종속되는 방식으로 재통합됐는데, 이는 설명적 의미와 역사적 지시 대상이 병존한다고 생각했던 예전의 이해를 뒤집는 것이었다. 그때에 역사적 판단은 문학적 또는 언어적 분석이 담당하는 기능이었다. 이뿐만 아니라 '지시 대상으로서의 의미'를 규정하는 기본적인 원칙들이 세워졌다. 첫째, 인간 저자와 그의 의도를 파악하는 해석가의 통찰력이 논리적으로 독립된 요인으로 떠올랐다. 저자는 철저하게 평범한 인간이었다. 왜냐하면 그의 의도는 일반적으로 규정된 사고와 언어의 용례를 전적으로 따를 수밖에 없었기 때문이었다. 계시조차 여기에 끼어들 여지가 없었다. 그것이 어떤 새로운 정보나 교리를 제공해 줄 수 있었다 하더라도 말이다. 둘째, 그러고 나면 언어의 일반적인 쓰임새에 항상 따라오는 일련의 논리적이고 문법적인 규칙들 또는 원칙들이 있었는데, 혹자는 이것들에 맞춰 모든 진술을 설명해야 했다. 그리고 마지막으로 느낌과 관련한 개념과 그것을 표현하는 단어는(여기에는 역사에 대한 진술도 포함됐다) 항상 외부 세계의 현상을 표현한다는 사실이 있었다. 다시 말해, 의미에 관한 이론은 지식에 관한 이론과 동일시됐으며 이해한다는 것은 무엇이 진실이고 거짓인지를 구분할 수 있는 능력과 동일한 것이었다.

　이제는 역사적인 기준이 성서 본문의 역사와 비슷한 내러티브의 의미를 판단하게 됐다. 설명을 역사적 지시 대상과 역사적 분석에 결합시키는 새로운 방식은 해석학이—적어도 이런 종류의 본문 해석에서는—장차 역사비평 방법론으로 확장될 모든 구조적인 요소를 갖춘 한 절차를 보조하도록 했다. 성서의 역사비평적 해석을 탄생시킨 다른 철학적 기반들도 있었겠지만, 이런 절차야말로 해당 목적에 가장 훌륭하게 어울렸다. 물론 여기에는 저자를 고려한다는 접근이 단순히 그의 의도에 대한 개념을 넘어 그의 사상과 글쓰기를 설명해주는 특정한 문화적·역사적 배경으로 확장된다는 전제가 뒤따라야 했다. 일단 그런 확장이 주어지면, '지시 대상으로서의 의미'가 본문의 설명적 의미보다 갖는 우위와 지시 대상에 대한 비평적 검토에 따른 둘의 재통합이 성서 내러티브에 대한 역사비평적 해석의 승리를 위해 유일하게 추가적으로 필요했던 철학적 근거였다. 실로 예언의 성취를 둘러싸고 벌어졌던 논쟁은 그 자체로 새로운 국면을 인도하는 어떤 동떨어진 위대한 원인이 아니었다. 그보다 본 논쟁은 성서 내러티브를 읽는 방식, 그것의 해석에 수반되는 원칙들, 그리고—이전 시대의 이해를 만족시켜 주었던—내러티브적으로 연출된 시간적 흐름의 자리를 대체한 언어 중립적인 외부 세계에 대한 새로운 이해의 기저에서 일어난 급진적인 변화를 보여주었다. 다른 그 어떤 것보다도 분명하게 말이다.

영국에서 벌어졌던 이신론 논쟁의 영향은 곧 독일의 신학 담론에서도
감지됐다. 독일의 성서 주석가들도 어쨌거나 비슷한 문제들을 맞닥뜨리
기 시작했다. 물론 그들이 처했던 상황이 영국 논쟁이 처했던 것과 달랐
다는 사실을 기억해야 한다. 성서에 대한 독일인들의 관심은 그것의 본질
을 일련의 기록 문헌으로 여기면서 계속됐지, 단순히 계시가 주장한 사실
의 진실 여부를 뒷받침하거나 반대할 증거로 성서를 사용하려는 목적에
서 관심이 이어졌던 것은 아니었다. 하지만 내러티브의 해석 전환 형태는
영국이나 독일 모두 거의 똑같았다. 이 전환은 독일의 신학적으로 보수적
인 주석가들에게 특히나 중요했다. 그들은 이제 성서와 성서 해석 방식에
대한 새로운 주장과 마주해야 했는데, 정통주의적 문자주의나 경건주의
전통의 영적 해석법도 그들을 이런 종류의 주장에 대비시켜 주지 못했다.

이 때문에 두 이론 모두 성서와 신학에 대한 보수주의적 입장을 보호
해 줄 다른 이론에 빠르게 자리를 내주었다. 편의를 위해서 그리고 개념
을 다루는 역사 속에 넘쳐나게 등장하는—지나치게 깔끔한—여러 범주 중
하나로 분류하기 위해서 나는 이것을 초자연주의(Supernaturalism)라고 부를

것이다. 초자연주의의 발흥은 이신론 논쟁의 파급 효과뿐만 아니라 독일 신학 교수들 사이에서 점차 늘어났던 볼프(Christian Wolff)의 영향력에서도 확인할 수 있었다. 볼프의 영향력은 그가 출강했던 할레 대학교에서 특히나 강했는데, 여기는 본래 경건주의 가르침의 위대한 아성이었던 곳이었다.

역사적 지시 대상 또는 표면적 지시 대상으로서의 의미

초자연주의적 신념을 따르는 주석가들은 성서의 문자적 진리를 주장했다. 그들은 자신들이 성서 영감의 본질로 생각했던 바를 증명해보이고 사실 면에서 성서 보도를 신뢰할 수 있는 이유를 개진하곤 했다. 하지만 이전 시대의 정통주의와 경건주의 신학자들과는 다르게, 그들은 더 이상 성서적 영감을 본문을 위해서 내놓는 여러 주장들을 자동적으로 보증해줄 무언가로 사용하지 않았다. 확실히 정통주의와 경건주의는 본문을 더 광범위한 보편적·합리적 의미의 규범이나 사실 가능성을 평가하는 일반적인 기준 앞에 놓음으로써 그 주장들을 시험해보는 일을 해 본 적이 없었다. 하지만 이런 대면은 더 이상 피할 수 있는 것이 아니었다.

초자연주의자는 정통주의자와 경건주의자와는 반대로 성서에 대한 합리적이고 역사비평적인 해석과 마주해야 했다. 그것도 그들에게 익숙한 경기장(homeground)에서 말이다. 초자연주의자들은 기적에 대한 성서 보도의 역사적 사실성과 예언의 성취를 주장했는데, 그들은 이러한 주장을 성서가 신약 문헌의 사도적 기원이 되는 신적 계시를 믿을 만하게 기록했다는 논지 위에 전개했다. 그들은 이뿐만 아니라 복음서 기자들의 정직성, 이성 종교와 기적의 조화, 성서 보도의 단순성과 생동감(life-likeness),

신약 사건의 형태로 역사적인 성취를 이룬 구약의 기대들을 주장했다. 이런 양상은 이전에 설명적 의미와 역사적 판단을 동일시했던 것과는 거리가 멀었다. 예언의 성취는 시대적으로 앞선 성서 내러티브와 후대의 내러티브 사이에 섭리가 만들어낸 문자적인(혹은 표상적인) 조화가 담당하는 기능이었다. 이 이론 체계는 문학적인 동시에 역사적인 성격을 띠었었다.

　20세기 역사가에게 초자연주의적 입장의 주장들은 시대착오적이고 반동적으로 비칠지도 모른다. 하지만 그때 당시 이런 움직임은 사실상 이신론과 성서 해석학의 새로운 국면이 가져온 도전에 대응하면서 신학 진영 내에서 일어났던 자체적인 근대화(self-modernization) 과정의 한 일부였다. 그들은 합의점 하나를 도출해냈는데, 신학적으로 중요한 성서 내러티브의 해석에서는 역사적인 설명이 본문의 해설을 좌우한다는 것이었다. 그렇다고 역사적 설명이 곧 본문의 해설이라는 것은 아니었다. 보수적인 주석가들은 점점 더 성서의 내러티브적인 부분들을 사실 면에서 믿을 만한 신적 계시의 보고로 취급했지 정통주의와 경건주의 주석가들에게 그랬던 것처럼 직접적으로 영감된 본문이라고 보진 않았다. 진보적인 주석가들은 영감 자체만이 아니라—또는, 적어도 성서의 모든 부분이 똑같이 영감되었다는 입장이 아니라—사실 측면에서 내러티브의 신빙성에 의구심을 품었다. 양극단의 의견들 모두 설명적 의미를 본문의 역사적 또는 표면적 지시 대상과 동일시하는 부분에 점점 더 초점을 맞췄다.

지그문트 야코프 바움가르텐

　독일의 초자연주의자들(대표적으로, 파프[Cristoph Matthäus Pfaff], 모스하임[Lorenz von Mosheim], 그리고 이들 중 가장 영향력이 크고 진보적이었던 할레 대학교의 교수 바움가르텐[Sigmund Jakob Baumgarten])은 개신교 정통주의와 경건주의에서 18세기 후반의 성서와 신학 연구를 주도했던 독일 계몽주의의 혁신론자들에게로 넘어가는 중간에 있던 과도기적인 인물들이었다.[1] 이들의 입장을 고수해 줄 직접적인 후계자들도 있긴 했으나 19세기로 넘어가는 길목에서 이런 현대의 보수주의자들의 학문적·목회적 지위는 급격하게 하락했다.

바움가르텐은 성서의 단어나 개별 책이 기록된 형태 면에서까지 하나님에 의해 영감됐다고(독일어로 *eingegeben*) 믿었다. 하지만 그는 분명하게 그의 전임자들 중 일부가 펼쳤던 주장을 가지고 문제를 납득시키려고 하지 않았다. 그에게 있어 기독교 신앙의 직접적인 권위이자 출처라는 성서의 지위는 전략적인 진리에 달려 있을 수 없는 것이었다. 성서는 그것을 하나님의 말씀이자 그 속에 기술된 구원 역사와 그 이야기의 효과적인 적용으로부터 논리적으로 분리할 수 없다고 여기는 사람들에게만 그런 핵심적인 자리를 차지할 수 있을 뿐이었다. 바움가르텐이 보기에 성서는 필수적인 '앎의 길'(*modus cognoscendi*)을 제공해주었다. 성서가 알게 해주는 것은 그것에 담겨 있는 드러난 진리였는데, 그것은 논리적으로 분리 가능한 내용의 형태로 보관되어 있었다.

그는 여러 전선에서 교전을 벌였다. 그는 정통주의 개신교가 으레 싸웠던 싸움, 즉 성서 해석에는 교회의 가르치는 권위가 필수적이라는 로마 가톨릭의 주장에 맞서 성서의 명료성과 직접적인 해석 가능성을 변호하는 싸움에 당연히 참전했다. 또 새로운 내면적 계시를 주장하는 일부 "광신자"들에 맞서 성서 계시의 충분함을 옹호했다. 이뿐만 아니라 그는 "종교를 비웃는 자들, 무신론자와 이신론자, 또는 일부 조잡한 자연주의자"를 반박해야 할 필요성이 있다고 생각했다. 여기서 문제가 됐던 것은 성서가 과연 보다 직접적이고 중재되지 않은(독일어로 *nähere und unmittelbare*) 하나님의 계시를 포함하는지 여부였다. 18세기 중반이 되자 상대적으로 보

1.　참고, E. Hirsch, *Geschichte der neuern ... Theologie*, vol. 2, ch. 24.

수적인 루터파 교도였던 바움가르텐은 어쨌거나 하나님이 저 신성한 책
(성서)에서 한 것 말고도 자연계시를 통해 스스로를 드러내셨다고 공개적
으로 고백할 수 있었다. 성서 계시가 자연과 이성을 초월하는 신비를 알
려주긴 해도 그 안에는 자연과 이성에 반대되는 것이 하나도 없었다. 그
렇기에 성서 주해는 평범하고 합리적인 분석 방법들을 통해 진행해야 했
다.

　　이 시기 이후로 등장한 많은 주석가들과 마찬가지로, 바움가르텐은
기록된 글과 성서의 중심 내용을 날카롭게 구분하고 전자보다 후자를 계
시와 더 동일시 여기는 경향이 있었다. 이런 측면에서 보면 성서의 특별
함과 진리를 주장하는 그의 입장은 사실상 특별하고 적극적인 계시를 옹
호하는 호소에 다름없었다. 그는 다른 무엇보다도 성서적 계시를 강하게
주장했는데, 성서적 계시는 하나님께 어울리지 않거나 이런 문제에 있어
보편적 목적을 이루기에 부족하거나 하지 않았고, 거짓되거나 모순되거
나 증명되지 않은 사실들을 담고 있지도 않다고 했다. 그는 마지막 비판
에 맞서 성서적 역사가 거짓임을 증명하는 것이 불가능하다고 했을 뿐 아
니라 그것의 진실이 "역사적 증거가 요구하는 모든 논리적인 조건을 만족
시키면서 가장 높은 수준의 개연성이나 가능한 최대 한도의 도덕적 확신
에 도달할 수 있다"고 했다. 그는 또한, "부정할 수 없는 고대의 증거들이
성서적 역사를 확증해 준다는 것과 성서의 역사를 받아들일 수 없다면 다
른 모든 역사도 부정해야 한다는 주장은 너무나 많은 사람들의 동의를 얻
었다"고 했다.[2]

2.　S. J. Baumgarten, *Untersuchung theologischer Streitigkeiten*, ed. J . S. Semler (1764),
　　vol. 3, p. 14; 또한 S. J. Baumgarten, *Evangelische Glaubenslehre*, ed. J. S. Semler (1760),
　　vol. 3, pp. 55f, 72f, and §7 (pp. 104-51). Baumgarten의 강의에서 유래한, 사후 편집
　　된 이 두 작품은 나란히 배열되어 있어서, 교의신학(후자의 책)에 있는 각각의 위치

이러한 주장이 근대적인 의미에서의 역사성을 갖추지 못한 것이라면 적어도 그렇게 되어가는 과정 중에 있었다. 왜냐하면 이런 주장은, 신성한 것이든 세속적인 것이든 어떤 주장이 사실이려면 일반적인 신빙성을 판단하는 법정 앞에 서야 할 책임이 있다는 인정을 포함하고 있었기 때문이었다. 바움가르텐은 성서의 지시 대상 또는 중심 내용의 신빙성과 성서적 역사의 신빙성을 옹호했다. 철학적 또는 신학적 근거와 여러 사실 관계를 토대로 그것들에 대하여 의문을 제기했던 사람들에 맞서서 말이다. 축자적 영감에 대한 그의 믿음이 무엇이었든지 간에 이런 면에서 그는 콜린스가 예언의 성취를 둘러싼 논쟁에서 의지했던 근거와 똑같은 근거 위에서 움직이고 있었다. 역사적 지시 대상, 즉 스스로를 계시라고 주장하는 '사실 그대로의 역사'가 본문의 설명적(explicative) 의미를 좌우하고 판단했다. 본문의 의미는 해당 본문이 얼마나 역사적 사건들을 가리키고 더 나아가 신실하게 가리킬 수 있는지에 따라 결정됐다.

바움가르텐의 글에 이런 종류의 단언은 명백하게 표기되어 있진 않았어도 뚜렷이 감지됐고, 너무나 분명해서 당연한 것으로 받아들여지는 입장을 무심결에 나타낸 것 같은 느낌마저 있었다. 하지만 이러한 단언이야말로 새로운 시대의 시작을 알리는 신호였으며, 이 시대는 이신론 논쟁 중에 성서 내러티브의 해석에 새로운 의미 기준을 적용하면서 태동한 것이었다.

보수적인 루터교도라면 마찬가지로 생소했을 또 다른 새로운 강조가 있었는데, 바움가르텐은 이를 조심스럽게 개진했지만 콜린스는 이를 사 반세기 전에 대담하게 받아들였다. 콜린스는 사실상 저자의 의도가 본문의 의미를 파악하는 데 작용하는 논리적으로 독립된 요인이라고 주장

는 논쟁 연구(전자의 책)에 있는 동일한 주제에 일일이 대응된다.

했었다. 보수적인 개신교도들은 신적 저자 개념과 본문의 의미 기준으로 기능했던 언어(또는 모형론) 구조, 그리고 본문의 상호 연결성에 대한 강조를 갖고 있었기 때문에 콜린스의 가정이 필요 없었다. 그들이 그런 견해를 유해한 것으로 여겼다고 생각하면 논점을 놓치고 있는 셈이다. 어떤 의미에서 그들은 전혀 그렇게 생각하지 않았으며, 그들에게 인간 저자의 의도가 신적 저자 개념을 대체할 만한 것으로 여겨진 적은 단 한 번도 없었다. 더 중요했던 것은 그들의 상상력의 차이였다. 이전 세대의 개신교도들에게 성서는 그 자체로 일관성 있는 담론 세계였으며 성서의 서술과 가르침은 그 자체의 현실성을 갖고 있었다. 하지만 정확하게 이야기하면, 그 현실에서는 모든 사람이 제 자리를 찾을 수 있어야 했고, 실제로도 어떻게든 그렇게 됐다.

　　루터와 칼뱅에서 콜린스의 『근거와 이유』로의 전환은 마치 한 세계에서 다른 세계로 넘어가는 여정과 같았다. 논리적인 차이와 해석학적인 차이는 서로 다른 사상과 상상력의 세계 간에 존재했던 깊은 틈을 시사했다. 스티븐(Leslie Stephen)이 지적했듯이, 예언을 둘러싼 논쟁에 참여했던 두 개의 입장은 각기 존속했고—이 사실을 인지하지 못한 채—이처럼 완전히 다른 전제와 관점을 가진 두 개의 입장 사이에 중요한 논의나 심지어는 의미 있는 불일치조차 가능해보이지 않았다. '어떤 성서 저자든지 평범한 인간으로 이해해야 한다'라는 콜린스의 전제는 저자의 글이 명백하게 지시하는 바로부터 저자의 의도나 의미를 파악하려는 그의 모든 논리적(혹은 기술적)인 움직임에 깔려있었다. 이신론의 등장 이전 시대에 행해지던 개신교 측의 언어적(혹은 모형론적) 성서 내러티브 해석은 이러한 전제와 아무런 상관이 없었다. 기술적(혹은 논리적) 차원이나 전제로 삼는 기본적인 세계관 차원에서조차 말이다. 하지만 18세기 중반이 되자 이러한 전제는 바움가르텐과 같이 보수적인 인사의 사상 속에도 서서히 그리고 점진적

으로 스며들었다. 바움가르텐은 영감(독일어로 *Eingebung*)을 어떤 종교적 열
광이나 신에게 직접 듣고 받아쓰는 개념과 혼동해서는 안 된다고 강조했
다. 인간 저자들은 글을 쓰는 과정과 쓰는 내용에 있어서도 합리적으로
사고했고, 일반적으로 그들의 개인적인 능력들을 활용했다. 종교개혁자
들과 그들의 후예들은 이런 사실을 꼭 부정하진 않았겠지만 그들이 보기
에 매우 사소한 문제였을 것이다.[3]

　해석학은 분명하게도 하나의 설명적 해석 개념에 도달하고 있는 중이
었는데, 이에 따르면 성서 내러티브는 저자의 의도와 그가 대표하는 (이전
부터 오랫동안 지속되어온) 문화에 부합하여 의미를 획득했다. 또한 내러티브
의 의미는 기록된 글이 나타내는 중심 내용과 동일했다. 다른 보수주의자
들과 초자연주의자들에게 그랬던 것처럼, 바움가르텐에게도 기록된 글의
중심 내용이 곧 계시였으며 그 계시가 성서의 내용을 형성했다. 특별히
성서의 내러티브 부분들은 (단순히 교리적이거나 비유적인 부분들이 아니라) 절대
적인 신뢰성을 갖고 계시된 진리가 구체화된 사실 그대로의 신성한 역사
를 전달했다. 히르쉬(Emanuel Hirsch)에 따르면 바움가르텐과 함께 "독일의
개신교 신학은 성서 신앙에서 계시 신앙으로 넘어가는 확실한 전환 단계
에 들어섰고, 이 단계에서 성서는 본질적으로 계시에 관하여 주어진 특정
한 문서에 불과했다"고 했는데 이는 올바른 지적이었다.[4] 바움가르텐이
속해 있던 과도기는 대략 18세기 중반이었으며, 이때는 독일이 성서에 대
한 비신학적이고 일반적인 해석학과 역사비평에 있어 학문적인 리더십을
발휘하기 시작할 때였다.

* * *

3.　Baumgarten, *Evangelische Glaubenslehre*, p. 37.
4.　Hirsch, *Geschichte der neuern ... Theologie*, vol. 2, p. 378.

이전 세대의 보수주의자들과 초자연주의자들 사이의 차이는 각자가 견지했던 성서의 통일성에 대한 이해에서 가장 극명하게 드러났다. 그것은 중요한 문제였다. 왜냐하면 성서의 통일성 개념은 그들의 공통된 교리적 유산의 핵심적인 요소였을 뿐만 아니라, 근대의 주석가들이 그것에 대하여 심각한 의문을 제기했기 때문이었다. 초자연주의자들은 단일한 신적 저자 개념과 그 결과로 얻는 본문의 단일 의미, 즉 필요하다면 표상적 해석이나 모형론적 해석을 통해 하나로 엮을 수 있는 본문의 의미를 근거로 성서적 통일성을 주장하지 않았다. 그들은 대신 (다시 한번) 역사적으로 실제 일어났다는 예언의 성취를 근거로 삼았다. 이 근거를 보강해 줄 만한 다른 주장들도 덧붙였는데, 가령 성서의 모든 부분들이 독실한 구도자들에게 주는 효과 간의 유사성 같은 것이 있었다.

한 세대 가량이 흐르자 보수적인 신학 사상가들과 보다 진보적인 사상가들 사이의 차이에 일부분 기인하여 성서적 통일성이라는 주제에 대한 새로운 종류의 사상이 발달하기 시작했다. 성서 속에 드러난 종교적 사상과 관점에 관한 발전적인 역사 개념, 그리고 하나님은 정확히 이 종교적 역사와 그것에 의해 쌓인 해석 전통을 통하여 성서에 특별히 임재한다는 확신을 결합한 "성서신학"의 한 전통이 등장했던 것이다. 이제는 구식이 되어버린 성서의 신적 영감설은 이런 급진적인 변화를 겪었는데 신학자들은 여기에—그것의 오랜 전통만큼이나 다루기 까다로운—'영감'(*Theopneustie*)이라는 용어를 적용했다. 이 변화의 반은 역사적, 나머지 반은 신학적인 성격을 띠었다. 이전 세대의 보수주의자들에게 성서의 통일성과 영감(*Theopneustie*)은 기록된 단어 속에(*in verbis*) 존재했다. 하지만 신진 보수주의자들에게 그것들은 실재 속에(*in re*) 존재했으며 이 경우 실재(*res*)는 일차적으로 그리고 결정적으로 역사적인 성격을 띠었다. 이중적인 의미에서 말이다. 즉, 그것은 외부적으로 존재하는 성서적 역사의 흐름인 동시에 실재를 통해 구현되는 성서의 사상과 관점을 역사적으로 연결하는 연결고리였다. 영감을 성서 속 발전적인 성격의 종교사와 결합하는 것은 그 상황에 불안정 요소를 하나 더 추가하는 것밖에 되지 않았다. 왜냐하면 보다 엄격한 초자연주의자들이 생각하는 역사적 실재(res) 또는 지시 대상이란 성서 저자가 보도한 초자연적인 사건들의 실제적인 발생을 의미한 반면에, 덜 엄격하지만 여전히 보수적인 주석가들은 그것에 히브리 종교사와 신적 지도하의 해석 전통을 덧붙였기 때문이었다.

보수적인 신학 관점들도 하나님이 직접적으로 관여하는 축자영감설과 같은 이론을 버리고 성서에 담겨 있는 계시된 보도와 (얼마 지나지 않아) 사상들의 종교적 가치의 사실성을 변호하기 시작했다. 이때조차 역사적 판단과 설명적 해석학이 논리적으로 구분되지만 사실 측면에서는 하나로 수렴된다는 주장은 매우 강하게 견지됐다. 보수와 진보를 떠나서, 주석가들은 성서의 내용 중 역사적으로 믿을 만한 것이 무엇인지에 관한 주장에 의지하게 됐다. 이 과정에서 그들은 의도치 않게 성서에 기록된 글과 진술을 딱히 신학적으로가 아니라 일반적으로 특권적인 의미의 규범 아래에 포함시켰다.

역사비평학과 일반 해석학은 성서적 의미를 좌우하는 특별하고도 특권적인 신학 규칙들에 맞서 함께 싸우면서 이런 마찬가지의 "횡포"에도 대항했다. 신적 권위를 근거로 성서의 역사적인 주장들을 평범한 검증으로부터 면제시켜주는 조치에 대한 반대는 문자적 무오성(히브리어 모음 부호까지 무오성의 적용을 받음), 여러 의미층의 존재, 진술의 숨겨진 영적 의미, 그리고 다른 비슷한 종류의 것들에 대한 반대로도 이어졌다. 성서의 대부분은 내러티브로 구성되어 있었고 대략 일관성 있게 계속되는 하나의 연대기적 흐름을 다루는 것처럼 보였으며, 결과적으로 하나의 긴 이야기에 관한 것 같았다. 전통적인 기독교 신앙은 이 이야기 또는 역사에 의해 형성 됐기 때문에 역사적 판단과 설명적 해석학이 하나로 수렴되자 역사적인 방법론이 해석을 지배하는 결과로 이어지는 경향을 보였다. 그렇다면 이 런 역사적인 방법론이 성서의 보도에 매여 있는 신앙을 검증해 줄 수 있 을 것인가 하는 의문이 생겨났다. 왜냐하면 전통적으로는 그 두 가지가 하나로 결합한 것이 성서의 이야기가 말하는 바라고 여겨졌었기 때문이 었다. 아니면 역사가에겐 실제로 발생한 일이 무엇인지에 대하여 대안으 로 제시할 만한 것이 있는 것이었을까? 왜냐하면 그것이 무엇이 됐든 실 제로 발생한 사건이야말로 내러티브 본문의 의미였을 것이 확실했기 때 문이었다. 이처럼 역사가 갖는 우선순위는 어떤 이들에게 해석을 상대적 으로 쉽게 만들어 주었다. 하지만 이 두 가지 절차의 논리적인 구분을 알 아차리고 둘을 하나로 통합할 수 없었던 사람들도 있었는데(왜냐하면 그들은 역사적 지시 대상이 모든 성서 이야기의 유일한 의미라는 사실을 믿을 수 없었기 때문이었 다), 그들은 더 큰 어려움을 직면하게 됐다. 기록된 글을 역사적으로 검토 하는 적절한 방법이 있고 그 글이 일부 사실을 제대로 가리킬 수 있다고 믿는 사람에게 본문의 글과 개념은 이러한 것들과 전혀 관련이 없다고 한 다면 그는 어찌해야 한단 말인가?

　우리 시대와는 다소 다르게, 그때 당시 역사비평과 의미의 설명이라 는 두 가지 절차 사이의 관계는 간단한 이유 때문에 사실상 확실한 보장 을 받았다. 두 절차는 동일한 사람에 의해 행해짐으로써 대개 하나로 결 합됐던 것이다. 18세기 후반의 교재와 학자들이 분명히 기대했던 바는 그 들의 실제적인 주해 결과에서 본문의 일원화된 읽기에 이르는 것이었다. 혹자가 이 둘을 어떤 방식으로 결합했든지 간에 여러 다양한 주해 방법론 들은 하나의 "진짜" 설명만을 산출해야 했다. 한 본문의 해석 과정 속에 포함된 여러 요소들 사이의 갈등이나, 관련성이 완전히 부재한 이질성의 가능성은 소수의 사람들에게만 발생했다. 18세기가 완전히 끝나갈 때쯤 해석학계의 일부 소외된 목소리들만 경종을 울렸다. 하지만 대부분의 경우 주해 방법론과 최종적인 일원화된 해석 결과에 대한 자신감은 권위주의의 굴레로부터 벗어난 놀라운 자유를 함께 음미하며 여러 저작들 속에서 울려 퍼졌다.

다른 모든 이론과 마찬가지로 해석학 이론도 18세기 후반의 슬로건을 열렬히 따랐다: "감히 사유(思惟)하라!"(Dare to think!)[5] 당시 시대가 해석학 분야에 몰고 온 자유주의적 경향은—투박하다고 느껴질 수도 있지만 여하튼—분명하게 마이어(Gottlob Wilhelm Meyer)의 산문에 표현되어 있다. 그는 1808년에 이 글을 작성하면서 앞선 세기의 전반부와 후반부를 대조했다.

> 만일 과거 시기에 개신교 해석학을 교의학에 계속 종속시키고자 했던 이론가들의 노력이 너무나 컸다면, 즉 이 종속으로부터 해석학을 빼내고자 했던 소수의 반대파 및 진보진영의 시도가 확실히 있었다고 인정하거나 그 영향력을 인정하는 것조차 어려울 정도로 가해지는 압박이 컸다면, 그 어느 때보다도 활발한 현재 시기의 연구의 영은 이와 대조적으로 스스로를 다음과 같이 드러낸다. 즉, 이런 무거운 족쇄로부터 해석학을 더더욱 해방시키고자 하는 시도들이 그 어느 때보다 더 많이 행해질 뿐만 아니라 그 어느 때보다 위대한 명성과 더 확실한 효과를 거두고 있다는 것이다. 다방면의 반복적인 저항들에도 불구하고 말이다.[6]

---

5. Kant는 자신의 유명한 논고, "Beantwortung der Frage: Was ist Aufklärung?" (1784)의 시작하는 단락에서 "*Sapere aude*"라고 선언했다. 참고, I. Kant, *Was ist Aufklärung?* ed. J. Zehbe (Göttingen: Vandenhoeck und Ruprecht, 1967), p. 55.

6. Gottlob Wilhelm Meyer, *Geschichte der Schrifterklärung*, vol. 5, pp. 490f.

이 문장의 마지막까지 읽는 데 성공한 독자라면 이런 종류의 관점, 즉
교의학과 성서적-역사적 비평학 사이의 평행선을 달리는 갈등을 불안하
게 지켜보면서 그 어느 때보다도 후자 쪽으로 기우는 이런 관점이 놀랍지
않을 것이다. 학문의 세계에서 자유는 분열되지 않았다. 겉보기에는 말이
다. 성서 내러티브 본문의 의미를 문법적, 논리적, 도덕적, 종교적 의미에
관한 일반 기준에 종속시키는 행태와 해석에 관한 이론은 역사적 분석과
밀접히 관련되어 있는 것처럼 보였다. 이때 믿을 만한 역사적 설명이란
갑작스럽고 기적적으로 불쑥 튀어나온 역사적 경험이 아닌, 일률적이고
자연스러운 역사적 경험이 담당하는 기능이었다. 하지만 이런 역사비평
적 학문 방법론과 해석학 사이의 연대는 어떤 사람들이 보기에 지나치게
가까운 것이었고, 18세기 말과 19세기 초에 결국 상대적으로 보수적인 합
리주의 사상가들 쪽에서 작은 일단의 반대들이 나오게 했다.

이들 중 가장 뛰어났던 인물은 괴팅엔의 슈토이들린(Carl Friedrich
Stäudlin)이었는데, 그는 역사비평 방법론에 전혀 적대적이지 않았지만 이
방법론이 본문에 대하여 완전한 설명적 해석을 제공한다는 해당 방법론
의 많은 지지자들의 주장이 잘못됐다고 생각했다. (그리고 이 문제는 양쪽 모두
에서 혼란으로 점철되어 있었다.) 이 경우 역사비평적 작업 후에 남는 것이라고
는 일종의 실용적인 적용뿐이었는데, 이것은 누가 봐도 부차적인 중요성
밖에 갖지 못하는 것이었다. 위대한 사람의 가르침이나 위대한 책의 사상
을 이토록 작은 실체로 축소시켜도 된단 말인가? 슈토이들린은[7] 젬러나
그와 에르네스티의 일부 추종자들, 그리고 특히나 카일(Karl Keil)의 관점을
염두에 두고 있었다. 카일에게 설명적 주해의 핵심은 적절한 전문적인 언

---

7.   참고, Carl Friedrich Stäudlin, "Über die blos historische Auslegung der Bücher des
neuen Testaments," *Kritisches Journal der neuesten theologischen Literatur*, no. 4, 1813;
nos, 1 and 2, 1814.

어적 작업과 "성서 담론의 역사적 상황을 구분하고 보여주는 것"으로 구성되어 있었다. 그렇지만 탁월한 본문들이 문법적-역사적 주해가 밝혀주는 것보다 훨씬 더 많은 것을 내포한다는 것은 분명한 사실이었다!

요약하자면, 성서 내러티브의 진정한 역사적 지시 대상과 기록된 단어들의 "정황"을 알아내는 것과 관련하여 내러티브에 대한 주해가 전체적으로 또는 모든 해방된 영혼들에게 같은 의미를 지니는 것은 아니었다. 자유로운 해석학 이론과 자유로운(슈트라우스라면 "전제 없는"이라고 불렀을 것이다) 역사 과학이 하나로 수렴됐음에도 불구하고 말이다. 하지만 일반적으로 로크의 이론들, 즉 예언과 관련된 그런 이신론 논쟁들, 그리고 후대의 초자연주의적이고 역사비평적 주해를 통해 조형된 그의 이론들은 하나의 거대한 학문적인 움직임을 예시했다. 이 움직임에서는 성서 내러티브의 의미와 그것이 가리키는 사건들의 형태가 직접적으로 하나로 모아졌다.

이상적인 지시 대상으로서의 의미

그런데 18세기의 후반부가 지나면서 점점 더 많은 조소를 받았어도 그 영향력이나 파급력이 전혀 줄어들지 않았던 18세기 독일의 한 철학전통은 다른 방향으로 움직였다. 사상에 관한 경험주의자의 이론이 해석학과 역사비평 방법론의 관계에 중요했던 것만큼이나 크리스티안 볼프의 철학은 일반 해석학에 있어 중요했다. 로크의 이론처럼 볼프의 이론도 그 자체만으로는 하나의 총괄적인 설명적 원인(explanatory cause)이 되지 못했다. 하지만 볼프의 이론은 강력하게 영향력을 미치는 방식으로 많은 해석학 이론의 밑바탕에 깔려 있던 특정한 철학 지류를 예시했다. 볼프 자신은 라이프니츠(Leibniz)의 추종자로 알려져 있지만 로크를 포함하여 다른 철학자들에게도 거의 동일한 정도로 가르침을 받았었다. 사실 그는 상당히 독립적이고 굉장한 철저함을 갖춘 사상가였다. 그는 할레 대학교의 수학 및 철학 교수직에서 쫓겨났다가 다시 복귀하기 전까지 수년간 경건주의 종교의 본거지 안에서 합리주의의 영을 대표했다. 그의 목표는 정밀하고 질서 있는 사유를 통해 진정한 미덕을 설득시키는 것이었다. 그는 계시 종교를 옹호했는데, 계시 종교가 자연 종교와 이성의 진술을 초월하면서도 그것들과 모순되지 않는다는 단순한 이유 때문이었다. 그의 엄청난 양의 문학적 생산물을 특징 지은 것은 거의 믿기지 않을 정도의 조직적이고 개념적인 질서 정연함이었다. 그가 자랑스럽게 세속적 지혜요, 사유에 의한 모든 육체적·영적 실체의 관통이라 부른 것의 총체를 개진하는 여정 가운데 관련성 있다고 인지할 만한 주제 중 그의 손을 타지 않은 것은 없었다. 칸트의 비평 철학은 볼프의 체계를 무너뜨리기 위한 것이었지만, 칸트는 그가 왕좌에서 끌어내린 사내의 성취와 정신만큼은 높이 평가했다.

성서 해석과 관련하여 볼프가 예시한 종류의 사유가 끼친 영향력(혹은 충격)은 대부분 표면 위로 드러나지 않았다. 하지만 바움가르텐과 같은 사람들에서는 분명히 그 영향력이 드러났는데, 바움가르텐의 공식적인 방법론은 볼프의 것을 크게 본뜬 것이었다. 일반 해석학과 관련한 볼프의 논리는 그의 연구에서 가장 중요한 요소였다. 볼프는 그의 논리 중 이론적인 부분을 3등분했는데, 각각은 이해의 세 작용, 즉 인지, 판단, 추론에 조응했다. 이 중 현 맥락에서 가장 큰 관심을 끄는 것은 첫 번째 작용이다. 우리의 모든 단어들은 개념과 연결되어 있다. 그렇기에 제대로 사용되기만 하면 단어는 항상 무언가를 상징했다. 그 결과 개념은 "우리의 생각 속

중심 내용(독일어로 *Sache*)에 대한 표현"이었다.[8]

개념에 대한 볼프의 설명은 해석학적으로 대단히 중요한 영향을 남겼
다. 그는 두 개의 개념 정의(혹은 설명)를 구분했다. (그는 라틴어 용어인 *definitio*를
독일어 *Erklärung* ["설명"]으로 번역했는데, 이는 독일 철학 용어의 일반적인 전통으로서는 따
르기 힘든 몇 안 되는 전문적인 용례 중 하나였다.) 개념의 명사적 정의 또는 단어 설
명(*definitio nominalis, Worterklärung*)은 그것의 특정한 차이점에 대한 진술을 포
함했고, 그것을 다른 정의들과 구별했으며 의미가 유사한 일반 개념들의
일반적인 범위 안에서 그것 자체만의 내재적인 일관성을 제공했다. 볼프
는 한 예로서 기능에 근거한 시계 정의를 인용한다. 즉, 시계란 시간을 표
시하기 위한 기계라는 것이었다. 또 다른 예는 진리의 연결성에 대한 통
찰로서의 이성에 관한 정의였다.

한편, 실재 정의나 중심 내용 설명(*definitio realis, Sacherklärung*)은 개념이 상
징하는 대상의 궁극적인 설명 근거와 관련이 있었는데, 사실상 중요했던
것은 해당 개념의 실제성을 설명할 수 있는지 여부로부터 추론할 수 있는
가능성이었다(그리고 역으로 이 가능성이 실제성을 설명할 수 있게끔 해주는 것이기도 했
다). 우리는 이 가능성을 증명 또는 경험으로 파악했다. 볼프는 스콜라주
의자들을 상대로 한 대상의 가능성이 그것의 '거기 있음'(thereness)에 의해
제대로 암시되어 있다고 강조했다. 그것의 가능성은 다시—만일 '가능성'
이 이것의 다른 말이 정말로 아니었다면—'중심 내용의 본질'에 달려 있었
다. 중심 내용의 본질이란 그 대상의 필연적인 존재 양식을 뜻했다: "혹자
는 어떤 대상이 어떻게 현재의 상태로 존재하게 됐는지, 또는 어떤 양식

---

8.   Christian Wolff, Gesammelte Werke, eds. J. Ecole, J. E. Hofmann, M. Thomann, and
      H. W. Arndt, pt, 1, vol. 1, *Vernünftige Gedanken von den Kräften des menschlichen
      Verstandes (Deutsche Logik)* (Hildesheim: Olms, 1965), ch. 2, §3, p. 151; ch. 1, §4, p.
      123.

으로 그것이 존재 가능한지를 파악했을 때 그것의 본질을 이해하는 것이
다. 이에 뒤따라서 대상에 대한 설명이 그것의 본질을 드러내 준다." 볼프
는 '현실 정의'(*Realdefinition*) 또는 '사안 설명'(*Sacherklärung*)의 예로 시계와 이
성에 대한 설명을 제시했다. 시계는 기능이 아니라 구성 부품들에 근거하
여 설명됐고, 이성은 진리의 일관성에 대한 통찰이 아니라 이성을 가능토
록 해주는 영혼의 능력의 관점에서 설명됐다.[9]

　분명한 것은 볼프가 개념에 대한 정의를 있음직한 현실의 이름으로
규정함으로써 자신의 논리를 존재론과 현실에 대한 인간 지식의 조건에
근거했다는 점이었다. 그는 "만일 모든 사안이 논리에 의해 증명되어야
한다면(*Quodsi in Logica omnia demonstranda*) … 의존해야 할 원리들은 존재론과
심리학의 것이어야 한다(*petenda sunt principia ex Ontologia atque Psychologia*)"고 했
다.[10] 개념은 본질이나 가능한 현실에 관한 개념일 때에만 의미 없는 장광
설이 아닌 가능성을 갖춘 또는 합리적인 개념일 수 있었다. 경계해야 할
것은 허튼소리였다. 엄밀히 말해 허튼소리는 아무 말도 하지 않는 것과
마찬가지였다. 즉, 불가능한 일이나 모순율에 위배되기에 사실상 인지할
수 없는 무언가에 관하여 말하는 것과 같았다. 물론 우리가 문법적 또는
구문론적인 의미는 갖지만 제대로 된 개념을 형성하지 못하는 방식으로
단어들을 조합["아이언 골드"(iron gold), "식물의 자연적인 사랑 또는 증오"]할 수 없다
는 말은 아니다. 하지만 우리의 의무는 단순한 단어들을 대상으로부터 구
별하여 우리 스스로를 속이지 못하도록 하는 데 있었다. "그렇기에 우리
가 이미 받아들인 개념, 즉 그것의 가능성을 정확하게 확인하고 수용한

9.　Ibid., ch. 1, §48, p. 147; 그의 설명의 특질에 대한 완전한 논의를 위해서는, ch 1, §§
40-57; ch. 1; §41, p. 144을 보라.
10.　편집자에 의해 인용됐다. *Latin Logic*, ibid., p. 258 (ch. i, n. 3): "모든 것이 논리학으
로 증명되려면, 원리들은 존재론과 심리학으로부터 추구되어야 한다."

개념 외에 다른 개념을 인정해서는 안 됐다."[11]

제대로 사용된 단어는 무언가를 가리켰다. 단어는 실제 있음직한 일을 상징하거나 명명했는데, 그 일은 그것의 실제성을 감각을 통해 파악하는 정신에 의해 이상적인 지위를 소유했다. 사실상 단어는 그런 똑같은 "실제 본질"을 기술한다고도 할 수 있는데(비록 볼프는 이것을 그런 식으로 부르지 않았지만), 로크는 이런 의견에 전혀 동의하지 않았었다. 단어의 존재론적 지위와 유래는 비(非)모순 원칙을 충분한 합리성과 결합하여 개념을 하나의 있음직한 현실로서 존재론적으로 세우는 과정을 포함했다. 우리가 갖고 있는 인지 능력, 즉 개념과 개념을 통한 현실, 그리고 그것의 합리성을 알 수 있는 능력은 심리학 분석을 통해 논증됐다. 즉, 영혼이 갖고 있는 힘이 그런 능력을 가능케 한다는 것이었다.[12]

둘 사이의 큰 차이점들에도 불구하고 로크와 볼프는 성서 해석학에 중요한 영향 몇 가지를 공통되게 남겼다. 로크의 "신(新)철학"은 하나의 철학적 설명이자 성서 내러티브가 갖고 있는 의미에 대한 표면적 관점 또는 표면적-지시적 분석(ostensive-referential analysis)을 정당화해주는 것이었다. 이 견해는 사실상 설명적 해석을 역사비평적 설명에 종속시켰다. 로크를 따르는 이신론자들은 그들이 보편화 할 수 있다고 여긴 종교적·도덕적 진리에 부합하는 성서의 일부분의 의미만을 찾는 경향이 있었다. 하지만 이신론자들은 계시를 뒷받침해 줄 만한 사실 측면에서의 증거를 두고 보수적인 국교도들과 격렬한 논의들을 나누면서 성서적 의미를 표면적으로 받아들이기 시작했다. 성서적 사상을 감각이 자아내는 것에 토대를 두는 한, 소위 신약과 후대 기독교 주해에서 해석되는 구약 예언들은 사상의 일치나 불일치라는 시험대 앞에 서야 했다. 이야기의 의미는 그것의 표면

---

11.   Ibid., ch. 2, §8, p. 153.
12.   Ibid., p. 258 (편집자의 글[note]).

적 지시 대상과 일치하거나, 특정한 사건을 가리키기는 데 실패하는 것과 일치했다.

볼프의 공식적인 방법론은 비평학 이전 시대에 문자적 의미를 역사적 지시 대상과 동일시하던 것에서 이제 역사적 평가가 설명을 지배하는 것으로의 전환에 반대되지 않았다. 그는 다른 무언가를 주장하긴 했다. 부분적으로 차이가 있고 부분적으로 보완적인 무언가를 말이다. 볼프는 독일 철학자들 중에서 그 누구보다도 경건주의 읽기의 족쇄로부터 일반적인 설명적 의미를 해방시키는 데 필요한 개념적 도구들을 마련해주었다. 이해와 언어의 사용을 위한 규칙들은 성서를 다른 모든 책들과 마찬가지로 평범하고 개념적인 방식으로 읽고 그것의 내용과 절차에 따라 분류하기를 요구했다. 그 어떤 글도 개념적으로 이해되지 않는 한 읽기가 불가능했다. 로크가 사상의 일치나 불일치라는 연결성이 없으면 그 어떠한 의미나 지식을 발견할 수 없다고 한 것처럼, 볼프도 비모순과 충분한 합리성의 원칙이 위배되는 곳에서는 아무것도 찾을 수 없다고 했다.

이해 가능한 읽기의 원칙들을 세분화하는 과정 중에서, 어떤 글이든 그 속에 있는 가장 중요한 절차적 수단들을 구분하는 것이 도움이 됐다: 설명, 경험, 명제와 명제의 증명, 그리고 마지막으로 주석 또는 해명이 그것들이었다. 볼프는 어떤 글이든 역사적 종류와 교훈적 종류로 분류했고[13] 성서에도 개념적 의미의 요구를 적용했다. 마치 로크가 그랬던 것처럼 말이다. 하지만 그는 스스로를 훨씬 더 조심스럽게 표현하기는 했다. 로크에 의하면 성서는 우리가 그것을 읽기 전에 갖고 있는 사상을 통해서 읽어야 한다고 했지만 볼프는—로크의 주장에 강하게 동의하는 경향이 있었어도—이 문제를 조금 덜 확정적으로 내버려두었다.

---

13. Ibid., ch. 11, §5, p. 227; ch. 10, §1, p. 219.

일반 해석학이 성서 연구에 활발하게 이용됐던 18세기 후반에는 볼프의 명백한 영향력이 사그라지기 시작했다. 무엇보다도 그가 인간의 모든 탐구영역에 적용하기를 바랐던—논리적 추론을 정신의 가장 창조적인 행위로 만드는—수학-연역적, 조직적인 이론 체계는 전방위적인 비판을 받았다. 그럼에도 불구하고 그의 공식적인 논리 이론 체계는 해석학에 스며들었다. 예를 들면 에르네스티는 언어의 논리적 용법과 문법적 용법을 구분하기를 거부했는데, 이는 볼프가 중심 내용 설명(Sacherklärung)과 단어 설명(Worterklärung)을 모두 지지했던 것에 반대하여 그랬을 가능성이 크다. (G. W. 마이어는 에르네스티의 해석학이 볼프 학파로부터 독립적이라고 찬양하지만 그가 정확하게 어떤 부분을 두고 그런 말을 하는지는 이야기해주지 않는다.)[14] 하지만 그럼에도 에르네스티는 볼프가 주장했던 것처럼 개념적 분석과 단어 분석이 두 개의 설명(Erklärung) 모두에 도달한다는 개념을 부정하고자 결국 그와 똑같은 구분을 지었다. 에르네스티는 주해(와 해석학)가 오직 단어 설명(Worterklärung)에만 도달하고 중심 내용 설명(Sacherklärung)에는 도달하지 못한다고 했다.

중심 내용 설명(Sacherklärung)과 단어 설명(Worterklärung) 사이의 구분은 실로 18세기 후반에 해석학의 가장 중요한 문제가 됐다. 볼프는 이보다 앞선 세대긴 했어도 그는 그것의 철학적 기반을 분석하고 체계화했으며, 18세기의 남은 기간 동안 해석학적 실천에 있어 이 문제가 결정적인 중요성을 가진다는 사실을 증명했다. 또한 그의 중심 내용 설명(Sacherklärung) 사용은 성서 해석의 전환을 암시했는데, 이는 예언을 둘러싸고 벌어졌던 문자적 설명과 역사적 판단 사이의 관계 변화와 비슷했다(급진적인 면에서도 말이다). 일단 갈등이 벌어지는 상황을 마주하면, 이전 세대의 해석가들에게

---

14. Meyer, *Geschichte der Schrifterklärung*, vol. 5, p. 498.

는 중심 내용(*Sache*)이 단어보다 중요했다. 예를 들어 한 사람이 성서의 언어적 명제나 이야기를 사실로 확증함으로써 성서에 대한 자신의 종교적 의무를 다했다고 생각하면, 그가 아직 중심 내용에 도달하지 못했다는 지적을 들을 공산이 컸다. 하지만 그런 방식에는 성서에 대한 그릇된 이해가 포함되어 있었으며 그것은 표준적인 상황도 아니었다. 중심 내용과 단어는 자연스럽고 알맞게 서로 하나였다. 하지만 볼프에게는 언어적 설명과 중심 내용 설명이 일치하든지 안 하든지 간에 논리적으로 별개였으며 우선권은 분명하게도 중심 내용 설명에 있었다.

일반 해석학에서의 이처럼 예리한 구분은 이때로부터 18세기 후반부 동안 계속 지켜졌다. 성서의 축자적 영감과 성서의 중심 내용을 계시로 확증하는 사람들도 이 구분을 따랐다. 중심 내용을 보수적으로 이해하여 특별계시와 진실한 교리로 여기든, 그것을 합리적으로 이해하여 보편적인 종교적·도덕적 진리로 여기든 상관없이 말이다. 볼프의 공식적인 이론 체계는 일반 해석학에의 적용에 있어 신학적 차이를 뛰어넘었던 것이다. (다른 곳에서와 마찬가지로 바움가르텐은 여기서도 볼프의 이론 체계의 충직하고 영향력 있는 추종자로 드러났다.)[15]

볼프는 사실상 의미를 개념과 단어가 가리키는 초(超)개념적(transconceptual) 본질 또는 가능한 현실과 동일시했다. 존재론이 의미의 궁극적인 근거였다. 그렇기에 이해는—형식적인 면이 아니라면—사실적인 면에서 지식과 똑같았다. 무언가를 이해한다는 것은 그 무언가의 가능한 현실이나 본질을 안다는 것이었다. 진술의 의미는 그것의 지시 대상과 같았다. 로크와 그의 추종자들은 이와 비슷하게 지시 대상으로서의 의미 이론을 견지했었다. 하지만 로크에게 있어 사상이란 감각(즉, 혹자가 가질 수 있는 유일

---

15. 참고, S. J. Baumgarten, *Biblische Hermeneutik*, ed. J. C. Bertram (1769), §7.

한 다른 "사상"인 사색이 아니라)에 관한 것이었다는 면에서 의미는 "실제 본질"이 아니라 물질(substance)이나 시공간적 사건을 가리켰다. 그의 이론은 표면적 지시 대상에 관한 것이었다. 하지만 볼프의 '지시 대상으로서의 의미'(meaning-as-reference) 이론은 관념적이었다. 한 개념이나 단어가 가리키는 현실은 실제 사물이나 보편적인 진리 밑에 깔려 있는 관념성이나 가능성이었다.

결과적으로 단어(Wort)와 중심 내용(Sache)을 구분하는 18세기 후반의 해석학 이론가들은 성서 내러티브의 중심 내용을 시공간적 사건(표면적 지시 대상으로서의 의미)으로 여기거나 교리 또는 보편적인 종교적 사상이 될 수 있는 가르침(관념적 지시 대상으로서의 의미)으로 생각했다. 둘 중 어느 경우든지—아니면 둘을 섞어놓은 경우든지—간에 의미는 지시적(referential)이었다. 이 주석가들은 성서 주해에 있어 "의미"의 인식론적 또는 존재론적 지위를 논의하지 않았고 이는 꽤나 적절한 것이었다. 하지만 분명하게도 이들은 둘 중 어느 방식이든지—아니면 두 방식을 섞어놓았든지—간에 개념과 단어가 대상을 당연히 객관적으로 지시한다고 생각했다. 그리하여 사실상 의미는 현실을 아는 것의 한 기능이었다. 로크와 다르게 볼프는, 시간의 영향을 받지 않는 가능성으로서의 객관적인 진리를 이야기함에 있어 관념적 지시 대상을 위한 철학적 기반을 마련해줄 수 있다고 생각했다.

로크만큼은 아니었을지라도 볼프도 성서 해석학 이론을 개척하는 일종의 고독한 개척자였다. 단어 설명(Worterklärung)과 중심 내용 설명(Sacherklärung) 사이의 구분(이 둘은 단어와 개념의 지위를 설명하는 과정에서 논리와 존재론을 사용하면서 사실상 하나로 결합했지만 말이다)은 당시로선 굉장히 필요했던 것에 기여했다. 이 구분은 특별한 의미보다는 평범하고 일반적인 의미의 규범 아래에 성서적 진술들을 포함시켰던 것이었다.

볼프 자신은 그의 『논리학』 중 실용적 또는 적용 부분에서, 기록된 글의 평가(*Beurteilung*)에 관해 이야기했고,[16] 이는 판단(*Urteil*) 분석에 헌정된 이론적인 부분과 일치했다. 그는 모든 글을 자연사든 인간사든 역시를 보여주는 것과 교훈을 전달하는 것으로 나누었다. (그는 후자를 그의 『라틴 논리학』에서 '교리 또는 보편적 진리'[*Dogmata, seu veritates universales*]라고 불렀다.)[17] 이들 중 역사적인 글들은 어떤 일이 일어났는지만 이야기하기 때문에 읽기가 더 쉬웠다. 이러한 글들의 완전성, 일관성, 신빙성, 그리고 (무엇보다도) 쓰임새를 생각해보면 상황은 더 복잡해지긴 했지만 말이다. 하지만 독자는 이런 종류의 글에서—그리고 다른 종류의 글에서는 더더욱—저자의 의도에 주의를 기울여야 했고 (그리고 다시 한번!) 단어와 개념의 사용을 명확하게 분석하고 내용을 논리적으로 판단하여 주제를 판별해야 했다.

글을 이렇듯 두 개의 부류로 환원시키는 조치가 문학작품의 모든 가치를 부정하는 것은 아니었지만 이차적인 것으로 만드는 것만은 분명했다: 시인의 일차적인 의도는—따라서 모든 문학적 생산물의 올바른 특징은—'교훈'이어야 했다. 작품은 유용한 사상을 전달해야 했고, 작품의 의미는 산뜻한 옷차림을 통해 더 효과적으로 구성되어야 했다. 볼프의 초기 문학이론과 그의 제자였던 고트쉐트(Johann Christoph Gottsched)의 폭넓은 연구(『독일의 비평적 시문학 이론에 관한 에세이』[*Versuch einer critischen Dichtkunst vor die Deutschen*])는[18] 완전히 지적인 저작들이었다. 그것들은 '합리적 소설'이라는 이상을 지지했는데, 이 장르에서 재미란 오직 합리적·도덕적 가르침이라는 목표를 이뤄내기 위한 수단에 불과했다. 그것은 시문학에서 프랑스의

---

16. 참고, 편집자 서문, Wolff, *Vernünftige Gedanken von den Kräften*, pp. 74f.을 보라.

17. Ibid., ch. 10, §1, p. 219; 또한 p. 272에 있는 편집자의 언급을 보라.

18. 제1판, 1730.

신고전주의(neoclassicism)의 일부 요소들을 딱딱하게 각색했다.[19] 문학작품
들도 그것들이 가리키고 그것들의 진정한 의미였던 관념적인 중심 내용
을 다루었던 것이다.

여기서도 볼프는 18세기의 마지막에 가까운 시점까지 지속됐던, 따로
기록되지 않은 성서 해석학 이론의 법전을 위한 표준을 세우는 데 기여했
다. 성서의 미적 가치를 알아보는 그 어떤 미세한 움직임도 볼프의 해석
이론이 마련해놓은 도덕적·종교적 교훈주의의 장으로 변환되어야 했다.
일부의 예외도 존재했다. 로우스(Lowth) 주교의 강의를 엮은 저서이자 저
유명한 동양학자 미햐엘리스(Johann David Michaelis)가 주석을 단 『거룩한 히
브리 시에 관하여』(De sacra poesi Hebraeorum)는[20] 독일 학문에 강한 인상을 남
겼다. 이 저작은 구약 문학의 일부를 조심스럽게 정리한 형식적인 시문학
범주를 통해 분석하고자 했던 첫 중요한 노력이었다. 이 책은 보통 낭만
주의 이전에 나온 중요한 영어권 작품들 중 하나로 거론되지만, 지나치게
조심스럽게 형식 비평에만 제한됐던 탓에, 그것이 받았던 따뜻한 환대에
도 불구하고 그 어떤 종류의 해석에도 별다른 변화를 불러일으키지 못했
다. 일반적으로 미학은 성서 해석에 별다른 중요성을 갖지 못했다. (헤르더
[J. G. Herder]의 특별한 경우를 제외하면 말이다.) 만일 상황이 달랐다고 하더라도
볼프와 고트셰드의 영향은 우리가 지금까지 살펴 본 교훈주의적이고 지
시적인 경향들을 오히려 강화하기만 했을 것이다. (성서를 문학예술로부터 일반
적으로 분리시키는 일에 독일 저자들만 참여했던 것은 아니었다. 예를 들면 영국에서는 존슨

---

19. 참고, Wolff, *Vernünftige Gedanken von Gott, der Welt und der Seele des Menschen*
    (9th ed., 1743), §245; 또한 Joachim Birke, "Christian Wolffs Metaphysik und die
    zeitgenössische Literatur- und Musiktheorie: Gottsched, Scheibe, Mizler," *Quellen
    und Forschungen zur Sprach- und Kulturgeschichte der germanischen Völker*, n.s. 21
    (145), 1966, 14, 32.
20. *Lectures on the Sacred Poetry of the Hebrews* (new ed., 1829)로 번역됐다.

[Johnson] 박사가 이 일을 지지했다. 그가 보기에 신성한 책에 대하여 그 두 가지 일을 뒤섞는 것은 안 어울리고 부적절했다. 성서는 성서가 대변하는 것이 최고였다. 시와 문학 비평가는 그 일에서 손을 떼야 했다.)[21]

설명적 의미와 지시 대상은 동일했다. 단어는 안정적인 대상을 가리켰으며 그 대상은 시공간 안에서 발생한 사건이거나 교리 또는 자연종교와 관련된 교훈적인 사상이었다. 하지만 성서 내러티브가 역사 기록과 비슷하고, 추정상의 사건들이 종교적 진리의 확증을 위한 토대를 형성했기 때문에 성서 내러티브를 역사적으로 이해하길 선호하는 것이 일반적인 분위기였다. 그것들이 제시된 그대로의 방식으로 이해하거나, 사건들을 대략 급진적으로 재구성해서 이해하든지 상관없이 말이다. 어떤 경우든지 18세기 후반의 지식인들 사이에서는 역사적 의미가 활발하게 받아들여졌다. 또한 어떤 종교적 관점이나 비종교적 관점을 가졌든지 성서 읽기의 오랜 전통은 어떤 역사적인 요소가 성서 내러티브 속에 내포되어 있다는 것을 당연하게 여겼다. 설명적 해석학을 지시 대상으로서의 의미 안에 국한시키기 위해, 즉 의미를 잠재적 또는 실제 현실에 관한 지식과 동일시하기 위해, 그리고 일차적 지시 대상을 관념적인 것이 아닌 역사적인 것으로 만들기 위해 모든 것이 상호 협력했던 것이다. 일반 해석학(즉 신학적으로 특별하게 여겨지는 해석학이 아닌)과 성서적-역사적 비평학은 함께 성장했다. 그리고 역사비평학이 대체로 지배적인 쪽이었다.

---

21. 참고, René Wellek, *A History of Modern Criticism: 1750-1950* (New Haven: Yale Univ. Press, 1955), vol. 1, pp. 99f.

제6장
성서 해석학과 종교적 변증학

　　그렇지만 해석학 이론과 역사적 해석 절차 사이에는 차이가 존재했고, 결과적으로 해석학적 원칙들을 고민하던 일부의 사람들은 해석을 역사적 설명과 동일시하는 움직임과 다른 방향으로 움직여야 한다고 느끼기 시작했다. 역사가는 가능한 가장 엄밀한 역사적 조사를 통해 어떤 일이 일어났고 그것을 어떻게 설명해야 할지에 대한 의무만 지고 있을 뿐이었다. 합리주의 시대는 역사 지식이 문화와 미덕을 갖춘 사람이 얻을 수 있는 가장 유용한 소득이라는 믿음이 확고하게 자리잡은 시대였다. 이러한 믿음은, 역사야말로 사실상 한 사람이 온전히 제 자신이 될 수 있게 해준다는 공통적인 확신을 매개로 하여 이후 한두 세대 동안 계속됐다. 당시에는 사람에게 선천적이고 변함없는 본성이란 없고, 그에게 주어진 것이라곤 사람이 계속해서 좇는 운명의 흔적을 보여주는 과거의 상밖에 없다고 생각했다. 사실상 그 운명은 그의 '존재'와 동일했다. 하지만 그때조차, 전문적인 역사가가 그런 거창한 사상에 대해 뭐라고 생각했든지 간에, 그는 자신의 대상에 대하여 신중하고 사심 없는 작업을 해줘야 할 책임이 있다는 사실을 알고 있었다. 그리고 이 일에 있어 역사가는 과거의 생각,

조건, 사건의 가장 확실한 재구성 외에 다른 어떤 이념적인 것으로 그 책임을 다해서는 안 됐다.

하지만 성서는 서양의 종교적 유산을 구성하는 가장 중요한 부분이었다. 혹자가 성서의 본문으로부터 그것이 실제로 이야기하는 것 이외에 다른 것은 전혀 원하지 않는다고 할 때조차(즉, 수많은 사람들이 언제나 그랬던 것처럼, 본문의 의도가 전달되지 못했다고 가정하면서) 그는 이미 설명에 관한 질문을 던지고 있는 셈이었다. 그리고 그것은 역사가가 말하는 바와 완전히 일치하지 않을 수도 있었다. 그것은 오히려 엄밀한 역사적 재구성을 넘어선 것일 수도 있었다. 하지만 성서 해석 이론에 가해지는 종교적 유산의 무게는 당연히 여전히 더 무거웠다. 역사가 설명을 지배하기 시작했던 것처럼—특히 내러티브 부분들에서—일반 해석학 이론에서 설명은 항상 성서의 적용적 의미나 사용을 지배하는 방향으로 움직였다. 그런데 지배하는 것은 맞았지만 제거하는 것은 아니었다. 성서 해석학은 역사비평학과 종교적 해석의 서로 다른 관심들 사이에서 결정됐다. 대개 이런 다양한 관심들은 같은 해석가 안에서 서로를 조정하려고 했다. 하지만 어떤 경우든 갈등은 존재했고, 해석학은 역사비평 방법론이 할 수 있는 것보다 훨씬 더 종교적 질문과 가깝다는 것을 의미했다. 다음 세기에 "신앙"과 "역사"의 관계에 대한 질문이 대두되기 전까지 말이다.

본문의 의미와 종교적 적용

적용은 성서를 굉장히 진지하게 연구하는 수고를 감내하는 대부분의 사람들에게 여전한 도전거리로 남아 있었다. 아마도 성서의 올바른 종교적 사용에 관한 건설적인 제안들이 자주, 그리고 확신 가운데 개진됐던 것이 큰 이유들 중 하나였을 것이다. 종교철학을 가진 사람이라면 종교를 철학적으로 분석할 수 있는 절차를 하나씩 갖고 있었을 뿐만 아니라 올바른 종류의 종교철학은 어떠해야 하는지에 대한 제안도 갖고 있었다. 그리고 이런 제안은 대개 올바른 종류의 철학적 종교가 어떠해야 함을 의미했다. 당연히 이런 분석과 관련한 규범적인 관점은 기독교 신학자들 사이에서 더더욱 팽배했다. 보통 성서는 그들이 최종 종교 제품을 만들어내는 데 사용하는 원재료였다.

성서로부터 비롯된 종교적 가르침과 이 가르침을 얻어낸 적용적 주해 도구들은 때때로 굉장히 시시해보일 수 있었다. 계몽주의는 많은 위대한 성취들을 거둔 것으로 알려져 있지만 대개 종교적 심오함은 그 가운데 없었다. 이 시기의 위대한 사상가들도 그것을 그들의 임무로 생각하지 않았다. 그것을 해낼 수 있는 능력이 있었다 하더라도 말이다. 하지만 엄연한 사실은 성서를 열심히 연구하는 학자들이 대개 성서의 가치에 대하여 활력적인 의견들을 가지고 있었다는 것이고, 그들 중 대부분이 보기에 사람들이 성서를 개인의 유익을 위해 읽는다는 것은 거의 확실했다. 얼마나 많은 성서의 개별 부분들이 무시되거나, 개정되거나, (바라건대) 잊을 수 있는 과거로 망각될지는 상관이 없었다. 하지만 어떤 경우든지 사람들이 성서로부터 그런 가르침들을 추출해낼 때에는 먼저 성서에 보편적인 종교적·도덕적 사상들을 적용해봐야 했다. 그리고 그 사상들은 신비한 방식으로 주입된 또는 계시된 종교적 진리가 생산한 특권적인 결과물이어서는 안 됐다.

대부분의 독일 계몽주의 학자들은 적용적 또는 실용적 해석학이 이론적 또는 설명적 해석학과 마찬가지로 완전히 보편적이라고 믿었다. 설명이 개념, 사상, 논리와 문법, 그리고 이해에 관한 일반적인 규범에 부합하는 명제들, 언어, 의미, 지식과 협력해야 했던 것처럼(로크 또는 볼프의 방식으로), 적용 또한 종교적 의의에 관한 일반적인 규범들과 같이 일해야 했다. 창시자만 접근이 가능하고 나머지 모든 사람들은 접근이 불가능한, 신비하게 계시된 특별한 기독교 진리는 협력 대상이 아니었다. 하지만 이것이 적극적인 역사적 계시에 대한 믿음을 필연적으로 포기한다는 것은 아니었으며 성서를 읽는 데 있어 그것의 연관성을 부정하는 것도 아니었다. 하지만 상대적으로 보수적인 신학적 관점에서 설명과 적용을 연관 지으려고 시도했던 학자들도 성서 해석을 위한 규범으로서 계시는 합리적인 것이어야 한다고 생각했다. 계시가 '도움을 받지 않은'(unaided) 이성의 진술들을 초월하더라도 말이다.

설명은 적용을 지배하는 경향이 있었지만 그러든지 말든지 둘은 조화롭게 일관성을 이루는 것처럼 보였다. 혹자가 성서로부터 얻는 유익은 본문과 본문을 읽는 행위 사이의 그 어떤 미묘한 관계보다는 본문 자체의 중심 내용이나 의미 때문에 비롯된 것으로 보였다.

충실하게 전-칸트(pre-Kantian)적 입장을 따라 18세기 학자들 사이에서는 본문을 이해하고 해석하는 것이—그것의 굉장한 중요성에도 불구하고—어떤 기념비적인 문제가 아니라는 생각이 당연시됐다. 그것이 얼마나 절묘하고 전문적인 실행을 요구했든지 말이다. 한편으로는 설명적 의미를, 다른 한편으로는 적용적 의의나 중요성을 구분해야 했다(실제적으로는 이런 구분이 미약하고 모호한 것으로 드러났음에도 불구하고 말이다). 하지만 이 두 측면 모두 불변하고 믿을 만하다고 여겨졌고 독자의 읽기 행위에도 영향을 받지 않는다고 생각됐다. 본문의 역사적 정황이 본문의 의미를 추정하는 데 중요하다고 생각됐음에도 불구하고 이 견해는 옳다고 했다. 또한 바뀐 상황들도 이와 유사하게 본문의 의미를 모으는 데 일조했다.

본문의 의미를 모으고 설명하는 데 따르는 어려움은 내재적이라기보다 전문적인 문제로 여겨졌다. 그 어려움들은 인간 본성의 없앨 수 없는 조건이나 한계, 역사적 통찰과 시간적 거리, 정신작용의 구조, 그리고 이와 유사한 다른 이유들 때문에 비롯된 것이 아니었다. 그랬기에 그것들은 훈련, 연습, 해석가의 타고난 능력들을 계발함으로써 극복될 수 있었다. 18세기 주해의 세계는 대체로 (칸트적인 의미에서) 전-비평적(precritical)이고 전-상대주의적(prerelativistic)이었다.

　적어도 저자가 제대로 쓰기만 했다면 단어와 주어진 본문의 그보다 큰 언어적 조합은 분별 가능한 의미, 즉 대체적으로 명확한 의미를 갖고 있다고 여겨졌다. 단어와 진술의 의미는 관습(convention), 관습을 좌우하는 저자의 의도(그의 원청중에게 받아들여졌을), 본문 속에 드러나 있는 목표, 글이 쓰일 당시에 주어진 단어들이 갖고 있던 일반적인 용례, 그리고 마지막으로 언어의 의미 있는 사용을 좌우하는 논리적인 규칙들과 관련된 문제였다. 의도의 한정과 용례 사이에 문제가 될 만한 거리 같은 것은 존재하지 않았다. 저자가 무엇을 말하려고 했든지 간에 그가 사용할 수 있는 단어의 보고가 이미 형성되어 있는 채로 무한하게 거기 존재하고 있었다. 본질적으로 의사소통의 문제란 존재하지 않았다. 이와 유사하게 본문의 단어와 해석가가 내놓는 그것의 반복적인 번역 사이에 최종적인 문제도 존재하지 않았다. 해석에 필요한 핵심적인 원칙과 규정은 동시에 하나의 요구 또는 필요조건이었는데, 우리가 봤다시피 이는 훈련과 연습, 그리고 타고난 능력을 활용하여 충족시킬 수 있는 것이었다. 즉, 이것들이 원칙으로서 갖는 지위가 확고한 이유는 그것들이 '충족시킬 수 있는' 요구였기 때문이었다. 그랬기에 18세기 독일에서 해석학적 분석의 가장 선두적인 실천자였던 에르네스티(J. A. Ernesti)는 다음과 같이 간단하고 자신 있게 이야기할 수 있었던 것이다. "그렇기에 해석은 두 가지 사안을 포함한다. 하나는 단어의 의미를 올바르게 인지하는 것이고 다른 하나는 그것을 올바르게 설명하는 것이다"(*Interpretatio igitur omnis duabus rebus continetur, sententarium [ide-*

arum] verbis subiectarum intellectu, earumque idonea explicatione).[1] 뛰어난 해석가는 예리한 이해를 설명 기술과 결합시킴으로써 주어진 필요조건(혹은 원칙)을 충족시켰다(*subtilitas intelligendi et subtilitas explicandi*, "이해의 날카로움과 설명의 날카로움"). 에르네스티는 이 두 가지 자질이 순전히 기술적이고 상호보완적인 도구 이상의 것일 수 있다는 생각은 하지 못했을 것이다.

요약하자면, 해석을 위한 규칙은 명확했다. 그것은 애초에 규범적이고 직접적으로 접근 가능한 언어적 구성물의 의미에 적용될 수 있게끔 고안됐기 때문이었다. 언어적 구성물의 의미는 그것의 의의나 적용적 중요성과는 구별되는 것이었다. 우리가 본문으로부터 추출해낼 수 있다고 생각하는 교훈들은 단순히 본문의 의미를 해설하거나 설명하는 문제가 아닌 우리의 조건과 환경에 의미 있게 적용하는 것과 관련 있었다. 적용은 해설과는 논리적으로 다른 활동이었다. 일반적으로 18세기의 가장 학식 있는 성서 비평가로 여겨지는 젬러(J. S. Semler)에 의하면 "해석학적 능력은 성서의 언어 사용을 올바르고 정확하게 아는 것과 스스로에게 성서 담론의 역사적 상황을 구별하고 묘사하는 것, 그리고 우리의 이웃들이 살아가고 있는 변화된 시대와 상황이 요구하는 방식으로 해당 사안들을 오늘날의 언어로 말할 줄 아는 능력에 달려 있는 것"이었다.[2] 이 견해에 따르면 해

---

1.   "그러므로 해석은 단어의 의미에 대한 적절한 인식과 단어에 대한 적절한 설명이라는 두 요소로 구성된다." J. A. Ernesti, *Institutio interpretis Novi Testamenti* (5th ed., 1809), p. 8. 이 책의 많고 중대한 부분이 Moses Stuart에 의해 *Elements of Interpretation* (1824)라는 제목으로 번역됐다. Schleiermacher의 첫 번째 미국인 번역가였던 Stuart는 Ernesti의 해석 학파와 동일시되는 저자들로부터 발췌문을 가져다가 첨가했다. 불완전하긴 하지만 Stuart의 번역은 *Principles of Biblical Interpretation*라는 제목으로 나온 C. H. Terrot (vol. 1, 1843; vol. 2, 1848)의 완전한 번역본보다 Ernesti의 독특한 해석학적 입장을 포괄적으로 들여다보는 데 더욱 유용하다.

2.   J. S. Semler, *Vorbereitung zur theologischen Hermeneutik* (1760), vol. 1, pp. 160f. 또

석가의 임무는 마치 숙련된 목수가 한 건물로부터 이미 조립된 틀을 조심스럽게 떼어내서 적절하게 자른 후에 다른 건물에 똑같은 주의를 기울이며 끼워 맞추는 것과 같았다.

적용이 해설과 달랐음에도 불구하고 둘은 일맥상통했다. 왜냐하면 언어적 용례, 그때 당시와 현재의 상황 등을 비교할 수 있고 그 결과로 적용적인 판단을 제공할 수 있는 주석가라면 언어적 구성물에 쉽게 접근할 수 있었기 때문이었다. 이것이 젬러의 발언이 명확하게 의미하는 바였다. 개별 단어와 그보다 큰 단어 조합도 혹자가 인지하는 상황이나 이해하는 사상(언어적으로 구현됐는지는 상관없이)을 가리키거나 묘사했기에 쉽게 접근 가능하다고 생각됐다.

기본적으로 접근 가능한 뜻(sense) 혹은 의미(meaning)에 대한 관심은 언어의 근본적인 일의적(univocal) 용법을 암시하는 것처럼 보였다. 추가적으로, 개별 단어는 의미를 구성하는 기본 단위로 여겨졌다. 의미 자체는 마치 단어들이 그 안에서 만발할 수 있도록 변함없이 영양을 제공하는 일종의 배양액이나—비유를 바꿔보자면—단어들이 각자의 적절한 지시 대상이나 목적지에 배달될 수 있도록 놓이는 컨베이어 벨트 같은 것으로 생각됐다. 단어는 안정적이고 사전적으로 결정된 의미를 갖고 있었기 때문에 언어는 좋은 도구였다. 드러내놓고 말하지 않은 이런 일련의 가정들에 대해 혹자는 여기저기서 의구심이 제기되는 것을 느낄 수 있었지만 그러한 목소리는 잘해봐야 주요 멜로디 라인 뒤에서 멀찍이 들리는 배경음일 따름이었다. 일반적인 상황은 비트겐슈타인(Ludwig Wittgenstein)이 한 가상적인 대화에 대하여 제시한 논평과 딱 맞았다: "당신은 내게 말합니다: '당신은 이 표현을 이해하죠? 그렇죠? 음, 그렇다면—저는 당신이 익히 잘 알

한 Wilhelm Dilthey, *Leben Schleiermachers*, vol. XIV; 2 in *Gesammelte Schriften*, (Göttingen: Vandenhoeck und Ruprecht, 1966), pp. 638f.

고 있는 그 의미로 이 표현을 사용하고 있는 것입니다'—마치 의미란 것이
단어에 수반되는 하나의 분위기인 것처럼, 단어가 모든 종류의 적용에까
지 그것을 동반한다는 듯이 말입니다."³ 본문의 본래 의미나 뜻(*Sinn*)에 대
한 접근가능성을 가정하는 형태가 18세기 후반의 해석학 이론을 지배했
다. 그 뜻은 해설과 적용을 초월했으며, 그렇기에 둘의 차이성과 연관성을
조정했다.

　18세기 이후에 해석학은 인간이 가진 이해의 구조와 과정에 관한 통
합적인 이론이 될 터였다. 해석학이 통합적으로 취급된 것은 이해라는 과
정 자체가 일종의 내재적이고 자급자족적이며 일관성 있는 복합체로서
본문과 그 안에 구현되어 있는 사고 구조에 문제적(problematically)으로 연관
되어 있다고 생각됐기 때문이었다. 하지만 18세기 해석학적 주석가들에
게 있어 본문의 접근가능성 덕분에 본문 자체가 주해를 좌우했던 것처럼,
본문은 주해 행위 안에 내재되어 있는 이론과 그 행위를 돕는 보조이론
또한 좌우했다. 19세기 서두에 5권짜리 성서 해석사를 집필한 마이어(Got-
tlob Wilhelm Meyer)가 내린 짧은 성서 해석학 정의가 뜻하는 바가 바로 이런
것이었다: "신성한 책들에 대한 이해와 연구 … 원칙들(*Grundsätze*)의 발전,
또는 주해(*Auslegung*)에 관한 이론."⁴ 18세기의 성서 해석학은 주해에 관한
이론과 동일했다. 이해를 해석의 실질적으로 구분된 기능으로 취급하는
것은 해석학 이론에 기본적인 변화를 갖다 주지 못했다. 그랬기에 18세기
대부분의 주석가들에게 해설과 적용 사이에는 단순한 차이점에도 불구하
고 일치점이 있었다.

　학자들이 보기에 적용적 읽기가 해설보다 덜 객관적이거나 하지 않았

3.　Ludwig Wittgenstein, *Philosophical Investigations*, trans. by G. E. M. Anscombe (2nd ed., Oxford: Blackwell, 1963), §117.

4.　G. W. Meyer, *Geschichte der Schrifterklärung*, vol. 1, p. 13.

다. 성서의 변치 않는 종교적 진리는—그것이 무엇이었든지 간에—본문 자체로부터 직접 결정되는 것이었다. 그것이 다른 곳에서 발견될 수 있다고 하더라도 말이다. 본문은 설명적 읽기에, 본문의 중심 내용은 적용적 읽기에 열려 있었다. 성서의 권위와 통일성에 대한 믿음은 쇠퇴했지만 성서의 의의에 대한 자신감은 강하게 남아있었다. 특히 성서의 모든 부분이 똑같이 의미 있다고 믿을 필요가 없을 때에는 더더욱 그랬다.

할레 대학의 바움가르텐의 후계자이자 18세기 후반의 혁신론자들 중 가장 선두적인 역사비평 학자 및 신학자였던 젬러(1725-91)는 성서 해석의 적용이 보편적인 도덕적·종교적 원칙에 부합하면서 이뤄져야 한다고 보았다(그리고 당연히 그럴 수 있다고 여겨졌다). (젬러 때에 '도덕적'이라는 표현은 오늘날보다 더 넓은 의미를 갖고 있었다. 다른 것보다도 '도덕적'은 '물리적' 진리나 현실에 반대되는 '영적'인 것을 의미했다.)[5] 그는 그 결과로 성서의 모든 책이 똑같이 영감됐다는 사실을 더 이상 믿을 수 없다고 단언했다. 그럼에도 불구하고 성서는 여전히 기독교 진리의 종교적인 원천이었고, 이제는 단순히 역사적인 흥미만을 줄 뿐인 일부 책들조차도 과거에 그것들이 신적 사역을 위해 감당했던 훌륭한 역할의 흔적을 보여줄 수 있었다. 그의 1771년 작, 『정경의 자유로운 연구에 대한 논고』(*Abhandlung von freier Untersuchung des Kanons*)의 출간은 신학 학계에서 획기적인 사건이었다. 왜냐하면 이 저작은 성서 각권 사이의 상대적인 종교적 가치를 구별해야 한다고—그 당시까지의 모든 견해들 중에서—가장 솔직하게 인정했기 때문이었다. 루터도 16세기에 이런 주장을 펼쳤지만 그 성격이 달랐다. 왜냐하면 그는 그리스도가 중심적인 의미가 되는 성서 자체에 호소하여 그것을 구별의 근거로 삼았기 때문이었다. 그리스도를 선포하는 성서의 책들만 영감된 것이었고 나머지는 아니었

5.   E. Hirsch, *Geschichte der neuern ... Theologie*, vol. 4, p. 55를 보라.

다. 하지만 젬러는 좀 더 일반적인 기준, 아마도 성서 안팎에서 발견했을 기준에 의지했는데, 그 기준은 주로 모든 시대의 사람의 영적인 교화라는 것이었다. 또한 그는 굉장한 확신을 가지고 본문 속에서 종교적 알곡을 불순물로부터 구분하는 방법을 제시했다.

독일 학계는 간결함이라는 것과 한참 거리가 멀었지만 젬러만큼은 일반적으로 당대의 학자들 가운데 가장 자비로운 작가라고 예외적인 인정을 받는다. 여기서 한 예시를 들어 그의 문체와 적용적 해석에 대한 그의 생각의 본질을 보여주는 것이 적절하겠다.

> '히브리어' 만큼이나 '그리스어'에 능숙했던 유대인들이 이론의 여지없이 이 책들의 내용이나 의미에 있어 사용한 '지속적인 구분'(이 때문에 소위 성서 [Holy Scripture]에서 '영', '혼', '육'이 명확하게 구분됨)은 다음과 같은 사실을 명확하게 하는 데 충분하다. 즉, 독자나 청자가 스스로 가져오는 능력에 차이가 있다는 사실(독자들도 실제로 잘 알고 있는 사실)에 대한 심화된 이해는 이 책들의 '내용'과 가치에 차이가 있다고 인정할 것을 요구한다는 것이다. 그 어느 때보다도 발달한 '도덕적인' 조건과 경향에 속하는 원칙과 개념에 대한 가정 및 통찰에 이미 통달한 독자에게 '본인이 소유한 훨씬 더 나은 진리에 대한 본인 스스로의 묘사가 끼어드는 일 없이', 이야기된 역사 자체(즉, 오경, 여호수아서, 사사기 등) 속에서 내적인 신성과 최고의 교훈을 위한 일반적인 유용성을 찾아내라고 강요할 수는 없는 일이었다. … 바라기는 이런 짧은 개관이 충분한 명확성을 갖고 있어서 내가 소위 말하는 유대인과 기독교인의 정경에 대한 '자유로운' 연구를 주장할 때 내가 실제로 뜻하는 바가 설명됐으면 한다. … 나는 하나님을 이전보다 더 잘 알고 그분께 유용한 사람이 되기 위해 자신의 영혼이 가진 힘을 소위 '성서'라고 뭉뚱그려 부르는 책들에 솔직하고 기탄없이 적용하는 모든 사람들이 진정한 기독교

인이고 더욱더 진정한 기독교인이 되어 간다고 믿는다. … 그렇기에 나는 소위 '자연주의자'(Naturalist)라고 불리는 모든 사람들을 싫어하는 입장과는 거리가 멀다. … 왜냐하면 이전에 공통되게 주지됐던 소위 성서라고 불린 책들 전체가 구별됨 없이 신성하다는 단언에 그들이 동의하기를 거절하기 위해 사용한 자유를 알기 때문이다. 모든 합리적인 사람은—만일 그가 자신의 영혼의 힘을 진지하게 적용할 수 있을 정도로 운이 좋다면—자유롭다. 심지어는 이 문제에 대하여 다른 사람을 두려워함 없이 스스로 판단할 의무도 갖고 있다.[6]

성서에 주입한 것임과 동시에 성서 안에서 발견한 영적 진리들은 "성서라고 불리는 것" 속의 알곡과 가라지, 그리고 그 사이에 존재하는 여러 등급들을 구분할 수 있도록 해주었다. 비록 젬러가 그 진리들이 성서에 대하여 갖고 있는 구분 효과를 솔직하게 피력하면서도 그것들의 실질적인 내용에 대해선 모호한 입장을 취하긴 했지만 말이다. (괴팅엔의 성서학자 아이히호른[J. G. Eichhorn]은 젬러가 죽은 지 2년 후에 쓰인 글이자 한 때 찬미를 받았던 글에서 젬러의 은밀함이 정경, 영감, 계시와 같은 문제에 관련해서 나타난다고 지적했다.[7]) 성서 안의 질적인 변화는 그 자체로 하나님을 향한 사람의 열심에 있어 지속적이고 성장하는 움직임이 있다는 사실의 증거여야 했다. 성서 자체부터 시작해서 말이다. 그런 의미에서 성서는—더 특정하게는 신약성서는—우리 종교의 절대적인 시작점이자 안내서였다.

---

6. J. S. Semler, *Abhandlung von freier Untersuchung des Kanons* (1771), vol. 1, reprinted in *Texte zur Kirchen und Theologiegeschichte* (1967), vol. 5, §§10, 11.

7. 참고, *Allgemeine Bibliothek der biblischen Litteratur* (1793), vol. 5, no. 1, p. 89. Semler 의 신학적 관점은 작지만서도 지속되는 논의—상당한 불일치를 포함하는—의 주제가 되어왔다. 논쟁의 요약을 위해서는 G. Hornig, *Die Anfänge der ... Theologie*, ch. 1 을 보라.

적용적 해석학: 독일 계몽주의의 보수주의

그렇게 유보적인 자세를 갖고 있든지 갖고 있지 않든지, 그런 색채가 진하든지 옅든지, 정통주의적 의견에서 합리주의적 의견에 이르기까지, 주석가들은 성서를 해석하는 문제와 방식을 적용적으로 묘사했다. 성서의 의의에 관한 문제 앞에서 독일의 계몽주의 시기에 완전한 회의주의나 냉소주의 입장을 취하는 사람은 소수에 불과했다. 그런 입장을 취하지 않는 이들이 역사비평적 주해나 다른 설명적 주해 때에는 무슨 일을 했든지 상관없이 말이다. 영국의 이신론자와 18세기 후반의 독일 학자의 가장 큰 차이점 중 하나는, 독일인들이—거의 한 사람도 빠짐없이—성서를, 특히나 신약성서를 종교적 진리의 풍성한 구현으로 여겼다는 것이다. 그들이 성서의 많은 부분에 대해 심각한 유보적인 입장을 가지고 있다거나 심지어 그들 중 일부는(젬러의 경우처럼) 성서 전체가 그 시대의 양산물로 설명되어야 한다고 생각했다는 것은 문제가 되지 않았다. 성서 본문의 의미는 접근 가능하고 명확한 것이었으며, 이론상 성서의 어느 부분이 의미 있거나 적용할 만한 가치가 있고 어느 부분은 그렇지 않은지 쉽게 구분할 수 있었다. 또한 해설과 적용의 조화는 관례적으로 성서에 긍정적인 것으로 여겨졌다.

역사비평적 접근을 하지 않고 성서를 교리적 진리로 찬미하는 입장에 반대하여 일어난 인습타파적인 반란군(iconoclastic rebels)은 그들의 적들이었던 초자연주의자와 경건주의자만큼이나 성서의 의의를 변호하는 데 열정적이었다. 독일의 신약 비평가들 중 슈트라우스(D. F. Strauss)는 헤겔과의 일시적인 철학적 연대에도 불구하고 18세기가 낳은 전형적인 인물이었으며 가장 급진적인 사람 중 하나였다. 많은 근엄한 사상가들은 복음서 이야기

의 신빙성과 그것의 학문적인 옹호자들에 대한 그의 비판의 내용뿐만 아
니라 불경한 어조 때문에 그를 책망했다. 그럼에도 슈트라우스는 그의
『예수의 생애』(*Life of Jesus*)가 직면했던 악의적인 반응에 진심으로 놀랐다.
왜냐하면 그가 생각했을 때에—그의 비판가들의 생각은 이에 꽤나 반대
됐지만—예수의 메시아적 독특성과 관련된 내러티브 기사들의 신빙성에
대한 그의 부정적인 역사적 결과값은 복음서의 종교적 의미에 대해 진정
으로 긍정적인 재평가를 내릴 수 있는 길을 열어놓았기 때문이었다. 이것
이 그의 가장 시급한 의제는 아니었지만 말이다. 슈트라우스는 원시적인
신화적 불순물로부터 내러티브를 해방시켰고 그의 책의 결론부에서 개인
적으로 성육신한 구원자 신화를 재해석할 수 있는 길을 제시했던 것이었
다. "외적 증거"를 위한 전쟁에서 싸우는 이신론자 중 그런 의견에 도달한
사람은 없었다. 슈트라우스는 신약을 탈신화하여 인식할 수 있도록 해주
는 헤겔의 도구들을 사용하는 것에서 멈추지 않았다. 간단히 말해 그는
성서적 정통주의로부터의 해방과 종교적 통찰을 위한 귀중한 원천으로서
성서를 활발하게 이해하는 입장을 결합한 전통의 일부였다.

　실제로 볼프의 합리주의 철학과 이신론자들의 전통적 기독교 비판에
깊이 영향을 받은 라이마루스(Hermann Samuel Reimarus)만이 그 전통조차 부
정했다. 성서에 대하여 쓴 에세이(레싱[Lessing]이 라이마루스가 죽은 지 약간의 시
간이 흐른 후에 출판한 글들인데 단편들임에도 불구하고 제법 길었음)에서 그는 예수가
건전한 종교(즉, 자연종교)의 일부 원리를 가르쳤다고 인정했다. 하지만 이
는—예수에 대해선 오류투성이고 그의 제자들이 한 거짓말로 얼룩진—복
음서 이야기의 '실제' 의미에 부차적인 것이었다.[8] 좌우를 떠나 이런 주장

---

8. "Vom Zwecke Jesu und seiner Jünger" (1778). 참고, A. G. Lundsteen, *Hermann Samuel Reimarus und die Anfänge der Leben-Jesu Forschung* (Copenhagen: Olsen, 1939). 최근 영역본과 이에 대한 논평에 대해서는, Lessing이 편집한 Reimarus의

은 주해적으로나 해석학적으로나 사실상 다른 모든 이들의 견해에 정반 대되는 것을 구성했다. 다른 모든 이들은 신약성서(많은 이들에게 구약성서는 이보다 훨씬 문제가 많았음)의 진짜 의미를—그것이 무엇이 됐든—그들이 의미 있거나 시간이 지나도 중요하다고 여긴 것 안에서 찾아보는 경향이 있었 다. 불쾌한 요소들은 주변부로 몰아놓고 말이다.

결과적으로 라이마루스는 추종자들을 전혀 모을 수 없었다. 그를 높 이 평가하고 그의 역사적인 결론 중 일부에 공감했던 사람들 중에서조차 말이다. 슈트라우스(Strauss)는[9] 라이마루스에게 깊이 공감했음에도 불구하 고 부활 이야기가 제자들에 의해 자행된 사기라는 그의 논제를 부정했을 뿐만 아니라 그 이야기에서 종교적이고 비역사적인 진리의 핵심을 찾기 까지 했다. 라이마루스의 위대한 첫 편집자이자 옹호자이며 그의 가족의 친구였던 레싱은 종교적인 신앙을 위한 성서의 권위와 성서가 가정하고 있는 많은 역사적 사실들, 그리고 성서 안에 포함되어 있다는 종교의 시 초와 그 외의 많은 것들을 부정했다. 하지만 이것은 성서 내용의 중심 의 미가 종교적으로 중요하지 않고 비도덕적이라고 말하는 것과 같지 않았 다. 그와 반대로 레싱은 라이마루스의 『단편 모음집』(Fragments)이 종교적

Fragments 중 가장 중요한, Reimarus: Fragments, ed. C. H. Talbert, trans. by R. S. Fraser (Philadelphia: Fortress Press, 1970); 그리고 The Goal of Jesus and His Disciples, ed. and introd. by G. W. Buchanan (Leiden: Brill, 1971)을 보라. Reimarus의 반 기독교적이고 반성서적인 논쟁에 대한 완전한 독일어 텍스트는 H. S. Reimarus, Apologie oder Schutzschrift für die vernünftigen Verehrer Gottes, ed. Gerhard Alexander (Frankfurt a.M.: Insel Verlag, 1972), 2 vols.에 포함되어 있다. 독일 계몽주의와 그 종 교적 사상의 더 넓은 배경을 위해서는, E. Hirsch, Geschichte der neuern evangelischen Theologie, vol.4; Karl Aner, Die Theologie der Lessingzeit (Halle a.S.: Niemeyer, 1929); Henry Allison, Lessing and the Enlightenment (Ann Arbor: Univ. of Michigan Press, 1966)을 보라.

9. D. F. Strauss, Hermann Samuel Reimarus und seine Schutzschrift für die vernünftigen Verehrer Gottes (2nd ed., Bonn: Strauss, 1877), §40.

인 확신이 교육, 가설, 증거, 그리고 신뢰할 만한 사실들을 통한 진리의 증
명에만 기초해야 한다고 고집하는 신학자만을 불편하게 할 것이라고 호
소했다. 즉, 진정한 기독교인을 불편하게 하는 것은 없다는 것이었다. 어
떤 가정이 성서의 지위를 설명한다 하더라도 평범한 기독교인은 자신의
종교의 유익을 알 수 있을 것이었다.

> 요약하자면, 문자는 영이 아니며 성서는 종교가 아니다. 따라서 문자와 성
> 서에 대한 반대는 영과 종교에 대한 반대가 아니다. 왜냐하면 성서는 분명
> 하게 종교와 관련된 것 이상을 포함하고 있기 때문이며, 이 추가적인 부분
> 과 관련하여 성서가 똑같이 무오하다는 것은 단순한 가설에 불과하다. 더
> 군다나 종교는 성서가 존재하기 이전부터 있었다. 기독교는 복음서 기자들
> 과 사도들이 글을 쓰기 이전부터 존재했다. … 이 글들에 얼마나 많은 것이
> 달려 있는지 상관없이 종교의 전체적인 진리가 그것들에 의존한다는 것은
> 말도 안 되는 일이다. … 종교는 복음서 기자들과 사도들이 가르쳤기 때문
> 에 진리인 것이 아니라 그것이 진리였기에 그들이 가르쳤던 것이다. 기록
> 전통은 이런 내부적인 진리로부터 설명되어야 하고, 만일 기록전통 안에
> 그것이 없었다면 애초에 기록전통이 그것을 제공하지도 못했을 것이다.[10]

성서가 아니라 그것의 중심 내용이 존중을 받아야 했으며 그 중심 내
용은 성서와 독립되어 있었다. 그럼에도 불구하고 성서가 그것을 포함하
고 있다 해서 모두는 성서를 존중했다. "나는 충격을 받았다! 나는 성서가
종교를 포함한다는 사실을 부정한 셈이란 말인가? … '~이다'(to be)와 '~을

---

10. "Gegensätze des Herausgebers." G. E. Lessing, *Gesammelte Werke*, ed. Paul Rilla
(Berlin: Aufbau-Verlag, 1954-58), vol. 7, p. 813.

포함한다'(to contain)가 하나와 다름없고 똑같단 말인가? 다음의 두 문장이
완전히 동일한가?: 성서는 종교를 포함한다/성서는 종교다. 확신하건대,
함부르크에서 내게 '총'(總, gross)과 '실'(實, net)의 거대한 차이를 부정하기를
바라는 사람은 아무도 없을 것 아닌가?" (레싱이 『단편 모음집』[Fragments]을 출간
하면서 일어난 기독교의 의미와 진리에 관한 논쟁에서 그의 주적은 위대한 함부르크 상업 항
구의 완고한 정통주의 대목사[Hauptpastor] 괴체[Johann Melchior Goeze]였다.)[11]

    논쟁이 기독교에 대한 레싱 자신의 견해에 대한 질문으로 옮겨 붙자,
레싱은 종교적 주제에 대한 논의에서 눈에 띄게 모순적으로 변했다. 그는
신중하게 자신의 흔적들을 지웠고 그가 무엇을 지지하는지보다 무엇을
반대하는지에 대해 더 분명하게 입장을 밝혔다. 더군다나 미래의 진정한
보편적인 종교에 대한 긍정적인 종교적 전통의 기여에 관하여 그의 태도
가 꽤나 양면적이었다는 징후들이 있다. 하지만 이 모든 것을 고려하더라
도, 성서에 대한 그의 태도가 이신론자나 라이마루스의 것과 달랐다는 것
은 분명하다. 곧, 성서의 적용적 의미가 진정한 종교라는 면에서 (그것이 무
엇이든지 간에) 레싱은 성서를 존중했다. 그리고 레싱은 그 부분에서만큼은
라이마루스와 다르게 별 의심이 없었다. 예를 들어, 신약성서의 얼마나 많
은 부분이 신뢰할 수 없거나 오도된 형태로 되어 있어서 종교를 역사적
사실에 의존하도록 만드는지는 문제가 되지 않았다. 레싱은 한번도 사실
상의 허위와 그로 인한 교리적 몽매주의(obscurantism)가 성서의 핵심이라고
보지 않았다. 성서는 보다 일반적인 종교적 사상과 진리에 비춰 차별적으
로 해석하고 그 가치를 평가받을 수 있었다.

    라이마루스의 사후 글들이 몇십 년 일찍, 그것도 독일이 아니라 영국

---

11.   "Axiomata," 1(3), ibid., vol. 8, p. 168.

에서 출간됐다면 더 많은 충직한 추종자들을 얻을 수 있었을 것이다.[12] 독일 계몽주의의 많은 주석가들은 역사비평적 주해가들로서 성서와 그것의 권위에 대하여 전통적인 종교적 신념을 가진 사람들에게 파괴적인 발언들을 했다. 그중 레싱이 가장 두드러진 인물이었다. 하지만 그들도 종교(즉, 이 맥락 속에서는 성서의 '적용적 의미')에 대해서 사색하는 사람들이었기에 그들은 성서에 대해 훨씬 더 우호적이었다. 그들이 가장 정통주의적인 입장에 서 있든지 아니면 가장 급진적인 입장에 서 있든지 말이다. 그들 모두는 두 업무에 공정할 수 있고 그들의 비판적인 설명적 주해를 긍정적인 적용적 읽기와 조화시킬 수 있는 능력이 있다고 자신했다. 다시 한번 슈트라우스가 전형적인 예라고 할 수 있다. 예수 이야기에 대한 그의 '역사적인' 분석과 그 이야기의 긍정적인 '철학적'(혹은 교리적) 재구성 사이의 조화를 자랑스러워했던 슈트라우스 말이다.

적용적 의미와 종교적 변증학

따라서 성서적 해석학 원칙은 그것이 일면 역사비평학과 가까웠음에도 불구하고 꾸준하고 밀접하게 종교적·신학적 문제와 관련됐다. 이제 기독교 신학은 신학적으로 보다 제한적이었던 그 시대에서조차 다채로운 성격을 띠었다. 다루는 범위가 좁았음에도 불구하고 신학과 해석학의 관계에 관한 글들은 꽤나 영향력이 있는 것으로 드러났다. 이 논의에 참여하는 글들은 주로 변증적인 성격을 띠었다. 사실 변증이라는 용어가 가진 의미보다는 살짝 확장된 의미의 변증적인 글들이긴 했지만 말이다. 그 글

---

12. 볼펜뷔텔(Wolfenbüttel: 독일의 도시—편주)의 *Fragments*에 대한 당대 반응의 조사를 위해서는, G. W. Buchanan (n. 8 above), Introduction, pp. 15-26을 보라.

들은 경쟁관계에 있는 종교적 주장에 맞서 기독교의 진리를 변호하기보다는 기독교의 핵심적인 믿음의 종교적·도덕적 의의를 주장했다. 보수주의 측의 논의 참여자들이나 진보적인 신학자들이 노골적인 회의주의자인 경우는 거의 없었다. 그들은 계시가 부재한 "자연 종교"를 믿는 사람들이었을 뿐이었다. 토론은 간혹 완전한 대립으로 끝났지만, 다른 경우 타협의 정신으로 진행되기도 했다. 이때 우리는 이신론자들조차도 그들 개인적으로 반(反)기독교인이 아니었다는 점을 기억해야 한다. 예를 들어 존 톨랜드(John Toland)와 같은 사람은 계시의 "신비"와 같이 의미 없는 개념들에 대한 관심을 기독교에서 제거했다고 생각하는 사람들 중 일부였다.

그때나 지금이나 기독교 신학에 있어 계시는 대단히 중요한 문제였지만, 계시가 있든지 없든지 기독교를 존재하는 그대로(또는 그들이 존재한다고 생각했던 그대로) 변호하려고 했던 이들, 또한 그것을 개선하고자 했던 이들은 주로 기독교가 이야기를 전개하는 방식의 이해 가능성, 총체적으로 봤을 때 기독교가 인간의 삶을 위해 갖고 있는 관심사의 중요성, 기독교의 진정한 진리 주장이 갖고 있는 의의를 논증하곤 했다. "많이 변화할수록 똑같을 뿐이었다"(*Plus ça change, plus c'est la même chose*). 논의는 존 로크의 굉장히 영향력 있는 저작, 『기독교의 합리성에 대하여』(*On the Reasonableness of Christianity*)로부터 시작됐다. 논의의 마지막에 나왔던 저작들로는 세기가 끝나기 전에 출간됐고 그 어조도 상당히 바뀐(물론 주제가 바뀐 것은 아님) 칸트의 『이성의 한계 안에서의 종교』(*Religion within the Limits of Reason Alone*)와 피히테의 초기 칸트적 에세이, 『모든 계시에 대한 비평의 시도』(*Versuch einer Kritik aller Offenbarung*)가 있었다. 이 연구들뿐만 아니라 첫 번째와 마지막 연구 사이에 나왔던 대부분의 저작들은 (주로) 기독교까지 포함하여 종교를 바라보는 참되고 중요한 방식에 대한 제안을 담고 있었다.

기독교의 합리성을 변호하거나 기독교를—그것의 진정한 의미라는—

합리적인 종교로 축소하는 이러한 연구가 진행되는 중에 성서의 위치와 적용적 의미는 굉장한 중요성을 가졌다.

성서가 전달하는 종교적 진리라는 것이, 그것이 본래 통용될 수 있게끔 했던, 역사적 사건들에 완전히 의존해야만 의미를 갖는 것이었다면, 당연히 성서는 사실 정보와 종교적 진리의 필수적인 자료였다. 더군다나 성서가 종교적 진리가 되려면 먼저 사실 정보여야 했다. 하지만 (역사 비슷한 내러티브를 포함하여) 성서의 종교적 의미가 이러한 이야기나 사건과의 관계성에 논리적으로 의존하지 않았다면, 성서의 사실 측면은 의심의 여지없이 포기할 수 있는 것이었다. 이 경우 역사는 종교에 아무런 영향을 미치지 못했다. 그렇다면 성서는 종교적으로도 불필요한 것인가? 이론상 답은 '그렇다'였다. 하지만 모든 영적인 사상이 적어도 하나의 가시적인 의사소통 형태나 이에 상응하는 인간 발전 과정 중의 어떤 것을 필요로 한다는 면에서는 '아니오'였다. 하지만 우리가 이미 살펴보았듯이, 성서의 종교적 불필요성이 성서의 무의미를 뜻하는 것은 아니었다. 단지 성서의 종교적 중요성을 판단하는 기준을 성서가 아닌 다른 무언가에서 얻어야 한다는 것이었다. 성서의 의의는 보다 넓은 종교적 정황에 달려 있었지 그 자체의 특별 선언이나 믿음에 달려 있는 것이 아니었다. 성서는 종교를 '정의'한다기보다 '포함'하고 있다는 레싱의 호소는 성서가 종교적으로 필수적인 것은 아니지만 그럼에도 불구하고 종교적으로 의미 있다는 입장의 한 가지 전형적인 예였다.

다음의 질문에 내놓는 답을 보면 성서의 의의와 종교적(혹은 신학적) 변증학의 관계에 대한 다양한 입장을 분간할 수 있다: 성서의 '종교적' 내용은 성서 안에 이야기된 사건의 역사적 사실성에 달려있는가? 전통주의자는 '그렇다'라고 답했다. 중재하는 입장의 신학자들—존 로크로부터 시작하는 영국의 광교파주의자들과 젬러가 가장 두드러지는 일원이었던 이후의 독일 혁신론자들—도 속삭이거나 모호한 목소리로 '그렇다'라고 대답했다. 그들은 성서에서 보도된 사건, 특히 예수와 관련된 사건의 사실성을 믿는 것이 필수적이라고 고집하는 경향이 있었다. 그들은 그와 동시에 해당 사건들을 통해 전달된 종교적 의미나 진리는 성경보다 넓은 종교적 정황과 도덕성을 참조하여 이해해야 한다고 말하거나 폭넓게 암시했다. 이신론자와 합리주의자는 해당 질문에 단호하게 '아니오'라고 답했다. 하지만 이신론 논쟁이 가라앉은 이후에 독일 계몽주의 운동권 안에서 성서가 영적으로 의미 없다고 말하는 사람은 아무도 없었다. 그가 사실과 비슷한 기사가 본문의 의미에 미치는 영향에 대해서 어떻게 생각하는지와 관계없이 말이다. 물론 굳게 닫힌 본인의 서재 안에서 생활했던 라이마루스는 예외였다. 그를 제외하면 좌우를 떠나 본문은 그것이 말하는 바 그대로를 의미하고, '또한' 종교적으로 무의미하다거나 오도한다거나 시대착오적이라고 답하는 사람은 아무도 없었다.

　　상기해보면 일반적으로 설명적 의미는 표면적 또는 이상적 지시 대상과 동일시됐고, 이 이야기들도 지시를 통해 의미를 획득한다고 여겨졌다. 따라서 이야기는 그것이 말하는 바 그대로를 문자적으로 의미한다고 믿는 사람들은 자동적으로 지시 대상의 사실성과 그것에 근거하여 해당 지시 대상에 대한 언급의 영구적인 종교적 중요성을 주장하는 데 나아갔다. 모든 기적 이야기는 진실이었고 예수가 메시아이며 성육신한 하나님의 아들이라는 규범적인 교리의 필수적인 부분을 형성했다. 다시금 이야기하면, 하나님이 현실 역사가 시작하는 특정한 시점에 땅과 생명, 그리고 사람을 만들었다. 이와 유사하게 곧이어 아담이라고 불린 첫 번째 사람과 그의 아내 하와는 특정한 시점에 창세기가 묘사한 이야기의 방식대로 은혜로부터 이탈했으며 이는 그들의 모든 후손에게 끔찍한 결과를 불러왔다. 이 일들이 이러한 방식으로 일어났기 때문에 이것에 근거한 일반 교리는 여전히 진실이었고 우리의 상황을 설명했다. 우리가 구원받지 않는 한 말이다. 이것이 초자연주의자의 입장이었다.

이 이야기가 문자적으로 말이 안 된다고 믿었던 이들은 다음의 두 가지 방식 중 하나의 방식을 택하여 주장을 펼칠 수 있었다. 그들은 표면적인 지시 대상이 아닌 이상적인 지시 대상이 이야기의 진정한 설명적 의미라고 주장할 수 있었다. 그런 후에 그들은 이것이야말로 이야기가 갖는 적용적이고 의미있는 중요성이라고 호소하곤 했다. 그들에게 이야기는 역사적 사실 주장과 아무런 관련이 없었다. 이것이 합리주의자의 입장이었다. 또는 성서의 이야기가 문자적으로는 말이 안 되지만 그럼에도 불구하고 표면적인 지시 대상을 가리킨다고 주장하는 방법도 있었다. 이 경우 이야기의 설명적 의미는 이야기가 가리키는 역사적 사건에 대한 역사가의 재구성과 동일했으며 그렇게 재구성된 사실은 그것에 따르는 의의 그 자체와 동일하거나 밀접한 연관성을 가졌다. 이야기가 중요성을 유지하는 이유는 그 이야기가 (문자적-역사적 방법론으로 읽으면) 일어날 가능성이 거의 없거나 심지어는 불가능한 사건이 아닌 내적인 개연성을 가진 사건을 가리켰기 때문이었다.

후자의 입장은 얼마간의 불안정성을 갖고 있었다. 왜냐하면 재구성된 다소 평범한 역사적 사건은 그것이 그에 따르는—수정된 전통교리 혹은 보편적인 영적 진리 형태로 된—이상적인 지시 대상과 결합되지 않는 한 큰 종교적인 중요성을 가질 수 없었기 때문이었다. 이런 종류의 타협은 많은 사람들에게 매력적으로 여겨졌다. 이 방법이 해석과 관련하여 문제를 해결하기보다는 더 많은 문제를 야기하긴 했지만 말이다. 사실상 이 입장은 이야기가—하나는 표면적이고 하나는 이상적인—이중적인 지시 대상을 설명적인 동시에 적용적으로 갖고 있다는 주장에 다름없었다. 하지만 그 둘을 결합하는 것은 쉬운 일이 아니었다.

미들턴(Conyers Middleton) 목사/박사는 창세기 1-3장을 읽는 한 방식을 제안했는데 그것은 이러한 타협(혹은 중재)의 본보기가 될 만한 것이었다. 기번(Gibbon)은 이 영국 작가를 일컬어 "어떤 경우든지 종교와 보조를 같이 하면서 회의주의의 최고봉에 도달한" 인물이라고 평했다.[13] 그는 창세기 기사의 문자적 읽기를 거부했지만 그럼에도 불구하고 이런 자세가 그어떤 차이도 낳지 않는다고 주장했다. 그 기사가 전달하고자 하는─형이 상학적 진리인 동시에 일반적인 사실 또는 역사적인 상황인─중심 내용을 부정하지만 않는다면 말이다. 혹자가 창조와 타락에 관한 이야기를 알레고리적으로 읽든 문자적으로 읽든 그 뜻을 설명하거나 종교적인 의미를 분별해내는 데는 아무런 차이가 없었다. 그는 "경쟁관계에 있는 주된 두 가지 종류의 해석법, 즉 문자를 따르는 하나와 알레고리를 따르는 다른 하나"를 비교한 후 다음과 같은 결론을 내렸다: "나는 언제나 인류의 타락에 관한 그 특정한 이야기를 도덕적인 우화나 알레고리로 여기는 경향이 있다. 우리가 구약과 신약의 다른 부분을 읽다보면 자주 마주치는 그런 이야기들처럼 말이다. 그런 이야기들 안에는 특정한 종교적 의무와 교리가 그것의 진실한 본성과 효과를 통해 마치 우리의 감각에 호소하듯 묘사되어 있다. 실재한 적이 없는 인물과 사실에 관한 허구를 사용함으로써 말이다." 하지만 상관없었다. 왜냐하면 그 이야기를 알레고리적으로 이해하든 문자적으로 이해하든 이야기의 교리적 본질은 똑같이 보존되기 때문이었다. 그리고 이것이야말로 정작 중요한 점이었다. 사실적인 상황이 무엇인지, 그리고 그와 동시에 교리가 무엇인지 사이의 특정한 일치가 이야기에 내포된 뜻 그 자체였다. 그 둘 모두에 대한 묘사가 알레고리적이라 할지라도 말이다:[14]

---

13. G. R. Cragg, *Reason and Authority*, p. 32에서 인용했다.

14. Conyers Middleton, "An Essay on the Allegorical and Literal Interpretation of the

우리가 그 이야기를 문자적으로 해석하든 알레고리적으로 해석하든, 나는 그 두 해석이 기독교 종교에 미치는 효과와 영향 면에서 정확히 똑같다고 여긴다. 무엇보다 두 해석 모두가 가르치는 사실, 즉 이 세계는 하나님의 창조물이라는 것과 시작점을 갖고 있다는 사실, 그리고 이 세계의 주된 거주민인 인간이 본래 행복과 완벽의 상태로 지음을 받았지만 그의 창조주의 뜻에 반하여 자신의 욕망과 욕정을 좇느라 그것들을 잃어버리고 박탈당했다는 사실 외에 기독교가 필요로 하는 것은 없다.

미들턴이 보기에 창세기 1-3장의 이야기가 분명하게 이해되는 이유는 그 이야기의 실제 지시 대상이 특정한 주인공들이 등장하지 않는 보다 일반적인, 동시에 이 세계의 기원 및 사람의 본성과 운명 사이의 관계에 관한 이야기였기 때문이었다. 대충 이야기하자면, 그 이야기의 지시 대상 혹은 설명적 의미는 이상적이었지만 그 이상적인 지시 대상은 일종의 사실적인 의미를 갖고 있었다. 특정할 수 없는 일부 방식을 통해 이상적인 진리가 단순히 반복적으로 예시되는 것이 아니었다. 사실 이상적인 진리는 하나의 실제적인 역사적 사건순서에 다름없었다. 기사에 나오는 특정 시간과 등장인물들을 포함하는 특정하고 문자적인 형태에 관한 것은 아니었을지라도 말이다. 미들턴은 창세기 이야기를 알레고리적으로 정의했음에도 불구하고 그 이야기에서 모든 사실적인 지시 대상을 제거하는 데 신중했음이 틀림없었다. 적어도 그에게 있어 형이상학적 지시 대상과 사실적 지시 대상은 다소 혼란스럽고 또 혼란스럽게 뒤섞여 있는 일련의 연관성을 갖고 있었다.

Creation and Fall of Man," *Miscellaneous Works* (1752), vol. 2, p. 131.

만일 미들턴의 설명 절차와 견해가 명백하게 타협적인 성격을 띠는 것이었다면(이 입장은 분명 의심할 나위 없이 초자연주의자의 입장에게만 적대적이었음) 그가 이런 특별한 해석적 선택지를 수용하게 된 동기는 신학적 지형을 나누는 경계들을 뛰어넘어 존재했던 그 동기와 똑같은 것이었을 것이다. 즉, 성서 해석은 변증적인 사업과 밀접한 관계를 갖고 실행됐던 것이다. 설명적 의미는 본문과 그것이 대변하는 종교를 의미 있게 만드는 데 일조할 일종의 적용적 작업으로 변환됐다. 그 어떤 모순이나 시대착오의 위협을 제거함으로써 말이다. 미들턴은 창세기 이야기의 알레고리적 해석에 대한 개인적인 선호를 선포한 후에 다음과 같이 솔직하게 고백했다: "나는 본문의 이러한 의미를 지지하도록 더 쉽게 설득을 당하는 경향이 있다. 즉, 이런 접근이 가장 개연성 있고 합리적일 뿐만 아니라, 우리에게 충격을 주고 우리를 거의 넘어지게 할 만한 그 어려움들을 제거해줌으로써 우리의 종교를 보호하는 데 가장 유용하다는 설득이 나를 움직인다."[15]

요약하자면, 성서의 사실 주장에 동의하거나 반대하는 입장, 문자적 해석에 동의하거나 반대하는 입장, 진보와 보수, 그리고 중도에 위치한 사람 모두(다시금 아주 소수의 급진파만은 예외)는 성서가 종교적 진리나 의의를 포함하고 있다고 여겼으며 이러한 신념을 강화하는 쪽으로 설계된 방법론을 통해 성서를 해석했다. '신학이나 종교철학에 있어 해석학은 이론상 역사비평학보다도 변증적 사업에 더 가까웠다.'

성경학자들이 해석학에 완전히 무관심하거나 약간의 관심만을 갖는 시대가 다가오고 있었다. 19세기에 신학적-변증적 노력과 반(反)신학적인 노력은 역사비평학의 문제와 훨씬 더 직접적이고 전적으로 연결되어 나타났다. 그리고 대부분의 경우 이 이유 때문에 예수의 역사적 생애(혹은 역

---

15. Ibid.

사적 예수의 생애)를 다루는 글들이 기하급수적으로 생겨났다. 그의 생애는 "믿음"과 "역사적" 판단 사이의 상호관련성과 관련된 가장 중요한 경우였다. 하지만 18세기는 아직 그런 때가 아니었다. 성서 해석학은 중요한 사업이었고 하나가 아닌 두 개의 불안요소를 안고 있었다. 성서 해석학은 급속도로 발전하는 성서의 "고등비평"(higher criticism) 방법론과 일종의 종교적 변증학과의 관계에 똑같이 의존적이었다. 진보와 보수, 그리고 중재하는 입장에 상관없이 말이다.

성서 내러티브가 제기한다고 여겨진 사실 주장들 그리고 그것들이 사실이 아니더라도 의미를 형성한다고 주장하는 입장 모두를 부정했던, 그럼으로써 성서 이야기를 이해하는 것은 그것이 사실 면에서 오류투성이고 종교적으로 부도덕하거나 무의미하다고 했던 영국과 독일의 소수의 사람들(가령 콜린스[Anthony Collins], 울스턴[Thomas Woolston], 아넷[Peter Anet], 첩[Thomas Chubb], 라이마루스[Hermann Samuel Reimarus])은 압도적으로 불리한 입장이었다. 18세기 후반의 독일 학자들이 설명적 해석과 적용적 해석을 분리했을 때조차, 아무런 적용으로 이어지지 못하거나 부정적인 적용적 결론에 이르는 성서 이야기의 설명을 지지할 준비가 되어 있는 사람은 없거나 소수에 불과했다.

제7장
변증학과 비평학, 그리고 실종된 내러티브 해석

마이어(Gottlob Wilhelm Meyer)에 의하면 성서 해석학은 주해에 관한 이론이었다. 일반(비신학적) 성서 해석학이 독일에서 급격하게 발전했던 18세기 후반의 주해 원칙은 역사비평학과 종교적 변증학 사이에 놓여있었다. 내러티브 본문의 설명적 의미는 표면적(혹은 이상적) 지시 대상과 동일시됐다. 또한 필수적인 역사적 사건을 통해 구현된 진실한 계시, 또는 본문과는 관계없이 독립적으로 알려진 보편적인 영적 진리이지만 본문에 의해 예시된 것, 또는 궁극적으로 양쪽 입장 사이의 중재안으로서 역사적 사실이 계시에 있어 필수불가결한 것이지만 계시의 의의는 보다 광범위한 종교적(혹은 도덕적) 맥락 안에 위치한 것에 달려있다고 귀결되는 주장이 본문의 적용적 의미(혹은 종교적 의의)라고 여겨졌다. 신화 가설이 성서 문학에 머뭇거리며 적용되기 전까지 지시 대상을 갖지 않는 적용이란 존재하지 않았다. 하지만 비평적-분석적 범주로서의 "신화"조차도 표면적 지시 대상으로서의 의미를 완전히 바꾼 것은 아니었다. 소수의 이신론자와 라이마루스를 제외하고 거의 모든 사람은 해설이 적용과 조화된다고 주장했으며, 좌우를 막론하고 모든 사람은 성서가 종교적인 의의를 갖고 있다고 생각했다.

복음서 이야기와 중재신학의 해석학

일반 성서 해석학 논의의 최대 수혜자는 신약성서의 이야기였다. 복음서 내러티브가 뜻하는 바를 메시아 예수의 역사라고 믿었던 모든 사람은 역사적 구원이나 계시가 그 자체로 의의를 갖는다고 믿었다. 한편 인간 종교의 본질은 일신론과 불멸성, 그리고 이타주의를 통한 인간 행복의 실현이며 어떤 특별한 계시 없이도 전 인류에게 평등하게 언제나 열려 있다고 믿는 사람들은 이것을 복음서 내러티브의 참된 의미로 인지했다. 메시아적 역사는 그저 내러티브의 외부 울타리에 불과한 것이었다. 내러티브의 '진정한' 의미가 종교적으로 의미 없거나 시대착오적이라고 이야기하는 사람은 아무도 없었다.

이런 관점들 중 첫 번째 관점은 사실 두 개의 다른 견해를 감추고 있었다. 영국의 칼뱅주의와 청교도 계승자들, 독일의 초자연주의자들은 모든 내러티브가 실제 있었던 사건을 가리키며 그것을 발생했던 그대로 묘사한다고 간단하게 생각했다. 18세기 성경학계를 꽤 좌지우지했던 중재하는 입장의 신학자들(처음에는 영국의 광교파주의자들, 이후에는 독일의 혁신론자들)도 그들에게 어느 정도 동의했는데 특히 예수 이야기의 사실적인 해석과 계시종교의 필요성에 깊이 동의했다. 하지만 그들은 이 부분 이외의 영역에서는 반대 방면인 보다 합리적인 방향으로 기울었다. 예수는 실로 메시아였고, 그랬기에 역사적 신앙은 영적 유익을 위해 필요했다. 하지만 이 신앙은 오직 보편적으로 경험되는 도덕적 결핍이나 문제의식에 대한 필수불가결한 해결책으로서만 의미가 있었다. 메시아 예수의 내러티브가 갖고 있는 설명적 의미는 실로 표면적 지시 대상에 관한 것이었지만 그것의 종교적인 적용이나 의의는 부분적으로 일반적인 도덕 경험과 종교적인 원칙으로부터 기인했다. 성경만으로는 그러한 적용과 의의를 도출해낼 수 없었다.

로크와 같은 사상가는 역사적 신앙과 영적 신앙이 일치한다고 제안했다. 사람의 창조와 타락 이야기는 인류의 일반적인 종교적·도덕적 경험을 아담이라고 하는 특정한 실제 역사 속에 역사적으로 통합하는 방식으로 가리켰을 뿐만 아니라 직접적으로도 가리켰다. 때때로 인간의 보편적인 도덕적 필요(이 필요는 성서 이야기를 알지 못해도 부분적으로 이해할 수 있었다)에 대한 이런 독립적인 호소는 꽤나 직접적이었다. 코니어스 미들턴이 창세기 1-3장을 알레고리적인 방식으로 취급했을 때처럼 말이다. 가끔씩 이런 호소는 로크의 『기독교의 합리성에 대하여』(On the Reasonableness of Christianity)에서처럼 보다 모호한 형태를 취하기도 했다.[1] 여기서 저자는 이야기를 문자적으로 받아들이면서도, 보다 일반적인 토대에서의 구원의 필요성을 주장했다.

다시 말하면, 중재하는 입장의 신학자들은 칼뱅주의자와 청교도, 그리고 초자연주의자가 정의하는 죄 개념을 거부했던 것이다. 그들에 의하면 죄의 의의는 아담과 그의 자손에 관한 그 이야기가 말해주는 역사를 특정한 표면적·지시적 의미로 만드는 것에 철저하게 의존적이었다. 보수주의자들은 아담의 타락이라는 역사적 사건이 그의 모든 후손들의 죄과를 포함한다고 믿었다. 영원부터 이런 일련의 역사적 사건들 속에서 역사하고 있던 신적 경륜은 아담의 인종을 영원한 형벌과 비참함에 처하게 했고, 마찬가지로 영원 전부터 준비됐던 예수 그리스도의 구속적 수난을 통해

1.　Pages 1-9, 165f. passim.

일부의 사람들에게 예외적으로 구원을 제공함으로써 해당의 재난을 상쇄
했다.

광교파주의자와 혁신론자는 이런 가혹한 죄의 정의를 거부했는데, 그
근거는 창세기 이야기의 철저한 표면적 이해, 그리고 최초이자 편재하게
계승된 죄과와 영원한 고통의 형벌 교리를 통해서 이야기를 적용적으로
해석한 결과에서 찾았다. 하지만 그들도 똑같이—그것이 어떤 형태였든지
간에—인간의 죄악 개념과 그에 수반되는 구속적 역사적 계시의 필요를
거부하는 이신론자에게서는 등을 돌렸다. 중재하는 입장의 사상가들이
보기에 인류는 도덕적 능력에 치명적인 타격을 입어 본래 갖고 있던 자연
적 불멸성과 온전한 도덕적 이해 능력, 이뿐만 아니라 힘을 박탈당한 상
태였고 구속자를 필요로 했다. 이 사실은 이 세상 속에서의 우리의 자연
적인 경험이 증언하는 바였다. 역사 속 구속은 그것의 자연적인 정황으로
부터 우리의 도덕적·종교적 경험을 통해 이해 가능한 것이 됐다. 그리하
여 지혜로운 사람은 합리적 자연종교와 도덕이 이것들을 넘어선, 즉 이것
들에 반대되기보다는 초월한 계시종교에 의해 완성되어야 한다는 사실을
쉽게 받아들였다. 중재하는 입장에서 내놓은 죄와 계시 개념은 그보다 더
날카롭게 비쳐지기도 했다: 구속하는 역사적 계시는 우리의 자연종교와
도덕을 완성하기보다 더 많은 경우 모순을 일으켰다. 하지만 그때조차도,
긍정적이든지 부정적이든지, 그러한 도덕과 종교에 관한 우리의 선행적
인지 없이도 계시는 아무런 적용적 의미를 갖지 못한다는 사실은 분명했
다. 그런 선행적인 맥락 없이 역사적 계시에 관한 성서 이야기는 종교적
으로 아무런 의미가 없을 터였다.

완벽한 행복을 깨닫도록 사람의 본성을 지은 하나님의 계획은 인간의
행동으로 인해 손상을 입었다. 어떤 방식으로든 이 상황이 만들어낸 필요
와 균열은 궁극적으로 예수의 등장으로 충족됐다. 그의 특정한 시공간을

포함하여 예수의 역사성은 분명 일반적인 인간 상황과 경험으로부터 추론할 수 없는 것이었다. 그가 생존했었고 진짜 메시아였다는 사실은 기적, 죽음에서의 그의 부활 가능성, 그에 대한 문헌 증거의 일반적인 신빙성과 같은 외부적(혹은 사실적) 증거에 의해 증명되어야 했다. 복음서 내러티브의 실제 지시 대상이나 표면적 의미와는 반대로 역사적 구속(혹은 계시)의 종교적 의의는—해당 내러티브와 별개로 존재하고 그것을 해석할 수 있게 해주는—선행하거나 수반하는 종교적 배경에 달려 있었다.

　　더 보수적인 중재 입장의 사상가들 사이에서는 인류의 상황을 위한 구속자의 종교적 적절성에 관한 주장을, 구속자가 마침내 출현했을 때에 역사적 조건들이 그의 등장을 위해 정확하게 무르익었다는 주장으로 확장하는 것이 일반적이었다. 그럼에도 불구하고 기독교 종교의 확실성에 전적으로 헌신했던 중재신학은 성서 이야기의 해석 방향을 비평학 이전 시대로부터 전환하는 데 성공했다. 그리하여 성서 이야기는 이제 보다 넓은 의미체계 안에 포함됨으로써 의미를 획득할 수 있었다.

　　중재하는 입장의 신학자들이 의지했던 종교적 감수성과 철학적 조망은 18세기 이후에 급격하게 변했다. 하지만 주장의 논리와 성서의 사용방법은 본질적으로 동일했다. 외적 증거 대신에 역사적 구속이라는 기적을 믿는 믿음의 도약에 대한 호소가 제기됐다. 역사적 예수의 실제 생애에 대한 과학적이고 역사적인 조사의 보조가 있든지 없든지 말이다. 사람의 도덕적 불완전함에 호소하는 대신 사람의 내적 조건—절망과 은혜의 역설에 대한 갈망 같은—이나 외적 조건—역사의 진행과정 속에서 발생한 인류의 구속받지 못한 자기소외 및 그것에 수반되는 낯선 사회구조와 기관(institution) 속 사람의 진정한 자아 상실 같은—에 대한 호소가 존재했다. 하지만 중재하는 입장의 신학적 주장은 여전히 동일했다: 복음서 내러티브의 설명적 의미는 메시아 예수를 가리키는 내러티브의 표면적 지시 대

상과 동일했다. 이와 연관되는 내러티브의 적용적 또는 종교적 의의는 적
어도 부분적으로 내러티브가 답하는 보편적인 인간의 상황이나 필요(이는
적어도 우리 모두가 암암리에 인지하고 있는 것이었다)가 제공했다. 내러티브의 설명
적 뜻은 종교적 의미와 꽤나 구별되면서도 조화를 이루었다. 내러티브의
'설명'에 적용되는 일반 해석학 원칙은 다음과 같았다. 즉, 명제의 진술에
있어 의미가 논리적인 일관성을 가진다는 것, 그리고 의미와 지시 대상은
동일하다는 것이었다. 내러티브의 '적용적 해석'을 위한 일반 해석학 원
칙은 다음과 같았는데, 인류의 보편적인 종교적·도덕적 경험이 문제가 되
는 성서 내러티브에 완전히 또는 부분적으로 연관된다는 것이 그 내용이
었다.

　　이런 면에서 중재하는 입장의 신학적 사상가들의 신학과 해석학은
20세기 중반까지 변함이 없었다. 로크(John Locke), 클라크(Samuel Clarke), 젬
러(Johann Salomo Semler), 슈팔딩(Johann Joachim Spalding), 슐라이어마허(Friedrich
Schleiermacher), 리츨(Albrecht Ritschl), 헤르만(Wilhelm Herrmann), 브룬너(Emil Brun-
ner), 불트만(Rudolf Bultmann), 라너(Karl Rahner), 에벨링(Gerhard Ebeling), 판넨베
르크(Wolfhart Pannenberg), 몰트만(Jürgen Moltmann)은 모두 이 원칙들에 동의했
다. 대부분은 기독교의 진리를, 특히 다른 모든 기독교 교리가 조화를 이
뤄야 할 핵심 주장, '예수 그리스도가 구속자'라는 주장을 "증명"하기 위
하여 나섰다고 하지 않았다. 하지만 모두는 어떤 방식으로든 그러한 주장
의 종교적 '의의'(진리의 증명과는 다름)가 다른 일반적인 인간 경험에 대한 고
려와 관련되어 명확해질 수 있고 또 실제로 그래야 된다고 동의했다.

　　중재하는 입장의 신학자들에게 기독교의 특별한 진리는 사실상 신적
(divine), 자가 소통적(self-communicating) 은혜(혹은 계시)를 통해서만 발견할 수
있는 것이었다. 이것은 다시 신앙의 행위라는 모험을 통해서 파악해야 하
는 것이었고 그 행위는 가리키는 대상이 증명 불가능한 은혜나 계시만큼

이나 모호한 것이었다. 하지만 그러한 기적이 일어날 가능성과 그것에 의해 소통된 내용의 의의는 신적 권위에 대한 호소보다 더 많은 것을 요구했다. 여기에는 그 기적이 인간 상황과 비교해봤을 때 적절한지에 대한 호소가 포함됐다. 그리고 올바르게 사고하는 사람이라면 모두 그 상황을 깨달을 수 있고 또 깨달아야 할 것이었다. 달리 말하면, 기독교 복음의 빛과 자연적이고 독립된 통찰력의 빛이 똑같이 조명하고 밝히는 인간 경험의 영역이 있었던 것이다. 통찰력의 한 방식이 다른 방식에 의해 얼마나 보강되어야 하는지, 또 어떻게 보강되어야 하는지는 중재하는 입장의 신학자들마다 생각을 달리하는 문제였다. 그들은 이 주제에 있어 본인의 의견을 제시할 수 있는 매우 다양하고 복잡한 방식들을 자주 계발해냈다. 하지만 두 방식 모두가 필요하고 서로 관련되어야 한다는 주요 입장에 대해선 모두가 동의했다. 계시를 수용해 줄 만한 사람 없이, 더군다나 그것을 인생의 일반적인 질문들에 대한 중요한 해답이나 깨달음으로써 수용하는 사람이 없는데 존재할 수 있는 계시라는 것은 없었다.

내가 다른 용어가 아닌 변증학(apologetics)이라는 용어를 사용한 이유는, 인간 경험을 분석하는 두 방식, 즉 직접적이고 자연적인 사상과 오직 기독교적인 일부 사상 사이의 공통 기반에 호소하기 위해서이다. 이것은 근대의 중재하는 입장의 신학이 가진 핵심적인 특징이었다. 보통 변증적인 중재 입장의 신학자는 자신의 전임자가 (인간 상황을 위한 구원의 진리는 예수 그리스도를 통해 주어진다고) 기독교 복음을 "증명"하거나 "보호"하려고 했다며 비판했다. 하지만 그는 기독교 복음이 "근대의 사람"에게 어떻게 "의미가 있을 수 있는지"만 보여주려고 한다고 했다. 그리고 그의 후계자가 등장했을 때는 결과적으로 똑같은 두 가지 요지를 주장했다. 그런 의미에서 근대의 중재 신학은 마치 같은 건물을 짓고, 허물고, 다시 짓고, 또 부수기를 반복한다는 인상을 준다. (이런 과정의 주목할 만한 예로 18세기의 "증거" 찾기 신학에 대한 19세기 기독교 자유주의자들의 반란을 들 수 있다. 또 다른 예로는 1920년대에 있었던 19세기 자유주의에 대한 소위 변증법적 또는 신정통주의 신학자들의 반란, 그리고 사람들이 참여하는 여러 언어 게임 중에서도 기독교 "언어 게임"의 의의를 선호하는 최근의 주장들을 들 수 있다.)

언제나 중재하는 입장의 신학자들은 사람의 교만과 사악함 때문에 예수가 메시아라는 믿음이 그들에게 위협으로 여겨진다고 말해왔다. 더욱이 점점 증가하는 "근대인"의 "세속적"이고 비종교적인 사상에 비춰보면 신앙은 받아들이기 어려운 것이었다. 하지만 그들은 동시에 신앙이 합리적일뿐만 아니라 경험적으로도 비합리적인 것이 아니라고 주장해야 했다. 더군다나 역사적으로 사실이면서 종교적으로 진실하다는 이런 중심 주장과 관련해서는 성서가 말하는 바 그대로를 의미했으며 없어서는 안 될 중요한 정보의 원천이었다. 성서가 일반적으로—신뢰할 만한 정보 자료나 그것을 믿을 수 있는 보증을 제공하지 못함으로써—사람들의 믿는 바에 더 이상 권위를 부여해주지 못한다 할지라도, 성서는 필수적이고 사실 면에서 유용하며 종교적으로도 의미 있는 내용을 제공할 수 있어야 했다. 그리고 실제로도 그렇게 한다고 여겨졌다.

종교적 변증학과 내러티브 읽기의 실종

중재 신학과 초자연주의 신학에 반대하는 좌익은 성서 본문을 이런 특정한 방식, 즉 종교를 진실한 역사적 주장에 근거하는 방식으로 읽어야 한다는 사실에 당연히 반대했다. 하지만 중재하는 진영과 좌익 진영은 무엇이 의미가 있고 무엇이 종교적으로나 도덕적으로 중요한지를 판단하는 기준은 일반적인 성격을 띤다고 동의했다: 성서가 신뢰할 만한 사실 정보를 제공해주는지 못 주는지, 또한 이 정보가 본문이 실제로 제공하는 내용과 일치하는지 안 하는지는 상관이 없었다. 성서는 더 광범위한 의미의 배경 속에서 의미를 상실해버릴 종교적 사상이나 주장에 일시적으로 의미를 부여해주는 특별한 정경 모음집이 아니었다. 즉, 모든 신학적 입장에서 공통적으로 거대한 반전이 일어났다고 말해도 과장이 아니었던 것이다. 더 이상 해석은 성서 이야기 안에 세계를 포함시키는 행위가 아니었다. 해석은 다른 이야기를 이용하여 성서 이야기를 다른 세계에 끼워 맞추는 문제가 됐다.

신학이나 종교적 사색을 하는 시늉조차 안 했던 사람들 중에서, 한 번 확정되고 난 이후의 성서 본문의 "실제" 적용적 의미에 이의를 제기하고 싶은 사람은 아무도 없었다. 성서 본문 자체의 권위가 본문을 신뢰할 수 있게 해준다고 믿지 않아도 말이다. 그랬기에 우익 신학자들과 중재하는 입장의 신학자들은 신약성서가 예수가 구원자라고 문자적으로 확증하며 그런 방식으로 이해되어야 한다고 동의했다(물론 이런 의견 일치가 예수 본인이 행했다고 하는 기적이나 그가 연관됐다고 알려진 기적[대표적인 예는 동정녀 탄생]에 관한 문제, 그리고 우리가 이미 봤다시피 창세기의 6일 창조나 타락과 비슷한 류의 구약 기사의 문자적인 수용에 관한 문제까지 포괄하진 않았다). 또한 좌익 진영에 속한 사람들은 당연히 이런 신약의 확증을 문자 그대로 받아들여야 하고 받아들일 수 있다고 인정하지 않았다. 결과적으로 그들은 이것이 본문의 진짜 의미라는 주장을 부정하거나 본문을 통해서 본문이 가리키는 사건의 실제 형태를 발견하기란 불가능하다고 말했다. 예를 들면 예수가 실제로 어떤 모습이었고 스스로에 대해 어떻게 생각했는지와 같은 문제는 알 수 없었고 이와 관련된 주장의 사실 관계를 따져볼 수 있는 방법은 존재하지 않았던 것이다. 따라서 (다시금) 본문은 문자적 혹은 사실적 의미와는 다른 방식의 의미를 갖고 있어야 했다.

하지만 좌와 우, 그리고 중도를 떠나 아무도 예수가 독특하고 필수적인 구원자라는 사실을 본문의 설명적 의미로 주장하고 '또한' 이런 확증이 관련성이 없거나 단순히 시대착오적 관심에서 비롯됐다고 주장하는 입장에 서 있고 싶어 하지 않았다. 만일 혹자가 예수의 메시아 정체성을 이야기의 설명적 의미로 확증하면, 그는 그것을 적용적으로 확증하는 셈이었다. 만일 혹자가 이런 적용을 부정하면, 그는 보통의 경우 그것의 설명적 의미도 부정하는 셈이었다. 이런 면에서 레싱과 슈트라우스 같은 사상가들은 중재하는 입장의 신학자들이나 초자연주의 신학자들만큼이나 복음서 내러티브의 변증가들이었다: 복음서 이야기의 설명적 의미는 최종적으로 문자적인 메시아를 가리키는 것이 아니었다. 그것은 이야기가 대변하는 역사인식의 한 단계였을 뿐이었다. 복음서 이야기의 외적인 형태나 실제 설명적 의미는 보다 일반적이고 보편종교와 조화를 이루는 것이었다. 이와 다른 방식으로 주장을 펼치면, 신앙을 위한 성서의 '권위'는 실종됐을 뿐만 아니라 성서의 이 부분은 종교적 의미를 전혀 갖고 있지 않다고 말하거나 성서에 대한 설명 중 그 어떤 것도 적용으로 이어지지 못한다고 이야기하는 셈이었다. 그렇게 되면 진리 주장은 확인할 길이 없고 추가적으로 그것이 의미하는 바는 분명하다고, 즉 성서가 부정적이든 긍정적이든 오늘날 그 누구에게도 중요한 종교적 의미를 갖지 못한다는 무언가일 뿐이라고 말하는 셈이었다. 이런 입장은 신학자들과 비신학자들을 막론하고 보편적으로 거부당했다. 혹자는 성서 본문의 의미는 그것이 말하는 바 그대로라고, 즉 구원은 오직 예수 그리스도를 통해 주어지며 이 사실이 중요한 진술일 뿐만 아니라 시대착오적이지 않다고 주장하거나, 성서를 문자적으로 받아들이면 그것은 하찮은 진술로 전락할 것이고 그렇기에 그것이 본문의 의미일 수 없다고 말할 수 있을 뿐이었다. 그리고 이러한 평가는 이 문제에 대해 숙고해 본 사람들 사이에서 대체로 오늘날까지 유효한 것으로 남아있다.

　질문은 이것이었다: 왜 본문이 실제로 의미하는 바는 이것이고 종교적으로 시대착오적이거나 적어도 오늘날 누구에게도 직접적인 종교적 영향을 주지 못한다는 가능성이 배제되어야 하는가? 한편으로 대답은 매우 간단했다: 역사비평학이 처음부터 종교적으로 중립적인 기반에서 시작한 반면에(역사가가 실제로 그의 종교적·도덕적 신념이 그의 연구 과정과 결과에 개입하는 것을 배제시켰는지, 이 문제와 관련하여 그렇게 할 수 있기는 한 것인지는 상관이 없었다) 우리가 이미 봤다시피 변증적인 취지로 가득했던 해석학의 상황은 매우 달랐던 것이다.

　우리의 연구 대상이 되는 시기가 시작되기 이전에는 개신교 사상에 대한 이런 평가가 정당했다. 그때에 변증학의 최첨단은 달랐지만 말이다. 예를 들어, 당시에는 로마 가톨릭에 대항하여 교회 성직자 직분이나 누적된 교리적 유산의 해석이 제공하는 도움 없이도 성서를 (대개는 문자적으로 그리고/또는 표상적으로) 이해할 수 있다고 주장했었다. 하지만 18세기에는 다른 의미로 위의 평가가 정당했다. 이제 막 지평선에 희미하게 보이기 시작한 망령은 그토록 중요했다. 여태껏 성서의 중심적인 역할을 해오던 본문들은—그것이 지시적인 의미를 갖고 있든 갖고 있지 못하든—영구적인 종교적 또는 도덕적 의미를 전혀 갖고 있지 않았고 사실상 쓸모없을 뿐이었다. 어쩌면 예수를 메시아로 묘사하는 기사들도 여기에 포함될지도 몰랐다. 결국 성서 기사는 그것이 말하는 바 그대로를 의미하지만 그것은 진실하지 않거나 증명될 수 없을 뿐만 아니라 아무런 중요성을 갖지 못하는 주장일 수 있다는 의심이 고개를 들기 시작했다(물론 기적적이고 개인적인 신적 개입에 관한 고대의 미신으로서 갖는 의미는 있을지도 몰랐다). 하지만 이 의구심은 충분히 구별되지 못했기에 아무도 알아차리지 못했다. 대부분 불만 많은 작자들로 여겨졌던 소수의 이신론자들을 제외하고선 말이다. 이것이 의미하는 바를 다음의 예로 설명할 수 있겠다. 예수를 통해서만 특별하게 구속을 얻을 수 있다고 말하는 본문은 (20세기 신학 학파의 세련되지 못한 전문용어로 표현한다면) 탈신화될 수 없었다. 왜냐하면 그런 본문은 그것이 실제로 말하는 바 이상의 의미를 갖고 있지 못했기 때문이었다. 또한 그런 본문이 말하는 바는 사실 종교적으로도 아무런 의미가 없는 것일지도 몰랐다. 본문을 제대로 설명한다는 것은 가능한 어떤 적용적 의미도 넘기 힘든 무시무시한 장벽을 세우는 것과 동일했다. 그리고 그때나 지금이나 그것은 종교적 입장을 떠나 그 어떤 사상가도 이 문제에 있어 지지할 수 없는 불가능한 선택지였다.

좌익과 우익 모두를 사로잡았던 변증적 충동은 복음서 내러티브와 관련해서 최종적으로 두 가지 해석 방식만 가능하다는 것을 보여주었다. 즉, (초자연주의와 중재하는 입장의 신학자들에게) 내러티브의 설명적 의미와 적용적 의미는 역사적 사실로서 예수를 메시아로 가리키는 것을 뜻하거나, (합리주의자들과 그 후계자들에게) 이런 지시 대상은 내러티브의 신화적인 형태일 뿐, 실제 본질은 이와 다른 무언가, 가령 하나님이 의도한 진정한 인간 삶에 관한 개인적이고 전형적인 형태의 메시지 전달을 뜻했다. 이 메시지는 삶의 한 예시, 질적인 면에서 진실한 교훈, 그리고 권위에 있어 매우 설득력 있는 방식으로 전달됐기 때문에 그것의 가능성을 이해하는 것, 그것에 대해 조금이라도 이해하는 것은 이 메시지에 찬성할지 반대할지를 결정하는 것과 동일했다.

두 가지 선택지는 변증적인 동기에 사로잡힌 생뚱맞은 대안에 의해 자동적으로 제거됐다. 첫 번째 선택지는 라이마루스의 주장으로서 이야기는 그것이 말하는 바 그대로를 의미하지만 거짓말이라는 것이었다. 하지만 생뚱맞은 그 대안은 두 번째 선택지, 즉 이러한 기사들을 기본적으로 "내러티브"로서 설명하는 선택지도 제거했다. 이 입장에 따르면 내러티브는 하나의 구원 이야기를 말해주지만(예수를 메시아로 묘사하는 것은 이 과정의 빼놓을 수 없는 요소였다) 그가 역사적으로도 실제 그런 인물이었는지, 그가 스스로를 메시아로 생각했는지(즉 이야기가 그렇게 이야기하든지 말든지), 메시아 개념이 여전히 의미 있는 개념인지는 전혀 다른 질문들이었다. "내러티브" 관점에 있어 나중의 질문들은 의미나 해석학이 아니라 완전히 다른 역사적·신학적 판단과 관련 있는 문제였다. 해석학적으로 봤을 때, 그런 사람이 없었다 하더라도 이 기사들이 말하는 바는 메시아 예수의 이야기라고 하는 것이, 아니면 만일 그런 사람이 실제로 존재했다면 사실 그가 메시아가 아니었다고 하는 것이 가장 자연스러웠다. 그가(만일 실제로 존재했을 경우) 스스로에 대해서 그렇게 생각했든지 안 했든지 상관없이, 또한 최종적으로 그런 이야기와 메시아 개념이 근대의 배경 속에서 가질 수 있는 적용적 의미에 상관없이 말이다. 이야기가 의미를 획득하는 방식에는 많은 요소가 개입할 수 있었다. 하지만 그것의 순전한 내러티브 형태는 다른 것과 혼동해선 안 될 중요하고 독특한 것이었다. 특히 그것의 영구적인 종교적 의미를 가늠하고 내러티브의 문화적 배경이나 이야기 안에서 언급되는 "사실"의 신빙성을 평가함에 있어서 그랬다.

좌익과 우익을 사로잡았던 변증적 욕구(이 때문에 해설과 적용은 서로 조화를 이뤄야 했다)는 이런 이상한 사실주의적 내러티브 선택지의 상실을 야기한 한 가지 이유에 불과했다. 많은 관찰자들은 사실 이 특징에 관심을 기울이고 있는 상황이었는데 말이다. 해석학은 종교적 변증학과 역사비평학 사이에 위치해 있었으며 그 둘은 내러티브라는 선택지에 반대했다. 특히 역사비평가들은 의미를 표면적 지시 대상으로 정의한 것의 수혜자였는데, 그러한 정의는 우리가 이미 예언의 성취를 두고 벌어진 논쟁에서 살펴보았듯이 초기에 거둔 승리였다.

그런 류의 역사가는 종교적 변증가와 다르게 적용적 해석에는 관심이 없고 오직 해설에만 관심을 보였다. 왜냐하면 역사가에게 역사적 진술 또는 역사 기록 비슷한 진술의 의미는 그것이 가리키는 시공간적 사건이나 상황을 뜻하기 때문이었다. 역사가의 임무는 이런 추정상의 사건들이 일어났을 만한 가장 가능성 높은 절차를 재구성하는 것이었다. 만일 역사가가 그런 사건이 일어난 적이 없다는 증거를 찾은 경우엔 그런 특정한 방식으로 기사가 기록됐을 가장 믿을 만한 역사적 설명을 제공하는 것이 그의 임무였다. 그는 이 과정에서 평범한, 즉 비기적적인 인간의 경험, 기사 기록에 영향을 미친 문화조건, 해당 기사의 가장 가능성 높은 기록 동기, 최종 결과물까지의 과정, 그리고 마지막으로 그가 분석하고 있는 특정한 문헌과 관련하여 발견될 수 있는 유사문헌에 의존해야 했다. 이것이야말로 혹자가 만족스러운 역사적 설명으로 인정받는 결과물을 내놓을 때 사용하는 설명적 절차였다. 진술을 해설한다는 것은 그것의 표면적 지시 대상이나 진술의 원인이 되고, 또 반대로 진술에 의해 조명되는 역사적 상황을 밝힌다는 것이었다. 역사가가 관심을 갖는 성서 내러티브의 실제 역사는 이야기된 무언가나 내러티브 형태가 맺는 열매가 아니었다. 그보다는 이야기가 가리키는 대상이나 그런 지시 대상을 대체하는 상황이었다. 요약하자면, 역사가는 본문이 아닌 그 본문이 "진짜로" 가리키고 이해 가능한 것으로 표현하는 재구성적 배경에 관심이 있었다.

이쯤에서 예언의 성취를 두고 벌어졌던 논쟁의 예를 상기하는 것이 도움이 되겠다. 해당 논쟁의 결말은 설명적 (특히, 문자적) 의미로부터 역사적 판단을 날카롭게 논리적으로 구분하고, 의미를 표면적 지시 대상으로 이해하는 방향 아래에서 그 두 가지를 즉각 재통합하는 것이었다. 이것이 역사비평학의 철학적인 배경이었다. 종교적 변증학은 내러티브의 형태, 주제, 진행과정에 가장 큰 관심을 두었던(왜냐하면 이 세 가지가 이야기의 의미를 형성했기 때문이다) 해석, 즉 의미를 표면적(혹은 이상적) 지시 대상이나 그러한 지시 대상의 확장으로 보는 이론(역사적 해석 절차는 필연적으로 매일 수밖에 없었던 이론이었다)에 좌우되지 않는 해석에 깊이 공감했다. 분명한 것은 역사적-비평적 분석이 그러한 해석에 동조할 수 없다는 것이었다. 물론 그렇다고 역사적 해설이 "틀렸다"는 것은 아니었다. 하지만 의미이론을 포함하여 복음서 내러티브의 역사적 비평이 전제하는 철학적(혹은 개념적) 도구가 지시적 의미이론 또는 의미와 지식의 인지적 동일시에 직접적으로 구속받지 않는 모든 본문 해설로부터 역사비평학을 분리시키는 경향이 있다는 말은 옳았다.

18세기 이후로 상황은 계속 똑같았다. 역사비평가는 내러티브를 가지고 내러티브 해석과는 다른 무언가를 하는 사람이었다. 왜냐하면 그는 내러티브가 가리키는 대상이나 내러티브 외부의 재구성된 역사적 배경이 내러티브를 무엇으로 설명하는지에 관심을 기울였기 때문이었다. 그가 이렇게 할 때에 틀린 것은 아니었다. 하지만 역사비평가는 본인이 하는 작업과 내러티브 해석이 무엇일지 그리고 그런 해석이 무엇을 생산할 수 있을지 사이의 논리적 차이점을 보지 못할 가능성이 있었다. 그는 대신에 내러티브의 실용적인 종교적 용례(그가 항상은 아니라도 가끔씩 마주칠 그런 용례 말이다)나 —본인이 사용하는 방법론임에도 불구하고— 특정한 개념적인 도구를 갖춘 자신의 방법론 또한 존재할 수 없다고 생각했을 가능성이 컸다. 또한 비평가의 방법론의 결과로 해당 방법론이 내러티브의 종교적 사용에 심각한 영향을 미칠 것이라고 본인도 예상하지 못했던 것이 틀림없었다. 더군다나 본인의 방법론과 내러티브 해석이 주어진 내러티브에 대하여 아무런 종합적인 결과를 생산하지 못한 채 평행선을 달리고, 어떤 경우든 두 방법론이 조화로운 균형을 이루기 불가능한 전혀 다른 결과값을 내놓는다는 개념을 쉽게 받아들이지 못했을 것이다.

어떤 경우든, 즉 18세기 해석가들의 역사적 상황을 탓하든, 아니면 적절한 논리적 구분을 짓지 못한 그들의 불행한 무능력을 탓하든, 종교적 변증가와 역사비평가 어느 누구도 성서 이야기의 내러티브적 특성에 대하여 진지하고 마땅한 관심을 기울이지 못했다. 이런 모든 상황은 꽤나 충격적이었는데, 왜냐하면 모두들 그 특성을 인지하고 있었고 어떤 방식으로든 중요하다고 생각했기 때문이었다.

지시 대상과 감정주의(Emotionalism) 사이의 내러티브 읽기

분명했던 것은 18세기에 예술 형태로 시작했던 진지한 문학적 사실주의가 이후—다소 느리긴 했어도—문학적-비평적 분석으로 발전했다는 점이었다. 성서 내러티브를 같은 방식으로 이해하게끔 하는 예비조건들도 이미 거기에 내재되어 있었다. 실제로 성서의 "역사 기록 같은" 특성을 지목하는 주석가들의 수가 부족했던 것도 아니었다. 확실히 역사적 "현실"은 두 시대 동안 서로 다르게 묘사됐었다. 고대에는 하나님과 사람의 교차지점이, 후대에는 지속적이고 변화하는 역사적 움직임과 사회의 하부 및 상부 구조가 개인에게 미치는 영향력이 곧 역사적 현실이었다. 하지만 두 관점은 다음의 정의만큼은 공유했다: 임의적이고 평범한 인간은 "실제" 세계에 갇혀 있다. 그는 이 세계에 의해 정의되고 그는 이 세계를 집으로 삼았지만, 이 세계는 도덕적인 혹은 도덕적으로 중립적인 일종의 전능한 힘들을 한 번 휘몰아치는 것만으로 그를 뭉개버릴 수도 있었다. 두 시기가 각각 갖고 있는 묘사적 사실주의 간의 유사성은 둘의 차이점에도 불구하고 분명했다.

그러한 문학적 발전이 문화적으로나 사회학적으로나 독립적일 가능성은 거의 없었다. 18세기의 사실주의는 단순히 문학운동이 아니라 세계와 세계 속 인간의 위치에 대한 전반적인 이해와 마찬가지였다. 특히나 종교적인 문제에 있어 문화적인 사람들은 현실과 자연적, 도덕적, 사회적 질서의 정연한 변화를 굉장히 중요한 사실로 당연하게 받아들이는 경향이 있었다. 많은 이들에게 평범한 현실(mundane reality)은 사람의 시공간적 거처일 뿐만 아니라 영적 거처였다.

　예술 형태로서의 사실주의 내러티브는 19세기 프랑스 소설을 통해 전성기를 맞았지만 그 시작은 18세기 프랑스와 영국에서였던 것이 확실했다. 같은 시기에 성서를 위한 일반 해석학은 오래된 '영감과 특별 의미' 이론의 족쇄를 깨뜨리고 있었다. 이 시기는 또한 ―젬러가 가장 활력적인 개척자였던― 역사비평학이 성서 주해의 지배와 첫 등장 당시 역사주의(historism) 또는 역사실증주의(historicism)라고 불렸던 지식인 운동을 향해 승리의 행진을 시작했을 때였다. 그런 대규모의 상호연관된 지식 발전의 관점에서 봤을 때, 성서 해석 시 취할 수 있는 선택지로서 '내러티브'를 고려하는 데 실패했다는 것은 대단히 흥미로운 일이다.

　문학 사실주의의 발전과 지성, 예의, 관습, 상상력에 대한 사실주의 역사 기록학(historiography)의 동시적인 성장(몽테스키외[Montesquieu]의 『법의 정신』[De l'esprit des lois]과 흄[Hume]의 『종교의 자연사』[Natural History of Religions]에서, 기번[Edward Gibbon], 로버트슨[William Robertson], 뫼저[Justus Möser], 헤르더[Herder]의 『히브리 시의 정신』[Geist der Hebräischen Poesie]과 역사 철학에 대한 그의 사색 작품까지), 그리고 성서 해석학과 비평적 역사에도 불구하고, 아무도―기적기사까지 포함하여―성서 이야기를 사실주의 내러티브로서 이해할 때 가장 잘 이해될 수 있다는 가능성을 연구해보지 않았다. 이런 접근이 성서 이야기의 영구적인 종교적 중요성이나 신빙성에 어떤 영향을 미치든지 상관없이 말이다.

　이런 현상에 대해 여러 차원의 설명이 있을 수 있다. 모든 색채의 종교적 변증학은 하나의 걸림돌을, 그리고 역사비평학은 다른 하나의 걸림돌

을 보여주었다. 두 입장 모두 성서 이야기의 내러티브적 해석을 탐구하는
것을 효과적으로 방지했다. 물론 두 입장 모두 내러티브 속 사건들의 신
빙성에 관한 질문에 깊이 얽매여 있었다. 이 시기에 이 문제에 대해 긍정
하거나 부정하기를 포기하는 것은 생각할 수 없는 일이었을 것이다. 이
문제는 이후로 줄곧 신학자들과 많은 성경학자들에게 집착에 가까운 선
입견으로 남게 됐다. "역사적 예수"에 대해 신뢰할 만한 정보라는 것이 있
긴 한 것인가? 어떻게 그것에 다가갈 수 있는가? 그것이 기독교 종교에
필수불가결한 것인가? 다시 말해, 기독교의 "본질"이란 인류의 구원에 있
어 역사적 사실의 진실성이 필수불가결하다는 주장에 달려 있는가?

특정한 역사적 사건이 세상일에 대한 신적 계획 속에서 어디에 위치
해 있는가를 두고 과거 기독교 신앙이 어떤 합의에 이르렀든지 간에, 그
와 같은 "사실" 문제가 독립적으로 다뤄지고 종교적 주장에 있어 가장 중
요한 자리까지 올라가게 된 것은 18세기 사실주의가 초래한 일이었다. 이
것은 이전 기독교 신학사에서 전례가 없던 전개였다. 하지만 기묘하게도,
이렇듯 새롭고 성장 중이던 사실주의적 감각은 문학적 사실주의가 성서
내러티브에 적용되는 것을 촉진하지 않고 오히려 저해했다. 일단 이신론
자가 계시의 외적 증거에 대하여 의문을 제기하자 계시의 의미를 뒷받침
해줄 사실성의 지위는 종교적 주장의 의제들 중 영구적인 안건이 됐다.

역사가에게, 또는 성경학자가 역사적인 고려를 할 때에 '어떤 일이 일
어났는가?'라는 질문과 그것에 대한 보도가 어떻게 현재의 기록 형태
를 갖게 됐는지는 열정을 쏟아부을 만한 정당한 문제가 됐다. 이는 그들
의 마땅한 업무영역의 큰 일부를 차지했다. 우리가 이미 살펴보았다시피,
이 과정 중에서 의미를 지시 대상으로 한정하는 것은 큰 진가를 발휘했
다. '지시 대상으로서의 의미'는 표면적이든 이상적이든 명백하게 일종의
사실주의적 가정을 포함했다: 저자와 후대의 해석가의 머릿속 생각은 "실

제적인" 무언가를 나타낸다. 그것이 역사적이든 영적이든 말이다. 진술과
본문이 이해되어야 하는 방식에 대한 가정은 일반 인식론에 관한 문제였
다. 지시 대상이 곧 의미였다. 만일 진술이 논리적으로 일관성이 있으면
그것은 우리가 알고 있는 진실한(혹은 실제) 상황과 일을 가리켰다. 의미이
론은 사실상 현실에 대한 지식이론과 동일했다.

  사실상 성서 연구가 마주한 상황은 철학의 지배적인 관점과 궤를 같
이 했다. 그것은 전문적인 철학 분야뿐만 아니라 자연과학에 대한 이론적
인 가정, 그리고 일부 도덕 철학과 실천적인 미학적 연구 안에서 일어나
고 있던 일을 반영했다. "의미"는 명백하고 뚜렷한 사상을 통하여 정확하
게 정의된 현실의 적절한 묘사를 포함했다. 이것이 지켜지지 않을 때에
문자의 사용은 증발해버리거나 불명확하고 흐릿한 덧없는 꿈이 되어버릴
위험이 컸다.

  세기가 흘러갈수록 미학이론에서는 기하학 문제의 해답을 찾는 과정
에 적용되는 기준만큼이나 정밀하고 객관적인 기준에 따라 예술작품의
아름다움을 평가하는 것이 점점 더 문제시됐다. 경험주의자들은 즐거운
감정과 그 어떤 내재적인 질서의 통제도 받지 않는 생각(idea)과 심상(image)
의 우연한 조합에 문학예술을 맡겨버리는 경향이 있었다.

  밀(John Stuart Mill)은 거의 한 세기가 지난 후에 다음과 같이 물었다: "그
렇다면 우리는 누구를 시인이라고 불러야 하는가?" 그는 대답했다: "너무
나 잘 구성된 사람이어서 본인의 감정을 연상(association)의 연결고리로 활
용하여 진지하고 영적인 그의 생각들을 서로 연결시켜주는 사람이 시인
이다." 윕셋(W. K. Wimsatt Jr.)는 "밀은 이 말을 통해 약 100년 동안 비판적
사고가 점점 더 정상으로 받아들이게 된 한 가정을 … 간단하게 재정립하

는 데 성공했다"라고 논평했다.[2] 세기 말미이자 낭만주의가 미학이론을 잠식하기 바로 직전에 독일의 사상가들은 예술, 아름다움, 맛을 설명할 때 감정주의를 향해 비슷한 압박감을 느꼈던 것이 분명했다. 그들이 그것에 모든 것을 내주지 않기 위해 몸부림쳤어도 말이다. 그럼에도 불구하고 그들에게도 미학적 구성물이 일부 감각적이고, 다른 일부는 이 세계의 인식 가능한 본질적인 특성에 대한 합리적인 인지라는 가정이 무너지고 있었다. 한 주석가는 "미학에 있어 비평적 철학의 코페르니쿠스 혁명은 『판단력 비판』(The Critique of Judgment) 이전에 성취한 결과였다"라고 옳게 평했다.[3] 칸트(Kant)와 쉴러(Schiller) 같은 사람들은 인류를 위해 예술가적인 천재로서 사람이 갖는 위대한 중요성에 대한 신념과, 사람을 현실과 접촉하게끔 해주는 나침반에 기여하는 그의 작업의 불확실한 지위에 대한 인식 사이에서 옴짝달싹 못 하고 있었다. 칸트는 『판단력 비판』에서, 쉴러는 『순진하고 감성적인 시에 관하여』(On Naive and Sentimental Poetry)와 『인간의 미학교육에 관한 편지』(Letters on the Aesthetic Education of Man)에서 예술가의 활동과 그의 작업의 중요성을 감정적인 삶에만 한정하기를 거부했다.

　칸트에게 판단력의 힘이 가진 기능은 쾌감과 불쾌감을 느낄 수 있는 인간 능력의 지성 수준을 끌어올리는 것이었다. 그는 이 능력과 이것을 좌우하는 판단력에 예술과 예술의 평가를 일임했다. 즉, 이론적인 이성에 의해 정렬된 외부의 현실에 대한 우리의 지식이나 순수하게 실천적인 이성에 의해 정렬된 욕망에 일임된 것이 아니었다. 이처럼 아름다움과 미학적인 감상을 인지나 욕망이 아닌 감정에 일임하는 경향이 칸트로부터 시

2.　W. K. Wimsatt, Jr., and Cleanth Brooks, *Literary Criticism: A Short History* (New York: Knopf, 1957), pp. 308-09.

3.　Armand Nivelle, *Kunst- und Dichtungstheorien zwischen Aufklärung und Klassik*, (Berlin: De Gruyter, 1960), p. 184.

작된 것은 전혀 아니었다. 이런 위임은 줄처(J. G. Sulzer)와 멘델스존(Moses Mendelssohn)의 제안에 따라 바움가르텐(A. G. Baumgarten: 같은 이름을 쓰는 신학자의 남동생)이 미학에 대해 일련의 글들을 쓴 이후에 점차 지지를 얻기 시작했다. 칸트는 영혼의 세 가지 "능력"(faculty)을 정렬하고 조화시켜, 줄처와 멘델스존도 동의했을 바로 그 방식으로 아름다움이라는 감각을 담당하도록 일임했다. 하지만 그는 여기에 추가하여 자연(인지 가능성)과 자유(의지, 실천적 이성)의 인지적, 자율적, 지능적(혹은 초감각적) 영역을 판단력의 힘을 사용하여, 그리고 상징과 유비로 사용하는 여러 도구들을 수단 삼아 서로 연결 지어 정렬했다.

하지만 칸트는 이 모든 건축학적 구조화와 조화, 그리고 미학적·목적론적 판단이 차지하는 핵심적인 위치에 있어 도덕적 경험과 인지적·과학적 지식 사이에 다리를 놓는 작업이 불확실한 사업임을 명백하게 보여주었다. 칸트에 따르면 실제적이고 이해 가능한 세계를—그것의 내부적인 통일성에 있어서든, 아니면 그것이 우리의 감각경험과 일치하는 방식에 있어서든—진정으로 이해하는 데 필요한 지능적인 직관력이 우리에게 없다는 사실은 진실이었다. 또한 영혼의 능력을 초월적으로 구조화하는 여러 방식들을 하나로 묶는 우리의 형식적인 능력도 매우 조심스럽게 대해야 했다. 우리는 객관적 어두움과 주관적 어두움으로 차 있는 세계, 오직 하나님만이 세상일의 일률성의 원인을 알고 있는 세계에 살고 있었다. 이런 거대한 불확실성의 나침반 위에서 칸트에게 미학적 경험이란, 객관적인 아름다움을 인지하는 것보다 주체의 경험의 확신 정도를 분석하는 것에 관한 문제였다.

칸트가 아름다움에 대한 감각의 기원을 인지가 아닌 감정에 위임했음에도 불구하고, 그가 미학에 대한 순수하게 감정적인 관점에 반대했다는 것은 분명했다. 요점은 간단했다. 의미가 지시 대상과 견고하게 동일시되고, 그에 따라 지시 대상에 대한 지식과 동일시되자 갈등은 일어날 수밖에 없다는 것이었다. 과학적 또는 경험적 확인에 종속되는 경험적 지식이 아닌 다른 모든 것들은 잠식당할 것만 같은 위협을 받는 상황이었는데, 이 상황은 이론적으로 20세기가 이룩한 특정한 발전과 비슷했다. 미학은 감정주의 또는 무의미로 취급될 위험에 빠진 여러 연구 분야들 중 하나에 불과했다.

이런 일반적인 태도가 해석학에서보다 더 큰 효과를 발휘한 분야는 없었다. 인식론적 이론은 본문이 의미를 갖는 방식을 지배했고, 자동적으로 본문의 의미에 대한 탐구를 그것의 표면적 또는 이상적 지시 대상에 대한 탐구로 바꾸었다. 혹자는 이 지배적인 해석 절차를 어떤 주제에서든지 충실하게 따르거나 아니면 그것의 영적 또는 분석적 무연고 상태에 빠지는 위험을 감수해야 했다. 미학이 고전주의의 교훈적 종류에서 주관주의로 이동한 여정이 하나의 예였다. 고대 본문의 해석 시 역사적-비평적 방법론은 지배적인 관점을 강화했다. 역사적-비평적 방법론은, 가장 딱딱한 정통주의부터 종교적 합리주의에 이르기까지 모든 종교적 입장을 지배하고 성서의 내러티브 본문의 적용적 중요성을 주장했던 변증학적 경향성과 함께, 내러티브가 그 자체로 해석될 수 있는 가능성의 진지한 고려에 대항하는 강력한 해독제였다.

미학적 평가와 구약 분석의 시작은 일반적인 유행을 따랐다. 그런 비평적 연구에 해당하는 첫 번째 작품은 로우스 주교(Bishop Lowth)의 『거룩한 히브리 시에 관하여』(De sacra poesi Hebraeorum)였고, 1753년에 나온 이 작품은 전문가와 일반 독자층에게 굉장한 영향력을 행사했다. 로우스는 철저한 형식적 분석에 스스로를 제한했고 신중하게 신학적 질문들을 회피했으며, 그 결과 어디서나 성가시게 하는 이야기가 된 내용의 사실성 문제도 피해갔다.

[그가] ⋯ 거룩한 문헌에서만 태곳적의 진정한 시 문학이 발견되고, 그것이 신적 기원 면에서 만큼이나 고대성 면에서도 공경할 만하다고 했기에, 나는 이 문헌의 본질을 연구하는 것이 이 강요의 기획과 일치하는 한 나의 가장 중요한 의무라고 여겼다: 다시 말해, 신학을 연구하는 학생에게 어떤 신적 진리의 예언을 설명하는 것이 내 목적이 아니다. 내 목적은 더 고상한 과학에 중독되어 있고 작문 연구의 우아함에 심취한 젊은 층에게 최고급 시 경험의 실례를 일부 추천해주는 것이다.[4]

로우스의 작업은 거룩한 주제들을 문학적 판단으로부터 보호하려는 존슨 박사의 호소에 대한 강력한 반격이었다. 하지만 로우스는 신학적 그리고 (자동적으로) 사실적 문제를 무시함으로써 당시에 사실주의 성서 내러티브를 문학적-비평적 장르로 고려할 수 있게 해줄 가능성이 높았던 수단을 거의 상실하고 말았다. 그는 본능적으로 혹은 계획적으로 사실주의적인 면모를 띠는 본문을 회피했고 어떤 방식으로든 그 문제를 다루지 않았다. 그는 욥을 다룰 때에 이 문제에 가장 근접했지만[5] 그의 관심의 대부분은 욥기가 고전적인 드라마가 아니란 사실을 보여주는 데 있었다. 물론 이 점에 대해 그는 옳았다. 욥기는 고전적인 비극이나 사실주의 내러티브가 아니었다. 어떤 경우든 로우스의 노력에 비견될 만한 중요한 다른 작업은 그의 고국에서 전혀 찾아볼 수 없었다.

---

4.   Robert Lowth, *Lectures on the Sacred Poetry of the Hebrews* (1829), p. 29.

5.   Ibid., *Lectures* 32-34.

영어 소설, 그것의 문화적 배경과 성경

내러티브 해석의 부재를 전문적으로 설명해주는 수준을 넘어서, 이런 흥미로운 상황을 설명해줄 만한 일련의 인상적인 문화적 고려사항들이 있다. '18세기 동안 영국과 독일은 성서 내러티브 논의가 가장 격렬하게 벌어지던 두 국가였다. 상당한 양의 사실주의 내러티브 문학과 그 문학에 대한 일련의 비판이 쌓여가고 있던 영국에서는 이에 필적할 만한, 축적된 성서 문헌 비평 전통이 생겨나지 않았고 여기에는 성서 문헌에 대한 내러티브 해석의 부재도 포함되어 있었다. 한편 성서 문헌에 대한 다수의 비판적 분석과 일반 해석학이 18세기 후반에 급격하게 성장했던 독일에서는 사실주의 산문 내러티브와 그에 대한 비판적 평가의 동시적인 성장이 부재했었다.'

영국에서는 소설이 일반 독자층 중 상당수에게 점점 더 큰 영향을 미치고 있었다. 18세기 후반에는 이에 대한 비판적인 문학이 성장하기 시작했고, 비평가들은 본래 소설이 기원했던 로맨스 장르로부터 소설 장르가 분리됐음을 인식했다. 로맨스 이야기의 등장인물인 영웅적인 기사를 풍자했던 『돈키호테』(Don Quixote)는 대개 이런 움직임의 역사적인 시작을 알렸다고 여겨진다. 클라라 리브 여사(Mrs. Clara Reeve)는 비록 이류였지만 당시의 굉장히 중요한 작가이자 비평가였는데, 그녀는 특성과 효과에 있어 소설과 모든 종류의 로맨스를 구분했다.

로맨스는 멋진 사람과 일을 다루는 영웅적 우화다―소설은 실제 삶과 방식, 그리고 그것이 기록된 시간에 관한 한 폭의 그림이다. 로맨스는 고상하고 고결한 언어로 한 번도 일어나지 않았거나 일어날 가능성이 없는 내용을 묘사한다. ―소설은 우리 눈앞을 지나가는 매일과 우리 친구나 우리 자신에

게 일어날 법한 그러한 일에 대하여 친숙한 관계를 맺게 해준다. 또한 소설
은 그런 일의 완성 형태로서 매우 쉽고 자연스러운 방식으로 모든 장면을
묘사하며 그럴싸하게 보이게 만들어 (적어도 소설을 읽는 동안에는) 우리가 그
모든 것이 진짜라고 믿게끔 속인다. 이야기 주인공들의 기쁨과 고통이 마
치 우리 자신의 것인 양 영향을 받기 전까지 말이다.[6]

소설은 역사적 내러티브의 기록과 평가에 대한 인지적인 변화가 일어
났던 같은 시대에 발전했다. 두 문학은 위대한 도덕적 유용성이 있다고
여겨졌다. 즉, 배울 능력이 있는 자들, 특히 그중 젊고 감수성이 풍부한 사
람들에게 개인적인 덕과 공공 의무, 인간 본성과 특성에 대한 타당한 지
식을 교훈한다고 생각됐다. 리브 여사는 소설의 교훈적 가치에 다소 방어
적이었다. 왜냐하면 그녀는 자신의 점잖은 독자층 중 가장 고상한 사람들
이 소설의 고딕파적 괴상함과 갈망, 탐욕, 유행, 허영심에 대한 수다스러
운 호소의 상당 부분을 무시한다는 사실을 알고 있었기 때문이었다. 그래
도 그녀는 이 문학형태가 그녀가 견지하는 삶에 대한 명백하고 똑바른 도
덕적 관점과 잘 맞는다고 확고하게 주장했다.[7]

도덕적 훈계와는 거리가 먼 흄(David Hume)도 역사 연구가 그것의 정독
자들에게 대단히 유익하다는 주장을 펼치는 데 아무런 양심의 가책이 없
었다. 그는 역사연구가 호사가들을 즐겁게 해주는 것 이외에도 "이해를
증진하고 미덕을 강화한다"고 했다.[8] 그가 『잉글랜드의 역사』(History of En-
gland)를 쓰면서 과거로부터 배울 수 있는 교훈이 있다는 환상에서 점차 벗

---

6.   Clara Reeve, *The Progress of Romance* (2 yols. in 1, 1785), vol. 1, p. 111.

7.   Ibid., vol. 2, pp. 77ff., 92ff.

8.   Hume, "Of the Study of History," in *Of the Standard of Taste and Other Essays,* ed. S. W. Lenz (Indianapolis: Bobbs Merrill, 1965), p. 96.

어났다고 믿을 만한 분명한 이유가 있음에도 불구하고 말이다.[9] 그렇다 하더라도 흄의 초기 자신감과 신념은 역사 기록을 바라보는 당시의 관점의 전형적인 예였다. 이 관점은 당시 널리 읽혔던 고전 그리스-로마 역사가들의 글에 깊은 영향을 받은 것이었다. (그들의 목적은 인간의 과거에 대한 지식에서 얻은 실천적인 교훈을 사람들에게 설득시키는 것이었다.)[10] 볼링브로크(Bolingbroke)의 유명한 경구, 즉 역사는 "예시로 하는 철학 수업"이라는 말은 당시의 공통적인 견해를 구체화한 것이었다. 역사적 유비를 꼭 찾고야 말겠다는 의지는 고대 역사가가 말해준 그 이야기를—그것의 기록 목적과 함께—소설의 관례적인 역사적 설정이 갖는 현재 값(리브 여사가 말했던 것처럼 대개 "이것이 기록됐던 그 시대에"로 표현됐다)만큼이나 현재와 동시대적인 것으로 만들어 주었다.

역사 기록과 소설이 갖는 공통적인 '실천적 유용성'은 두 문학을 기록하는 공통의 절차를 포함하여 둘 사이의 공통점으로 점점 더 많은 인정을 받은 여러 사안들 중 한 가지 측면에 불과했다. 근대의 한 주석가는 18세기의 글들을 논평하면서 로맨스와 소설을 구분했는데, 소설만 "역사와 이야기, 진실과 거짓, 현실과 허구 사이에 잘못 그어진 경계선"에 대한 인식을 갖고 있다고 했다.[11]

우리가 경계선을 완전히 이해하지 못 하는 한 경계선은 정의할 수 없

---

9. 참고, Leo Braudy, *Narrative Form in History and Fiction: Hume, Fielding, Gibbon* (Princeton: Princeton Univ. Press, 1970), p. 85: "Hume의 *History*는 처음에는 정치 철학과 도덕 철학의 보고(repository)라고 주장했지만, 마지막에 가서는 그의 작품에서 도출해낼 수 있는 직접적 행동에 대한 가르침이 실제로 거의 없다."

10. 참고, James William Johnson, *The Formation of English Neo-Classical Thought* (Princeton: Princeton Univ. Press, 1967), ch. 2, esp. pp. 43ff.

11. Bruce Wardropper, quoted by Keith Stewart, "History, Poetry, and the Terms of Fiction in the Eighteenth Century," *Modern Philology* 66 (2), Nov. 1968, 111, n. 7.

는 것으로 드러났다. 단순히 독자가 의도적으로 불신을 멈추는 정도가 아닌 작가와 독자가 공개적으로 합의한 음모로까지 발전할 수 있다는 점에서 '허구(fiction)는 진짜'였다. 이것을 주장하는 데 있어 잘못된 정의를 일관성 있게 밀고 나가는 것이 중요해졌다. 그러므로 소설은 스스로를 역사로 선언했다. 그렇지만 누군가를 오랫동안 속이려는 의도는 딱히 없었다. 리처드슨(Samuel Richardson)은 와버턴 주교(Bishop Warburton)에게 보낸 편지에서 개인적으로 클라리사(Clarissa)의 편지들이 진짜라는 허구(fiction)가 계속 유지됐으면 좋겠다고 했다. 그가 그 편지들이 "진실로 '여겨지길'" 원해서가 아니라, 다른 많은 이유들 중에서도, "사람들이 픽션(fiction) 자체가 허구(fiction)임을 알면서도 일반적으로 일종의 역사적 믿음을 갖고 읽는데, 그런 믿음을 손상하는 것을 피하기" 위해서라고 했다.[12]

필딩(Fielding)은 관례적인 위장(pretense)이라는 부분은 포기했지만, 이보다 더 중요한 부분, 즉 역사적 사실의 박진성(迫眞性, verisimilitude)에 관한 주장은 계속 이어갔다. 그는 사람의 공적 역할을 보고 그 사람의 실제 성격을 묘사할 수 있다는 역사가들의 능력에 회의적이었는데, 당연히 공적인 모습에 대한 기술만을 갖고 역사적 움직임들을 설명하는 것에 대해서도 회의적이었다. 그는 개인적인 특성을 다루는 역사가로서 소설가가 담당하는 그 역할에 대해 그 누구보다 민감한 책임감을 느꼈다.

개인적인 특성을 다루는 우리, 그 누구보다 쉬지 않고 이 세계의 구석구석에서 덕과 악덕의 예를 드러내는 우리는 훨씬 더 위험한 상황에 처해 있다. 우리는 공적인 평판도, 동시 증언도, 우리가 전달하는 내용을 지지하거나 확인해줄 기록도 없다. 그 결과 우리는 가능성뿐만 아니라 개연성의 한계

---

12. Ibid., p. 111. 참고, A. D. McKillop, *The Early Masters of English Fiction* (Lawrence: Univ. of Kansas Press, 1956), p. 42.

안에도 갇히게 됐다. 무엇이 매우 좋고 우호적인지를 묘사하는 데 특하나 그렇다. 비록 과도하게까지는 절대 아니더라도 비행과 어리석음은 더 쉽게 동의를 얻어낼 것이다. 왜냐하면 타락한 본성은 믿음에 거대한 지지와 힘을 보태기 때문이다.[13]

　맥킬럽(A. D. McKillop)은 세기 중반에 있었던 허구적 글쓰기(fictional writing)의 발전을 다음과 같이 요약했다: "강조점은 실제성에 대한 요구에서 개연성에 대한 요구로 옮겨갔다. 특히 인간 본성의 가능성과 관련해서 말이다."[14] 하지만 혹자가 특성과 사건에서만이 아니라 폭넓은 사회적·자연적 배경에서까지 사실을 가능성과 동일시한다면 겉모습이나 실제성(혹은 박진성)에서의 위장은 "허구"보다 "사실"에 대한 선호를 나타냈다. 소설가의 모든 기술은 그런 선호를 강조하기 위해 만들어진 것이었다. 그는 최대한 개별 사건이 아니라 실제 삶이 그런 것처럼 연속성 있는 "역사적" 내러티브를 기록했다. 필딩이 그랬던 것처럼 그가 내재적인 관심과 특정 사건의 중요성에 따라 시간 길이를 마음대로 늘리거나 줄였음에도 불구하고 말이다. 더군다나 소설가는 동시대 역사가처럼 단순한 연대기나 신문 편집자가 아니었다. 그는 영웅적인 인물이나 사람 속에 내재하는 추상적인 특성을 묘사하지 않았다. 그는 알아차릴 수 있는 사건의 흐름과 알아차릴 수 있는 인격의 신뢰 가능한 동기에서 유래한 악덕과 미덕을 기술했다. 그리고 이 사람들은 특정한 (보통 현대에 가까운) 역사적 시간대뿐만 아니라 분명하고 알아차릴 수 있는 경제적·사회적 구조 안에 위치했고 두 시공간의 상호작용은 그들의 특성, 지위, 정체성에 초점을 모으는 역할을

13.　Henry Fielding, *The History of Tom Jones* (New York: New American Library, 1963), Book 8, ch. 1, p. 338.

14.　McKillop, p. 42.

했다.

작가가 사용하는 기법들은 단순히 믿어지지 않는 엄청난(incredible) 현실보다 역사 기록 비슷한 현실을 선호하는 것을 보여주는 데 그치지 않았다. 그는 역사 기록과 역사 기록 비슷한 픽션 사이의 모호한 경계선을 넘기 위해서도 그 기법들을 사용했다. 양쪽 영역 모두의 순결함과 유사성을 유지하면서 말이다. 리처드슨은 그의 이야기들을 편지 형식으로 전달했다. 대부분의 초기 소설가들은 가상의 편집자, 전기 작가, 또는 역사 기록자의 자세를 취했다. 필딩은 그의 작품을 산문 서사시로 여겼는데, 그는 의도적으로 독자가 현실을 직접적으로 마주하는 것이 아닌 저자의 통제된 지도하에 마주한다는 사실을 정기적으로 상기시켰다. 저자는, 반영하는 이미지로서 현실을 독자에게 보여주는 내러티브의 바깥에 서 있는 구분된 중요한 존재였다.[15]

한번 픽션의 영역 안으로 들어오면 모든 것은 사실주의적이거나 역사 기록 비슷한 방식으로 묘사됐다. 그렇다고 놀랄 만한 일이 평범한 일과 뒤섞일 수 없다는 의미는 아니었다. 이와는 반대로 당연히 놀라운 일과 평범한 일은 뒤섞였다. 하지만 그것들이 "친밀감"의 규칙을 어기는 일은 없었다. 소설가들은 자연 질서가 가장 특별한 사건들을 한곳으로 모으기 때문에 작가의 예술은 기적을 거부하지만 경이는 거부하지 않는다는 디데로(Diderot)의 격언에 동의했을 것이다. (그 특별한 사건들이 부자연스럽지 않게 드러난다는 사실을 볼 수 있는지 여부는 작가에게 달려 있었다.) 필딩은 본질적으로 디데로와 똑같은 말을 했다:

---

15. 참고, R. A. Donovan, *The Shaping Vision: Imagination in the English Novel from Defoe to Dickens* (Ithaca: Cornell Univ. Press, 1966), pp. 245f.; 또한 Braudy, ch. 4. Hume은 자신의 *History*에서 자기 목소리를 충분히 내지 않기 때문에, Braudy는 Fielding을 Hume에 우호적으로 대비시켰다.

만일 역사가가 실제로 일어난 사건에만 스스로를 제한하고, 제대로 검증된
적은 없지만 그가 거짓이라고 꽤나 확신하는 상황은 무엇이든지 완강히 거
부해버리면, 그는 이따금씩 경이로운 일을 맞닥뜨릴 수 있을지는 몰라도,
믿기 힘들 정도로 엄청난 일은 절대 만나지 못할 것이다. … 그렇기에 우리
는 일반적으로 픽션에 빠짐으로써 개연성을 포기하는 규칙을 어기게 된다.
역사가는 이 규칙을 단 한 번도(혹은 아주 드물게) 포기하는 일이 없었다. 그
가 그의 역할을 버리고 로맨스 작가로 전향하지 않는다면 말이다.[16]

이제 막 싹을 틔우기 시작한 산문 픽션 전통은 영국의 다른 문학형태
와 다르게 속세의 현실—의 논리, 즉 단순히 설명의 예가 될 만한 주제나
체계의 논리가 아니라 내러티브의 시간적인 연속성을 통한 사람과 현실
의 누적적인 표현의 논리—을 긴밀하게 따랐는데, 낭만주의 시대에는 아
무도 그것을 방해하지 않았다. "스콧(Scott)과 오스틴(Jane Austen)은 『서정가
요집』(Lyrical Ballads)의 서문이 쓰이지 않았다면 그들이 어떤 사람들이 됐을
지에 대해 아무런 의심이 없었고, 둘 중 아무도 바이런(Byron), 들라크루아
(Delacroix), 베를리오즈(Berlioz)와 같은 세기에 살고 있다는 어떤 분명한 내
색도 하지 않았다."[17] (하지만 낭만주의 서정성과 사실주의 묘사 사이의 차이를—그것이
분명했음에도 불구하고—과장해선 안 됐다: 워즈워스[Wordsworth]와 콜리지[Coleridge]가 벌
인 논쟁에서 콜리지는 '날 것 그대로'의 언어와 인물을 이상화하거나 일반화하려는 워즈워스
의 경향, 그리고 시가 그런 언어의 직접적인 구현이 될 수 있다는 워즈워스의 믿음에 대해 분
명히 반대하고 뒤로 물러섰다. 그럼에도 불구하고 워즈워스는 『서문』[Preface]에서, 그리고 콜
리지는 『문학평전』[Biographa Literaria]에서 실제 삶의 모방과 특히 워즈워스의 시에 드러난

---

16. Fielding, p. 338.
17. Donovan, p. 248.

'날 것 그대로'의 것을 부각시켰다.[18])

영국에서 '진지한 근대 사실주의'(serious modern realism: 아우어바흐[Erich Auerbach]가 사용한 용어)의 전면적인 발전은 19세기 프랑스에서만큼 극적이 거나 완벽하게 진행되지 못했다. 하지만 기본적인 발전 과정은 비슷했 다.[19] 두 국가 간의 차이는 (아우어바흐가 그 문제를 평가한 바에 따르면) 전반적인 역사적 배경의 유동적인 움직임을 인식할 수 있는지 여부였고, 이는 프랑 스 소설의 궁극적인 틀을 제공했다. 그 배경의 거대한 유동성에 대한 인 식은 소설 안에서 하층민이 스스로의 능력으로 현실의 진정한 행위자이 자 담지자로 등장할 수 있도록 해주었다. 하층민은 더 이상 소외된 개별 등장인물이 아니었고 본인이 무언가의 상대역으로서 갖는 효과에만 관심 을 갖는 존재도 아니었다. 한편, 강력하고 변화하는 역사적 힘과 그것의 (오늘날의 용어로 하면) 기반시설에 대한 인식은 소설의 도덕적·개인주의적 관점을 완전히 바꿔놓았다. 그 대신 현실은 이런 힘들과 그것들이 "마치 우연인양" 집어삼키고 이런저런 방식으로 반응하도록 강요하는 "임의의" 개인들 사이의 교류가 묘사해주는 운명적인 심연에 의해 구성됐다.[20]

의심의 여지없이 영국의 소설은 프랑스 소설보다 훨씬 더 사회구조를 주어진 것으로, 그리고 영원히 고정된 것으로 계속 표현했다. 하지만 그런 발전 과정이 프랑스에서처럼 완성되지 않았다고 하더라도, 주어진 사회 구조가 정한 관습 안에서 사회와 개인, 그리고 사람들의 관계를 진지하게 묘사하는 영문학 전통은 꾸준하게 성장하고 있었다. 상상적인 표현은 평 범한 사람들 간의 밀접한 상호작용을 현실로 인지하는 것에 질서를 덧입

---

18. 참고, S. T. Coleridge, "Biographia Literaria," ch. 17 in *The Portable Coleridge*, ed, I. A. Richards (New York: Viking Press, 1961), pp. 535ff.

19. Auerbach, *Mimesis*, pp. 491f.

20. Ibid., pp. 44.

했다. 공통된 시간적 경험, 그리고 진지한 도덕적 존재를 생성하기에 충분한 중요성을 갖고 있는 정치적, 경제적, 사회적 구조의 관습은 그 사람들을 하나로 묶어 주었다.

이런 글쓰기 형태는 혹자가 인지한 외부 세계의 굴종적인 모방도 아니었고, 그것에 대한 단순한 도덕적인 교훈주의도 아니었다. 물론 지배적인 주제들, 특히 도덕적 혹은 기질적인 종류의 주제들도 존재했다. 하지만 이것들이, 평범한 현실의 세계와 시간적으로 연결된 박진성에 있어 나머지 예술가의 세계와 불일치하거나 그것을 강제할 수는 없었다. 그러므로 그러한 주제들은 외부에서 이미 만들어진 선입견에 의해서가 아니라, 이야기 속 세계가 쌓여가는 연대기 형식으로 연출되는 과정에서 바뀌어야 했다. 소설은 도덕적인 설화가 아니었다. 소설은 대인관계와 사회에서의 경험이 도덕적 존재와 모호해질 만큼 밀접한 방식으로 관계를 맺는 세계이자 시간적으로 연결된 세계를 연출한 결과물이었다. 모호함은 시간적인 순서를 따르는 개인적인 삶을 보다 넓고, 단순히 윤리적이기보다는 탈출할 수 없을 만큼 사회적인 성격을 띠는 정황 속에서 찾은 결과였다. 이러한 위치 설정은 큰 차이를 야기했다. 왜냐하면 그것은 행동의 영역을 역사적 이야기와 사회적 관찰(비공식적인 사회적 관찰은 말할 것도 없었다)에 순종적으로 만들었기 때문이다. 그것이 행위의 도덕적인 정의에 순종적인 것만큼이나 말이다.

위치를 따지면 꽤나 다양하지만 그럼에도 불구하고 국가적으로 일관성 있는 사회이자 도덕적, 정치적, 경제적, 사회적 성격을 띠는 중요하고 통합적인 초점을 가진 사회의 영향력은 일반적인 삶의 다른 측면에서처럼 점차 글쓰기 영역에서도 느껴지기 시작했다. 소설은 사회 내의 그러한 일관성과 급격한 변화 모두를 반영했는데, 급격한 변화의 거대함에도 불구하고 단일한 국가적 삶은 여전히 영위할 수 있었다. 산업혁명의 결과로서 개인적인 삶과 인식을 휩쓴 사회적 구성의 변화는 중산층 독자들의 인식에도 스며들었다. 그들은 소설의 첫 고객층이었을 뿐만 아니라, 중산층 자체가 변하든 영국 사회구조의 상위층과 하위층 내에서 변화가 일어나든 상관없이 항상 소설의 자연스러운 독자층으로 남아 있었다. 소설이라는 예술 형태가 많은 땅을 소유한 대지주과 그의 가족, 그리고 자신이 현실의 중심과 범위를 형성했던 세계를 보여주었을 때나, 이후에 시골의 가내공업이 마을과 공장에 의해 대체되고 인클로저 법령(Enclosure Act: 영국에서 시행됐던 공유지의 사유지화 법령—역주)이 급증하고 있던 도시와 슬럼가에 시골 빈민들을 밀어 넣음으로써 새로운 현실을 만들어내는 데 필요했던 나머지 작업을 담당했던 때의 세계를 반영했을 때에도, 본질적인 변함없이 공공의 거대한 상상력을 지속적으로 사로잡았다는 것은 흥분되는 일이다.

19세기의 첫 삼분의 일의 기간이 끝나갈 때의 영국은 독일과 다르게 종교적·철학적 혁명뿐만 아니라 정치적, 과학적, 경제적 혁명을 겪은 후였다. 이런 거대한 격변들이 일으킨 먼지가 완전히 가시기도 전에, 그것들 틈새로 하나의 국가가 형성되어 있었다. 여러 격변은 이러한 문학형태에 유리한 분위기를 조성했고, 다른 문학형태들이 낭만주의 시대가 야기한 단절을 경험할 때 소설만은 변함없이 유지됐다. 실제로 이런 복합적인 혁명은 상상력 풍부한 표현과 정밀함, 그리고 인간 삶의 질에 대한 도덕적·미학적 관심(인간 삶은 이런 평범한 사회적·자연적 모태 안에 매우 견고하게 고정되어 있었다)에 기여하는 평범한 현실의 타당성에 대한 소설가의 이해를 강화했다. 아우어바흐와 다른 이들이 논평했듯이, 그 모든 변화 중에도 일관되게 유지된 정치와 법률 기관은 의심의 여지없이 영국 소설의 변함없는 역사적 질서 개념에 크게 기여했다.

성서의 대부분은 사실주의적 내러티브로 구성되어 있다. 그런 부분이 너무 많아서 사실주의가 급증하는 이 시대에서조차 반복적으로 그 내러티브가 현실에 비춰봐서 '진짜' 사실인지를 연구하는 것은 놀라운 일이 아니었다. 이야기되는 일들이 실제 일어났을 가능성은 얼마나 됐을까? 고대 세계의 다른 이야기 전통(19세기가 진행될수록 호메로스와 성서 내러티브의 비교는 학자들 사이에서 점점 더 흔해졌다)과 다르게 '이' 이야기 전통은 진짜처럼 보였고 박진성과 가능한 사실성의 표식들을 갖고 있었다. 혹자가 모든 기적 이야기를 제쳐두고 보면 이런 관찰은 특히나 타당했다. 하지만 기적 이야기조차 사실주의의 표식을 갖고 있는 것처럼 보였다. 사람들은 예수의 진정한 부활 이외의 다른 어떤 설명이 놀랍지만 진짜 같고 믿을 만해 보이는 제자들의 관점 변화를 설명해 줄 수 있을지 반문하곤 했다. 스스로도 인정한 사실이지만, 그 제자들은 예수의 재판과 처형 때에 비겁하게 행동하고 낙담했던 사람들이었다.

하지만 '문학' 사실주의의 새로운 전통은 성서 해석이라는 전문적인 업무에 한 번도 적용된 적이 없었다. 그렇기에 그런 해석 절차가 당시에 적용됐더라면 어떤 열매를 얻을 수 있었을지를 상상해 보는 일은 매력적이지만 소용없는 일이다. 이미 언급한 이유들로 인해 그런 일은 일어날 수가 없었다: 성경 보도의 사실성을 둘러싼 논쟁은 너무나 핵심적이고 중요했다. 변증적이고 역사적인 이유에 근거하여 성경 보도의 사실성에 관한 질문과 그것의 추정상의 사실성이나 핵심적인 일부 관념적인 주제를 인식하는 것이 성서의 진짜 중요한 문제인지를 두고 벌어진 비슷한 논쟁은 내러티브의 형태 자체에 진지한 관심을 기울이는 것을 막았다.

두 경우 모두 성서 내러티브가 도대체 무엇인지는 내러티브가 갖고 있는 특성과 다른 문제였다. 즉, 내러티브는 누적적으로 또는 점증적으로 기술된 이야기로서 그것의 주제는 오직 내러티브적 연출과 전개 그 자체를 통해서만 전체적인 형태를 드러냈다. 모두가 알고 싶어 하고 어떤 표식도 없는 역사 기록과 사실주의 픽션 사이의 경계선은 손쉬운 전환을 허용했다. 만일 두 문학 형태의 논리상 비슷한 내러티브 구조를 이용하여 시공간적 틀을 형성하고 탐구하는 데 관심이 있다면 말이다. 이 전환은 아마도 사실과 허구에 관한 질문이 가장 문제가 되는 성서 이야기의 대부분의 경우에 쉽게 가능할 것이었다. 하지만 일차적인 관심사가 사실 문제에 집중되어 있는 경우(18세기에 성서를 검토했을 때는 이외에 다른 문제를 생각하기 힘들었음) 어떤 표식도 없는 그 경계선은 단지 진짜이기만 한 것이 아니었다. 이 경우 경계선은 도저히 뚫을 수 없는 것이 됐다. 한쪽 영역에 속하든지 다른 쪽 영역에 속하든지, 둘 중 한 가지만 가능했고, 그 결정은 중대한 문제였다. 이야기 방식의 특이하고 복잡한 논리는 뒤로 밀려났고 두 가지 글쓰기 종류 사이의 유사성은 더 이상 중요하지 않았다. 순전히 장식적인 의미만 제외하면 말이다: 일어났을 가능성이 가장 높은 일에 대한 경험적 역사 연구는 그것을 뒷받침해주는 가설과 주장과 함께 하나의 시공간적 세계를 제시하려는 노력과 전혀 다른 사업이었다. 그 세계는 사실주의 내러티브가 의미를 획득하거나 이해될 수 있도록 해주는 독특한 방식이었다. 하나가 다른 하나보다 더 정당하다는 의미가 아니었다. 이것이 단순히 말해주는 바는 혹자가 양쪽 사업을 동시에 할 수 없다는 것이었다. 한 종류의 분석이 다른 분석의 의무까지 해주는 것도 아니었다.

영국에서 역사적 사실성 및/혹은 성서 내러티브의 일반적인 주제들에 대한 관심은 이 글들을 사실주의적 내러티브로 보는 전문적인 평가만이 아니라 그 이상을 잃어버리게 했다. 이 내러티브가 어떤 종류의 글일지에 대한 관심도 뒷전으로 밀려났다. 이야기의 내러티브적 구조, 문학적-역사적 기원과 발전 과정은 대개 무시됐다. 이신론 논쟁이 낳은 열매가 무엇이든지 간에, 그 날 이후로 세간의 관심은 사실에 관한 비판에 크게 집중됐고 성서의 글은 관심의 대상이 되지 못했다. 이런 일련의 과정은 슈트라우스의 『예수의 생애』(The Life of Jesus)의 가정과 해석 절차가 지나온 과정과 너무 흡사해서 후대의 바우르(F. C. Baur)는 그것들을 매우 정확하게 집어낼 수 있을 정도였다.[21] 로우스 주교의 『거룩한 히브리 시에 관하여』(De sacra poesi Hebraeorum)와 이사야 주석이 약간의 영향력을 행사하긴 했지만, 그 책들은 저자의 고국에서 성서 문헌에 대한 역사적 또는 문학적-비평적 전통을 세우는 데 성공하지 못했다. 체인(T. K. Cheyne)과 최근의 주석가들은 오직 와바턴과 로우스(그들만이 모진 악당들이었기 때문이었을 것이다) 그리고 게디스(Alexander Geddes)가 구약 비평에 약간의 재능을 보였음을 지적했다. 신약 연구가 처한 상황은 본질적으로 똑같았다.[22] 성서는 문헌으로서 내러티브적으로든 역사적-비평적으로든 학문적 주석 전통의 대상이되지 못했다.

본인들이 정치적 자유와 과학계, 예술계, 문학계에 기여한 바를 자랑스러워했던 데이비드 흄과 같은 중산층 사람들 사이에서 사실주의 관점은 점점 더 구체화됐다. 이렇듯 급증하는 사실주의 견해는 실제로 성서에 대한 일반적인 관점에 반영됐다. 하지만 이 견해가, 소설의 쓰기와 읽기에 적용된 상상적이고 분석적인 이해와 같은 종류의 이해를 차용하는 성서 연구로 발전하지는 못했다. 성서와 관련하여 사실주의는 사실을 묻는 질문에 관한 논의를 의미하거나 역사에 대한 볼링브로크의 격언, "예시로 하는 철학수업"의 정신으로 성서를 다루는 것을 의미했다. 후자의 경우 성서의 반복적인 주제들은 18세기 과학이 가르쳐준 믿을 만하고 실제적

---

21. "Strauss는 저작에 대한 비평이 아니라 오직 역사에 대한 비평에만 관심을 갖는다."
     F. C. Baur, *Kritische Untersuchungen über die kanonischen Evangelien* (Tübingen: Fues, 1847), p. 40. (Strauss에 대한 Baur의 논의, ibid., pp. 40-76.)
22. 참고, *The Cambridge History of the Bible*, vol. 3, ch. 8; W. Neil, "Critical and Theological Use of the Bible 1700-1950," pp. 271f.

인 평범한 세계와 그것의 하나님, 그리고 역사와 철학이 가르쳐준 믿을 만하고 실제적인 평범한 미덕을 묘사하는 것으로 여겨졌다. (기번 같은 사람들, 즉 제대로 기록된 역사에 의해 전달된 과거 시대의 번성과 쇠퇴가 갖고 있는 장엄함에 매료된 사람들은 항상 성서의 가르침 수준을 다소 무시하곤 했다.)

역사 기록과 소설처럼, 설명적 해석에 의하면 성서 내러티브의 대부분은 "체계"나 순전히 사실적인 기술이 아니라, 사실주의적 묘사와 연대기적 연속성을 이용한 시공간적 틀의 누적적인 연출이었다. 하지만 이 사실은 성서의 경건한 사용이나 전문적인 학문적 분석에 작은 영향만을 미쳤다. 예언과 성취에 근거한 주장(이 주장의 논리는 딱 그러한 누적적인 연결에 대부분 의존했다)은 18세기 초에 시야에서 사라졌었다. 이미 봤다시피 표상적이고 문자적으로 상호 연결된 형식적인 내러티브 세계에서, 그것의 사실 주장을 지지하거나 반대하는 증거에 관한 토론장으로의 강제적인 전환은 이 주장의 실종을 야기했었다. 해당 주장의 논리는 한 세계에서 다른 세계로의 이동 탓에 기본적으로 변경됐고 사실상 파괴됐다.

(단순히 학문적인 독자들뿐만 아니라) 종교적인 독자들 사이에서 계속해서 존재했던 내러티브적 틀에 대한 그러한 이해는 더 이상 섭리에 의해 좌우되는 성서적 역사의 주된 이해가 아니었다. 이 체계에서는 성서 속 초기와 후대의 기술이 원형과 대형의 관계로 연결되어야 했다. 하지만 이와 더불어, 현재의 경험에 그 경험을 지배적인 성서 내러티브에 맞추는 표상적인 해석을 부여함으로써 현재의 모든 도덕적·역사적 경험은 그 역사 안에 끼워 넣어졌다. 하지만 이제 이 모든 것이 바뀌었다. 성서를 읽는 방식 속에 잔존한 그러한 내러티브적 이해는 연결을 가능하게 해주는 내러티브 조각을 찾아냈는데, 그것은 그 자체로 영혼의 회심과 완성의 역사 속에서 경험을 나타내는 데 효과적인 역할을 담당했다. 이 주제와 내러티브적 연속성의 전이는 직접적으로든(죄를 떠나 완전함에 이르는 길을 좇고 걸어가는 일에 도

움을 얻도록 하는 감리교도들의 경건한 성서 사용이 이에 해당함), 간접적으로든(천로역
정에서 시온산을 향한 그리스도인의 여정 및 전도자와 설명자의 도움과 훈계에 대한 알레고
리가 이에 해당함) 일어났다.

웨슬리(Wesley)와 윗필드(Whitefield)의 설교는 강력한 웅변과 함께 그리
스도의 구속적 죽음과 그리스도인을 위한 그것의 유효성에 대한 그들의
믿음을 증거했다. 달리 말하면, 일부 결정적인 사건들의 발생 특성(즉, "객
관성")이 갖는 중요성을 인식하지 못해서 영국의 복음주의적 각성이 사실
주의와 다른 무언가가 되는 것이 아니었다. 그것들은 객관적인 사건들이
었고, 객관적으로 변화를 야기하는 사건들이었다. 그것들을 종교적으로
확실하게 만드는 결정적인 증거는 영혼 밖이 아닌 안에 있었음에도 불구
하고 말이다. (사람들이 초기 감리교에 대해 자주 주장하는 것처럼 그리스도가 주관적인
경험으로 축소되는 것이 아니었다.) 객관적인 구원자가 부족했던 것이 아니라 누
적해가는 내러티브적 결속의 자리가 부족했던 것이다. 이 사실은 사람들
이 집으로 삼는 시공간적 세계/배경 혹은 영원한 세계/배경(혹은 둘 모두의
세계/배경)에 관한 이런 심오한 종교적 운동을 유지해주는 것이 얼마나 허
술하고 불확실한지를 보여주었다. 이야기의 결정적이고 필수적인 연속성
혹은 연결고리는 죄를 떠나 칭의를 통과하여 성화나 영화로 이어지는 기
독교인 개인의 여정이었다.[23]

표상적 해석에서 상징 자체는 본인의 자리, 시간, 권리 면에서 진짜였
다. 그리고 상징은 그런 현실로부터 어떤 손실도 경험하지 않은 채, 앞으
로 성취할 현실을 미리 표상했다. 이런 표상적 관계는 성서 내러티브 속
사건들을 일관성 있는 관계에 위치시킬 뿐만 아니라 각각의 현재 사건과

---

23. 복음주의적 부흥운동에 있는 성경적 설교를 포함하여 종교적 실천에 대한 연구는,
Horton Davies, *Worship and Theology in England from Watts and Wesley to Maurice,*
1690-1850 (Princeton: Princeton Univ. Press, 1961), pt. 2, pp. 143-240을 보라.

경험을 실제적이고 내러티브적인 틀이나 세계 안에 끼워 맞추는 것을 허용했다. 각 사람과 각 사건은 섭리적인 내러티브의 한 요소이자 상징이었다. 이런 방식으로 모든 경험은 실제 세계에 속할 수 있었다.

복음주의적인 경건 안에서는 그런 관계가 반전됐다. 속죄적인 예수의 죽음은 정말 그 자체로 사실이었고 죄인의 구속을 위해 필요하고 유효했다. 그럼에도 불구하고(그 자체로 사실이었음에도 불구하고) 속죄를 담당한 구속자는 동시에 기독교인의 여정의 한 상징 혹은 유형이었다. 왜냐하면 이것이야말로 십자가 사건이 적용적인 의미를 찾을 수 있는 내러티브적 틀이자 의미 있는 패턴이기 때문이었다. 실제적인 것은, 그리고 그렇기에 기독교인이 진짜로 살아내는 것은 자신의 순례였다. 기독교인이 그것의 패턴에서 찾는 것은 그가 정말로 순례를 살아내고 있다는 확신이었다.

제8장
독일 사상이 바라본 해석학과 성서적 권위

18세기 후반 독일의 상황은 영국과 꽤 달랐지만 우리의 주제와 관련되어 그들이 맞은 결말은 똑같았다. 성서 내러티브를 사실적인 이야기로 취급하는 분위기는 영국보다 독일에서 더 오랫동안 지속됐지만 마침내 독일에서도 그 시효가 만료됐다. 독일의 성서 해석가들도 로크와 볼프의 철학 방식을 따라 의미를 역사적 지시 대상 혹은 이상적 지시 대상과 동일시하는 것을 당연시했다. 또한 의미에 관한 의론도 지식에 관한 이론과 동일시됐다. 또다시 영국과 비슷했던 것은 성서의 설명적 의미를 종교적 변증학과 뒤섞고 그에 따라 결국 보수든 진보든 종교적으로 적용적인 의미로 나아가는 움직임이었다.

하지만 이런 전문적인 유사성과 관련된 두 국가의 종교적·문화적 정황은 꽤나 달랐다. 영국에서는 사실주의 내러티브 문학과 이에 대한 일련의 비평이 상당하게 쌓여가고 있었지만 성서 문헌에 대한 비평 전통이 동시에 생겨나지는 않았다. 그렇기에 성서는 그런 전통이 제기했을 만한 정밀 조사나 해석의 대상이 되는 일이 없었다.

하지만 영국과 다르게 독일에서는 성서에 대한 일련의 비판적인 분석과 일반적인 해석학 연구가 18세기 후반에 급격하게 쌓여갔다. 개별 성서 본문과 전체적인 성서의 내러티브적인 형태에 대한 질문은 이런 발전 과 정에서 아주 중요한 역할을 했다. 하지만 이러한 발전은 문학의 사실주의 산문 내러티브와 비평이 실제적인 영향력을 갖는 수준까지 성장하지 못 한 보다 넓은 문화적 배경과 대비되며 확립되어 갔다. 사실주의 문학 경 향이 레싱의 희곡들, '질풍노도 문학운동'(Sturm und Drang)의 작가들, 초기 쉴러(Schiller)에게서 발견됨에도 불구하고 사실주의 소설은 독일 토양에서 성장하질 못했다. 비판적인 질문과 성서 문헌 속 내러티브의 의미에 관한 질문이 내러티브의 사실성에 관한 논의를 내러티브의 공인된, 특별히 '사 실 비슷한' 혹은 '역사 기록 비슷한' 형태에 관한 연구로 단번에 바꿔 줄 만한 문화적·문예적 정황이 부재했었다. 해당 문제는 충분히 자주 발의됐 지만 사실이 아닐 수 있는 '사실 비슷한' 의미의 가능성을 인정할 수 없다 는 간단한 인식 때문에 번번이 회피됐다. 성서 내러티브가 사실주의적으 로 읽혀지는 한 성서 내러티브의 의미는 자동적으로 역사적인 것으로 여 겨졌다. 또한 이런 읽기는 경건한 마음에서 비롯된 읽기 또는 일종의 윤 리주의적인 읽기와 언제나 결합될 수 있었다. 내러티브 자체가 실제적이 자 의미 있는 세계(이 세계는 내러티브와 동일했음)를 묘사하면서 사람의 기질 을 바로잡는 일을 했던 오래된 사실주의적 인식은 사라져 버렸다.

18세기 후반의 성서 연구

학자들이 성서에 몰두하기 시작하면서 상호작용하는 세 가지 종류의 성서 연구가 탄생했다: 비평적, 해석학적, 그리고 신학적 성서 연구가 그 것이었다. 역사비평학은 17세기에 불안정한 첫발자국을 내디뎠고 그 이후로 느리지만 꾸준한 영향력을 쌓아가고 있었다. 스피노자 이외에도 흐로티우스(Hugo Grotius), 스피노자의 동시대인이었던 시몽(Richard Simon)이 탁월한 초기의 선구자들이었다. 스피노자 스스로도 오경의 자연적인 발전사를 제안했었다. 다른 주제도 있었지만, 장차 많은 사람들이 합심하여 이뤄나가는 하나의 지식인 운동(intellectual movement)이 될 것이었다면, 책과 학술지 그리고 해당 논의를 점점 더 장악했던 교수들의 대학 강의실에서 끊임없이 계속됐던 학문 논의의 주제는 역사비평이어야 했다. 요약하자면, 역사비평학이 지배적인 지식인 운동이 되기 위해서는 그 자체로 하나의 구전 전통이자 문학 전통이 되어야 했다. 이 작업은 18세기 후반에 독일 대학의 신약학 분과들이 해냈다. 괴팅겐과 할레 그리고 이제는 잊힌지 오래인 알트도르프가 그중 가장 탁월했다. 이 논의의 결과물들이 평범한 신앙인들의 믿음과 19세기 후반부까지 레싱과 같은 교양 있는 비전문가의 관심사를 직접적으로 잠식했다는 사실은 중요하지 않았다. 그 논의는 학문적인 움직임이었고 대체로 그 상태로 지속됐다.

18세기 후반에는 특히 하노버가의 대학(Hanoverian university) 괴팅엔이 영국과 독일의 학문 작업을 유통하는 가장 큰 중심지였다. 그렇다고 괴팅엔이 유일했다는 것은 전혀 아니다. 이미 몇 세대에 걸쳐 독일 학자들은 이신론 논쟁에 대한 활발한 관심을 보여주고 있었고 이와 연관된 대부분의 글은 번역된 상태였다.[1] 1748년부터 바움가르텐은 계속되는 그의 저서 시리즈, 『할레 도서관 소식지』(Nachrichten von einer Hallischen Bibliothek)에서 이신론을 둘러싼 글들을 논평해오고 있었다. 하지만 일부 이신론자들의 입장과 기본적인 문제가 무엇인지에 대해 비슷한 평가가 빈번하게 있었음에도 불구하고, 그리고 독일 역사비평학의 초기 발전 과정에 경험주의적 견

---

1.   참고, Andrew Brown, "John Locke and the Religious 'Aufklärung,'" *Review of Religion* 13, 1949, 126-54.

해가 영향력을 행사했음에도 불구하고, 종교적인 문제에 있어 독일의 계몽주의는 초기 영국의 진보주의자들보다 더 보수적이었다. 그러나 가장 놀라운 사실은 독일 학자들이 성서를 기록 문헌으로 취급하고 거기에 몰두했다는 점이었다. 이런 입장은 사실상 영국에서는 부재했었다. 우리에게 특정한 형태로 전해져 내려온 기록 자료야말로 검토해야 할 증거물의 일부분이었다. 그 글에 따라붙는 비평도 사실에 대한 비평의 일부분이 되긴 했다. 무엇이 성서에 포함된 기사를 지지하거나 반박하는 증거로 여길 수 있는지는 외부적인 확증이나 보도된 사건의 일반적인 개연성, 가장 가능성 높은 기원과 발전 과정, 그리고 해당 기사를 포함하고 있는 글의 내부적인 일관성의 정도에 달려 있었다.

단순히 역사적, 문예적, 또는 비평적 성격만이 아니라 자주 경건한 성격을 지녔던 이러한 관심은 점차 사라져가는 루터파 전통과 개혁파 정통주의로부터 자양분을 공급 받았다. 단순히 본문 안에 포함된 사실만이 아니라 본문 자체가 실제적인 하나님의 말씀을 구성한다는, 다시 말해 성서의 계시와 성서의 영감이 일치한다는 것과 이 두 가지가 필연적으로 같은 신앙의 보완적인 요소라는 전통이 그러한 관심을 장려했던 것이다. 이렇게 조심스럽게 개진된 신학 입장에 정확히 비견될 만한 것이 영국에는 없었다. 이 사실은 더 세속적이고 비판적인 시대가 도래하고 성서의 영감 개념이 쇠퇴해도, 성서 문헌에 대한 이런 깊은 관심이 지속될 것임을 미리 보여주는 것이었다. 18세기에 정통주의보다 훨씬 더 활발했던 경건주의 운동은 성서 본문의 문자에 대한 이런 거센 충성심을 고조시켰고 성서 본문을 문자적이고 영적으로 진실한 의미와 "현저한" 심오함이나 신비의 저장소로 여겼다. 특히 할레 대학은 경건주의와 합리주의의 두 지류가 합류하는 장소였는데, 이로 인해 때로 가능할 것 같지 않은 성서 본문에 대한 비판적(그렇다고 회의적인 것은 아닌) 읽기와 거의 신비주의에 가까운 경건주의 읽기의 융합이 일어나곤 했다. 경건주의자들은 본문의 모든 문자가 신적인 영감을 받았고 자주 신비적이고 특별한 의미를 갖고 있다고 강조했다. 그 의미는 사전에 형성된 정통주의 체계나 합리주의 철학을 갖고 있는 사람이 아니라, 성령을 통해 경건하게 본문을 읽는 사람에게 열려지는 것이었다. 성서는 이중적인 의미에서 영감됐던 것이다: 성서의 모든 문자가 신에 의해 주어진 것이었고, 그렇기에 의미 자체가 신적인 진리였다. 또한 그러한 성서를 읽는 행위는 사람의 영혼을 깨우는 은혜의 수단이 됐다.

성서 본문과 성서의 문자에 대한 높은 관심은 경건주의자나 합리주의자 상관없이 비평가와 신학자 사이에서 계속됐다. 성서는 그것이 영감됐다고 믿는 사람에게나 그것이 담고 있는 "사실"과 "계시"에 관해 주장하는 사람 모두에게 그 자체로 매혹적인 문서였다. 해석학적 문학은 역사비평적 문학과 같이 발전했다. 전자는 평범하고 일반적인 의미, 논리적, 지시적, 종교적인 것과 성서 본문을 영감했다고 하는 그 독특한 것의 관계를 탐구했다. 후자는 성서의 문학 유형, 기원, 역사적 정황, 사실 면에서의 신빙성에 관하여 합리적인 결론을 도출해내기 위해서 다른 고대문헌 분석에 사용하는 문예적, 문헌학적, 역사적 도구들을 성서에 적용했다. 성서의 원본문의 확정과 평행 본문들, 특히 복음서의 조화는 자주 요한 알브레히트 벵엘과 같은 경건주의 학자들의 작업이었지만 이는 곧 "고등 비평가"들이 사용하는 원재료가 됐다. 경건주의자의 작업은 고등 비평가가 세운 자신만의 역사 가설에 높은 신뢰성을 부여하기 위해 필요로 하는 것이었다.

성서에 대한 방대한 양의 전문적인 연구는 18세기의 마지막 삼분의 일 기간 동안에 발전했는데 그 범위는 어휘적, 문헌적, 본문적 연구에서부터 일반 역사비평학 연구를 보조하는 다른 연구에까지 이르렀다. 여기에는 소위 구약과 신약 문학에 대한 일반 역사적·문예적 개론도 포함되어 있었다. 여기에 성서의 일반 해석학적 연구와 구약과 신약에 특별하게 적용되는 해석학이 더해졌다. 마지막으로 전문적인 학문 연구의 열매를 종교적 특성, 중요성, (사람들이 희망하는) 정경의 통일성과 연결하려고 했던 수많은 "성서 신학"의 존재도 잊어선 안 된다. 이런 작업은 정경을 하나의 통일된 교리 교과서로 여기고, 특정한 본문을 통해 공인된 정통주의 개신교 신앙고백서의 교리를 뒷받침하는 용도로 정경을 사용했던 정통주의 입장으로 회귀하는 일 없이 전개됐다.

성서의 신빙성과 통일성, 그리고 권위

이 모든 영역에서(역사비평, 해석학, 신학) 성서 내러티브, 특히 과거에 핵심 기독교 교리를 위한 재료를 제공했던 내러티브가 거대한 관심을 모았다. 아이히호른(Johann Gottfried Eichhorn)은 1779년에 창세기 1-3장에 대한 역사개론서인 『원역사』(Die Urgeschichte)를[2] 출간했는데, 이 책은 가블러(Johann Philipp Gabler)가 덧붙인 주석과 더불어 완전히 새로운 서문을 달고 1790-93년에 재출간됐다. 신약 전체에 대한 역사 개론서(마하엘리스[Johann David Michaelis]의 1788년, 『신약성서개론』[Einleitung in die göttlichen Schriften des neuen Bundes] 제4판은 보통 이런 작업의 초석을 놓은 것으로 여겨짐)와[3] 더불어 복음서가 점점 더 특별한 관심을 받기 시작했다. "공관복음 문제"는 신약의 첫 세 복음서의 기

---

2. *Johann Gottfried Eichhorns Urgeschichte*, ed., introd., and annotated by D. Johann Philipp Gabler (1790-93). 참고, Hartlich and Sachs, *Der Ursprung der Mythosbegriffes*, ch. 3.

3. 참고, W. G. Kümmel, *Das Neue Testament*, pp. 81ff.

록·구전 전통과 문서적 상호의존성 또는 독립성에 대한 고려를 포함했고 이와 관련하여 복음서가 담고 있는 내용이자(다른 내용도 많이 담고 있었지만) 주장하는 역사에 대하여 그것이 신뢰할 만한 자료인지를 고려했다.

성서의 이런 특정한 부분에 대한 결정적인 관심은 지금까지 계승되어 온 신앙에 그것이 미치는 영향력에 크게 기인했다. 창조, 타락, 구속은 기독교 교리의 기본적인 체계를 형성했다. 역사비평가들이 다른 곳이 아닌 바로 이 부분에서 그 교리를 주장해야 했다면—가블러의 말을 빌리자면—"그들은 주해에 의존해야 했지 반대로 교리에 주해를 맞춰선 안 됐다."[4]

하지만 종교적인 해석가들도 동일한 내러티브에 대해서 어떤 입장을 밝혀야 했다. 이 부분에서 초자연주의자들은 끈질기게 특정 성서 기사의 본문의 정확성과 이보다 더 거세게 역사적 정확성을 주장했고, 경건주의자들은 같은 사건을 확연하게 다르게 다룬 복음서 기사들 사이의 조화를 고집했다. 경건주의자들에게는 평행 본문 사이에 일말의 서술적인 차이라도 있으면 그것은 해당 본문이 전혀 다른 지시 대상을 가리킨다는 의미였고, 이렇듯 성서의 표면적인 지시 대상뿐만 아니라 문자의 절대적인 진리에 대한 그들의 입장도 그러했다. 만일 한 복음서가 빵과 물고기 기적 사건에서 예수가 사천 명의 사람을 먹였다고 이야기하고 다른 복음서는 오천 명이었다고 언급한다면, 두 기사는 전혀 다른 사건을 가리키는 것이었다. 경건주의자나 초자연주의자와 구별되어 소위 자연주의 해석가라고 불리던 이들은—때로 터무니없고 공상적이기까지 한 방식으로—성서에 보도된 기사 이면에 존재했던 비(非)기적적인 "실제" 사건을 재구성하려 애를 썼다. 초자연주의와 자연주의는 모두 성경비평학에 대한 대응을 내

---

4.   Gabler, *Eichhorns Urgeschichte*, pt. 1 (1790), p. xv; 또한 Hartlich and Sachs, p. 24을 보라.

놓는 동시에 논리적으로 그것에 의존하는 입장이자 설명적 의미를 지시 대상, 특히 표면적 지시 대상과 분리한 이후에 후자가 두드러지는 방향으로 둘을 재결합하는 철학적 입장의 바로 앞 단계에 해당하는 입장이었다.

역사비평학의 부흥과 함께 기적 기사 및 일부 독특한 고대 진술까지 포함하여 성서의 모든 기록이 참되고 특정한 역사적 상황의 산물이지 단순히 저자나 화자(심지어는 하나님)가 원청중의 수준에 맞춰 이야기를 서술한 것이 아니라는 인식이 점진적으로 발전했다. 그 결과 저자의 의도는 본문이 탄생한 문화적 상황에 의해 하나의 설명적 요소로서 뒷받침되거나 대체되어버렸다. 어떤 경우든지 의미를 알게 해주는 단서는 더 이상 본문 자체가 아니라 의도적이든 문화적이든 본문의 정황을 재구성하는 것 또는 그 정황을 재구성하도록 돕는 다른 무언가였고 그것은 되돌아와 본문 자체를 설명하는 데 일조했다.

만일 본문의 의미가 명제를 진술하는 저자의 의도 그 자체였다면 본문은 그 특정한 의미만을 가질 뿐 다른 의미는 전혀 갖지 못했다. 콜린스가 표상적 해석에 반대하여 주장한 것처럼 말이다. 한편, 만일 본문의 의미가 저자의 의도일 뿐만 아니라 저자가 그 글을 기록한 문화적 정황도 포함했다면 본문이 가리키는 특정한 지시 대상은 어떤 경우든 이차적인 중요성을 가질 뿐이었다. 문자적-역사적 읽기 및 표상적 읽기와는 반대로 말이다. 본문의 가장 중요한 중심 내용은 당시 시대의 견해에 대한 참여이자 표현이었다. 만일 본문이나 중심 내용이 역사 속에서 나중에 등장하는 무언가를 의미하게 된다 하더라도 그것은 특정하게 의도한 결과가 아니라 본문의 견해와 그 견해를 점진적이고 자연적으로 수용한 후대의 관점의 방식에 의한 것이었다.

먼저는 이신론자들이었지만 그들 이후의 역사적 비평가들도 표상적 해석뿐만 아니라 본문의 문자적 의미에 영적(혹은 신비적) 의미를 더하는 것을 거부해야 했다. 이유는 똑같았다. 그런 해석은 잘 해봐야 틀리거나 더 많은 경우 터무니없는 것으로 드러났기 때문이었다. 이신론자와 역사비평가 사이에는 공통점들을 넘어 두 가지 차이점이 존재했다. 일반적으로 이신론자들은 인지하지 못했지만, 역사비평가들은 성서 문헌의 의미에 미친 문화적인 환경의 영향을 잘 알고 있었다. 또한 비평가들은 단순히 성서를 신뢰할 만하거나 신뢰하지 못할 보도로서가 아니라 문헌으로서의 특성에 분명한 관심을 보였다. 후자의 관심은 이 문학 기록 곳곳에 퍼져 있는 통일성이 어떤 종류인지에 대한 질문을 필연적으로 제기할 수밖에 없었다. 그것이 무엇이든지 간에 그것은 본래 표상적 해석이 전통적으로 담당했던 그 기능을 대체할 수 있어야 했다.

비평적인 방법론 및 신학적인 특권을 부여받은 해석학이 아닌 일반 해석학이 신학에 미친 직접적인 영향은 두 가지 방향으로 나타났다. 첫째, "고등 비평"은 정경의 신빙성, 그리고 이런 의미에서 권위에 대해 직접적인 재검토를 강요했다. 이것은 언제나 특정한 본문과 관련된 문제였다. 하지만 두 번째로, 우리가 이미 봤다시피 비평과 일반 해석학은 전체 정경의 단일 의미에 대한 가정에 부정적인 의문을 제기했다. 시리즈로 나온 젬러의 『정경의 자유로운 연구에 대한 논고』(*Abhandlung von freier Untersuchung des Kanons*)는 초기의 에세이를 둘러싼 논쟁이 확장됨에 따라 출간됐는데,[5] 이 책은 여러모로 획기적이었다. 왜냐하면 젬러의 저작은 성서가 그 자체로 하나님의 말씀과 동일하지 않다는 주장, 정경의 통일성에 관한 질문은 순전히 역사적이기에 그 대답은 성서의 각 권을 각자의 직접적인 역사적 정황 속에서 고려하여 결정해야 한다는 주장, 이 기준에 따라 판단을 내리면 많은 책들이 영구적인 종교적 관심이 아니라 순전히 역사적인 관심

---

5.   총 4권, 17.71-75.

에서 탄생한 것이 분명하다는 주장, 일률적이고 보편적인 수준의 신적 영감은 기대할 수 없다는 주장을 담고 있었기 때문이었다. 젬러는 문화적 정황에 따라 종교적 의미의 종류와 종교적 진리의 수준을 구분했기에 역사적 신학(19세기에 발전할 역사비평학의 더 어린 친척쯤 됐음)의 가장 중요한 조상이라고 할 수 있다.

통일성 있는 정경의 파편화는 성서의 역사적 신빙성에 대한 직접적인 공격만큼이나 신앙을 위한 권위로서의 성서의 전통적인 지위에 치명적인 위협으로 작용했다. 만일 성서가 다양한 종류의 정황에서 온 책들의 모음집에 불과했다면, 더군다나 성서를 구성하는 의미들이 간혹 서로 상충하고 그중 일부는 더 가치가 있지만 다른 일부는 가치가 떨어지는 것이었다면, 무엇을 선호할지와 이 다양한 문헌으로부터 파생하는 규범적인 종교적 의미를 판단하는 잣대를 결정하는 것은 신이 아니라 사람의 손에 달려 있었다. 신앙을 규정하는 성서의 신적 권위는 다음의 조건이 충족될 때에만 가능했다: 성서의 의미가 전체적인 일관성을 유지할 때, 성서가 본질적으로 명확할 때, 성서가 특별한 신적 소통의 산물이고 사람이 다른 자료로부터 자연스럽게 습득한 이해와 그것을 다시금 성서에 적용한 결과로 얻은 열매가 아닐 때. 정경 자체보다 크고 비(非)권위적인 무언가 안에서 권위적인 정경에 호소해야 하는 것이었다면, 선택의 토대가 되는 것은 무엇이 종교적인 의의와 가능한 진리인지를 측정하고 그것을 다시 성서에 적용할 수 있게 해주는 외부에서 도출해낸 잣대였다. 당시 의문시 되던 정경의 신적 권위는 토대가 될 수 없었다. 신적 소통이 성서 본문의 단일 의미를 형성하는 것이 충분조건인지 아닌지에 상관없이, 그것이 교리적인 문제에 있어 성서의 권위를 위한 필요조건임에는 분명했다.

성서의 신빙성과 의미의 통일성에 관한 두 질문은 역사 기록 비슷한 내러티브와 그것에 전통적으로 연관되어 온 교리에 집중했다: 창조, 타락,

메시아적 성취를 바라보는 이스라엘 역사의 각 단계, 신약성서, 그리고 그리스도의 재림에 관한 교리가 그 대상이었다. 역사비평학과 신학적 주장은 특정 본문의 사실적 신빙성을 둘러싼 문제에서 가장 직접적으로 만났지만, 신학과 해석학의 협력 지점은 정경의 통일적인 의미에 관한 것이었다. 정경을 구성하는 부분들이 역사적인 상황에 매여 있다는 것이 증명될 경우 특히 그랬다. 하지만 누가 봐도 이 세 가지 종류의 고려사항―역사비평적 판단, 규범적인 신학적(혹은 종교적) 확증, 해석학―은 뒤엉킨 거미줄처럼 되고 말았다. 가블러(J. P. Gabler)는 교의신학이 본문의 주해 결과, 즉 성서 본문의 역사비평적 분석에 의존해야 한다고 분명하게 주장한 첫 번째 사람이었다. 19세기의 슈트라우스가 되풀이한 이런 포괄적인 주장은 강한 저항에 부딪혔다. 하지만 가장 보수적인 주석가들 사이에서는 신학과 역사비평학이 적어도 갈등관계에 놓이면 안 된다는 강한 결심이 점점 더 세를 얻고 있었다. 심지어 역사비평학이 신학적 해석을 위한 토대를 마련해주지 못했을지라도 말이다. (모든 성경비평학에 대하여 가장 주목할 만한 순수주의 입장의 반대는 베를린 신학자, 정치평론가, 교회 정치가였던 헹스텐베르크[Ernst Wilhelm Hengstenberg]가 19세기에 개진했다.)

경건주의자와 성경비평가, 그리고 비슷한 부류의 일부 다른 사람들은 그들이 성서로 직접 돌아갔다고 생각했다. 하지만 분명히 해두자면, 그런 구호는 다양한 접근방식에 따라, 그리고 무엇이 직접적인 접근을 방해한다고 평가하는지에 따라 다소 다른 것을 의미했다. 교의적(혹은 철학적) 해석의 사슬 또는 신앙고백 교과서로서의 위치에서 해방된 성서는 신학적 확증을 가능하게 해줄 직접적인 토대로서 기능할 수 있다고 여겨졌다. 성서의 단일 중심 내용은 그 자체의 힘으로 드러날 것이었다. 그렇다면 18세기 후반은 성서의 직접적인 권위에 대하여 치명적인 의구심과 역설적으로 점점 더 커지는 의존성을 관찰할 수 있는 시대였다. 요약하자면 (역사비평학의 보조가 있든 없든) 성서 자체가 신앙의 직접적인 토대일 뿐만 아니라 매우 중요한 단일 의미를 갖고 있다는 주장을 펼친 특별하고 자의식을 갖춘 성서신학이 등장한 것이었다. "성서신학"의 지지자들이 자주 그 이름 밖에 공유하는 것이 없었다 할지라도 말이다.

역사비평학 이전 시대에 성서적 통일성을 제공했던 표상적 해석의 망령은 단일 의미를 찾는─일반 해석학적인 동시에 신학적인─노력을 따라 다녔다. 시간상 멀리 떨어져 있는 두 본문의 표상적이고 직접적인 병치에는 저주 받은 "의미층"뿐만 아니라 성서의 단일 의미 설명에 임의적으로 끼어드는 초자연주의의 낌새마저 있었다. 표상적 해석은 의미층을 도입하는 것과 함께 터무니없는 역사적 주장까지 불러들였다. 필요한 것은 자연스럽고 일반적인 의미의 정경에 근거한 성서의 통일성 설명이었다. 성서의 단일 신적 의도와 단일 영감(혹은 *Theopneustie*)을 증명하고자 했다면 그런 일반적이고 자연스러운 해석 절차와 조화를 이루는 방법을 통해야 했다. 이것이야말로 해석학과 성서신학에 주어진 협동 과제였다.

제9장
단일한 의미 탐구

세 개의 다른 연구 방향이 각기 성서신학이라는 용어의 정당한 사용권을 주장했다.[1] 첫째, 성서신학은 조직신학 또는 교의신학과 달리 성서의 다양한 내용을 역사적으로 연구하여 분류하는 것에 기초하고 있으며, 그런 연후에 전체 정경 중에서 단순히 시간 제약을 받는 개념이 아닌 영구적이고 규범적인 개념들의 귀납적 일반화가 뒤따른다고 생각했던 사람들이 있었다. 그리고 이러한 것들은 다시 규범적이고, 영구적인 신학적 주장의 근거로 활용될 수 있었다. 그렇기에 '성서신학'은 전적으로 역사적 연구였으며, '교의신학'은 자체 연구 작업을 수행하기 전에 성서신학의 연구 결과를 기다려야 했다. 바로 이것이 가블러(Johann Philipp Gabler)가 1787년 독일 알트도르프대학교 취임 시 "성서신학과 교의신학의 올바른 구분

---

1. '성서신학'(biblical theology) 개념의 역사와 체계적 연구에 대해서는 다음을 보라. Martin Kähler, "Biblische Theologie" RE 3, pp. I92ff; Gerhard Ebeling, "The Meaning of 'Biblical Theology,'" *Journal of Theological Studies* 6, 1955, 210-25; H. J. Kraus, *Die biblische Theologie*, esp. pts. 1, 2(1), 4(1); Brevard S. Childs, *Biblical Theology in Crisis* (Philadelphia: Westminster Press, 1970), pt. 1.

과 양자 모두를 올바르게 규정하는 것에 관하여"(라틴어로, *De iusto discrimine theoiogiae biblicae et dogmaticae regundisque recte utriusque finibus*)라는 제목으로 했던 강연에서 취한 입장이었다.[2]

가블러와 슈토이들린(C. F. Stäudlin)

가블러는 엄격한 과학 절차를 따르는 성서신학과, 이에 비해 항상 사상과 문화의 동시대 상황에 좌우되던 교의신학을 비교했다. 성서신학의 연구 결과는 교의신학으로서는 필적할 수도 없고 또 그러려고 해서도 안 되는 불변의 타당성을 지니고 있었다. 성서신학은 개별 성서 저자들의 사상과 말을 수집하고 비교하며 분류하는, 전적으로 역사적 작업이었을 뿐, 그들이 하나님의 영감을 받았는지 아닌지의 문제는 완전히 무시했다. 하지만 우리가 성서신학을 넘어 교의신학의 영역에 들어서게 되면, 우리 역시 성서는 수많은 저자들과 다양한 차원의 종교 및 문화의 산물이기 때문에 이 모두에 대해 영감설(*Theopneustie*)이라는 동일 척도를 주장할 수 없다고 말해야 할 것이다.

분명, 이런 의미에서 성서신학은 신학 분석이라기보다 역사-비평 분석 쪽으로 수렴된다. 이는 본문이 쓰여질 당시에 사용되던 본문 단어들, 그리고 (저자의 견해가 옳은지 아닌지에 대한 평가와 관계없이) 본문의 오로지 단 하나의 의미와 그 저자들에서부터 분석 작업을 수행하는 것을 의미했다. 이러한 문법적-역사적 연구 방법과 이를 통한 문자적 의미의 평가라는 측면에서, 가블러는 에르네스티(Johann August Ernesti)와 에르네스티의 제자이자

---

2. 현대 성서 학계의 몇몇 역사가들로부터 획기적이라는 평가를 받고 있는 이 논고의 부분적인 번역본은 Kümmel, *Das Neue Testament*, pp. 115-18에 나온다.

추종자이며 가블러와 비슷한 연령대의 라이프치히대학교 교수인 카일(K. A. G. Keil)과 의견을 같이했다. 하지만 가블러는 문법적-역사적 해석 방법 외에, 본문의 해설적 의미를 평가하는 요소로 본문이 기록된 역사 상황이라는 고려사항을 추가했다. 이 점에 있어서 그는 에르네스티보다는 젬러(Johann Salomo Semler)와 의견을 같이했는데, 에르네스티는 문법적-역사적 연구를 보다 폭넓은 역사-비평적 연구로 확대하기를 주저했기 때문이다. 궁극적으로, 가블러는 그의 스승인 아이히호른(J. G. Eichhorn)과 알트도르프 대학의 동료 교수인 바우어(G. L. Bauer)와 의견을 같이했다. 즉, 역사적·철학적 비평이 본문의 참된 중심 내용(subject matter)을 밝혀내는 데 적절한 수단이며, 이 중심 내용이야말로 이 수단들에 의해 재구성된 근원적 의미(root meaning)라고 주장했다. 저자가 본문에 쓴 단순한 문자적 의미가 아니라 바로 이 중심 내용(die Sache)이 이제 본문의 진정한 해설적 의미가 됐다.[3] 가블러가 주장하는 성서신학이란 역사비평과 일반 해석학적 연구 방법의 혼합이라고 할 수 있으며, 이 둘은 성서에서 항구적으로 가치 있는 것을 평가하는 조건들을 규정했다.

(에르네스티를 제외하고서) 젬러, 가블러, 카일이 공통적으로 주장했던 견해를 요약해 결론짓자면, 역사-비평적 원칙과, 역사비평에 종속된 해석학이야말로 교의신학 해석 구조의 필수 기반일 뿐 아니라 사실상 교의신학의 중심 요지가 된다는 것이다. 문법적-역사적 분석과 역사-비평적 분석을 통해 가블러는 본문의 완전한 해설적 의미를 밝힐 수 있게 됐다. 그렇기에 이를 제외한 나머지 작업들이란 오늘날에도 여전히 종교 규범으로 작용하는 성서 개념들과 성서 저자들이 살았던 고대 시대에만 적용되는

---

3.   중요한 이 '중심 내용'(die Sache) 개념에 대한 상세한 연구 및 이를 본문의 의미와 동일시하는 경향에 대해서는 본서 제13장을 보라.

폐기된 개념들을 구분하기 위해 그저 대조 조사하고, 일반화하고, 일반 철학적 판단을 적용하는 일일 뿐이었다.

가블러와 카일은 신학적, 철학적 관점에서는 자신들처럼 합리주의적이지만, 해석학에 있어서는 보다 보수적이었던 일단의 학자들로부터 심한 반대를 받았다. 괴팅엔대학교의 슈토이들린(C. F. Stäudlin)은 가블러처럼 기적을 믿지 않았으며, 두 사람 모두에게 종교적·도덕적 사상이란―만일 사실이라 해도―초역사적(trans-historical)이며 불변하는 형이상학적 개념이었다. 하지만 슈토이들린은 카일과 가블러에 대해 반대 의견을 폈다. 역사비평이나 문법적-역사적 해석이 잘못됐다는 것이 아니라, 두 연구 방법의 범위가 각각이든, 함께이든 간에 해설적 해석학에서는 제한적이며, 규범적 개념 또는 항구적으로 타당한 관념들은 본문의 (단순한 적용적 의미가 아닌) 해설적 의미의 일부라는 것이었다.[4] 양측 모두 동일한 종교적 견해를 견지했기 때문에 둘 사이의 논쟁은 아마도 찻잔 속의 태풍과 같았겠지만, 그럼에도 이는 해설적 해석과 적용적 해석에 미세한 차이가 있다는 점을 여실히 보여줬다. 분명히, 성서 본문을 규범적으로 사용하거나 종교적으

---

4. 제5장 각주 7을 보라. Stäudlin의 논고에서 가져온 발췌문은 Kümmel, *Das Neue Testament*, pp. 135-38에 나온다. Stäudlin과 Keil 사이의 논의는 Joachim Wach, *Das Verstehen* (Tübingen: Mohr, 1926-33), vol. 2, ch. 1에 자세히 나온다. Wach의 저작은 신중을 기하여 받아들이는 것이 좋다. 이 책은 매우 박식한 내용임에도 불구하고 그의 젊은 시절 작품인데다, 완전히 잘못된 것은 아니라 해도 오해의 여지가 있는 일반화가 자주 등장하기 때문이다. 그리하여 그는 개별 구절들의 해석을 하나의 전체(totality)에 통합하는 것은 이미 역사적 해석을 넘어서는 일이라는 Stäudlin의 주장을 정통 개신 전통의 신앙 유비(*analogia fidei*)와 연결시킨다(ibid., p. 150). 그가 이 언급의 근거를 두는 구절도, 보수적 합리주의자인 Stäudlin의 일반적인 입장도, 그를 이 전형적인 개신교 스콜라주의적 교리와 결부시키는 것을 설명해 주지 못한다. Wach의 신화 이론의 헤겔적 배경에 대한 D. F. Strauss의 평가도 마찬가지로 잘못 알려져 있다. (참고, Hartlich and Sachs, *Der Ursprung des Mythosbegriffes*, pp. 121ff.)

로 중요하게 사용하는 것이 문법적-역사적, 역사-비평적 성서 읽기의 자동적 결과라고 주장하는 것에 대해 반발이 있었다. 슈토이들린은 만일 우리가 성서 읽기를 이처럼 정독하고 분석하는 것에 국한시킨다면, 그 결과 우리는 본문의 종교적 차원을 하나도 깨닫지 못하게 되기 쉽다고 생각했다. 성서 본문은 본문 속의 영감(Theopneustie)을 염두에 두고 독자의 종교적, 이성적, 명상적 성향이 작동된 상태에서 적용적으로 읽어야 한다. 그렇지만 이러한 적용적 성서 읽기는 본문에 대한 단순한 자의적 주석(Eisegesis) 내지는 독특한 시각만은 아니다. 오히려 본문 자체의 본질에 부합하는 진정한 해설적 성서 읽기여서, 단순한 역사적 성서 읽기에서는 숨겨져 있는 진정한 차원을 본문에서 발견하게 된다.

차카리에(G. T. Zachariä)

스스로를 조직신학자 또는 교의신학자들과 대비해 성서신학자(biblical theologian)라고 부른 두 번째 부류의 사람들은 성서의 성격과 내용, 신학의 본질에 관해 전통적 견해에 훨씬 더 가까운 입장에서 출발했다. 그들의 목표는 성서의 개념적 분석을 통해 전통 개신교 교리의 합당성을 입증해서, 한편으로는 논리적 방법을 통해, 다른 한편으로는 역사적 방법을 통해 그 교리들을 일관성 있는 전체(a coherent whole)로 정립하는 것이었다. 그렇지만 그 과정에서 교리적 개념들은 미들턴(Conyers Middleton)의 주장을 연상시키는 합리주의적 내용으로 점점 채워지게 됐다. 그리하여 이제 타락의 의미는 모든 인류가 본래의 행복했던 상태 이후에 행복을 완전히 상실한 것이라고 이해됐고, 그러다 보니 창세기 이야기와 그 이야기의 의미라고 여겨졌던 일반 주장 사이에는 관련성이 약해졌다. 더 나아가, 성서신학은 역사적으로, 그리고 해석학적으로 제기된 여러 의심들에 직면하여 성서의 단일 의미를 논증하는 방법을 탐구해 왔기에 구약성서와 신약성서의 연속성은 모든 성서신학 연구의 원동력 중 하나였는데, 이제 그 연속성이 구약과 신약의 개념이나 종교 사상의 통일성에 있다고 여겨지게 됐다. 혹자는 이 개념들이 구약성서에서 신약성서로 넘어가도 본질적 변화를 겪지 않았다고 주장할 수 있을 것이다. 그저 그 형식이 본래의 감각적 형태에서 영적 형태로 보다 적절하게 바뀌었을 뿐이라는 식으로 말이다. 반대로 다른 혹자는 이러한 사고방식의 19세기 대변자들과 더불어 성서적-종교적 개념들의 형태와 형식뿐 아니라 내용과 본질에서도 진정한 개념적 발전이 있었다고 주장할 수도 있을 것이다. 둘 중 어떤 경우든 간에, 성서신학 사상의 핵심은 어렵지 않게 전통적 관념에서 합리적 관념으로 조금씩 옮겨갔다. 그리고 어찌 됐든, 성서의 핵심은 성서의 종교적 개념들이다.

괴팅엔대학교 교수인 차카리에(Gotthilf Traugott Zachariä)는 스승인 바움가르텐(S. J. Baumgarten)과 문법적-역사적으로 해석학에 접근했던 에르네스티(Ernesti)의 영향을 받았다. 그는 『성서신학 또는 가장 중요한 신학 교육의 성서적 근거에 대한 연구』(Biblische Theologie oder Untersuchung des biblishcen Grundes der vornehmsten theologischen Lehren, 4부작)라는 책을 저술했다. 그는 역사-비평적 연구 방법을 기꺼이 수용하긴 했지만, 그것은 신앙론(信仰論, Glaubenslehre)과 논리적으로 다르기 때문에 신앙론에 부수적인 것이라고 생각했다.[5] (그렇지만 그가 문법적-역사적 연구 방법과 역사-비평적 연구 방법을 제대로 구별했는지는 의문의 여지가 있다.) 에르네스티처럼 그도 성서와 저자들의 영감(The-

---

5.   Part 1 (2nd ed., 1775), pp. LXVIf, 5f.

opneustie)과[6] 성서의 일상적 의미를 모두 주장했으며, 성서 본문이 특별한 영적 의미 내지는 이중적 의미를 지니고 있다는 경건주의자들의 믿음에 반대하는 일반적이고 일상적인 해석학을 강력하게 옹호했다("성서를 이해[Verstand]한다는 것은 인간의 다른 저술들을 이해하는 것과 다르지 않다. 그리고 성서의 특수한 성격[Beschaffenheit] 연구는 성서적 근거와 예증에 의존해서는 안 된다"; pp. 6f.). 이처럼 성서에서 영감과 일상적 의미를 동시에 추구함으로써, 그는 주석이 교리의 가장 뛰어난 부분이자 거의 유일한 부분이라고 생각하게 됐고(p. LXX-IX), 결과적으로 개신교 스콜라철학의 고도로 조직화되고 전문적인 분석 방법과 결별하게 됐다.

차카리에는 일반적인 전통 교리들, 예를 들어 역사적 계시, 원죄, 속죄, 삼위일체를 옹호했다. 그는 문자적 의미에서 성서 기사들의 역사적 사실성을 주장했으며, 모든 알레고리적 해석, 예를 들면 창세기의 첫 세 장에 대한 알레고리적 해석을 거부했다.[7] 그는 창조 기사가 문자 그대로 역사적 신빙성을 갖고 있다고 주장했다. 그는 그 근거 중 하나로, 그 기사들이 창조 과정을 단순하고, 직접적이고, 감각적인 경험의 차원에서 묘사하고 있으며, 과학자나 역사가가 설명하려고 들 법한 자연법칙적인 또는 '보이지 않는' 역사적 원인에 호소하지 않는다는 사실을 들었다. 그가 생각하기에, 그것은 히브리 민족의 조야한 수준에서도 믿을 수 있는 아주 적절한 방법이었고, 모세는 바로 그러한 히브리 민족의 수준에 맞춰 그 기사를 썼다(제2부, pp. 20f.). 우리는 이런 논지를 종종 접해왔다. 즉, 사실주의적 묘사, 특히 단순성은 역사적 사실성을 입증하는 증거로 여겨진다는 것이다. 이러한 주장은 문법적 또는 문자적 읽기와 역사적 언급을 전(前)

---

6.   Ibid., pp. VI, 62-123 (§§28-35).

7.   Ibid., pt. 2 (1st ed., 1772), pp. 270ff.

비평적(precritical)으로 동일시한 데 따른 결과이다.

차카리에가 쓴 책의 구조가 부분적으로는 성서에 묘사된 하나님의 세상적 경륜(oeconomia temporum)의 구조라 해도, 그에게 있어 성서란 그가 거듭해서 말했듯 주로 지식의 원천(Erkenntnisgrund)으로 기능한다. 그리하여 구약성서의 감각적 표현은 구약성서에도 담겨 있지만 신약성서에 훨씬 더 명쾌하게 나타나 있는 영적인 관념들로 구약 세대들을 인도해주는 적절한 수단이었다.[8] 그리하여 우리의 영적인 지혜와 명석함이 분명 사도들과 복음서 기자들보다 뛰어나지 못하다 해도, 우리는 구약성서를 (그 저자들만큼은 아니겠지만) 원독자들보다는 높은 수준에서 읽게 된다. 이러한 주장으로 인해 차카리에는 엄청난 모순에 빠지게 됐는데, 그 당시에 유례가 없는 것은 아니었다. 그는 성서 내러티브의 알레고리적 의미가 아니라 문자적 의미를 주장했을 뿐 아니라, 바로 이 문자적 의미에 근거하여 성서 내러티브의 사실성도 주장했다. 하지만 이제 그는 또한 성서 내러티브들을—다시 말해 지식의 원천, 특별히 개념 혹은 사상의 원천으로서의 성서를—진리의 문자적(또는 '영적') 구현보다는 진리의 감각적 구현으로도 보고 있다는 것이 드러났다. 다시 말해, 그는 성서 이야기들의 의미를 명시적인 지시 대상과, 감각적 형태의 옷을 입은 관념적 지시 대상 모두에서 찾고 있었다—즉, 내러티브는 사실적 기사(factual accounts)인 동시에 알레고리인 셈이다. 하나의 동일한 진술에 대해 관념적이고 명시적인 지시 대상을 모두 주장하기란 무척 어려울 뿐더러, 또 그 입장은 차카리에가 고수하고자 했던 단일 의미의 원칙을 명백히 어기는 것이 된다. 시편과 몇몇 예언서에서, 그리고 "심지어는 역사서에서도 하나님은 이스라엘 백성의 생각에 적절히 맞춰주기 위해 종종 그 시대의 감각적인 사고 유형을 따라야만 했

---

8. Ibid., e.g., pt. 1, Preface, pp. 2f.

다"(제1부, p. 175). 하나님과 모세 입장에서 백성들 수준에 맞춰준다는 조화의 원칙(the doctrine of accommodation)은 차카리에로 하여금 자신이 문법적-역사적 이유로 거부해 왔던 성서 이야기의 알레고리적 해석을 하게 한다.

계시와 역사의 관계에 관해서라면, 차카리에는 분명 초자연주의자(Supernaturalist)여서 하나님이 성서에 신실하게 기록된 기적 사건들을 통해 역사에 직접 개입하신다고 주장했다. 하지만 해석학적으로는 분명히 합리주의적 방향으로 나아가고 있었는데, 이는 그가 성서 개념들을 해석하는 것이 신학의 핵심이자 요지가 된 성서신학 책을 쓰고 있었기 때문에 훨씬 더 중요한 요인이었다. 근대의 세속적 세계관이 발전함에 따라 동시에 두 가지 입장을 모두 지지하기가 점차 부자연스러워졌지만, 이러한 이중 초점은 그래도 당시에는 두 입장이 부지불식간에 서로 가까웠음을 보여주는 훌륭한 예이다. 사실주의적 내러티브 해석은 차카리에에게 있어 역사적으로 기능했지만, 결국 해석학적으로는 크게 중요하지 않았다. 그렇기에 그는 관념적 지시 대상으로서의 의미를 대신 선택하곤 했다. 다시 말해, 비록 성서 기사들이 사실이라고 할지라도, 그 의미는 성서 기사 안에 감각적으로, 그리하여 알레고리적으로 표현된 개념들에 있다는 것이다. 차카리에가 18세기의 수많은 다른 주석가들과 함께 고수했던 조화의 원칙으로 인해 내러티브는 교훈적, 비(非)내러티브적 해석틀에 갇히게 됐다.

구약성서에는 감각적으로 제시되고, 신약성서에는 보다 명백하게 제시된 참된 생각들이란 무엇이었는가? 차카리에는 전형적인 중도 신학자(mediating theologian)였다. 그에게 있어 기독론과 구원론 교리의 의미란, 이야기 또는 이야기되는 세계(storied world)의 맥락보다 훨씬 더 폭넓고 훨씬 더 일반적인 의미의 맥락 속에 그 교리들이 놓여져 있다는 사실에 의존하고 있었다. 진리는 대체로 신앙으로 믿어야 하는 것이지만(물론 사실적 증거에 주의를 기울이면서), 그렇다 해도 그 의미는 더 폭넓게 이해되어야 한다. 그리고

그 진리란 한 분 하나님이 존재하셔서 세상을 창조하시고 인간을 행복하
게 살도록 만드셨지만, 인간의 무지로 인해 잃어버린 행복을 하나님이 예
수 그리스도 안에서 회복시키셨다는 사실이다. 이 진리가 부분적으로는
역사적인 연속성을, 부분적으로는 개념적 구조의 연속성을 결합시켜 구
약과 신약을 하나로 묶어 주었다. 여러 차례에 걸쳐 차카리에는 먼저 주
석(註釋) 작업을 한 다음에 거기서 도출된 '신학적 진리들'—그가 앞에서는
동일한 구절들에 대해 문법적-역사적 또는 사실주의적 성서 읽기를 옹호
했을지라도 결국에는 합리주의적 유형의 일반 개념과 명제들로 밝혀진
진리들—을 구역(section)으로 나눴다. 그리하여 그는 창세기 1:1-2에 대한
간략한 개론적 주석을 한 다음에 이렇게 말한다: "이 서술에서 모든 감각
적인 부분을 분리해낸 다음에 우리가 배우게 되는 신학적 진리들은 다음
과 같다: (1) 하나님이 온 세상, 달리 말하면 하늘과 땅을 구성하고 있는 모
든 것을 창조하셨으며 … (2) 땅의 질료(備料, matter)도 땅 위에 있는 각각의
개별적 형성물들과 마찬가지로 땅이 완전히 형성되기 전에 하나님이 창
조하셨다"(제2부, p. 14).

코니어스 미들턴은 창세기가 알레고리적이든 역사적이든지 간에 그
의미는 동일하다고 주장했었다. 하지만 그는 이후에 알레고리 쪽을 택했
는데, 창세기 이야기들의 의미는 일반 명제라는 그의 주장에 비추어볼 때
일관성 측면에서 다행한 선택이었다. 차카리에는 그렇게 운이 좋은 편이
아니었다. 그는 사건들을 두 가지 방식으로 보고자 했기 때문이다. 이야기
는 구체적으로, 또는 이야기의 내러티브적 맥락 속에서 기능해야만 했으
며, 이는 그에게 있어 이야기가 문자적으로, 그리고 역사적으로 기능해야
함을 의미했다. 하지만 이야기의 의미는 바로 이 이야기 세계(storied world)
속이 아니라 다른 차원의 담론 속에 설정되어 있었으며, 그 담론을 연결
해주고 설명해주는 연결고리는 최소한 부분적으로는 일반 명제와 개념들

로 구성되어 있었다. 예를 들어 보자. 죄와 구속(救贖)은 보편적 조건들이다. 이 중 첫 번째인 죄는 특정한 성서 내러티브와 혼란스럽게 관련될 뿐이지만, 두 번째인 구속은 죄의 보편적 성격과 개념적으로 연결되어 있다는 데서 최소한 부분적으로나마 그 의미를 얻는다.

성서 이야기의 의미가 그 이야기의 관념적 지시 대상이 됨으로써 그 이야기들이 보다 일반적인 파생 개념들에 의해 해석되면, 성서에서 발견되는 동일한 관념적 진리들이 성서가 아닌 다른 곳과 후대의 더 적절한 형태와 개념들에서도 발견될 수 있을 것이라는 주장이 머지않아 대두될 수 있을 것이다. 우리는 성서 자체에 종교-사상적 발전이 있었으며 이것이 후대 역사에서도 계속되고 있음을 보게 될 것이다. 이러한 전망과 이론을 지칭하는 관례적 용어는 점진적 계시(progressive revelation)라는 것인데, 이는 18세기에서 19세기로 넘어가는 시기에는 '기독교가 완전하게 될 가능성'(perfectibility of Christianity)이라고 불렸다. 이 개념은 레싱(Gotthold Ephraim Lessing)의 『인류를 위한 교육』(The Education of the Human Race)이라는 책에서 그 고전적 표현이 발견되는데, 차카리에는 그러한 개념까지는 나아가지 않았다. 반대로 차카리에는 우리가 살펴봤듯이 성서의 모든 본문이 동일하게 영감을 받았으며, 의미가 최소한 부분적으로는 성서의 내러티브들과 관련이 있다고 주장했다. 그렇지만 성서 개념의 형식이 감각적인 것으로부터 영적인 것으로 발전한다는 점, 그리고 성서의 의미는 개념들에 있다는 사실로 인해 '성서신학'은 새로운 방향으로 나아가게 됐다: 즉 정경의 통일성은 정경이 가르치는 도덕 및 종교 사상들의 발전에 있으며, 이 중에서 가장 순수한 것—그것은 당연히 예수의 가르침이다—은 그 나머지 것들 가운데 받아들여지는 것과 거부되는 것을 가르는 규범이라는 것이다. 이는 성서의 의미와 통일성을 합리주의적으로 환원한 것이었는데, 여기서 사상들은 명백하게 진보적 발전을 경험하는 독립적 실재였다. 이러한 견해의 성서신학을 대표하는 첫 번째 대변자는 차카리에였으며, 그 이후 암몬(Christoph Friedrich von Ammon)과 쾰른(Daniel Georg Conrad von Cölln)의 성서신학에서 계속 이어졌다.[9]

코케이우스, 벵엘, 구속사 학파

코케이우스

세 번째는, 앞에서 소개한 두 입장보다 훨씬 더 복잡하고 다채롭게 성서신학이라는 용어를 사용한 경우이다. 17세기 신학자인 코케이우스(Johannes Cocceius)와 경건주의(Pietism)의 영향을 받은 일련의 신학자들은 성서가 묘사하는 하나의 거룩한 역사에서, 그리고 성서가 신실한 자들을 위한 은혜의 수단이 되게끔 성서 전반에 스며있는 영감(Theopneustie)에서 성서의 통일성을 찾았다. 이 사상 운동은 18세기의 낭만주의, 철학적 관념주의, 역사실증주의의 발전과 긴밀히 상호작용했으며, 그리하여 성서 해석을 비롯한 모든 해석은 해석자의 견해와, 본문에서 자신과 비슷한 동족적(同族的) 정신을 찾으려는 해석자의 열망에 의해 큰 영향을 받았다. 다양한 방식으로, 이 복합적 지성 운동은 성서신학의 성서해석학에서, 그리고 20세기 신정통주의 사상을 특징지었던 특수 '구속사'에 대한 이해에서 절정에 이르렀다. 이 관점의 기원과 표현에 대해서는 내가 앞서 성서신학의 다른 두 유형에 대해 언급했던 것보다 더 상세한 검토를 필요로 한다.

18세기에서 20세기까지 세 번째 부류의 성서신학자들이 주장한 바에

---

9. 이 학파의 사상에 대한 유용한 논의를 위해서는, H. J. Kraus, *Die biblische Theologie*, pt. 1, chs. 2, 3, 5를 보라.

따르면, 구약성서와 신약성서 사이의 연속성은 역사적이며, 이전 시대의 전망과 사건들은 일종의 내재적 불완전성으로 인해 후일에야 성취된 사건과 의미 패턴들을 예고하고 있다는 것이다. 게다가, 그것은 표상적 해석과는 달리, 커다란 시간 공백이 없이 이른바 점진적으로 증가하는 성취였다. 그리고 이전 순간과 이후 순간들의 관계는 다시 표상적 해석과 달리 그 성격에 있어서 특수하다기보다 보편적인 것에 더 가까웠다. 단일한 성서 역사의 여러 부분들에 관한 다수의 독립된 기사들은 그들 사이의 일반적 유사점과 병행 내용들을 가능할 때마다 보여줌으로써 잠정적으로만 연결될 수 있었다. 그 나머지 것들은 동일한 광범위한 시간적 연쇄 속에서 개별 사건들의 개별 기사들로 남게 됐으며, 이들 중 일부는 확정되지 않게 그려져 이후의 사건들을 예기하게 된다. 그리고 어떠한 시간적 연결 고리도 배제되지 않는다. 만일 예를 들어 후기 유대의 종교 문화가 점차 메시아 기대를 지니게 됐다면, 이것과 더불어 훨씬 오래전의 어떤 불특정 구약성서 내용은 신약성서에 나오는 기독교 기원에 대한 이야기가 이상하게 들리지 않게끔 해주는 필수적인 예기적 맥락인 것이다. 게다가, 여러 기사들의 통일성은 그 기사들에 대해 외부적이다. 즉, 통일성이란 개별 기사들에 의해 개별적으로 묘사된 시간의 단편들 속에서 '실제적'이고, 논리적으로 분리 가능한 역사적 또는 시간적 연속성인 것이다.

이 모든 것은 선행 사건과 후행 사건의 직접적이고 구체적인 병치를 통해 개별 기사들을 내러티브의 시간 순서와 일관되거나 일치하게끔 하나의 내러티브로 묶는 표상화와는 전혀 다른 것이다. 오히려, 비록 역사의 단편들과 그 모음들이 개별 이야기 전체에 정확하게 반영되어 있다 해도 선행 사건과 후행 사건의 관계는 이야기적이라기보다 역사적인 것으로 이해되고 있다. 성서 전체의 의미는 성서의 각 부분에 반영되어 있는 시대의 점진적 발전의 연결이다. 성서의 통일성은 이들 '성서신학자'에게는 일반적 형태의 사건들과 종교-문화 공동체의 일반적 형태의 문헌 해석에서 점진적으로 나타나는, 특수한 주제의 통일성—특히 구원의 통일성—을 뜻하게 된다. 성서의 통일성이란 오랜 시간에 걸쳐 완성된 하나의 이야기를 구성하고 있는 일련의 상호작용들을 통해 단일한 의미 패턴을 구현하는 것이 아니다. 성서적 통일성이란 묘사된 사건들에 관한 기록들의 전승 사이다.

표상적 해석에서 하나님의 목적의 의미는 이론적 설명이나 시간적 연결의 제시 없이 직접적으로 표현됐는데, 그렇기에 수정되어야 했다. 표상화 또는 모형론에 있어, 하나님의 계획에 관한 설득력 있는 설명은 멀리 떨어져 있는 구체적 사건들과 그 의미의 병치에 그 계획이 직접 나타난다는 사실에 항상 의존해 왔다. 이제 이러한 견해는 자의적이고 마술적인 것처럼 보였다. 하나님의 목적은 성서의 반복적 역사와 그것에 분명히 내재된 목적성을 통해 확인되고 구현되어야 한다. 전반적으로 볼 때, 이들 성서신학자들이 대부분을 개발한 의미의 기준(criteria)은 역사비평과의 마찰을 피했을 뿐 아니라 더 나아가 종교적 의미란 역사와 인간 경험의 일반적인 의미 패턴을 식별할 줄 아는 사람들에 의해 이해될 수 있는 것이라고 생각했던 견해들과도 조화를 이루고자 했다.

성서신학의 이 세 번째 유형은 정경의 통일성을 설명하기 위해 표상화를 대신할 현대적 대체물을 찾고자 가장 활발하게 노력했다. 이러한 의미의 성서신학은 성서의 단일 주제나 의미가 반복되는 구속사 기사나 증언 속에 배치되어 있는 것과 불가분의 관련을 갖는데, 그 시초는 분명 17세기였다고 널리 생각되고 있다.

코케이우스가 독일 경건주의와 밀접한 관계가 있었고, 또 아마 영향도 미쳤으리라고 오랫동안 인정되어 왔다. 성서의 통일성을 시간적 경륜(oeconomia temporum)—즉, 하나님과, 하나님의 나라를 향하고 있는 인간 사이

의 계약 관계를 시간적으로 나눈 단계들—이라고 보았던 그의 견해와 마
찬가지로, 그의 천년왕국관은 독일 경건주의에 커다란 반향을 일으켰다.
그의 구약성서 및 교회사 시대 구분 역시 후대의 신학 작업에, 특히 이러
한 구조를 인간들이 하나님에게 반역할 때조차도 하나님이 인간들 가운
데 자신의 길을 실현한 것으로 본 경건주의자들에게 영향을 미쳤다. 뷔르
템베르크(Württemberg)나 슈바벤(Swabia) 지역의 경건주의는 보다 주관주의
적인 할레(Halle) 지역의 북부 경건주의보다 훨씬 더 강하게 코케이우스의
시대 구분화된 거룩한 역사 체계—궁극적으로 그리스도의 초림과 재림을
지향하는 형태—를 확장시켰다.

문자, 영, 역사에 대한 벵엘의 입장

독일 슈바벤 출신의 위대한 신약성서 언어학자이자 주석가, 번역가인
벵엘(Johann Albrecht Bengel)은 코케이우스의 사실주의적 종말론(realistic escha-
tology)에 동조했고, 또 스콜라적 성서 해석에 대한 코케이우스의 거부에도
동조했다. 벵엘은 구원이 시간적으로 연속적인 연결고리에 의해 이뤄진
다고 보았고, 성서 각 구절에 대해 세밀하게 본문 분석을 했는데, 이는 그
가 모형론적 또는 표상적 해석을 거의 하지 않았다는 뜻이기도 하다. 우
리는 그에게서 구속사 기사로서의 성서에 기초하는 신학에서 점차 전형
적이 된 패턴을 발견하게 된다. 첫째, 성서의 문자가 매우 진지하게 받아
들여진다. 실제로 성서적 영감의 초점은 문자적 단어들과, 성서 저자들의
영감받은 신심(Theopneustie) 사이에서 모호하게 맴돌고 있다. 또한 문자적
의미와 영적 의미가 특히 독자의 이해 수준에서 서로 맞아 떨어진다고 여
겨지게 된 전환점이 이 둘 사이에서 마찬가지로 모호하게 맴돌고 있었다.
둘째, 영감받은 단어들의 의미는 곧 그 단어들이 역사적 순서로 묘사하고
있는 거룩한 사건들이다. 그렇다면 여기서 영감받은 단어들은 의미 있게

작용하게 되는데, 이는 그 단어들이나 저자들이 하나님으로부터 직접 영감을 받았을 뿐 아니라 그들이 서술적인 정확성을 갖고 명시적으로 지시하고 있기 때문이다. 이것은 미래의 사건들에 대한 숨겨진, 그러나 실제적이고 정확한 언급이 일부 성서 진술들로부터 이해될 수 있을 것이라는 점에서 어느 정도 사실이다. 곧, 그것들은 미래에 일어날 사건들의 표상(figures)이 아니라, 미래의 사건들을 예측적으로 또는 예언적으로 지시하고 있다. 벵엘 같은 경건주의자들의 언어적 문자주의(verbal literalism)를 차치한다면, 성서의 통일성에 대한 구속사적 견해가 실제로 주장하는 바는 성서의 통일성은 이야기로 묘사됐거나 또는 성서 본문에 신비롭게 암시되어 있는 세계 역사의 시간 연쇄에 있는 것이지, 묘사와 그것이 제시하는 현실 사이의 논리적 일치성에 있지 않다는 것이다.

뱅엘은, 신학은 "성령의 말씀에 적용되는 문법일 뿐이다"라는 루터의 말을 인용하기를 좋아했다.[10] 문자적인 문법적 의미, 다시 말해 문자적 이해가 그의 특기였다. 1734년에 출판된 그의 위대한 신약성서 번역본에서 그의 비평 작업은 본문 비평에 국한됐다. 그의 목적은 모든 이문(異文)들 중에서 진정한 본문을 규명하는 것이었다. 이 진정한 본문이란 하나님의 참된 말씀(Word of God)인데, 신학은 그저 이 말씀의 문법 규칙에 대한 진술일 뿐이다. 따라서 그에게 있어 문자적 성서 읽기는 성서 진술에 대한 비(非)은유적 혹은 비(非)알레고리적 의미라기보다는 오히려 언어학적, 사전적 의미였다. 이는 본문을 문자적이라기보다 언어학적으로 읽는 것이었고, 그리하여 그가 쓴 주석서인 『신약성서 지식』(Gnomon novi testamenti)에는 표상적 해석이 하나도 없었다. 문자적 독자이자 순수한 본문 비평가, 이른

---

10. J. A. Bengel, *Gnomon of the New Testament* (Edinburgh: Clark, 1860), vol. 1, author's preface, §14.

바 '하등' 비평가(lower critic)로서 그는 역사비평 또는 '고등' 비평(high criticism)의 문제들, 특히 본문의 진위와 관련된 문제들을 회피했다. 그는 사람들이 본문의 기록 전승에 나타난 문자적 변이들 너머로 갔을 때에도, 그는 본문의 진정성을 당연하게 생각했을 정도이다. 그가 살던 시대에는 그의 하등 비평조차도 충분히 논란의 대상이었다. 하지만 그것은 분명히, 그 것도 아주 빠르게 성서의 진정한 역사비평으로 이어졌다. 그리고 일단 명제적 의미와 명시적 지시 대상이 후자인 명시적 지시 대상의 독립된 권위 아래 동일시되자마자, '문자적(literal) 의미'는 더 이상 본문 구절을 직접적으로 서술 또는 묘사하는 문학적(literary) 의미를 뜻하지 않고, 벵엘이 주장했던 것처럼 오직 언어학적, 사전적 의미만을 뜻하게 됐다. 그 결과로 본문 구절의 진짜 의미는 이제 역사비평가가 설명해야 하는 문제가 된 것 같은데, 왜냐하면 역사비평가만이 본문 구절이 가리키는 시공간적 사건이나 실제 역사적 삶에서 그 사건의 맥락을 보여줄 수 있었기 때문이었다. 벵엘의 시대 이후에 문자적 의미를 중시하는 것은 해석을 돕는 주요 기술적 자원이라는 자리를 빠르게 차지했지만, 그럼에도 불구하고 그것은 설명의 순서에서 이차적인 중요성을 지닐 뿐이었다.

성서 이야기들을 문학적으로 읽지 않고, 그에 따라 표상적 해석도 하지 않았다고 해서 벵엘에게 언어학적 해석보다 더 폭넓은 해석 틀이 전적으로 부족했다는 뜻은 아니다. 벵엘은 스스로를 정통적이라고 여겼으며, 자신의 문자적 성서 읽기와 신학적 읽기 사이의 긴밀한 연관성을 자랑스럽게 생각했다. 그는 성서를 일련의 교리에 대한 증거 자료로 해석하는 개신교의 스콜라주의적 환원을 거부했다. 성서 단어들에 가능한 많은 힘과 함축, 숨은 영적 의미를 부여하는 강조의 원칙(the doctrine of emphasis)은 그에게 있어 각 구절들을 개별적으로, 그리고 전적으로 문법적 또는 언어학적으로 읽는 것에서 성서를 하나의 통일된 전체로 이해하는 것으로 나아가게 해주는 다리 역할을 했다. 그렇지만 다른 경건주의 주석가들과 달리, 그는 언제나 문자적 성서 읽기와 영적 성서 읽기가 밀접하게 연결되어 있다고 주장했다. 그는 "가장 학식있는 사람들은 영을 회피하며, 그 결과 문자조차 바르게 다루지 못한다"라는 글을 남겼다.[11]

그것은 상호적인 관계였다. 외적(外的) 단어에는 내적(內的) 단어 또는 내적 의미가 있다. 그리고 이같은 상황에 적절하게도, 적절한 교육과 타고난 능력을 지닌 모든 사람들에게 열려 있는 문법적 성서 읽기가 있으며, 또한 성령에 의해 깨달음을 얻은 사람들에게만 국한된 영적 성서 읽기가 있다. 다시 말해서, 성서의 진리—다시 말해, 성서의 적용적 해석과 해설적 의미—에 종교적으로 접근 가능하게 해주는 특별한 입장이 있는 것이다. 올바르게 이해한다는 것은 깨달음을 얻고, 거룩한 본문과/또는 거룩한 저자의 동일한 정신, 곧 영감(Theopneustie)를 파악하는 것이다. 이러한 입장이 가장 크게 영향을 끼친 시기는, 슈페너(Philipp Jakob Spener)와 프랑케(August Hermann Francke)의 시대처럼 벵엘의 시대에도 역사비평으로 인해 문법적 의미와 내적 또는 신비적 의미 사이, 그리고 문자적 이해와 영적 이해 사이의 단단했었던 연결이 느슨해졌을 때였다. 공통된 외적 의미 속에 존재했던 공통의 성서 세계가 무너져 내리기 시작하자 한 가지 유형의 성서 읽기가 매우 중요해졌는데, 바로 성서 본문에 대한 자아의 독특한 관점을 중시하는 것이었다. 그렇게 독특한 관점만이 성서와의 생생한 연결을 허용한다는 견해가 널리 팽배하게 됐다.

그렇지만 문자적 성서 읽기와 관련하여 강조의 원칙과 성서의 신비적 의미의 원칙은 부가적인 영향을 끼쳤는데, 이는 코케이우스가 추구했던 성서 읽기 유형에 더 가까운 것이었다. 벵엘의 저서 『시간 순서』(Ordo tem-

---

11. Ibid., 8, 14, 21.

porum)는 구속사 순서에 관한 성서 보도에서부터 그리스도의 천년왕국에서의 구원의 미래적 완성까지를 다루고 있다. 이 책에는 더 이상 표상적 해석은 없다. 이 구속사의 지식이란 문자적 의미의 '숨겨진' 의미에 대한 신비로운 확장과, 예언은 과거의 징후를 통해 미래 사건들에 대해 일종의 역사적 추정을 함으로써 미래를 예측하는 명시적 언급이라는 가정이 혼합된 것이다. 성서의 숫자 체계, 특히 요한계시록의 숫자 체계는 독실한 믿음을 지닌 사람들에게 과거 사건들뿐 아니라 여전히 미래에 감춰진 사건들의 경로와 시대 구분을 부정확하지만 그럼에도 기본적으로 올바르게 구상(plot)할 수 있게 해준다.

강조의 원칙과, 공통된 역사의 드넓은 세상 속에서 일어나는 사건들에 숫자 체계를 대입하는 실험은 민간 경건운동에서는 여전히 일반적 형태로 남아 있지만 합리적인 학문 영역에서는 이내 사라졌다. 하지만 벵엘은 다양한 방식으로 미래에 대해 열심인 사람이었다. 책임있는 학자 정신과 신실한 신심이 합쳐져, 그는 성서의 영감받음과 성서의 내용을 교리가 아니라 하나님의 구원의 경륜이 작동하는 역사적 사실들의 연쇄에 관한 믿을 만한 기록으로 통합하고자 했으며, 이 둘 모두를 기록된 자료 또는 문헌인 성서 본문의 비평적 분석을 통해 하고자 했다. 그의 작업 중에서 언어학적 측면이 경건주의와 역사비평 간의 관계를 보여주고 있다면, 나머지 다른 측면인 '영적인' 측면은 구속사적(*heilsgeschichtliche*) 유형의 성서신학에 대해 말해준다. 구원의 경륜은 곧 성서의 내용이고, 통일된 정경인 성서의 의미는 모든 역사와 성서를 포함하는 구원 사실들의 내재적으로 연결된 시간 연쇄와, 본문 또는 (점차적으로) 저자들의 영감으로 구성된다. 그리하여 한편으로는 성서가 서로 연결된 특별한 역사적 사건들의 신뢰할 만한 기록이기 때문에, 그리고 다른 한편으로는 성서가 저자들과 본문을 통해 역사하며 독자에게 동일한 신앙을 요구하는 하나의 동일한 영으로 가득 차 있기 때문에, 성서는 의미 안에서 하나의 통합체이다.

구속사로서의 성서신학

18세기를 지나 19세기로 들어서면서 코케이우스와 벵엘이 주장할 수 있었던 특수 구속사와 보편사(普遍史, universal history)의 궁극적인 동일성이 무너지기 시작했다. 성서가 지시하는 대상의 의미와 통일성에 대한 구속사 학파(*heilsgeschichtliche Schule*)의 틀이 점차 특수사(special history)로만 한정되면서 구속사 학파로서는 어색한 논리적 위치에 있게 됐다. 보다 합리주의적인 일부 주석가들이 그러했던 것처럼 이 학파도 역시 성서 내러티브의 의미를 실제적이고 명시적인 지시 대상의 표제 아래에 두었기 때문에, 시간 연쇄 속의 사실적 자료인 그 특수사 역시 다른 모든 시간 연쇄들과 함께 동일한 시간적 틀에 속해야 했을 것이다. 원칙적으로, 특수사는 모든 역사 자료처럼 모든 사람들에게 동등하게 이해될 수 있어야 한다. 하지만 실제로 그것은 경건한 주석가와 세속적 주석가에게 동일한 방식으로 이해되지 않았으며, 경건한 주석가들은 거룩한 역사와 나머지 역사 세계를 연결하는 법을 알지 못했다. 이러한 순서와 일반 역사 사건들과의 관계는 구속사 체계에서는 결코 해결되지 않았다. 게다가, 구속사 체계는 이런 문제들과 정면 충돌을 피하기 위해 더 복잡하게 만들어졌다. 구속사는 여전히 실질적 지시 대상이며 그에 따라 성서의 단일한 의미이긴 했지만 점차 반복되는 사건들과 이에 대한 반복된 반응의 혼합물로 여겨지게 됐다. '구원 사실들'(saving facts)이 실제적이고 역사적이긴 하지만, 그렇다 해서 종교적으로 중립적인 검증 절차에 개방된 일반 방식으로는 아니었다. 성서의 지시 대상과 그에 따른 성서의 의미는 성서 안에서 일련의 시간적 사건들과 일련의 해석이 상호작용하는 것이다. 해석은 분석의 대상으로도, 그리고 해석자의 입장에서도 사건과는 분명히 다른 별개의 항목이다.

칼뱅에게서, 그리고 서구 전통을 휩쓴 표상적 해석에서 나타난 사건과 의미 관계와 달리, 여기서 '의미' 또는 '해석적 의미'는 더 이상 이야기의 반복적이고 구체적인 사건 패턴으로 구성되지 않는다. 우리는 '사실주의적' 해석과는 멀리 떨어져 있다. 우선, 성서 내러티브들의 단일 의미는 논리적으로 구분 가능한 역사적 지시 대상인 구속사에 철저하게 종속되어 있다. 게다가, 문제의 역사적 지시 대상은 그것이 실제 현상인 것처럼 사상사 또는 정신사에서도 마찬가지로 하나의 현상이다. 구속사와, 해석과 재해석의 전승사가 한곳에서 만나는 것이다.

성서의 통일성이 실제 역사와 그 역사 속의 반응으로 구성됐다고 보는 것 외에, 구속사 학파(*heilsgeschichtliche Schule*)의 학자들은 보다 자유주의적인 주석가들처럼 성서 안의 사실적이고 구원적인 의미의 통일성을 독자 또는 해석자의 독특한 입장의 문제로 보기 시작했다. 성서는 단순히 지적 동의를 위한 교리서는 아니다. 성서는 사실들의 책이긴 하지만, 분명 그것 이상의 것이다. 성서의 영감과 주제들은 저자, 본문, 독자를 공통된 형태의 성향이나 신앙에 참여시킨다. 이들과, 의미의 다른 측면들을 한데 묶는 것은 사실 해설적 의미와 적용적 의미를 통합하는 일이기도 하다. 그렇게 한다는 것은 본문과 본문이 '증언하는' 것을 지향하는 사람인 독자의 특별한 자기 입장에 의하지 않고서는 성서의 단일 의미가 이해될 수 없음을 확인하는 일이다. 독자의 특별한 입장은 성서적 세계든 아니든 간에 모든 '세계' 속으로 개입하게 되지만 동시에 그 세계와는 독립적이다. 이러한 입장에서 이제 자아는 스스로의 의미있는 세계를 지향하는 입장을 취하게 된다. 사실, 독자가 본문에 대한 개인적 입장을 통해 본문의 의미에 기여하게 되는 중대한 공헌은, 그가 성서에서 발견하게 되는 종교적으로 의미있는 동일한 현실과 직접 관련이 있는 현재의 맥락 속으로 들어가야 하며, 그리하여 이 셋이 동일한 영적인 틀에 참여하게 된다는 것을 다시 한

번 재확인시켜 준 점이다. 그리고 이 영적인 틀 속으로 성서의 특수사(spe-cial history)도 또한 들어오게 된다. 따라서 구속사는 자아가 하나님 또는 그리스도와 맺는 현재의 관계를 성서에 의해 증언된 그러한 관계들의 역사와 그것이 실제로 구현된 실제 사건들과 더불어 모두를 아우르는 총괄적인 실재 또는 세계이다. 성서는 내러티브적 본문이라기보다 역사에 대한 '증언'이 된다. 성서의 의미는 구원 사건들(saving events)의 역사, 그 사건들에 대한 증인들의 신실한 반응의 역사, 그리고 마지막으로 현재와 미래의 현실로서의 그 복합적 역사에 대한 현재의 신실한 입장으로 이루어진 단일한 복합체다.

19세기 신학자들 중에서 멘켄(Gottfried Menken), 베크(Johann Tobias Beck), 특히 폰 호프만(J. C. K. von Hofmann), 그리고 소위 에를랑엔 신앙고백 학파(Erlangen confessional school)는 이러한 견해에 대해 다양한 설명을 제시했다. 이렇게 다양한 해석에도 불구하고 결국 이 견해는 20세기 신정통주의(neo-orthodox)의 일부를 구성하는 성서신학으로 이어졌다. 이러한 입장은 하나의 구속사 안에서 성서 기록의 내러티브적 통일성에 관해 수많은 주장을 했지만 그럼에도 사실주의적 내러티브 해석과는 분명 거리가 멀다. 사실주의적 내러티브에서 이야기의 의미는 구체적으로 이야기되는 표현과 관계가 있다. 하지만 구속사적(heilsgeschichtliche) 성서신학에서 이야기의 의미는 그 이야기가 지시하는 사건들과 해석 전승의 시간적 연쇄, 그리고 이 복잡한 연쇄에 대한 해석적 입장과 관련이 있다. 의미는 이러한 요소들이 상호작용한 결과이다. 사건과 해석은 논리적으로 별개지만 아예 분리될 수 있는 것은 아니다. 사실주의적 구절의 의미는 사건과 그것의 해석이다. 반면 전(前)비평적인(precritical) 사실주의적 내러티브 해석은 이야기에 대한 입장 정립에 독립적 지위를 부여하지 않았고, 이야기 연쇄와 실제 연쇄를 구분하지도 않았다.

제10장
헤르더의 성서 해석: 역사 속의 사실주의 정신

성서의 내러티브적 통일성을 구속사적으로 해석했던 경건주의만이 사건들의 역사를 집단 시각의 역사, 그리고 현재의 자기 입장이 그 해석에 미친 주요 공헌과 연결 지은 것은 아니었다. 이와 비슷한 견해는 18세기 말에 종교 계몽주의의 유행 양식에 반대하며 신학에서 일어났던 중요한 낭만주의적 반응의 특징이었다. 이 사조를 대표하는 가장 유명한 사람은 요한 고트프리트 헤르더(Johann Gottfried Herder)와 그보다 한 세대 후의 프리드리히 슐라이어마허(Friedrich Schleiermacher)였다. 헤르더보다 훨씬 더 위대한 전문 학자이자 신학자였던 슐라이어마허는 신약성서의 통일성에만 관심을 가졌고, 유대교와 초기 기독교 사이의 어떠한 실질적인 또는 '단순히' 역사적인 것 이상의 연속성도 부인했다. 반면, 헤르더는 슐라이어마허보다 훨씬 더 뛰어난 문학 주석가였으며, 구약성서의 열렬한 숭배자였다. 그리하여 그는 성서 문헌의 다양성을 인위적 통일성으로 환원하는 것에 회의적이긴 했지만, 저서 『신학 연구에 대한 서신들』(*Letters Concerning the Study of Theology*)에서 두 성서에 정신(spirit)과 내용의 연속성이 있다고

분명하게 확증했다(앞으로는 이 책의 쪽수만 인용하겠다).[1]

　　헤르더는 자신의 잘 알려진 멘토이자 친구인 하만(Johann Georg Hamann)
의 경건주의에 깊은 영향을 받았으며, 또 "역사적 삶의 궁극적인 핵심"으
로서 "인간 영혼의 내면성과 개성"의 표현을 탐구함에 있어 장-자크 루소
(Jean-Jacques Rousseau) 같은 사상가들의 저서에서도 큰 영향을 받았다.[2] 시(po-
etry)는 "인류의 모국어이다"라는 헤르더의 신념은 특히 하만에게서 영향
을 받았다.[3] 이는 중요한 사실이었는데, 왜냐하면 그로 인해 헤르더에게
시는 그 기원에 있어 단지 신중하게 만들어진 인위물만이 아니며, 또 언
어는 그것들이 상징하는 감각 자료(sense data)와 실체를 가리키는 단순한
표시물은 아니라는 두 가지 확신이 형성됐기 때문이었다. 이러한 견해는
루소가 그의 『제2 논문』(Second Discourse)에서 이미 시사했던 것이기도 했다.
특히 최초의 고대 민족들 사이에서 언어는 그들의 생활 방식, 그들의 감
각, 그들의 자연적이고 공동체적인 정신의 즉각적이고, 자연스럽고, 순수
한(이 둘은 최고의 찬사이다) 표현이다. 괴테(Johann Wolfgang von Goethe)가 후일에
그의 열 번째 책인 『시와 진리』(Dichtung und Wahrheit)에서, 슈트라스부르크에
서 그들이 나눈 역사적인 첫 대화를 회상하며 헤르더의 견해를 언급했듯
이, "시는 세상과 세상 사람들에게 주어진 선물이지, 소수의 우아하고 교

1.　예를 위해서는 다음을 보라. Herder, *Briefe, das Studium der Theologie betreffend*, pt. 1;
　　in *Sämtliche Werke*, ed. Bernhard Suphan (Berlin: Weidmann, 1877-1913), vol. 10, p.
　　30 (letter no. 2); pt. 4, vol. II, pp. 10-14 (letter no. 39). (이 작품은 *Briefe*라는 약어로
　　인용할 것이다.)

2.　Friedrich Meinecke, *Die Entstehung des Historismus*, in *Werke*, ed. and introd. by Carl
　　Hinrichs (Munich: Oldenbourg, 1959), vol. 3, p. 361. 당대의 위대한 지성사 저서이
　　기도 한, Herder에 관한 표준적 전기는 여전히 *Herder*이다. Rudolf Haym의 위대
　　한 이 작품은 1885년에 완성되었다(repub. with introd. by Wolfgang Harich; Berlin:
　　Aufbau-Verlag, 1954).

3.　Meinecke, p. 362.

육받은 사람들의 전유물이 아니다."[4]

시는 사실 신적이면서 동시에 인간적인 선물로서 가능하다면 인간적
으로 읽혀져야 한다. 바로 이것은 가장 오래되고, 가장 자연스러운 시적
정신의 가장 고귀한 표현물인 구약성서에 대한 헤르더의 권고이기도 했
다: "우리는 성서를 인간적인 방식으로 읽어야 한다. 왜냐하면 성서는 인
간이 인간을 위해 기록한 책이기 때문이다: 그 언어는 인간의 언어이고,
성서가 쓰여지고 보존되게 하는 외적인 수단들도 인간적인 것이다. 궁극
적으로 성서가 이해되어야 할 의미, 성서를 조명해주는 모든 도움들과, 성
서가 적용되는 목적과 활용 모두가 인간적인 것이다."[5] 로우스 주교(Robert
Lowth)와 비교해 보는 것은 도움이 된다. 로우스 역시 종교와 사람들의 상
상력에서 시의 기원을 찾았었다. 그럼에도 그의 히브리 시 분석은 그리스
와 로마 및 신고전주의의 용례에서 파생된 전문 범주에 따라 히브리 시를
분류하는 작업이었다. 헤르더는 로우스의 『히브리 시 연구에 관하여』(De
sacra poesi Hebraeorum)에 대해 다소 불분명한 입장을 보였다. 그는 이 책에 감
탄했지만, 그 책의 이른바 형식주의(形式主義, formalism)라고 불릴 만한 것을
비판했다. 이와는 대조적으로, 그리고 그 특유의 성격대로, 헤르더는 (1782-
1783년에 출간된) 자신의 비슷한 논문에 "히브리 시의 '정신'에 관하
여"(Concerning the Spirit of Hebrew Poetry)라는 제목을 붙였다.[6] 그는 항상 시대,
사람, 민족, 또는 작품의 '정신'(spirit) 속으로 들어가는 데 관심을 가졌다.
헤르더의 연구는 그가 생각하기에 기술적인 범주(category) 연구와 다를 뿐

---

4.   J. W. Goethe, *Aus meinem Leben: Dichtung und Wahrheit,* in *Gedenkausgabe,* ed. E.
     Beutler (Zürich: Artemis-Verlag, 1948), vol. 10, p. 448.

5.   Herder, *Briefe,* vol. 10, p. 7.

6.   *Vom Geist der ebräischen Poesie* (1825), pt. 1, (강조점이 추가된) 저자의 개요. 또한
     Briefe, vol. 10, pp. 15, 30f.를 보라.

만 아니라 기본적으로 그것에 의해 종종 방해받았다.

헤르더에게 있어 시적인 찬란함 속에 담겨 있는 고대 언어를 이해한다는 것은 그것을 낳은 상상력과 문화의 세계 속으로 창의적으로, 그리고 감정이입적으로 들어가는 문제인 것 같았다. (그는 그 과정을 묘사하기 위해 감정이입[*Einfühlung*]이라는 용어를 사용함으로써 독일어를 풍성하게 만들었다.)[7] 이것은 해석자가 그렇게 배워야 하는 것이지, 단순히 특별한 은유 및 운율 구조와, 특수한 시 유형의 언어 세계(language-world)를 구성하는 특정 장르에 대해 전문 기술을 획득하는 것이 아니다. 헤르더에게 있어 해석은 미학적 산물에 대한 전문적 또는 비평적 분석이 아니라 저자, 저자의 묘사, 그리고 그것들이 나오게 된 분위기에 감정이입적으로 굴복하는 것이라는 점이 종종 주목되고 있다.[8]

> [그는 구약성서에 관한 유명한 구절로 열변을 토한다.] 만일 여러분이 이 기록들이 나온 분위기 속에서 이 기록들을 즐기고 싶다면, 목자들과 함께 목자가 되고, 땅의 사람들과 함께 그 땅의 사람이 되고, 근동의 고대인들과 함께 근동인이 되십시오. 그리고 따분하고 새로운 학문적 감옥의 추상화를 경계하되, 특히나 우리의 사회 모임들이 고대 시대의 그 성스러운 원형들에 대해 강요하고 압박하는 이른바 모든 예술적 기교에 대해서는 특히 더 경계하십시오.[9]

이러한 총체적 굴복은 자신과 관련된 어떤 특정한 과거의 정신 속으

7. Meinecke, *Entstehung des Historismus*, p. 357.
8. 예를 위해서는, René Wellek, *History of Modern Criticism: 1750-1950*, vol. 1, p. 184를 보라.
9. *Briefe*, vol. 10, p. 14, no. 2.

로 들어가기 위해 지불해야 하는 대가이며, 역설적이게도 이는 다른 모든 차원에서 바로 그 과거의 정신으로부터 전반적으로 분리되는 것을 필연적으로 수반했다. 다른 특정한 역사 정신이나 시대에의 감정이입(*Ein-fühlung*)은 미학적으로 비판력이 없었지만 결국 미학적 양식에만 국한됐다. 어떠한 과거의 특정 진술도 우리의 종교적, 철학적, 도덕적, 혹은 심지어 미학적 입장에 대해 보다 규범적인 주장을 하지 않았다. 그는 성서가 규범적인 종교 진리를 담고 있다고 믿었지만, 이 견해에는 비일관성의 위험이 도사리고 있었다. 그는 성서와 거기에 나타난 하나님의 계시란 곧 하나의 인간 정신이 신적 섭리의 교육적 인도하에 가장 완전하게 표현된 것이라고 함으로써 그러한 위험을 면했다. 성서의 시적 정신을 비롯해 성서를 단순히 전문 비평이나 전통 교리주의의 시각이 아니라 가장 완전한 인간적 방식으로 읽는다는 것은 성서를 하나님의 선물로 읽는 것이기도 하다.

　만일 고대의 시가 신중한 또는 자의식적인 시적 구도라기보다 자발적이고 자연스러운 표현이라고 한다면, 기술적 묘사나 장르 구분으로는 시를 제대로 다룰 수 없게 된다. 우리가 시를 발흥시킨 정신을 집약적으로 경험하는 것이야말로—물론 기록된 특정 표현이 본래의 정신에 대해 진정성과 적절성을 지녔는지 공감적으로 유의하면서—이해의 모든 것이다. 낭만주의적이기보다는 합리주의적 성향을 지닌 주석가들은 특히 괴팅엔 대학의 선도적 고전학자인 하이네(Christian Gottlob Heyne)의 뒤를 따라 점차 성서 이야기를 일종의 '신화'로 분석하려고 하며 헤르더의 뒤를 따랐지만, 그가 멈췄던 곳에서 멈추지 않고 더 나아갔다. 그들에게 성서 이야기의 사실 증명이나 역사적 기원에 관한 비평 문제가 가장 중요해졌거나 아니면 그들은 그것들을 신화나 알레고리 같은 전문 장르의 문제로 돌렸던 것이다. 불필요해 보이는 곳에서 역사적 사실 문제를 제거한 후자의 방법은 성서 이야기를 이해하기 위한 하나의 대안적 방법으로 제시됐다. 헤르더는 이렇게 감정이입을 넘어서는 보다 기술적인 방법을 택하길 거부했는데, 그 이유는 그것이 잘못되어서라기보다는 그것이 주변적인 것인데다 또 그가 진정한 이해라고 생각했던 것을 무시했기 때문이었다. 그는 결코 성서 이야기들의 역사적 사실성 문제에 무관심하지 않았으며, 몇몇 성서 이야기의 사실주의적 특성을 열렬히 강조했다. 하지만 그가 사실성 내지는 사실 같음(fact-likeness)의 문제들을 제기했었던 맥락에서는 그 문제들에 대해 궁극적인 해명을 제시할 수 없었다. 이것이든 저것이든 어느 것도 궁극적 해석 장치로 기능하지 않는다. 결국 중요한 것은 이러한 종류의 사실주의적 기록을 하게 만든 '정신'을 이해하는 것이었다. 그렇지 못한 것들은 성서 문헌을 설명해 주지도, 그 문헌에 대한 우리의 이해를 설명해 주지도 못한다. 아마도 이러한 태도의 결과로 인해, 비록 그가 사실주의적 내러티브를 이야기들의 역사적 또는 비역사적 자격을 푸는 단순한 단서로서가 아니라 문학적 설명 범주로 진지하게 생각함에 있어서 역사적 주석가가 아닌 미학적 주석가로서 18세기 말의 어떤 주요 학자들보다 훨씬 더 가까이 근접했음에도 불구하고, 그는 사실성과 사실 같음을 구분하지 못했다(헤르더보다 관심사의 범위가 훨씬 좁았던 스위스의 성직자이자 신학자인 헤스[Johann Jakob Hess]가 성서 이야기의 사실주의에 대한 헤르더의 견해에 가장 가까웠다).

결론적으로, 헤르더는 사실성과 사실 같음을 명확하게 구별하지 못했지만 사실주의적 이야기 양식으로서 이 둘은 이것들이 공통적으로 재현했던 하나의 참된 설명 상수—즉, 그것들이 쓰여지게 한 문화의 경험 또는 정신—의 종속 변수였다. 구약과 신약성서의 경우에서 이것은—헤르더가

지칠 줄 모르고 강조했었듯이—역사적 경험 또는 정신이었다.[10] 하지만 그는 이러한 맥락에서의 역사의 의미를 거의 체계적이라고 할 정도로 모호하게 남겨두었다. 헤르더는 그 특유의 특징대로 역사의 의미를 과거, 곧 지나간 사실(res gestae)을 가리키기 위해 사용했지만, 동시에 과거의 내러티브 기사들, 특히 지금 우리 앞에 놓여 있는 기사 자체보다 훨씬 이전에 일어난 사건들을 기록한 문헌 기사들을 가리키기 위해서도 사용했다. 마지막으로, 그리고 가장 전형적으로, 역사는 특정 유형의 기사로 재현된 의식(consciousness) 유형, 다시 말해 특수한 역사 의식(historical consciousness)을 의미할 수도 있다. 그렇다면 '역사적'이기 위해, 기사가 실제로 일어났던 어떤 특정 사건에 관한 것이어야 할 필요는 없다.

　　하틀리히(Christian Hartlich)와 작스(Walter Sachs)는[11] 헤르더가 성서 이야기의 사실성 문제에 관심이 없었다고 주장했는데, 이것은 지나친 단순화이다. 헤르더를 주의 깊게 읽어본 사람이라면, 우리가 앞서 살펴보았듯이 '역사'라는 단어를 모호하게 사용하면서(그리고 종종 그렇게 모호하게 사용함에도 불구하고) 헤르더가 이 문제에 대해 깊은 관심을 지녔음을 주목하게 될 것이다. 이러한 '역사'라는 단어의 모호한 사용은 헤르더를 성서의 역사 같은(history-like) 또는 역사적인 기록을 이해하는 것에 있어 사실적 관점보다는 미학적 관점으로 이끌었다. 그는 『신학 연구에 대한 서신들』(Letters Concerning the Study of Theology)에서 가상의 수신자에게 다음과 같이 썼다: "친구여, 당신이 초기 기독교 역사의 역사적 진실성을 확신하지 않으면서도 신학 공부를 계속하고 있기 때문에 나는 당신을 크게 책망하고 싶소"(vol. 10, no. 14). 그리고는 또 이렇게 썼다: "기독교는 이 이야기의 단순성과 진실성

10.　예를 위해서는, Briefe, vol. 10, pp. 139ff., 163ff.를 보라.

11.　Der Ursprung des Mythosbegriffes, pp. 48ff.

과 무한한 관련이 있소. 누구든지 그리스도의 복음을 소설로 바꾸어 놓는다면, 그가 이 세상에서 가장 아름다운 소설로 그렇게 했다 해도 내 마음에 상처를 입히는 것이오"(vol. 10, no. 19). "모든 기독교의 기초는 역사적 사건과 그것에 대한 순수한 이해, 다시 말해 적극적으로 표현된 단순하고 평이한 신앙에 있다오"(vol. 10, no. 14).

하틀리히와 작스는 역사 같은(history-like) 성서 기사들의 '사실' 문제에 직면하여 '역사' 또는 '신화'라는 상호 분리적이고, 배타적이고, 궁극적인 범주를 넘어서는 설명 범주를 이해할 수 없었기 때문에, 그들은 헤르더가 설명 범주로서 역사에 대해 모호하다는 점을 들어 그에게 특히 역사적 다양성에 대한 분석적 식견이 부족하다는 성급한 평결을 내릴 수 있었다. 이것이 그들이 헤르더의 견해를 극도로 단순화시킨 원천이다. 사실 헤르더는 창세기 기사들의 사실성이나 비(非)사실성에 대해 관심이 없었고, 대신에 그것들의 독특한 미학적 특성을 강조했다. 하지만 그는 이어지는 이야기들의 사실적 내용에 많은 관심을 지녔으며, 공관복음서 기사들의 사실적 핵심에 대한 믿음에 열정적으로 헌신했다. 공관복음서의 역사성에 대한 그의 주장은 사실 정교하게 비판적이지는 않았다. 그는 그 기사들의 즉각적인 설득력이나 적절성에, 예를 들면 그들의 꾸밈 없는 단순함에 호소했었는데, 이러한 주장은 우리가 18세기에 계속해서 접할 수 있는 것이었다. 하지만 어쨌든 간에 그가 기사들의 역사적 진실성과 사실성에 관심이 있었음은 분명하다. 이러한 맥락에서 그는 복음서 기자들이 예수의 목적을 설명하는 데 부정직하다고 비난했던 라이마루스(Hermann Samuel Reimarus)뿐 아니라, 그가 그토록 존경했지만 성서의 기적들이 일어날 수 없다고 주장했던 레싱(Gotthold Ephraim Lessing)의 논지도 비판한다(vol. 10, no. 13). 다른 한편으로 헤르더는 성서 문자주의자(biblical literalist)가 결코 아니었다. 이는 복음서의 문학적 기원을 분석하려는 그의 엄청난 노력의 결실에서 증명된다. 그는 복음서의 내러티브적 틀보다 더욱 신실하게 예수의 말씀을 전달했던 공동체의 구전 설교 자료에서 그 기원을 찾았다. (그는 기적의 개념에 있어 레싱에 대해 비판적이었지만 이 문학적 자료-비평 작업에서는 레싱에게 많이 의존했다.[12])

그런데 그는 복음서와 다른 성서 이야기들의 핵심적 사실 주장이 기독교 성서 읽기에서 절대적으로 필수불가결하다고 주장했지만, 그는 성서의 고유하고 독특하게 기록된 다양한 자기표현 속에 나타난 인간 정신의 역사에서 그 이야기들이 차지하는 위치라는 보다 폭넓은 해석적 맥락에서 그렇게 주장했다. 그리하여 사실 주장이 신학 후보생들과 기독교인들에게 전반적으로 얼마나 중요하든지 간에 주석적으로 또는 해석학적으로 보다 넓은 틀에 포함됐다. 전문적 문학 분류도, 사실 보도라는 위상도 헤르더에게는 문헌의 의미를 설명해 주지 못했다. 해석학적으로 성서 문헌은 비록 사실들을 보도한다고 해도 보도 이상의 것이면서 논리적으로는 보도와는 다른 것이었다. (그러한 면에 있어서, 그것이 설사 오직 허구만을 담고 있다고 해도 결코 신화는 아니었다.) 헤르더가 초기 기독교의 사실적 진실성이나 특정 성서 기록의 단순하고 사실주의적 특성을 열렬히 변호했을 때에도, 독자의 가장 중요한 임무는 성서 기사의 지시 대상이나 사실주의에 머무는 것이 아니라 그 기사에 기록된 표현인 정신 속으로 감정이입(*Einfühlung*)하는 것이라는 의미에서 그의 주석적 관점은 미학적 차원에 머물곤 했다.

헤르더는 기록된 표현이 그것의 중심 내용과 완벽하게 일치한다고 강하게 믿었다. 하지만 기록된 표현이 그 자체로 성서의 중심 내용은 아니다—이것은 헤르더와 모든 종류의 사실주의적 내러티브 해석 간의 단순하지만 결정적인 차이였다. 묘사와 의미 사이의 본질적 차이를 고려해 볼

---

12. 참고, W. G. Kümmel, *Das Neue Testament*, pp. 88-99.

때, 중심 내용과 묘사 사이에 (헤르더가 계속 주장했던 것처럼) 조화가 있느냐 아
니면 단절이 있느냐는 결국 중요하지 않다. 중요한 사실은 내러티브 자체
는 그것이 묘사하고 있는 것을 직접적으로 재현하지 않는다는 점이다. 내
러티브 자체는 묘사된 중심 내용과 논리적으로(또는 본질적으로) 같은 것이
아닐 뿐더러, 이야기되고 있는 시간적 연쇄를 직접 이해할 수 있게 해주
지도 않는다. 한편으로는 묘사를 중심 내용과 결합시키고, 다른 한편으로
는 중심 내용을 현재 이해 수준의 접근 가능성과 결합시키는 것은 내러티
브 기사 이상의 것을 필요로 한다.

헤르더에게는 이처럼 논리적으로 서로 다른 해석 요소들과 조화를 이
루는 융합점이 있다. 사실 주장과 사실주의적 표현은 이 둘 모두에게 적
합한 원래의 문화 정신으로 한데 수렴된다(이 둘은 이러한 문화 정신의 적절한 표
현들이기도 하다). 하지만 그 정신이 효과적으로 표현되기 위해서는, 사실 주
장, 묘사, 고대의 정신 사이에, 그리고 또한 이 조합과 현재의 정신 또는
현재의 자기 위치에 대한 적절한 입장 사이에도 융합이 있어야 한다. 의
미의 위치에 있어서 이러한 모순은 해설적 의미와 적용적 의미의 명확한
구분을 약화시키는데, 이는 감정이입(*Einfühlung*)이라는 바로 그 개념이 거
의 보증하다시피 하는 사실이다. 게다가, 이 모든 요소들의 융합으로 인해
주석적 의미를 사실 확증 또는 사실 같은(fact-like) 내러티브 묘사와 분명하
게 동일시할 수 없게 된다. 헤르더는 후자를 믿었지만, 그럼에도 그것을
발흥시킨 정신을 훨씬 더 많이 믿었다.

그리하여 어떤 면에서 에마누엘 히르쉬(Emanuel Hirsch)가 성서 기적들
의 역사적 사실성에 대한 헤르더의 입장에 거의 체계적이라고 할 정도의
모호성이 있다고 본 것은 전적으로 옳다.[13]

---

13. E. Hirsch, *Geschichte der neuern...Theologie*, vol. 4, pp. 224f.

헤르더는 성서 역사를 전혀 이질적인 현대적 개념들과 혼합함으로써 성서 역사의 특징을 파괴하는 것을 강하게 반대한다. 이 역사는 최소한 기적에 참여하는 사람들과 그것을 보도하는 기자들이 계속해서 기적과 이해할 수 없는 하나님의 활동을 경험한다는 의미에서 기적으로 가득 차 있다. 만일 어떤 사람이 그 경험을 일관되게 자연적인 방식으로 설명한다면, 그 사람은 모든 것을 파괴하는 것이다. 다시 말해, 하나님의 계시와 양육(養育, nur-ture)이 거짓이 되는 것이다. 성서의 기적을 관련된 사람들과 증인들의 역사적 경험으로 받아들이고, 하나님의 초자연적인 개입에 대한 주장이나 환원주의자의 설명에 의하지 않고서도 우리의 지식의 한계를 뛰어넘는 사람이 가장 행복하다. 그러한 사람은 진리를 굳게 지키고, 나머지 것들에 대해서는 거의 관심이 없다. 따라서 헤르더는—그를 꼼짝 못하게 만들고 싶어하는 비평가를 극도로 화나게 자극할 수 있을 만큼 일관되게—최종적이고 확정적인 모든 견해에서 벗어나 있으며, 인간적인 중요한 특징을 지닌 경험자들과 증인들의 의견을 성서 안에 표현된 마음의 진리를 따라 이해함에 있어, 그리고 성서가 그들에게 옳은 것이라고 옹호함에 있어 상대성의 차원에 머물게 된다.

하지만 히르쉬의 요지는 (그리고 또한 어느 정도 하틀리히와 작스의 요지는) 그것이 말하는 것과는 다른 차원에서 더욱 옳다고 할 수 있다. 가능하다면 언제나 기적적인 설명이 아닌 자연적인 설명을 해야 한다는 헤르더의 견해에도 불구하고, 그는 성서의 많은 기적들이 사실적 진리라는, 특히 신약성서의 기적들, 가장 중심적으로는 부활 기적들이 사실적 진리라는 자신의 믿음을 분명하게 단언한다. 비평가들을 그토록 당황스럽게 했던 그의 체계적 모호성은 사실 주장의 확증이나 부인 차원이 아니라 이러한 믿음에 상응하는 해석학적 차원에서 나타난다. 사실성 또는 사실 같음이냐 아니냐는—즉, 기적 기사들을 포함하여 분명하게 사실주의적인 내러티브 기사들의 사실주의 성격은—그 기사의 의미에서 중요한 요소이다. 헤르더가 전적으로 모호한 것은 바로 이러한 측면에서이다. 그는 기사의 사실적 진리성이나 기록으로서 기사의 사실적 성격, 또는 이 둘 모두를 확증할 수 있으며, 이 둘의 중요성을 강조할 수도 있을 것이다. 하지만 그러면서도 그는 기사의 의미가 그 기사가 지시하는 시공간적 사건인지 아니면 그것이 재현하는 묘사인지, 또는 의미는 그러한 기록을 만들어낸 정신 또는 관점인지 아닌지에 대해 매우 모호한 채로 남아있을 수 있다. 그리고 궁극적으로는 후자인 정신 혹은 관점이 더 중요한 것이며, 오히려 그것은 전자인 사건 혹은 묘사의 실마리가 된다.

그렇다면 다시 말해 헤르더의 견해에서 사실적으로, 그리고 문헌들의 사실성을 설명하는 것으로 받아들여져야 하는 것은 바로 성서 문헌들의 정신이다. 성서 이야기들은 역사적(historical)이거나 역사 같은(history-like) 것이다. 그것들은 신화나 알레고리도, 영웅담이나 내러티브적 창작물도 아니며, 신뢰할 수 있는 생각에서 나온 행동들에 대한 자연스럽고, 단순하고, 직설적인 기사다. 그것들은 가능하면 인간적으로 읽어야 하는데, 그 이유는 그것들이 하나님으로부터 내용을 직접 받아 쓴 기계적인 산물이 아니기 때문일 뿐 아니라, 인간 저자들의 의도적이고, 고상하고, 시적인 고안품도 아니기 때문이다. 성서 이야기는 신뢰할 만한 동기, 의견교환, 활동들을 제시하는데, 이 각각은 문제의 본문들이 기원하는 인간적, 역사적 발전 수준에, 그리고 그것이 발생하게 된 배경에 적합한 것이다. 헤르더의 모호성은 히르쉬가 제시했던 차원보다는 이러한 견해에 있거나 아니면 하틀리히와 작스가 주장한 바와 같이 헤르더가 이 이야기들을 설명하면서 역사와 신화의 차이점을 설명하지 못한다는 데 있다. 헤르더는 한편으로는 사실적 묘사와, 다른 한편으로는 문헌들에 적절하게 표현된 자연적이고, 사실적이고, 역사적인 정신 사이에서 의미의 위치를 결정해야 한다는 것을 알지 못했거나 아니면 알기를 거부했다.

만일 본문 자체가 아니라 (얼마나 적절한지와는 관계없이) 내러티브 본문에 나타난 관점이나 정신, 또는 의식(consciousness)이 곧 본문의 의미라면, 아니면 설사 이것이 모호한 입장 속에서 하나의 대안이라면, 의미는 더 이상 반복되는 내러티브의 산물이 아니라 보편적이고 분명한 인간적인 현상—즉, 매우 독특하고 다양한 역사적 표현으로 분화된 문화적 정신—과 관련성을 갖게 된다. 이 현상을 이해하기 위한 기본적이고 필수적인 조건(이는 매우 빠르게 전문 해설 범주가 됨)은 곧 해석자가 자신이 지금 현재라는 구체적인 역사적 위치에 참여하고 있음을 아는 것이다. 일단 해석적 관점이 이처럼 해설적 의미를 이해하기 위한 조건이 되면, 문헌의 사실주의적 성격이나 정신이 얼마나 강하게 주장되는지와 관계없이 사실주의적인 내러티브적 입장은 무너지게 된다.

칼뱅이 표상적 의미는 그 표상이 생겨난 구체적인 역사적 맥락의 일부이지, 후일의 상황이라는 유리한 위치에서 이전의 맥락에 소급 적용되는 양식이 아니라고 주장했을 때, 그는 이미 사실주의적 내러티브 해석과 헤르더가 훨씬 후에 채택했을 관점 간의 차이점을 정확하게 집어냈다. 헤르더가 명확하게 하지 못했던 것이 바로 이 주장이다. 확실히, (헤르더가 주장했던) 표상적 해석에 나타난 역사적, 해석적 연속성은 그에게 있어 그 안에 나타난 관점이나 정신의 연속성에 있었다. 하지만 사실 역사적 전개 과정에서 나타나는 이 연속성은 회고적인 해석적 공감의 자세가 없다면, 그러한 연속성이 아니었거나 가능하지도 않았다.

게다가, 헤르더의 관점에서 모형론(typology)이나 표상화(figuration)는 이러한 해석적, 회고적인 입장 이상의 것을 요구한다. 그는 더 이상 그것을 특정 과거 사건이 그 자체의 사실성이나 의미를 훼손하지 않으면서 이후에 일어난 사건을 가리키는 문학적이고 역사적인 지시 대상으로는 보지 않는다. 헤르더는 종교에서 합리주의와 이신론 정신을 아주 싫어했지만, 그렇다 해서 이러한 발전이 있기 이전의 사고 패턴으로 돌아갈 수는 없었다. 그는 자신이 살던 시대의 지성사를 거부할 수 없었고, 사실 결코 그러려고 하지도 않았다. 같은 세기 초에 앤서니 콜린스(Anthony Collins)처럼 그 또한 특정 예언들이 수백 년 후에 세세한 부분까지 문자적으로 성취되리라고는 믿지 않았다. 헤르더에게 있어 역사는 천천히, 그리고 이전 시대와 이후 시대 사이에서 누락되는 단계 없이 발전한다. 그에게 있어 표상화란 시간적으로 멀리 떨어진 두 개의 특정 사건들이 연결되는 것으로부터, 천천히 누적된 일반적 기대가 완전한 성취에 이르는 것으로 변하게 된다.

헤르더는 자신의 반(反)합리주의적 또는 최소한 비(非)합리주의적 역사 상대주의로 인해 모든 고대 작품에 대해 일종의 심미적 복종을 하게 됐는데, 이는 볼테르 같은 사람이라면 전적으로 거부했었을 것이다. 하지만 또한 그 역사상대주의로 인해 그는 모든 고대 작품으로부터 규범적 독립을 하게 됐고—실은 그렇게 해야 했고—이로써 그는 성서 사건들이 아니라 그 의미에 대해, 그리고 사건과 그 묘사 사이에 있는 의미의 연결에 대해 문화적 설명을 하게 됐다. 이러한 태도로 인해 그의 성서관은 당대와 후대 주석가들로서는 혼란스럽게도 전통적이면서 동시에 현대적인 측면을 갖게 됐다. 이러한 상대주의와는 전혀 맞지 않게 헤르더는 '책 중의 책'(성서의 독특한 진리를 설득적으로 잘 말해주는 표현이다)인 성서 전체에 퍼져 있는 정신의 단순성과 자연스러움을 발견했다. 그것은 성서 전체의 전망에 신비스러운 섭리가 계속 작용하고 있으며, 그것도 성서의 자연적이고 역사적인 의미가 잘 활용되고 파괴되지 않는 방식으로 그러하다는 사실을 설득력 있게 표현한 것이었다.

헤르더는 역사적, 문학적 다양성을 획일성으로 환원시킬 사람이 절대 아니었지만, 그럼에도 불구하고 그는 성서에서 현재의 해석적 견해이자 성서의 적용적 의미인 정신적 관점과 더불어 통일성, 주로 역사의 통일성을—그의 모호한 의미로 다시 말하자면, 누적된 사건들과 변화하고 발전하는 전망의 혼합물을—발견했다. 그는 가상의 수신인에게 다음과 같이 썼다(vol. II, no. 39).

> 친구여, 성서가 우리에게 가르치는 전부가 신학이라면, 그리고 그것의 적용에 있어서는 실천신학이라고 한다면, 학생과 선생의 주된 관점은 이것에 집중되어야 한다는 점에서 자네가 옳다네. 그 결과, 모든 나무 조각과 못이 그 자체로 각각 무엇을 나타내고 있느냐는 것이 아니라, 그것이 신적 섭리에 의해 자리잡고 있는 전체 건물 속에서 시대와 문화를 뛰어넘어 지금의 우리에게 무엇을 의미하느냐가 중요하다네. 첫 번째의 목적은 단순히 그 자체만의 개별 지식이라네. 그리고 두 번째의 목적은 우리 시대를 위해 그것을 활용하는 데 필수적이라네. 첫 번째 목적은 성서적 골동품 수집가를 만들지만 두 번째 것은 성서신학자를 만든다네.

이어 그는 건물 전체를 보는 것은 우리의 몫이지, 아직 성취되지 않은 성서의 페이지 속에 있는 사람들의 몫이 아니라고 말하는데, 이는 특히 모형론(typology)과 관련하여 기억되어야 할 요점이다.

> 문제는 구약성서 속의 이 사람이나 저 사람이 자신을 유형(type)으로 분명히 인식했는가, 아니면 그의 시대가 그를 그렇게 인식했느냐가 아니라 시간이 흐르면서 그가 원형(archetype)으로 여겨졌느냐는 것이라네 … 오로지 후대의 조명만이, 그러니까 시간의 흐름 속에서 발전하는 의미의 연속만이 전

체의 유비(analogy)와 함께 우리에게 빛과 어둠 속의 그 건물을 보여준다네.

이렇게 전체로서 성서를 본다는 의미에서, 헤르더는 성서의 상징론 (Symbolik)—즉 성서의 통일성을 제공하는 유비(analogy)와 표상(figures)의 활용—을 촉구한다. 이 통일성은 충분히 사실적이지만, 그것이 실현되려면 우리의 이후 관점이 필수적이다. 그에게 있어 그러한 견해의 결과는 "구약과 신약성서의 요지는 그리스도와 그분의 보이지 않는 영원한 왕국이다. 예언자들이 약속했고, 그리스도께서 세상에 가져오셨고, 모든 세대의 선하고 진실한 모든 사람들이 그곳을 향해 가고 있는 바로 이 왕국 외에 인간 본성이 소망하고 추구할 만한 다른 무엇이 있겠는가?"(ibid.)인 것 같았다.

그것은 해석자의 자기 입장이 필수불가결한 회고적인 해석이다. 만일 그러한 입장이 성서의 연결고리를 아는 조건이라면, 그 연결고리 자체는 성서의 역사—즉, 하나님 섭리의 드러남이자 인류의 지속적인 탐구로서의 역사—이다. 헤르더는 설교할 때 본문을 사용하는 것을 언급하며 대부분의 본문이 역사거나 이야기(Geschichte), 우화(parable), 그리고 이러한 것들로 이뤄진 교훈이라고 말한다(vol. II, no. 40). 그리고 다시 이렇게 말한다: "왜 성서에서 가장 많은 부분이 역사일까? 그리고 왜 [성서의] 모든 시, 교리, 예언적 말들이 단순한 역사에 기초하고 있는가? 하나님께서 자연 속에서 우리에게 말씀하시는 것처럼, 성서에서도 그의 공개된 사역에서처럼 친밀한 말씀으로—자연스럽고 적극적으로—말씀하시길 원하시기 때문이 아니라면 다른 이유가 있을까?"(vol. 10, no. 12). 그렇지만 다시 한번 우리는 헤르더의 모호한 의미에서의 역사, 심지어 '사실'을 해석해야 하는 것을 기억해야 한다. 예나 지금이나 정신(spirit)이 없는, 다시 말해 의식(consciousness)이나 정신, 해석이 없는 사실은 없다. 그리고 현재의 해석 정신과 연관되어 이해되지 않는 과거 정신도 없다. 그리하여 이러한 역사화와 미학화의 맥락에 있어 그 나름대로 또한 적용이 아닌 해설도 없는 것이다.

　이러한 복잡한 맥락과 의미에서 '역사'는 하나님의 계시이자 동시에 자연적인 인간 의식(human consciousness)의 문화적 발전이다. "더 인간적일수록 인간에 대해 더 내면적이게 되며, 우리가 하나님의 사역과 말씀을 더 친밀하고 자연스럽게 생각할수록 우리가 과거에 본래 그랬던 것처럼 고귀하고, 신성하게 생각한다고 더 확신할 수 있을 것이다. 자연적이지 않은 모든 것이 경건하지 못한 것이다. 가장 초자연적으로 신적인 것이 가장 자연적인 것이 된다"(ibid.). 교리 혹은 축자적 영감인 '엑스 마키나'(*ex machina*)가 아니라 역사야말로 하나님의 계시의 수단이다. 하지만 역사로서의 계시(revelation-as-history)는 인류를 가장 완전하게 인간적이고 인도적인 수준으로 교육하는 것을 그 목적과 방법으로 추구한다. 헤르더는 이러한 생각들을 레싱이 『인류의 교육』(*Education of the Human Race*)에서 했던 것과 같은 방식으로 표현한 것은 아니었으나 그래도 표현하기는 했다. 레싱에게 있어, 인류의 종교적 발달은 그 자체가 하나님의 계시이지 단순히 그 계시의 수단만은 아니었다. 그러한 발달은 궁극적으로 계시 종교의 목적일 뿐 아니라 계시 종교를 대체하는 것이었다. 헤르더는 레싱의 견해를 잘 알고 있었지만, 그와는 관계없이 유사한 의견을 제시했다.[14] 그렇지만 신적 행동과 인간적 행동이 (레싱에게서처럼) 본질적으로 동일하다기보다는 서로 합쳐지게 된다는 보다 보수적이고 신인(神人)협력적인(synergistic) 맥락에서 그리했다.

　만일 역사가 교육이라면, 사건들의 영향이 어떠하든 간에 강조점과 연결고리, 그리고 이에 따른 역사의 내러티브적 요소들은 교육 과정에서의 인간 정신의 발달에 있는 것이지, 특정 사람들과 특정 사건들의 상호

14.　참고, Hirsch, vol. 4, p. 227.

작용에 있지 않다. 결국, 성서적 표상화 양식과 그에 따른 '건물 전체'의 통일성 양식은 헤르더에게 있어 이 체계와 잘 들어맞는다. 이전 성서 기사와 이후 성서 기사들의 연결점은 사실 어떤 의미에서 표상적이어서, 이전의 견해와 선언들이 나중에 일어나는 일에 관한, 특히 메시아에 관한 이미지, 비유, 또는 원형이다. 헤르더는 표상적 성취는 대중적 교훈 목적을 위해 과거의 다른 의미를 후대의 상황에 인위적으로 또는 심지어 부정직하게 적용하도록 강요하는 회고적 적응이 아니며, 또 다른 한편으로는 하나의 사건이 수백 년 전에 아주 세부적으로 정확하게 예견되고 기술됐음을 예증함으로써 성서의 진리를 기적적으로 증거하는 것은 아니라고 말한다.

표상화는 합리주의적 장치 또는 기계적-정통주의적(mechanical-orthodox) 장치가 아니라 과거의 탐구적, 영적 전망을 통해 이후의 더 풍부한 영적 상태를 폭넓게 기대하는 것이다. 구약성서의 특정 예언 구절이 그 맥락에서 떨어져 나와 반드시 그리스도에게 적용되는 것이 아니다(vol. 10, no. 18). 하지만 그 구절의 일반적인 역사적 사고-맥락과, 화자의 개인적인 사고-맥락을 통해, 성서 구절은 미래에 대한 폭넓은 기대가 되는 것이다. 예언(Weissagung)은 폭넓은 '미래로의 통찰'[Aussicht in die Zukunft]이 된다. "만일 다윗과 솔로몬, 그들의 후계자들이 세우지 못했던 진정한 영원한 왕국을 세우신 분이 그리스도라면, 그분은 간접적으로가 아니라 가장 직접적으로 그들의 예언에 속하게 된다. 그저 그들은 당시에 그의 왕국의 모습과 형태를 아직 볼 수 없었거나 희미하게만 볼 수 있었지만, 하나님의 말씀을 지켰고, 은밀하게 그 미래에 헌신했다." 예언이 후대의 특정 사건을 명확하고 구체적으로 지시하는 것은 "예언 정신—다시 말해, 각 예언의 점진적으로만 증가하는 정확성과 전체적인 초기 인상—을 완전히 파괴한다." 구약성서 속 사람들의 말은 다른 사람들의 말처럼, 그들의 마음속 열망에서, 그리하여 그들의 시간적 조건 속에서 나왔다. 그들은 시간이 경과하면서 이 말들이 갖추게 되는 형태를 볼 수 없었다. 오로지 미래만이 그것을 볼 수 있었다. 단일 본문의 의미는 하나의 구체적인 개념적 구성물이 아니라 역사적으로 변화하는 현상이다(ibid.).

예언들과 이미지들의 연결은 하나님의 목적과 그것의 점차 구체적인 윤곽을 점진적으로 명확하게 보여준다. 이렇게 점진적이고 비(非)기계적인 의미에서, 우리는 신약에서 이뤄진 구약의 완전한 성취가 구약을 완성시킬 뿐 아니라 그 갑작스럽고 아주 우발적인 결말로부터 구약을 구하게 된다고도 말할 수 있다. 비록 그 과정이 점진적이고, 일반적이고, 예기적(豫期的)이라 해도, 그것은 단순한 자연적 예기 이상의 것이다. 하나님의 섭리가 역사적 방향을 통해 역사하는 것이다. 기적을 포함하여(하지만 예언의 성취를 제외한) 역사적 사실들은 기독교의 토대이다. 비록 성취가 섭리적 계시와 내재적, 자연적인 역사 교육이 협력한 결과라고 그저 과거 회고적으로 이해될 수 있긴 하지만, 그 성취의 본질은 후대의 사건들과 그 사건들과 병행하는 보다 완전한 관점에 의해 이전의 전망들이 '진정으로' 성취되는 것이다(ibid.).

매우 모호하긴 했지만, 헤르더의 작업은 엄청나게 풍부하고, 미묘하고, 정교하게 균형 잡힌 작업이었다. 계시 또는 하나님의 섭리와, 내재적인 역사 발전은 서로에게 해를 끼치지 않으면서 조화롭게, 상호 협력적으로 서로에게 스며든다. 예수의 부활 같은 기적들을 포함하는 역사적 사건들과 종교적 견해 간의 균형과 상호 보완도 마찬가지로 미묘하고 완전하다. 다시 말해, 성서 내러티브의 연속성 및 성서 통일성의 맥락은 사실 하나님 백성의 의식이나 정신에서 하나님의 목적이 점차 명확해지는 데 있지만, 외부의 역사적 상황들―즉, 성서에서 이야기되는 명백하거나 확실한 사건들―에 의해 백성들의 정신이 얻게 되는 교훈이 없다면 그렇지 않

다. 궁극적으로, 헤르더는 이러한 역사 전개의 전진 동작을 신적이고 인간
적인 과정으로서의 그 통일성 가운데 이해하는 데 필수불가결한 조건—
즉, 현재의 해석적 입장이 역사적으로 독특한 종교적 입장에 대해 지니고
있는 정신적 친밀성—과 완벽하게 조화시킨다. 해설적 의미는 성서의 수
많은 독특한 역사적 표현들 속에서 그 단일 의미를 탐구하는 가운데 적용
적 의미와 완벽하고 완전하게 합쳐지게 된다.

히르쉬가 다음과 같이 말한 것은 옳았다. 곧, 헤르더는 불변하는 교리
라는 개념들을 해체했으며, 그 다음에 남은 것은 한편으로는 교리사이고,
다른 한편으로는 성서신학, 다시 말해 성서와의 접촉을 통해 지속적으로
갱신되는 기독교 관점인데, "이는 설교자들에게 그 청중들이 하나님의 말
씀을 생생하게 이해하도록 인도하는 데 필요한 명확성과 관점을 제공한
다." 더 나아가, 히르쉬가 헤르더와 경건주의자들을 구분한 것도 옳았다.
헤르더가 얼마나 보수적으로 보였든 간에 그는 교회적인 교의적 교리와
경건으로부터 더 단순하고 더 직접적인 성서주의적 교리와 경건으로 다
시 되돌아가는 데 관심이 없었기 때문이다. 대신에 헤르더는 "가장 심오
한 인간적이고 종교적인 교육 수단으로서 성서 역사를 동시대화[Vergegen-
wärtigung] 시키는 데" 관심이 있었다.[15] 해설과 적용의 결합, 감정이입(Ein-
fühlung)의 거의 기계적인 필수불가결성, 그리고 과거의 전망들과 현재 자
기 입장 사이의 차이 속에 있는 정신의 통일성과 정신의 중심성은 모두
과거를 이와 같이 현재로 이동시키는 것(다시 말해, 해석자가 감정이입적, 상상적
으로 과거로 들어감으로써 시간적으로 불가피하게 현재적인 자신의 위치로부터 일종의 스스
로 거리 두기를 하고 있는 것)을 입증해준다. 사실 성서의 동시대화(Vergegenwärti-
gung)는 헤르더가 추구했던 것이었다. 이러한 탐구 과정에서 역사적 '사실

---

15. Hirsch, vol. 4, p. 233.

들'과 사실주의적 묘사들은 그것들이 생겨나게 된 과거의 의식이나 정신의 표현과 합쳐져, 현재적 정신 또는 의식을 향한 성서의 의미를 형성한다. 아마도 이러한 결합은 부분적으로 헤르더의 잘 알려진—그리고 유감스러워했던—개념적, 기술적 능력과 명확성의 부족과 관련이 있을 것이다.[16] 하지만 그것은 또한 그의 사상의 기본 요소이기도 했다. 헤르더의 구약성서 이해에 대해 최근 한 주석가가 한 말에 따르면, "해석학 분야에서 그의 출발점은 분명히 현재의 시간이며, 그는 스스로 여기로부터 과거로 들어갔다."[17] 그리고 그 본질적 측면에서 과거의 정신을 이해하면서, 그는 그것을 자신이 출발했던 현재로 가져오려고 했다.

헤르더는 18세기 말 독일에서 성서 내러티브의 해설적 의미에 대한 사실주의적 해석에 근접했던 유일한 주요 주석가로서, 그 사실주의를 역사적 진실성을 위한 증거로도, 또는 성서 이야기의 조화 이론(accommodation theory)의 일부로도 축소시키지 않았다. 그는 사실주의적 묘사를 명시적 또는 관념적 지시 대상과 단순하게 동일시하지는 않았다.

하지만 다른 한편으로 그는 또한 해석 방법으로서 사실주의적 읽기와 씨름하지도 않았다. 성서의 단일하고 중요한 의미에 대한 그의 설명은 궁극적으로 사실주의적 기사들의 시공간적 지시 대상(그가 이 방향을 택할 때마다 기사들의 독특한 내러티브 형태는 결국 기사들의 본질적인 사실적 정확성과 그러한 의미에서의 역사성[historicity]에 대한 증거가 됐다) 및 유대 민족의 독특하고 사실주의적 또는 역사적인 정신이나 의식(이는 성서의 언어와 시적 관용구에 이르기까지 영

---

16. Meinecke, *Entstehung des Historismus*, pp. 356f.
17. Thomas Willi, *Herders Beitrag zum Verstehen des Alten Testaments*, Beiträge zur Geschichte der biblischen Hermeneutik, no. 8 (Tübingen: Mohr, 1971), pp. 44f. Willi 는 합리주의자들이 성서를 현대적으로 활용하는 것과는 대조적으로 Herder는 "인간을 옛스럽게(archaizingly) 인도한다"는 Rudolf Smend의 견해를 올바르게 바로 잡아 수정하고 있다. 참고, ibid., p. 45, n. 38.

웅적 양식이나 인위적으로 쓰인 시적 양식보다는 사실주의 양식으로 잘 표현되어 있다) 사이를 오가고 있다.[18] 의미를 명시적 지시 대상으로 축소하는 것보다 더 많이, 우리는 사실주의적 내러티브 해석을 방해했던 필연적인 종교-변증론적 동기를 그의 연구 방식에서 발견하게 될 것이다. 이것은 성서를 적용적 의미라는 더 큰 틀에 직접 집어넣음으로써 이루어졌다. 헤르더의 경우에 이것은 성서의 의미를 미학적-종교적으로 우리의 정신에게 이야기하는 발전적인 '정신'과 결합하는 것을 의미했다. 독자로 하여금 이야기를 통해 이해된 세상 속으로 들어가 거기에 자리를 잡게 했던 사실주의적, 표상적 성서 읽기는 이제 독립적인 정신적 자기 입장에 자리를 내주게 된다. 그리고 그 자기 입장은 스스로를 과거의 정신적 입장들과 연결 지음으로써 다시 과거의 특정 시대들뿐 아니라 스스로를 발견하게 되며, 이는 다시 그들의 현재 접근 가능하거나 또는 정신적으로 현재적인 요약에 의해 그것들을 발견하게 된다.

그 결과, 문자적 성서 읽기의 적당한 확장이었던 표상적 해석에 의거하여 이전 시대에서 제시됐던 성서의 단일 의미가 현대적으로 대체됐다. 이제 이러한 결합에 균열이 생겼고, 보다 오래된 표상화는 미신으로 여겨졌기 때문에, 헤르더는 성서의 단일 의미에 대해 매우 모호한 대안적 제안을 제시했다. 그것은 정신적-역사적 결합을 이전의 사실주의와 교체하고, 다시 이 결합을 최소한 부분적으로는 사실적이고 참된 역사인 성서의 단일 의미 주장과 애매하면서도 불안정하게 연결시켰다.

한편으로 생각하면, 역사비평이 아닌 해석학이 성서의 신학적 권위에

---

18. James Barr는 히브리어 의미론이 독특하고도 특별한 히브리 정신 구조에 의해 지배된다고 주장하는 전통을 맹렬히 비판하면서, 그러한 관점의 초기 전파자로 Herder를 인용한다. 참고, *The Semantics of Biblical Language* (Oxford: Oxford Univ. Press, 1961), pp. 14, 85f.

대해 제기하는 가장 중요한 문제, 곧 성서와 그 통일성에 관한 헤르더의
생각은 코케이우스(Johannes Cocceius)로부터 경건주의를 거쳐 구속사 학파
(heilsgechichtliche Schule)에 이르면서 정립된 성서신학의 생각들과 비슷하다.
경건주의자들과 달리, 헤르더는 미학적 입장과 역사적 상대주의의 입장
을 자연스럽게 결합시키는 수준에서 책을 저술했다. 하지만 그는 성서의
단일 내용은 일련의 시간적 단계들로 나뉜 구원 사건들(saving events)의 역
사라는 경건주의자들의 믿음에 동조했다. 이러한 연속성은 그리스도를
향해 섭리적으로 목적이 된 것이자 동시에 그리스도 안에서 성서 역사의
정점을 향해 나아가는 내재적으로 연결된 역사 발전이다. 동시에 그것은
또한 영감받은 신실한 해석이나 전통 또는 전망의 역사이며, 그러한 정신
은 그 독특한 성서의 언어로까지 확대된다. 더 나아가, 성서의 통일성을
구성하는 이 연쇄는 성서 자체에 스며있는 정신과의 관계 속에서 현재적
이고, 자의식적인 자기 입장에게만 온전하게 이해될 수 있다.

  헤르더와 경건주의자들의 차이는 성서의 의미와 권위에 대한 그의 미
학적 견해 이상의 것, 다시 말해, 하나님, 인간, 역사에 대한 훨씬 더 정교
하고 정확한 그의 견해와 관련이 있다. 게다가 그가 경건주의자들과 의견
을 같이한 바 있는 자기 입장의 강조란 경건주의자들에게 그러했듯이 성
서의 종교적 '대상들'(예수, 그의 보혈로 인한 구속, 그의 사랑, 성서의 각 쪽에서 우리 마
음에 직접 말씀하시는 성령 등)과 맺는 직접적이고 종교적인 관계가 아니라, 이
대상들이 구성 요소로 있는 정신의 역사와 맺는 직접적인 관계이다. 그렇
지만 경건주의와 그 이후의 구속사 학파(heilsgechichtliche Schule)는 그들 나름
의 훨씬 조야한 수준에서 18세기 말에 독일 고전 사상과 문학의 고급 문
화에서 급속히 발흥했던 감성과 재현의 낭만주의적, 관념주의적 양식과
관련이 있었다. 그 뿌리가 과거의 역사로까지 얼마나 멀리 거슬러 올라가
든 간에, 18세기 말에 만개해서, 세상을 향한 자유롭고 자의식적인 자기

입장이야말로 자아에 대한 태도와 더불어 그 세상의 묘사를 형성하는 독
자적이고 필수불가결한 요인이라고 믿었던 그 신념이 지닌 자의식적인
독창성과 힘은 아무리 과장해서 말하더라도 지나치지 않는다. 이 자아가
종교적으로 스스로를 탈(脫)입장화(dispositioning)하는 경건주의자들의 자아
이든, 스스로의 감성을 강하게 인식하면서 미학적으로 스스로를 탈(脫)입
장화하는 낭만주의자들의 자아이든, 아니면 개념적 자아재귀성(自我再歸性,
self-reflexiveness) 안에서 스스로를 탈(脫)입장화하는 관념주의자들의 자아이
든, 혹은 자기 책임의 힘으로 스스로를 탈(脫)입장화하는 신흥 실존주의자
들의 자아이든, 그것은 크게 중요하지 않다.

헤르더의 사상과 함께 이제 우리는 경건주의 방식을 통해서든 아니면
직접적으로든 수많은 감성적 주석가들을 해석 양식으로서의 낭만주의와
관념주의로 이끈 길 위에 서있다. (인간의 지식 영역 내에서 정신과학[Geisteswissens-
diaften]의 완전한 독특성에 대한 그들의 궁극적 주장과, 역사상대주의 또는 '역사실증주의'를
향한, 그리고 무엇보다 모든 정신적, 문화적 대상[모든 데이터는 아니라 해도]의 지식은 주체-
객체, 즉자-타자, 또는 정신-세상의 관계 도식하에서 분석되어야 한다는 관념주의적 확신을
향한 그들의 경향과 함께 말이다.) 비록 후기 칸트주의자들(post-Kantians)에게 있어
이렇게 둘로 나뉘는 것은 극복되어야 하거나 심지어 인식 이전의(precogni-
tive) 주체-객체의 통일성에서 나온 것으로 이해되어야 한다고 해도, 그것
은 지식과 자기 규정의 출발점이다. 헤르더의 사상은 칸트의 사상과 동족
적 유사성을 지닌다. 비록 그들이 후일에 신랄한 논쟁을 했지만 말이다.
그는 의식적으로 전문적인 주체-객체 도식의 발전으로 나아가지는 않았
지만, 역사에 대한 그의 견해는 그 아래에 흐르는 선험적 감수성(presche-
matic sensibility)의 모든 특징을 담고 있다.

제11장
독일 문학의 사실주의 결여

현재와 과거의 의미

역사적(historical)이고 역사 같은(history-like) 내러티브의 사실주의적 시각에 궁극적으로는 매우 적대적이었던 견해에 있어 헤르더는 결코 혼자가 아니었다. 괴테는 자신의 열네 번째 책인 『시와 진실』(*Dichtung und Wahrheit*)에서 쟈코뱅파 형제들(the brothers Jacobi)과, 다른 사람들의 종교적 사생활에 참견하는 사람들 중에서 가장 매력적이고, 독특하고, 귀찮은 사람인 라바터(Johann Kaspar Lavater)와의 첫 만남을 서술하면서, 자신이 1774년에 쾰른에서 머무는 동안 처음으로 자신 안에서 강렬하게 인식됐던 특별한 깨달음에 대해 간략하게 회상했다. 그것은 분명 양가적인 성격을 띠고 있었다.[1]

어떤 감정이 강력해지고 여러 이상한 방법으로 표현됐는데, 그것은 과거와 현재를 하나로 통합하는 감수성(sensibility)—즉, 과거의 특별한 것을 현재로

---

1. Goethe, *Dichtung und Wahrheit*, vol. 10, p. 681.

옮겨 오는 직관(intuition)—이었다. 나의 크고 작은 많은 작품에 표현되어 있
듯, 그 감정이 삶에서 즉각적으로 표현되는 순간 그 자체는 이상하고, 설명
할 수도 없고, 어쩌면 불쾌하게도 보이겠지만, 그렇다 해도 그것은 시에서
유익하다.

수백 년 전부터 미완의 상태로 얼어붙어 있던 쾰른 대성당(Cologne Ca-
thedral)은 그가 보기에 폐허 같았다. 절반만 구현된 기념비적인 구상물은
건축 도중에 불완전한 상태로 죽어 버렸으며, 바로 그 죽음의 순간이 현
재의 관람자 괴테의 마음에 보존됐다. 그는 우울해졌다. 하지만 오래전에
사라진 어느 귀족 가문의 완벽하게 보존된 집에 도착하자마자, 그는 훨씬
긍정적인 감정을 인식했다. 특히, 벽난로 위에 걸려 있는 활기차고 생동감
넘치는 가족 초상화에 자극받았는데, 그것은 전체 분위기에 생동감 넘치
는 동시대성의 모습을 선사했기 때문이다.

후일 마이네케(Friedrich Meinecke)는 이 경험을 인용하면서, 이 감정이야
말로 아마 괴테의 시 예술과 역사에 대한 감정—즉, 역사와 역사 기록학
(historiography)의 존재에 대해 혐오까지는 아니더라도 그의 잘 알려진 양가
성과, 불편함을 포함하는 감정—을 조절해주는 중요한 요소이었을 것이라
고 추측한다.[2] 역사에 대한 괴테의 두려움은 특이한 것이었지만, '하나로
통합된 과거와 현재'(the past and present in one)에 대한 그의 생각은 전형적인
것이었고, 역사실증주의를 이루는 조건의 토대가 됐다. 그러한 생각은 삶
의 과거 형태들이 현재까지 계속 발전하고 이어지고 있으며, 우리와 우리
의 제도들—언어, 문화, 국가, 가족—은 선행하는 역사가 없다면 지금의 모
습이 아닐 것이라는 통찰력 이상의 것이었다. 오히려, 그것은 우리가 인간

---

2. Meinecke, *Entstehung des Historismus*, pp. 463ff.

의 과거를 이해하는 데 있어서 의존하고 있는 독특한 의식(consciousness) 양식을 가리켰다.

이 양식은 개념화(conceptualization)보다는 상상력(imagination)과 감수성(sensibility)이라는 요소와 관련이 있었지만, 역사에 깊은 관심을 지닌 철학자들—특히 헤겔—은 인식(cognition) 양식과 그에 따른 묘사들을 '과학적' 또는 관념적 차원으로까지 높이려 부단히 노력했을 것이다. 괴테는 그러한 철학자처럼 하지 않았고, 우리가 짐작하겠듯이 헤르더도 그러하지 않았다. 자신을 항상 사실주의자라고 불렀던 괴테는 어쨌든 감성적 이해보다 이념적 이해를, 감상(impression)보다 '추상적' 사고를 선호하는 '독일적' 관습에 회의적이었다. 그는 『에커만과의 대화』(Conversations with Eckermann)에서 독일 동포에 대해 자주 인용되는 수사학적 감탄문으로 이를 다음과 같이 표현했다: "왜 당신은 단 한 번이라도 자신을 감정에 맡기고, 마음껏 즐기고, 감동되고, 고양되고, 그리하여 위대함에 이르도록 지도받고, 불붙는 용기가 없습니까? 추상적 개념이나 사상이 아니라고 해서, 모든 것이 헛되다고 늘상 생각하지 마십시오!"[3] 그럼에도 불구하고 하나로 통합된 과거와 현재에 관한 비(非)관념적(non-ideational) 또는 전(前)관념적(pre-ideational) 의미는 괴테와 그 동일한 의미를 관념적 차원으로 끌어 올렸던 사람들을 한데 묶어주는 연결고리였으며, 역사는 과거가 현재의 시간으로까지 계속되는 것에 대한 몰두였다. 괴테에게 있어 통합된 과거와 현재의 의미는 그가 언제나 아주 정교하고 거의 고통스러울 정도로 생생하게 반응했던 외부 인상들에 의해 야기됐다. 헤르더의 감수성과 상상력은 다소

---

3. Goethe, *Gespräche mit Eckermann*, in *Gedenkausgabe*, ed. E. Beutler, vol. 24, p. 635; 또한 Goethe, *Annalen*, in *Sämtliche Werke* (Jubilee ed., Stuttgart and Berlin: Cotta, 1902-07), vol. 30, pp. 388-92에서 Goethe가 기술한, 그와 Schiller와의 최초의 대화들을 보라.

다르게 일깨워졌는데, 감각적이라기보다는 어떤 면에서 내향적(inward)이
고 언어학적(linguistic)인 것에 더 가까웠다. 하지만 결과가 비슷하다는 사
실은 놀랍다. 곧, 구체적이고 대체될 수 없는 시간 흐름에서 떨어져 나온
과거의 사건들과 삶의 방식들이 기이하도록 생생하게 현재의 경험 속으
로 옮겨져서는 우리의 내적 또는 외적 감수성에 의해 우리 자신의 삶의
형식과는 아주 다르게 현재의 경험 속으로 들어오게 된다. 그 이동은 과
거에 대한 인식뿐 아니라, 현재에 대한 자각과 현재적이면서 현재와 과거
를 모두 인식하는 우리 자신에 대한 우리의 인식을 향상시킨다.

　마이네케는 이전 시대의 학자들 견해에 동의하면서 헤르더의 청년기
에서 괴테의 사례와 동일하지는 않지만 유사한 사례를 인용한다. 그것은
"아직도 생생한 과거인 현재의 강한 인상(印象)들"에 대한 자각이었다. (마
이네케는 둘 사이의 유사성에는 관심을 기울이지 않는다.)[4] 특히, 헤르더는 1765년 한
여름 밤에 야성적이고 원시적인 라트비아(Latvia)의 농촌 축제를 목격했던
것 같은데, 마이네케는 이 경험을 역사, 전설, 발라드에서 이상화된 원시
인류를—곧, 그 시적 순수함 가운데 하나님의 본래적이고 손상되지 않은
창조물을—찾고자 했던 자신의 루소적인(Rousseauesque) 열정적 탐구와 연결
시켰다. (헤르더는 맥퍼슨[James MacPherson]의 유명한 발라드 위작인 『오시안』[Ossian]에
열광했던 많은 독일 사람들 중 한 명이었다.) 헤르더 역시 자신의 방식대로, 그리고
괴테보다는 역사에 대해 훨씬 덜 양가적이고, 더 확신적인 태도로 과거와
현재 이해의 통일성을 이해했다.

　18세기 후반 독일에서 유행했던 '상류 문화'(haute culture) 및 역사와 역
사 묘사 작업에 대한 태도에서 이보다 더 뿌리 깊은 반(反)사실주의적 요
소는 없었다. 예를 들어 영국의 필딩(Henry Fielding)과 기번(Edward Gibbon)이

4.　Meinecke, pp. 366f.

그러했듯이 서술가(narrator)로서 자신의 역할을 얼마나 진지하게 생각했든
지 간에, 영국의 역사 작가나 소설가들 중에서는 이것과 비교할 만한 것
이 하나도 없다. 영국의 철학자 흄(David Hume)은 역사 연구에서 얻는 유익
한 결과들을 칭송하면서 이렇게 기록했다.[5]

> 만일 우리가 인간의 삶이 짧고, 그리고 심지어 우리 시대에 생겨난 일들에
> 대해서마저 우리의 지식이 제한적임을 생각한다면, 우리의 경험을 모든 과
> 거 시대와 가장 먼 나라들에게까지 확장시켜주는—우리의 지혜를 증진시
> 키는 데 있어 마치 그것들이 실제로 우리의 관찰하에 놓여 있는 것과 똑같
> 이 기여하는—이 발명품 없이 우리는 이해에 있어 영원히 어린아이여야 함
> 을 알아야 한다. 역사에 정통한 사람은 어떤 면에서 세계의 시작 때부터 살
> 아왔고, 매 세기마다 자신의 지적 분량을 계속해서 추가해 왔다고 말할 수
> 있을 것이다.

　이 진술에서는 경험된 현재라는 우월한 입장에 호소하는 것도 없고,
인식과 자기 인식의 그러한 특권적이고 절대적인 입장을 벗어나 구체적
인 과거 경험들로 들어가라는 권고도 없다. 흄과 역사실증주의를 구별지
어주는 모든 입장 차이들—예를 들어, 그가 독특하고 '역사 내적인'(inner-
history) 필요의 진정한 발전을 분별하는 것을 방해했던(마이네케도 그러했다)
완벽성과 다른 합리주의적 경향의 잔재들[6]—과는 별도로, 흄의 절묘한 직
유(直喩, simile)는 역사 묘사의 연결성이란 독자가 곧 그 세계의 일부가 되는
단일하고 연속적 세계를 재연해주는 묘사 자체에 있음을 보여준다. 내러

5.　"Of the Study of History," pp. 97f.

6.　Meinecke, pp. 220ff.

티브적 연속성 자체는 우리가 그 연속성을 이해하기 위해 필요한 세계를 이해할 수 있게 해준다. 자신의 세계를 이해한다는 것은 증가하는 묘사 속에서 우리가 이해하게 된 세계와 마찬가지로 누적적이다. 다시 말해, 우리는 그 역사적 내러티브를 통해 문화적 인간이 되는데, 우리 자신이 곧 역사적 내러티브에 의해 효과적으로 표현된 세계의 일부분이기 때문에 자연스러운 친밀감을 지니는 것이다. 그리고 앎의 양식 측면에서 우리는 우리가 알고 있는 역사만큼 오래된 것이다.

표면적인 유사함에도 불구하고, 흄의 진술에 나타난 정신은 고대의 양치기들과 함께 양치기가 되고, 우리의 자의식(self-consciousness) 내에 과거와 현재의 그 연결성을 정립하면, 그 이후에, 오로지 그 이후에만 세계가 그 집단적인 역사적-정신적 개별성 또는 본질 가운데 드러나게 된다는 헤르더의 권고와는 천양지차다.

헤르더가 과거와 현재를 연결하는 조건으로 감정이입(empathy)을 지지한 것은 역사 독자의 고대 계보(lineage)에 관한 흄의 은유(metaphor)와는 달리, 특히 칸트의 실천철학에서 아주 명확하게 표현되어 있는, 즉 인간의 자아가 자유롭다는—비록 그 자아의 자유로움의 원천과 그 자아가 느슨히 연결된 자연 세계에 적응하는 방식이 여전히 신비인 채로 남아 있긴 하지만—이제 막 싹트기 시작한 의미의 한 표현일 뿐이다. 세계(객체)로부터 자아(주체)의 독특성과 타자성이 인간 자유의 조건이다. 그것의 실현은 누군가에게는 도덕적인, 다른 누군가에는 종교적인, 또 다른 누군가에게는 미학적인 세계의 창조이며, 그 세계 안에서 자아는 친밀감, 즉 자유롭다는 느낌의 집을 발견한다. 자연스럽고 느슨한 연결됨과 인간적-정신적 관계성 사이에 모호하게 자리잡고 있는 역사적 세계는 누군가에게 이러한 인간 자유의 구현이 됐고, 그리하여 현존과 자의식의 느낌에 긴밀하게 연결됐다. 하지만 그렇다 해도 그것은 창조까지는 아니더라도 분명 독특한 인간적 현실로서 그러하며, 역사가 인간 자유에 대한 이야기라는 포괄적 '실제' 세계로서는 아니다.

몇몇 작가들에게 있어 인간 자유에 대한 이러한 몰두는 공동의 삶(the common life)의 유일한 원동력으로서 고전적으로 균형잡힌 개인에 대한 깊은 탐구와 연구로 바뀌게 됐다. 예를 들어, 독일의 시인이자 극작가 쉴러 (Johann Christoph Friedrich von Schiller)는 도덕적으로 부패하고 정치적으로 독재적인 절대왕정에 대한 사회·정치적 저항을 그린 열정적 초기 희곡인 『간계와 사랑』(Kabale und Liebe: 처음에는 『루이제 밀레린』[Luise Milierin]이라고 불림) 이후에, 점차 개인주의적이고 고전적인 방향으로 선회했다. 이는 『인간의 미적인 교육에 대한 편지』(Briefe über die ästhetische Erziehung des Menschen)에서 절정에 이르렀는데, 이 책에서 공동의 삶을 위한 유일한 혁명적 가능성은 개인의 도덕적, 감각적 충동의 조화로운 균형에 있었다. 이것만이 개인뿐 아니라 사회의 참된 자유를 실현하는 수단이다. 분명 쉴러의 이러한 방향 전환은 부분적으로 프랑스대혁명의 과격한 선언에 대한 반발의 산물이었지만, 그 전환의 징후는—마치 괴테도 프랑스대혁명의 대변동이 그 영향을 미치기 전에 이미 고전주의적 입장으로 옮겨갔듯이—혁명 전에 이미 그의 『타우리스 섬의 이피게니』(Iphigenie auf Tauris)와 『토르콰토 타소』(Torquato Tasso)에 나타났다.

장기적으로 결국에는 인간의 균형과 조화라는 고전주의 이상의 부흥은 인간의 즉흥적인 내적 감수성에 대한 낭만주의적 생각과 그 즉흥성의 자유롭고 즉각적인 외부 표출을 옹호하는 것과 마찬가지로 사실주의적 역사 묘사에는 적대적이었다. 낭만주의 선구자들, 이른바 '질풍과 노도'(Sturm und Drang) 작가들 사이에 나타난 초기의 반대 징조들에도 불구하고, 이 둘은 대체로 보수적 정치관을 강화시켰다. 독일 문학에서 고전적 이상의 부활은 이러한 경향을 강화시켰다. 이 두 경향 모두에서 내면의 현실 감각과 외부 현실 사이의 긴장은 문체 양식적 측면과 실질적 측면에서 사실주의 내러티브의 발전을 방해했다. 영국 소설에서 활발하게 발전하기 시작했던 내러티브적 사실주의(narrative realism)는 독일에서는 비슷한 수준의 진전을 이루지 못했다.

사실주의 묘사의 수준

이러한 상황이 더 흥미로웠던 것은 레싱의 몇몇 연극들에서, 특히 심각한 코미디(serious comedy)인 『반헬름의 미나』(*Minna von Barnhelm*)와 시민 비극(bourgeois tragedy)인 『에밀리아 갈로티』(*Emilia Galotti*)에서, 레싱이 1760년에 번역했던 디데로(Denis Diderot)의 영향을 받아 사실주의 문학에 실제적인 진전이 부분적으로 이뤄졌다는 사실 때문이었다. 그는 『디데로의 극장』(*The Theater of Diderot*)에 쓴 서문에서 "아리스토텔레스 이래로 이렇게 많은 철학 정신이 극장을 차지했던 적은 없었다"라고 말하면서, 디데로가 프랑스 고전주의에 대해 혹평한 것을 "고트쉐트 교수(Johann Christoph Gottsched)를 필두로 하는 우리 중에서 재미없는 사람들"이 한 칭송과 비교했다. 그는 디데로가 희극적 코미디와 감동적 코미디(감상적 코미디[*comédie larmoyante*]에서 발전한 것인데, 디데로 시대 바로 직전에 프랑스에서 처음 나타남)를 구분한 것에 대해 우호적으로 반응했다.[7] 마침 그는 자신의 작품인 『현자(賢者) 나단』(*Nathan der Weise*)을 "내가 지금까지 써온 것처럼 감동을 주는 작품으로" 만드는 것을 목표로 했다.[8] 디데로는 또한 그가 가정극(domestic drama) 형식으

---

7.   *Das Theater des Herrn Diderot*, trans. from the French (1760), pt. 2; 번역자의 서문과 p. 231.

8.   Lessing이 자신의 형제 Karl에게 보낸 편지(Oct. 20, 1778)에서 인용. Peter Demetz,

로 나아가도록 도왔다. 과거의 고정된 장르들의 혼합물인 가정극은 일상의 미덕과 악이 실제 삶에서처럼 뒤섞여 있는 사적인 세계를 그린다. 사실, 등장인물들은 사회적, 자연적인 진공 상태에서 나타나는 전적으로 자립적이고, 따로 설명이 필요없이 명백한 인간 특성에 의해서라기보다, 오히려 그들이 설정되어 있는 (디데로가 "조건들"이라고 명명한) 삶의 상황(life situation)에 의해 형성된다.[9]

1754년 초에 레싱은 다음과 같이 말했다: "나는 덕행뿐 아니라 악행도, 예의바른 것뿐 아니라 부적절한 것도 묘사하는 것들만이 참된 코미디라고 감히 말하겠는데, 그 이유는 원래적인 인간의 삶에 가장 근접하게 되는 것은 바로 이러한 혼합을 통해서이기 때문이다."[10] 그는 그렇게 인생 같은(lifelike) 참된 코미디의 이상을 자신의 『반헬름의 미나』에서 실현하고자 했다. 그뿐 아니라, 이 연극은 사회적이고 정치적으로 디데로 자신이 아마도 생각했을 것보다도 더 폭넓은 의미에서 "조건들"(conditions)에 대한 디데로의 생각에 잘 들어맞는다. 괴테는 학창 시절에 라이프치히에서 『반헬름의 미나』를 본 적이 있는데, 이렇게 논평했다:[11] "그 작품은 의미깊은 삶에서 소재를 취해 구체적인 시간적 내용을 다룬 최초의 극장 작품이며, 이러한 이유 때문에 헤아릴 수 없는 엄청난 영향을 미쳤다."

그 작품은 구체적일 뿐 아니라 동시대적이라는 점에서 사실주의적이었다. 그것은 프러시아와 작센 사람들 사이에 아주 힘든 고통의 흔적만을 남긴 7년 전쟁(1756-1763) 종전 후 겨우 4년 뒤에 완성됐다. 그 희곡은 연인

Gotthold Ephraim Lessing: Nathan der Weise (Frankfurt a.M./Berlin: Ullstein, 1966), p. 183에서 인용함.
9.   참고, *Das Theater des Herrn Diderot*, pp. 236ff.
10. Demetz, p. 123에서 인용함.
11. Goethe, *Dichtung und Wahrheit*, p. 310.

들의 다툼과 화해에 관한 것인데, 여기서 동시대의 상황이 등장인물의 발전까지는 아니더라도 주제, 배경, 플롯에 직접적으로 기여한다. 최근에 가난해진 프러시아인 소령은 매우 친절하고 엄격하게 예의를 지키는 사람인데, 부당하게도 왕으로부터 예법을 어겼다는 잘못된 의심을 받고 있다. 그의 약혼녀는 활기차고 매력적인 부유한 작센 처녀인데, 그녀를 사랑하지만 예법 때문에 그녀와 결혼할 수 없다는 그 장교의 고집에 대해 아주 교묘하게 음모를 꾸민다. 주요 주인공들은 귀족이지만, 그럼에도 불구하고 그들이 서로 간에, 그리고 조연급 등장인물과 맺는 관계는 부르주아 소설의 특징인 개인적이고, 감성적으로 사실주의적인 특성을 전형적으로 보여준다.

폰 텔하임 소령(Major von Tellheim)은 혐의를 벗었다고 해도, 투박하게 완고한 사람, 특히 매력적인 여자들의 속임수에 손쉬운 먹이감이 되는 사람으로 그려진다. 그의 명예와 그녀의 속임수는 선한 것과 잘못된 것의 혼합물이다. 그렇지만 특히나 텔하임의 자긍심은 그의 동기만큼 순수한 자기희생적 헌신을 보여준 텔하임의 전(前)선임하사이자 하급자인 파울 베르너(Paul Werner)의 감정에 큰 상처를 입히게 된다. 계층과 계급 차이는 등장인물들에게 부여된 특정 미덕과 탁월성에 의도적으로 드러나고 있지만 선을 향한 열정과 원동력이라는 그들의 자질에는 나타나지 않고 있다. 사실 텔하임과 베르너 사이의 충실한 애정의 힘은 계급 차이를 분명하게 끊어 버리고, 농부와 귀족의 평등을 향해 나아가는 결속을 만들어 낸다.

이와 관련하여, 특히 『현자 나단』에서[12] 뿐 아니라 평소에도 레싱이 자주 사용했던 돈의 상징성은 그 관계 속으로, 그러니까 인간들이 자기 자신이 어떤 사람인지를 실연해 보이는 상황 "조건들"의 표현 속으로 직접

12.　참고, Demetz, p. 143.

들어온다. 텔하임이 너그러이 채무를 탕감해준 것은 귀족적 고결함의 직접적 표현이 된다. 반면에, 그가 갚을 수 없는 채무는 그의 명예에 대한 직접적 위협이다. 하지만 다른 한편으로, 베르너가 그에게 자기 희생적으로 돈을 제공하는 것은 그들의 관계에 적절한 것만큼이나 놀라운 행위였으며, 그들의 관계를 최소한 일시적이라도 변화시킨다. 처음에는 텔하임이 베르너의 채무자가 된다는 것이 어울리지 않아 보인다. 하지만 그 일은 그들에게 텔하임이 전투 중에 베르너에게 두 번 목숨을 빚졌다는 것을 상기시켜 준다. 그 상징은 중요한 분수령을 이룬다. 이 더 큰 빚을 기억하자마자 소령은 차츰 자신의 생각을 고쳐 결국 그의 선임하사에게 다음과 같이 말할 수 있게 된다: "내가 돈이 한 푼도 없을 때, 자네는 내가 돈을 빌리게 될 최초이자 유일한 사람일 것이라고 자네에게 말하겠다고 명예를 걸고 약속한다면—자네는 만족하겠나?"[13] 돈과 생명 사이에는 의미심장한 균형이란 것이 있다. 곧, 우리는 돈과 생명 모두를 다른 사람에게 빚질 수 있으며, 그리하여 각각은 서로 나머지 다른 것의 표현이 되고, 그리하여 사람들 사이 관계의 배경이나 심지어 매개물이 될 수 있다. 전쟁처럼 돈은 계급 차이를 평등하게 해주고, 두 사람을 각기 의도치 않는 평등성으로 이끄는 조건이 될 수 있다. 좋든 나쁘든 간에, 그리고 여기서는 좋은 뜻으로, 발자크(Honore de Balzac)가 후에 언제나 돈을 사회적 관계와 상징으로서 사용한 것과는 달리, 그것은 부르주아의 사회적 가치와 부르주아의 개인적이고 사적인 사실주의를 결합하는 일이었다.

　　레싱이 개인의 특징과 관계를 향상시키거나 심지어 표현하기까지 하는 주요 조건으로 돈과 (특히 『나단』에서) 상업적 삶을 받아들인 것은 웨슬리(John Wesley)가 자주 돈의 사용에 관한 설교에서 언급한 "당신이 벌 수 있는

13.　3막 7장.

대로 벌라, 당신이 저축할 수 있는 대로 저축하라, 당신이 줄 수 있는 대로
줘라"라는 세 가지 '평범한 규칙들'을 연상시킨다. 여기에서도 돈은 개인
적 관계를 증진시켜 주는 적절한 매개로 간주되고 있긴 하지만 레싱과 웨
슬리의 차이는 바로 레싱이 『반헬름의 미나』에서 돈을 다루는 사실주의
적 특징에 있다. 웨슬리에게 있어 돈의 획득, 저축, 지출은 기독교인의 내
적인 자기규율을 표현하고 시험하는 외적인 수단이었다: "조용하고 진지
하게 물어보라. '이것을 지출하면서 나는 내 본질에 맞게 행하고 있는가?
여기서 나는 소유자로서가 아니라 하나님의 재물의 청기지로서 행하고
있는가?'"[14] 하지만 레싱에게 돈은 개인의 자기 형성을 위한 외적 수단 이
상의 것이었다. 그것은 개인적 성품으로 들어가는 하나의 중요한 사회적
요소로서, 사회적 맥락 속에서 개인적 관계들을 형성한다.

　　하지만 모든 것을 고려해 볼 때, 이 연극에서도 사실주의의 요소는 비
교적 불완전한 채로 남아있다. 등장인물의 묘사는 궁극적으로 극히 도덕
적이고 성격학적(性格學的, characterological)인 작업이다. 등장인물들은 틀에
박히게 정형화된다. 일상적 선과 악이 그럴듯하게 혼합된 등장인물 각각
은 여전히 사회적 역동이 약하게, 외부적으로만 작용하는 일련의 기질과
행동 패턴에 따라 행동한다. 따라서 그들의 상호작용은 지극히 개별적이
고 개인적이며, 그들의 삶의 태도 변화도 그러한 수준에서만 일어난다. 프
러시아의 상황은 프리드리히 대왕(Frederick the Great)이라는 인물 속에 의인
화된 일종의 '데우스 엑스 마키나'(deus ex machina: 극이나 소설에서 가망 없어 보이
는 상황을 해결하기 위해 동원되는 힘이나 사건—역주)이며, 사회적 갈등이나 문제점
들의 배경은 미발달된 채로 남아있다. 전쟁과 군 복무가 영광스러운 것이
아니라는 사실에도 불구하고, 이러한 현실들이나 그 뒤의 더 큰 세력들은

14.　*Wesley's Standard Sermons* (London: Epworth Press, 1921), vol. 2, pp. 309ff. (Sermon
　　44).

극의 전개에 깊이 작용하지 않는다.

정치적 절대주의에 반대하는 정치 의식과 강한 저항은 '질풍노도 문학운동'(Sturm und Drang)과 더불어서만 발달했고, 잔인한 궁중 음모, 잔혹한 독재, 그리고 엄격한 사회 계급으로 인해 좌절된 사랑의 비극인 쉴러의 『간계와 사랑』에서 그 절정에 달했다. 하지만 에리히 아우어바흐(Erich Auerbach)가 주장하듯, 이 희곡은 레싱의 『반헬름의 미나』와 『에밀리아 갈로티』와 마찬가지로 사실주의적이지 않다. 이 작품에서 편협한 관습과 부자연스러운 사회 구조와 갈등을 빚는 사랑을 드높인 것은 일상적 현실의 일부이자 비극에 적합한 소재인 에로틱한 사랑에 기초했다: "그 작품은 분명히 에로틱하면서 동시에 감동적이고 감상적인 것이었다. 바로 이러한 형식을 통해 이른바 '질풍과 노도' 운동의 혁명가들이 그것을 이용했고, 루소의 발자취를 좇아 부르주아적, 사실주의적, 감상적 요소를 하나도 포기하지 않고서도 다시금 그것에 최고로 높은 비극적 위상을 부여했다." 하지만 '감상적으로 감동적인' 스타일, 묘사된 상황들의 편협함, 과장된 수사적 디테일, 억압적 제도의 기능과 보다 광범위한 배경이나 그것들의 쇠퇴 이유를 설명하지 못한 점, 그리고 무엇보다 이 상황이 영원히 고정된 것도, 옳은 것도 결코 아니라는 것을 전혀 알지 못하는 것으로 그려진 "그 나라 국민들의 내적인 자유 부재"로 인해, 『간계와 사랑』은 완전한 사실주의적 차원을 얻지 못한다.[15]

연극에서 소설로 넘어가 보자. 소설 이론과 작품은 18세기 후반 독일에서 알려져 있었고, 영국 소설가 리처드슨(Samuel Richardson), 필딩(Henry Fielding), 스턴(Laurence Sterne), 스몰렛(Tobias George Smollett)의 소설들이 널리 읽혀지고, 논의됐다. 소설만을 다룬 최초의 종합 비평 에세이 가운데 하나로

---

15. Auerbach, *Mimesis*, pp. 441-42.

폰 블랑켄부르크(Friedrich von Blanckenburg)의 『소설 연구』(Versucht über den Roman)가 있다. 이 에세이는 미래의 젊은 소설가들에게 비교적 새롭고 아직은 종종 경시받는 이 장르의 글쓰기를 지도하려는 목적으로 비전문가가 쓴 광범위하고 박식한 노력의 결과물이었다. 블랑켄부르크가 가장 좋아했던 주요 본보기는 빌란트(C. M. Wieland)의 『아가톤의 역사』(Die Geschichte des Agathon)였는데, 이 작품은 그가 선호하는 것들뿐 아니라 당시 독일에서 전반적으로 일어나고 있던 소설 장르의 전환을 보여준다. 『아가톤의 역사』는 괴테의 『빌헬름 마이스터』(Wilhelm Meister)에서 정점에 다다르게 된 소설 유형인 교양소설(Bildungsroman: 성장소설 또는 발전소설이라고도 한다—역주)이다. "등장인물이 다양한 사건들이나 보다 명확하게는 그의 내적 역사를 통해 얻게 되는 발전과 형성은 소설의 본질적이고 독특한 요소이다"라고 블랑켄부르크는 썼다. 외부 사건들은 주변부로 밀려나 사실상 주인공의 감수성을 형성하는 "내적 행동들"의 원인이 됨으로써 그 중요성을 얻게 된다. 후일 블랑켄부르크의 책을 편집한 20세기의 한 편집자는 "사실 독일의 발전소설은 개별 등장인물의 내적 발전에 대한 이야기 전개를 일관되게 강조한다는 점에서 무엇보다 높은 예술성을 갖는다"라고 썼다. 또 그는 "한 개인의 내적 발전에 집중했던 것은 19세기에 독일 이외의 지역에서 빠르게 성장했던 야심적이고 흥미진진한 소설을 선호하는 경향이 독일에는 부재했던 것에 상응한다"라고 덧붙인다.[16] 독일에서 스콧(Walter Scott), 디킨스(Charles Dickens), 발자크(Honoré de Balzac)가 인기 있었음에도 불구하고, 내적인 성격 발전이 독일의 외적인 사회 세계 묘사와 균형을 이루려면 폰타네(Theodor Fontane)의 후기 작품들과 만(Thomas Mann)의 소설들을 기다려

---

16. *Versuch über den Roman*. Eberhard Lämmert의 에필로그(epilogue)가 달린, 1774년 원판의 사본(Stuttgart: Metzler, 1965), p. 392; 그리고 Epilogue, pp. 557, 573.

야만 했다.

휠씬 더 분명하게 사실주의적 사회소설을 경시했던 것은 블랑켄부르크 이후 한 세대가 지나 프리드리히 슐레겔(Friedrich Schlegel)의 비평적 저작들에서 발견되는 것 같다.[17] 슐레겔은 소설을 이해했기에 소설 형식의 숭배자였지만 그렇다 해도 소설을 기껏해야 매우 낭만적이고, 주관적이며, 환상적인 문학 형태로만 여겼다. 그는 영국 소설가 필딩의 작품 같은 사실주의 작품을 못 참아하면서 거부했다. 그러한 작품들은 사람들이 욕하고, 시골 지주가 행동하는 방식을 우리에게 실제처럼 묘사해준다.[18] 그는 이 초기의 의견에서 변치 않은 채 굳건히 남아있었다. 그는 오로지 묘사를 왜곡하거나 해체하기 위해 순수한 묘사를 채택하는 '기교적 연극들'(arabesques)과 다른 판타지 연극들을 칭송했다. 그리하여 그는 항상 스턴 (Lawrence Sterne)의 작품을 칭찬했다. 하지만 "시의 독특한 장르이자 현대 사회생활에서 일어난 사건들을 규칙적으로 이야기하는 산문적 묘사인" 소설에 대해서는 그러지 않았다. 그는 1812년에 고대 및 현대 문학에 관한 비엔나 강의들에서 "시를 그렇게 직접적으로 현실과 연결해서 산문으로 제시하려고 하는 이 모든 노력들에는 완전히 해결할 수 없고 전적으로 잘못된 것이 있다"라고 말했다.[19]

---

17. "Gespräch über die Poesie" (1800)에서 "Brief über den Roman"이라는 제목이 달린 부분을 보라; F. Schlegel, *Kritische Sctiriften*, ed. Wolfdietrich Rasch (Munich: Hanser, 1964), pp. 508-18.

18. *Kritische Schriften*, p. 517. René Wellek의 간략한 요약적 진술은 완전하게 정당화된다: "그는 심지어 Fielding까지도 포함하여 영국의 사실주의 소설을 비난한다" (*A History of Modern Criticism: 1750~1950*, vol. 2, p. 19; 참조, p. 29).

19. F. Schlegel, *Geschichte aer alien und neuen Literatur*, in *Kritische Friedrich-Schlegel-Ausgabe*, ed. H. Eichner (Paderborn: Schoningh, 1961), vol. 6, p. 331.

역사실증주의와 사실주의

18세기 후반 독일에서 사실주의적 저작과 그 평가는 레싱과 초기 쉴러가 이룬 수준을 뛰어넘어 더 발전하지는 않았다. 분명 낭만주의 저작과 비평은 그 반대 방향으로 흐르곤 했다. 전형적인 계몽주의 모티프, 곧 외부 사건의 충격을 통해 신뢰할 만한 등장인물이 발전하게 되는 것에 대한 묘사조차도 이제는 슐레겔의 평가에서 더 이상 칭송의 대상이 아니었다. 역사학적 입장은 소설의 입장과 유사했다. 아우어바흐가 지적했듯, 18세기 후반 독일에서 역사실증주의의 등장이 사실주의 소설과 역사 기록의 발전을 도울 것으로 기대됐지만 실상은 그렇지 않았다는 것은 흥미로운 사실이다. 우리는 헤르더에 의해 대표되는 이 사상 운동의 특수한 성향, 그러니까 인식 주체(knowing subject)가 역사적 세계에 대해 독특하고 자기 입장적인 위치를 점유한다는 사실의 결과로 역사를 집단적-정신적 개별성 단계들의 발전으로 전환시킴으로써 역사를 정신화(spirituralize)하는 것을 이미 살펴보았다. 역사실증주의는 인간이 확고한 역사적 상황 및 발전과 대면하면서 실제로는 분명히 자기 자신을 대면하게 되는 인류의 끝나지 않은 역사를 제시해 주는 것이다. 하지만 인간이 만나는 보편적 자아 또는 보편적 인간은 합리주의자가 주장함직한 것처럼—직접적이고, 보편적인 초(超)역사적(trans-historical) 형식으로는 결코 만날 수 없다. 인간이라는 보편적인 역사적 존재는 특정 시대와 특정 집단의 특정한 정신으로만 만나게 된다. 위대한 역사가 레오폴트 폰 랑케(Leopold von Ranke)가 그 특유의 개괄적인(broad) 표현으로 말했듯이, "모든 것은 일반적이고 개별적인 정신적 삶이다"라고 할 수 있는데, 여기서 일반적(general)이라는 것은 가장 폭넓게 포괄적인 역사적 집합성을 뜻하며, 개별적(individual)이라는 것도 동일한 것—즉, 한 시대나 집단의 집단적 개별 정신을 뜻한다.[20] 역사 기록학의 조건 또는 주제인 역사 정신은 역사 속에서 역사 정신 자신을 만난다.

역사적 구체성과 보편적 역사를 역사-정신적 발전 개념으로 한데 묶은 것은 특히 아우어바흐가 지적했던 혼란스러운 상황의 한 표현이었다. 한편으로, 역사실증주의는 문화적 변화의 구체성과 불가역적인 역사적 특수성을 이해하는 것이었다. 하지만 다른 한편으로, 독일 사상의 한 운동으로서 그것은 이러한 이해와는 정반대쪽, 역사적 변화의 내용을 규정함에 있어서의 광범위한 보편화로 이어졌다. 역사실증주의가 사실주의적 묘사로 이어지지 못한 한 가지 이유는 거대한 보편화 경향 때문이었다. 이는 헤르더에게서 관찰됐고, 정신이나 이성이 역사의 단일 동력이라는 헤겔의 서술적 설명에서 그 철학적 정점에 도달했다. 보다 온건한 형태로 이러한 정신화와 보편화 경향은 삶이나 정신, 자의식, 또는 전체적으로 독특한 인간의 여러 자기 이해 방식들이 문화와 역사의 주제가 되게 해주기에, 그 이후에도 여전히 동일한 채로 있게 됐다. 보편화와 정신화 경향은 궁극적으로 역사 발전의 중심 내용과 연결고리가 곧 보편적 주제이고, 그 보편적 주제의 특징은 문화적으로 구현되거나 확산된 의식이라고 이해된다는 사실에 기인했다. 역사실증주의 관점에서 역사적 중심 내용이 언제나 구체적인 문화 형태를 취한다 해도 궁극적으로는 하나의 보편적인 인간 정신이다.

이러한 지적 발전의 문화적 배경에는 극도로 분열된 정치 상황과 낙후된 경제가 있었는데, 이 둘은 각각 서로를 무기력하게 만들곤 했다. 18세기 후반의 독일 세계를 지배했던 프러시아의 프리드리히 대제라는 위

---

20. Meinecke, *Entstehung des Historismus*, pp. 592f.

엄 가득한 인물은 결국은 그의 치하와 다른 모든 독일 영역의 지방분권적 분위기만 강조했을 뿐이었다. (어떤 의미에서는 여러 나라의 연합체였던) 오스트리아를 제외한 독일의 다른 공국들은 말할 것도 없고 프러시아조차도 프리드리히 대제의 비범한 능력 덕분에 잠시 그러한 수준에 올랐던 때를 제외하고는 유럽에서 중요한 정치, 문화 세력이 아니었다. 게다가 지적·종교적 자유에 대한 프리드리히 대제의 계몽주의적 관용은 그의 정치적 독재와는 커다란 대조를 이뤘는데, 이는 그 시대에는 일반적인 것이었고, 또 독일의 다른 지역에 만연했던 상황의 특징을 훨씬 잘 보여준다. 당시는 매우 개인적인 통치의 시대였다. 오스트리아를 제외하고, 독일 소국가들의 상황은 분명히 훨씬 더 지역적이 되어가고 있었다.

이러한 가운데 독일 민족주의는 크게 번성했으며, 동시에 심각한 의심의 대상이 됐다. 영국에서 사실주의 소설 발달의 굳건한 문화적 배경이 됐던 정치적 민족의식이 독일에서는 개념과 사실에서 한참이나 뒤쳐져 있었다. 프랑스대혁명과 나폴레옹의 독일 점령은 특히 프러시아에서 당시 상황을 완전히 변화시켜 놓았지만 독일의 지적·문학적 사상이 최고점에 이르기 시작했던 18세기 후반부에 이 운동의 전반적인 문화적 상황은 이례적으로 지역적이었다. 18세기 말에 영국은 정치·경제·종교 혁명들을 겪었고, 국가적 실체(national entity)로 부상했다. 독일의 시인 하이네(Heinrich Heine)가 거의 두 세대 후에 날카롭고도 두려워하며 관찰했듯이, 독일에서는 그때까지 혁명은 종교와 철학에만 국한됐었다. 바로 그 혁명의 첫 단계인 16세기의 종교개혁이 끔찍한 농민 진압을 수반했었음을 기억해야 한다. 독일이 여전히 농업 중심적이었던 18세기 말에 그러한 다수 대중의 법적·경제적 형편은 요제프 2세(Joseph II) 치하의 오스트리아에서 최근에 일어났던 농업개혁이라는 부분적 예외가 있긴 하지만 여전히 사실상 동일했다. 중요한 사회 변화들은 점차 증가하던 시민 계급에 한정됐으며, 그

들 가운데서도 사회적 유동성(social mobility)은 여전히 매우 제한적이었다.[21]

　요약하자면, 18세기 후반에 독일에서 일어난 것 같은 중요한 지적·문학적 운동은 그렇게 분열되고, 편협하고, 지역적인 정치적 기반에서, 그리고 그토록 정체된 사회적·정치적 분위기에서는 거의 시작되지 않는다. 이러한 배경을 고려하면, 괴테나 쉴러 같은 젊은 지식인들조차도 그중 일부가 처음에 프랑스대혁명에 동조했다가 금방 그것이 정신적으로 이질적이고, 심히 위협적이고, 이해할 수 없는 두려운 힘을 지닌 세력임을 알게 됐다는 사실은 놀랍지 않다. 그들에게 있어서도 사회정치적 상황들은 영원히 변치 않는 것이었거나 아니면 심하게 이해할 수 없으리만큼 혼란스러운 것이기도 했다. 그들은 자신의 시대를 특징짓는 대규모 사회적·역사적 힘의 대격변과 인간 사이의 상호작용을 통해 인간의 본질과 운명을 묘사하는 것으로부터 뒤로 물러났다. 독일 문학과 독일 역사 기록 및 문헌이 연속성을 위해 보다 윤리적이거나 정신적인 묘사와 강조를 선호하며 사실주의를 멀리했다는 것은 놀라운 일이 아니다. 오히려, 역사실증주의적 견해가 자연적 요인보다는 구체적인 역사적 요인으로 인해 지속적인 문화적 변화를 더 강하게 강조하면서 결국 발전했다는 것이 놀랍다.

　아우어바흐는 그처럼 편협한 정치·경제·문화적 상황에서 초기 역사실증주의 같은 광범위한 지적 운동이 분투한 결과에 대해 아주 명석하게 논평했다. 역사실증주의는 한편으로는 매우 구체적이지만 완전히 지역적인 역사적 현상들의 묘사와, 다른 한편으로는 거대하고 보편적이고 정신적인 해설 사이에서 진자 운동을 했다. 국민 생활의 장과 같이 광범위하지만 여전히 특수한 역사적 맥락에서 관리 가능한 영역의 인간적 분투를

21.　참고, Hajo Holborn, *A History of Modern Germany, 1648-1840* (New York: Knopf, 1966), p. 306.

진지하게 다루는 것은 분명 무엇인가를 놓치고 있었다.[22]

　　독일의 현대 상황들은 폭넓은 사실주의적 접근에 별 도움이 되지 않았다. 사회적 모습은 이질적이었다. 일상 생활은 수많은 '역사적 영토들'의 혼란스러운 환경에서 이뤄지고 있었다. … 그러한 역사적 영토 각각에서, 억압적이고 때로는 숨막히는 분위기는 일종의 경건한 복종과 역사적 연대감에 의해 상쇄됐는데, 이 모든 것들은 강한 결단력으로 실천적이고 실제적인 것들과 씨름하고 더 큰 맥락과 더 넓은 영토에 관한 인식과 씨름하기보다는 사색, 자기성찰, 명상, 그리고 지역적 특수성의 발전에 보다 기여했다. 독일 역사실증주의의 기원은 그것이 형성됐던 상황의 특징을 분명히 보여주고 있다. 뫼저(Justus Möser)의 사상은 오스나브뤼크(Osnabrück) 대성당의 사제단이라는 매우 제한된 지역의 역사 발전에 대한 예리한 연구에 근거하고 있었다. 반면에, 헤르더는 가장 폭넓고 가장 일반적인 함축 속에서, 그리고 동시에 심오한 특수성 속에서 역사적인 것을 찾았다. 하지만 그는 그것을 구체적으로 표현하지 않아 실제 이해에 전혀 도움이 되지 못했다. 이들의 작업은 독일 역사주의가 오랫동안 지녀왔던 경향들을 잘 보여주고 있다. 한편으로는 지역 특수주의와 대중적 전통주의, 다른 한편으로는 모든 것을 포함하는 포괄적 사색이 바로 그것이다. 이들 두 경향 모두는 구체적 미래의 현재 가시적인 기원(起源)들보다는 초시간적인(extra-temporal) 역사 정신과 존재의 완성된 진화에 대해 훨씬 더 깊은 관심을 지녔다. 본질적으로 그러한 입장은 마르크스(Karl Marx)에게로까지 이어져 오고 있었다.

　　이러한 전반적인 상황에서, 감각적 세밀성에 대한 괴테의 생생한 인

---

22. Auerbach, *Mimesis*, p. 445.

상과 생동감—즉, 사실주의—조차도 역사에 대한 개인적 분투와 동시대
사회에서 작용하고 있는 사회적 세력들을 동일하게 사실주의적인 이해와
묘사로 확대시키려 하지 않았다.[23] 그는 역사를, 특히 당대의 역사를 위협
이라고 생각했으며, 그가 자신의 자서전적 작품들에서 당대의 사건들과
운동들을 제시할 때, "역동적이고 발생론적 방식으로 표명된 진정한 관심
은 특히 개인적인 문제들과 괴테가 참여했던 지성 운동들과 관련이 있는
반면에, 공적인 상황들은 가끔 아주 상세하고 생생하기도 하지만 대체로
안정적이고 활력이 없는 것으로 나타난다."[24] 이렇게 동시대의 역사적 힘
을 사실주의적으로 대응하는 능력이나 요구가 부재한다는 것은 널리 공
유된 특성이었다. 만일 그 18세기 말의 작가들 가운데 누군가가 이를 초
월할 수 있었다면, 그 사람은 괴테였을 것이다.

사실주의의 실패

범위도 더 좁고 강조점도 더 특수한 성서 해석은 당연스레 동일한 운
명을 겪었다. 이른바 성서의 역사성과 내러티브적 특성이 전반적으로 인
정된다고 할지라도, 주석가들 사이에서, 그리고 궁극적으로는 미학적, 역
사실증주의적 이유로 그러한 해석 방법을 탐구했으리라고 생각되는 헤르
더 같은 사람들 사이에서조차 성서는 그 내러티브적 사실주의의 중요성
에 대해 명확한 공감을 이끌어내지 못했다. 영국에서 사실주의 내러티브

---

23. *Faust*가 현대적 사실주의로 나아간다고 주장하는, 탁월하지만 결국 설득력이 없는
    반대 견해에 대해서는 다음을 참조하라. Georg Lukács, "Faust Studies," in *Goethe
    and His Age* (New York: Grosset and Dunlap, 1969), pp. 157-253, esp. pp. 175ff.
24. Auerbach, p. 451.

는 역사와 사실주의 소설의 차이점과 유사성에 대한 비평의 시작과 함께 대단히 강력한 소설 전통으로 발전해 가기 시작했다. 하지만 수많은 기술적이고 문화적인 이유로 인해 이 전통은 영국의 학문적 또는 교훈적 성서 주석에 아무런 영향도 미치지 못했다. 종교적으로 중요한 성서 이야기들의 사실주의적 특징이 인정받았을 때에도, 그것은 단지 역사 보도로서 그 이야기들의 진실성을 뒷받침해주는 증거로 인용됐을 뿐이었다. 이 이야기들은 사실(facts)이나 알레고리 또는 거짓말로는 여겨졌지만 결코 사실주의적 내러티브로 여겨지지는 않았다. 더구나, 문헌으로서 성서에 대한 관심이 거의 없었다. 반면에 독일에서는 문헌으로서 성서에 대한 관심이 컸지만 강력한 사실주의 내러티브 전통은 없었다. 그리하여 성서의 사실주의적 특성을 포함하여 기록된 문서로서 성서의 문학적, 문학-역사적 분석에 대해 영국에서보다 훨씬 더 활발한 연구가 있었음에도 불구하고, 최종 결과는 영국과 동일했다. 성서 이야기들의 지시 대상, 사실적 진실성 내지는 거짓의 문제 또는 그 기록에 스며있는 '정신'과는 관계없이, 사실주의적 이야기들의 의미는 사실주의적이고 사실 같은(fact-like) 묘사 자체라고 생각되곤 했던 성서 해석에 성서가 결코 종속되지 않았던 것이다.

영국과 대조적으로 독일에서는 진실된 혹은 거짓된 보도로서뿐만 아니라 여기에 덧붙여 자체적인 문학적 역사를 지닌 일련의 방대한 기록물로서 성서에 대한 강력하고 지속적인 관심이 있었다. 이는 본문의 영감에 대한 신성한 신앙 전통에 의해 더욱 증대됐다. 이러한 문제들을 탐구함에 있어 많은 성서 문헌들의 내러티브적 특성은 무시되지 않았으며, 이에 대한 관심은 성서 각 쪽에서 탐구되는 단일 역사의 발전을 통해 성서의 통일성에 관한 적절한 견해를 발전적으로 탐구함으로써 강화됐다. 우리가 살펴보았듯이, 비록 그들이 궁극적으로는 언제나 내러티브적 특징을 보다 더 크고 다른 해석적 맥락에서 다루었음에도 그 내러티브적 특징이 실제로 사실적인 것처럼 보였던 사람들이 있었다.

역사비평의 발전 덕분에 개별 성서 문헌들의 문학적 역사와 성격, 성서 속 주장들에 대한 입장을 비평적으로 탐구하는 것이 시작됐다. 우리가 상기하건대, 역사-비평적 탐구는 개별 문헌들의 특징과 신뢰성에 관심을 가졌다. 종교적 믿음 때문에 성서 권위의 운명에 대해 역사비평만큼이나 강한 자세를 취했던 해석학적 관심은 구약과 신약성서 각각뿐 아니라 전체 성서에서의 가능한 통일성 또는 단일 해석의 탐구에 집중됐다. 이것은 스스로를 성서신학자라고 칭하는 그 다양한 집단들의 공인된 임무이기도 했다.

성서 진술들의 의미는 그것들이 지시하고 있다고 추정되는 상황과 사건 과정, 다시 말해 본문의 언어적 의미와는 논리적으로 다르면서 궁극적으로는 그것을 지배하는 지시 대상들(referents)과 동일시됐다. 하지만 동시에 그 진술들의 의미는 그 속에 표현된 정신—즉, 경건주의자들 사이에서 성령이 최소한 일부 단어들에게 문자적 의미 외에 부여한 불가사의하거나 신비한 감각(sense)과 이해할 수 없고 분리될 수 없게 결합된 감각—이게 됐다. 이제 경건주의자들에게 있어 독자의 개종된 마음은 필수불가결한 조건 내지는 자기 입장이며, 이것이 없으면 본문의 정신도, 성령에 의한 본문의 영감도 이해될 수 없는 것이었다. 관념론적 영향을 받은 해석자들 사이에서 성서를 이해하는 유사한 조건은 자아와, 그 자아와 세계의 관계에 관한 독특한 성찰 방식이었는데, 이는 일반적인 경험적 또는 이론적 추론과는 뚜렷이 구분됐다. 이 둘은 두 개의 다른 의미의 개념을 하나의 포괄적 개념으로 연결시켜야 하는 문제를 함께 지니고 있었다.

분명 내러티브적 성서 본문을 문자 그대로의 축어적 또는 지시적 차원에서 읽거나 이해하는 것은 본문의 '정신'이 미미하게든 아니면 훨씬 더 강력하고 신학적 방식으로 이해되든 간에 본문의 정신을 이해하는 것과 관련된 자기 입장과는 다른 것이었다. 그리하여 단순히 축어적 또는 지시적 의미가 있는 것으로 이해하는 것과, 심오하게 심리적이면서 동시에 종교적으로 또는 미학적으로 그 이상의 내적 활동으로 이해하는 것 간에 점차 뚜렷한 구분이 생기게 됐다. 한편으로는 표시적 또는 함축적인 문자적 의미와 역사적 지시 대상을, 다른 한편으로는 본문에서 그것의 심리적 또는 정신적 대응물을 찾는 내적 이해, 이 둘을 연결시키거나 상호 관련짓는 방법은 지적, 문화적(하지만 종교적으로는 아니다) 주요 세력으로서 경건주의의 종말 이후에도 다음 두 세기 동안에 오래도록 관념론 및 후기 관념론적 해석자들 사이에서 엄청난 집착이 됐다. 보다 합리주의적 성향의 주석가들에게는 관념이 초시간적 개체인 경향이 있었고, 그리하여 그것들을 '이해'하는 데 아무런 문제가 없었기에, 그들은 진술의 의미로서 사실과 관념 가운데 하나를 선택하기가 훨씬 수월했다.

　단일 이야기들을 내러티브적으로 해석하고 그것을 전체 성서에 대한 표상적 해석으로 확장하는 일은 경건주의자들과 헤르더처럼 막 떠오르는 역사실증주의적 관념론자들—다시 말해, 예언의 성취에 대한 논쟁에서 의미와 명시적이고 예언적인 언급을 대체적으로 동일시했던 이신론자들(Deists)에 결코 동의하지 않을 사람들—에게서 비슷한 생각을 지닌 후계자를 찾는 일처럼 보였다. 하지만 결론적으로 비평 이전의 전(前)비평적 입장에서 역사적 지시 대상과 문자적 의미를 결합했던 것은 문자로 묘사된 세계를 직접적으로 이해하게끔 제시했고, 결국 사건들의 내재적 발전에 대한 지시 대상으로서의 의미와, 종교적·해석적 입장 및 전통의 발전으로서의 의미로 해체됨으로써 완전히 분해됐다. 우리가 어느 쪽에 우선순위를 두든지 간에 설사 본문이 성격상 사실주의적이라고 동의된다고 해도, 본문의 의미는 더 이상 본문의 묘사가 아니었다. 본문의 사실주의적 성격은 사실적 신뢰성 또는 그 본문을 탄생시킨 전통의 독특한 사실주의적 정

신과 동일시됐다. 한편으로는 의미와 지시 대상 사이의 논리적 혼동으로
인한, 다른 한편으로는 종교-변증론적 이해관계로 인한 이러한 동일시는
성서 이야기들의 내러티브적 특징을 그 자체로 솔직하게 평가할 수 없게
됐다. 그리하여 전체 성서의 단일 의미에 대한 문제가 다루어질 때에, 문
자적-묘사적 성서 읽기의 연장으로서의 표상적 성서 읽기는 결코 대안이
될 수 없었을 것이다. 우리가 이제까지 살펴본 경건주의, 관념주의, 구속
사 학파(*heilsgeschichtliche Schule*)의 복합적 유산은 궁극적으로 신정통주의의
뒤를 이어 발전했던 20세기 성서신학의 주된 요소가 됐다.

　이를 이끈 추동력은 해석에서 성서 내러티브들의 사실주의 특징들을
활용하려는 것이었고—그것은 결코 부족하지 않았다—결국에는 더 큰 틀
이나 설명 범주 속에 그것들을 포함시키게 됐다. 만일 그 해석 틀이 사실
주의적이었다면, 그것은 본문이 발생하게 된 특정 사건들이나 일반 상황
들의 역사적 재구성과 관련이 있었다. 사실주의적 해석은 역사적 해석이
었다. 그것은 자연적으로 설명 가능하고 분리되지 않은 물리적, 정신적,
사회적 연결망으로서의 세계를 본문으로 가져오는 것을 뜻했으며, 이는
이것이야말로 해설적 의미의 적절한 재구성을 통해 본문의 세계가 변화
케 되는 진정한 세계라는 가정에 근거했다.

　이러한 해석 방법 외에 다른 해석 방법들도 있을 수 있으며, 그 형태는
해석자의 철학적, 종교적 견해에 의존할 것이다. 해석자는 또 다른 해석
틀에, 예를 들면 원시나 고대, 현대의 모든 언어가 상징적으로 표현하고
있는 즉각적 자의식의 공통된 인간 구조라는 해석 틀에 본문을 포함시키
고 싶어할 수도, 아닐 수도 있을 것이다. 하지만 모든 인간들이 그 세계를
알든 모르든, 또 다른 해석적 관점이 있든 없든 관계없이, 이것은 그 본문
을 모든 사람들이 살고 있는 자연적이고 설명적으로 연결된 합의된 '실
제' 세계로 전환하는 연구 방법을 넘어서는 작업이다. 오로지 이것만이

사실주의적 해석이었으며, 그것은 특정 사건의 형식으로나 또는 그 사건이 일어난 불특정 역사 조건의 형식으로든, 문자적 의미가 그것의 적절한 중심 내용이라고 지칭함으로써 문자적 의미로부터 참된 의미를 재구성하는 일이었다.

종교적 믿음에 중요한 전승 본문들은 물론 사실주의적 성서 이야기들이었으며, 이를 둘러싸고 그 이야기들의 사실 주장 자격과, 그 이야기에서 과연 실제로 그러한 주장을 했는지의 문제에 대해 유례없는 논란이 점차 증대되고 있었다. 그 이야기들의 의미는 명시적으로 지시적이거나(다시 말해, 그 이야기들은 사실 주장을 하고 있거나) 아니면 그 이야기들은 성격상 비(非)사실주의적이라는 것(다시 말해, 일종의 의식의 표현이거나 도덕적 또는 종교적 가르침의 감각적 표현이라는 것)이라는 것이 점차 당연하게 여겨졌다.

필연적으로, 사실 같은(fact-like) 특성의 의미와 역사 같은(history-like) 이야기들의 사실적 신빙성에 대한 분석과 해석의 초점은 특히나 공관복음서에서 서술되는 예수 이야기에 점차 집중됐다. 전승된 기독교 신앙의 지지자와 반대자들 모두는 그러한 믿음이 예수의 생애의 주요 사건들에 관한 보도의 역사성에 의존했다는 데 동의하게 됐다. 고유한 기독교 정통주의의 핵심은 이 사건들—특히 예수의 가르침, 죽음, 부활 체계에 관한 진리 주장—이라고 생각됐다. 기독교 신앙을 완전히 포기함으로써든, 아니면 예수에 관한(about) 종교 대신에 예수의(of) 종교를 옹호함으로써든 간에, 기독교 신앙의 정당성을 입증하고자 하는 사람에게는 이것은 참이었으며, 마찬가지로 이 신앙을 버리고자 하는 사람에게도 참이었다. 예수에 대한 보도들에서 예수는 그를 하나님의 역사 속 계시로 만들어준, 하나님과의 그 유일하고도 절대적인 관계 안에 있다는 것을 입증했거나 혹은 입증하지 못했다고 여겨졌다. 기독교 전통 신앙의 중심은 기독론 또는 예수의 인성과 가르침에 드러난 하나님 자신의 역사 속 독특한 계시라고 여겨졌다. 이는 중도적 신학자들, 특히 젬러(Johann Salomo Semler) 같은 독일의 혁신론자들(Neologians)뿐만 아니라 우파 신학자들의 입장이었다.

복음서 본문을 사실주의적으로 해석하고, 기록된 보도들의 믿을 만한 역사적 지시 대상이나 기원을 가장 열성적으로 탐구했던 사람들(이들 중 가장 두드러지면서 논란이 많았던 사람은 슈트라우스[D. F. Strauss]였음)은 이것이 정통주의 신학자 및 중도적 신학자들의 해석 상황에 대한 정확한 평가라고 확신했다. 그들의 견해에 따르면, 기독론 주장을 옹호하느냐 또는 폐기하느냐는 예수 이야기를 묘사한 본문들이 명시적으로 지시하느냐 그렇지 않느냐를 증명하는 것과 같은 것이었다. 슈트라우스의 1835년 저서 『예수의 생애』(Life of Jesus)가 학자들 사이에서 엄청난 놀라움을 불러 일으켰는데, 이는 부분적으로 신학적 우파에서 신학적 좌파까지 모든 학자들이 기독교의 전통적인 종교적 주장 또는 '신앙' 주장들을—비록 이것들이 명시적-지시적 본문 해석에 기초한 역사적 사실 주장에 한정되지 않았음에도 불구하고—자신들의 (불충분하긴 하지만) 필수적인 근거로 삼는 데 의견 일치한 것을 이 책이 집요하게 활용했기 때문이었다. 그리고 슈트라우스의 관점에서 이 사실 주장이라고 여겨졌던 것들 중에서 가장 중요한 주장은 신화였던 것이다. 요약하자면, 역사-비평적 판단을 전통적 또는 심지어 온건하게 수정된 기독교 신앙과 연결하는 일반적인 신학적, 해석적 문제는 예수 그리스도 이야기에 대한 문자적 묘사 또는 재구성된 묘사에 집중하게 됐다. 역사와 신앙의 관계는 역사적으로 사실적인 '역사의 예수'(Jesus of history)와 그 역사적 인물과 적절하게 일치하거나 일치하지 않는 '신앙의 그리스도'(Christ of faith)의 관계에서 주로 구체화됐다.

개별 성서 본문의 사실주의적 내러티브 해석은 자체적으로 존재하지 않았기 때문에 역사-비평 해석 차원으로 발전됐다. 사실주의적 해석은 예수의 인생 전기로서든, 아니면 보다 온건하게는 그의 가르침과 공생애 주요 부분에 대한 역사적 확증으로서든, 이야기에 묘사된 사건들을 역사적이라고 추정되게끔 재구성하는 것과 사실상 동일해졌다. 이런 식으로 역사-비평적 평가의 모습을 띤 사실주의 형식은 신앙과 역사의 관계에 관한 논의의 중심이 됐다. 이러한 논쟁은 학자들과 교수들에 의해 대학교 배경에서, 그러니까 강의실, 학술지, 서적을 통해 여러 세대에 걸쳐 이어졌다. 이러한 논의의 결과가 평범한 교인들의 신앙에, 그리고 19세기 후반까지는 레싱과 같은 학식있는 비(非)전문가들의 관심에 직접적으로 영향을 미쳤는지 여부는 중요하지 않았다. 이 특수한 사상 운동은 대체로 학문 운동이었으며, 이후로도 계속 그러했다. 그리고 여기서 얻은 사실주의의 수준은 우리가 18세기 후반기의 주요 문학 운동과 관련해 살펴보았던 것처럼 불완전했다. 내러티브적 해석은 역사비평의 명시적 지시와 재구성 연구 방식에 길을 내줬다. 그리고 기독교를 출범시킨 명시적 사건들에 대한 역사비평의 재구성은 대체로 사람, 사건, 역사적 세력 간의 관계에 대한 매우 온건한 묘사적 분위기를 반향했다.

종종, 복음서를 비평적으로 재구성한 분석은 더 폭넓고, 더 궁극적인 해석적 목적들로 승화되어 정신화된 관념론적 틀에 놓이기도 했다. 하지만 그렇지 않다 해도, 묘사된 세계는 고귀하고, 비(非)기적적이며, 매우 인간적이었다. 한편으로는 개인적 '사실들'을 재구성하고자 하는 부르주아 역사 사실주의와, 다른 한편으로는 종교적 의미에 관한 지극히 낭만주의적인 관념론은 '역사' 비평과 '신앙' 비평의 관계에 관한 학문 연구에서 만나게 되는 한 인물에게로 모여졌다.

에필로그: '신앙', '역사', '역사적 예수'

18세기 말 이래로 해석학, 성서비평, 신학의 복잡한 기술적 문제들이 거의 동일한 상태로 남아있었지만, 특히나 예수와 계시의 문제와 관련된 후기 내러티브적(post-narrative), 후기 표상적(post-figural) 해석의 문화적 중요성은 불확실한 채로 남아있다. 이 문제에 관한 추측은 끝이 없다. 1844년에 칼 마르크스(Kark Marx)는 후일 유명해진 말로 다음과 같이 썼다: "독일에서 종교에 대한 비판은 전적으로 완료됐으며, 종교 비판은 모든 비판의 전제이다."[25] 그가 언급한 비판은 인간 구원이나 화해의 의미, 진정한 인간 자유의 실현이 반드시 구체적이고 구원적인 역사 사건의 발생, 즉 예수 그리스도와 연결되어야 하는가의 문제에 주로 집중됐다. 이를 비판적, 철학적으로 논의한 사람들 사이에서 그 답은 결국 역사비평의 결과물에 아주 많이 의존했다. 가장 단호한 입장의 관념론자들을 제외한 모든 사람들이 교리는 주석과 모순되지 않으며, 주석은 최소한 부분적으로라도 역사비평을 의미한다고 생각했기 때문이다. 19세기 전반부가 끝나기 전에, 슈트라우스는 복음서의 역사적 주석은 신-인간(divine-human) 화해 교리가 예수 이야기의 역사적 사실성에 논거를 두는 것을 정당화하지 않음을 젊은 급진주의자들이 만족할 수 있는 수준으로 입증했다. 그는 모든 종류의 신학적 견해에 의해 보수 및 중도 신학의 필수불가결한 기조라고 동의됐던 것들을 사실상 뒤엎었다. 포이어바흐(Ludwig Feuerbach)는 여기서 더 나아가 화해나 자유 교리의 진정한 의미나 해석은 인류의 신적인 자기 화해 능력이라고 주장했다. 그의 말에 따르면, 교리의 문자적 형식이 감수성이나 자

---

25. "Contribution to the Critique of Hegel's Philosophy of Right," in *Deutsch-Französiscke Jahrbücher*, 1844, trans. in *Marx and Engels on Religion*, introd. by Reinhold Niebuhr (New York: Schocken Books, 1964), p. 41.

의식에 호소하지 못한 채 사람들과 사회 속에서 소멸해가는 상부 구조의 화석으로만 남겨진 시대에서 어쨌든 이것은 교리에 남겨진 실제적이고 유일한 종교적 힘이었다. 마르크스는 다시 이 비평을 급진화하여 뛰어넘었는데, 그것이 비판하고 있는 상황과 사고방식에 아직도 너무 많이 매여 있다는 것이었다.

하지만 종교 비판에 대한 마르크스의 발언이 옳든지 그르든지 간에, 그의 서술에 부분적으로라도 해당되는 사람들은 소외 상태로부터 인간의 화해 문제에 관한 신학적 견해를 탐구하는 데 더 이상 관심을 갖지 않게 됐다. 19세기 중반에 (신학을 포함하여) 독일의 지성계를 휩쓴 반(反)헤겔적 실증주의 파고와 더불어 이러한 전개로 인해 신앙과 역사의 관계에 대한 논의는 점차 신학계의 전문가들에게만 국한됐다. 마르크스는 자신의 추종자들에 대해서는 말할 것도 없고 독일 지식인 대부분에 대해 올바르게—올바른 기술적 이유 때문이었는지 아니었는지 관계없이—판단했다. 그들은 다른 길로 나아갔다. 종교 비평은—최소한 고백교회들(confessional churches)의 경건과 구원적 화해 신앙을 위해 필수적인 신-인간의 역사적 출발점을 주장하는 신학 전통의 형태로서는—폭넓은 관심을 끄는 문화적 논제로는 사실상 종료됐다.

적은 수였지만 점차 중요해지고 있던 마르크스의 추종자들은 포이어바흐의 종교 비판의 진정한 의미를 비롯하여 종교의 현실적, 세속적 의미는 사회 비판 과정에서만 드러난다는 사실을 알게 됐다. 왜냐하면 긍정적이든 부정적이든 간에 종교에 대한 모든 사상은 종교적 상부 구조를 포함하는 관념적 상부 구조에 반영되어 있는 실제 사회경제 구조에 대한 반응으로서 실질적으로 구체화되어 있기 때문이다. 종교에 대한 생각은 인간 본성 안에서 함께 주어진 영원하고 내재적 요소에 대한 응답이 아니다. "비(非)종교적 비평의 근거는 바로 '인간은 종교를 만들고, 종교는 인간을

만들지 않는다'는 것이다"라고 마르크스는 말했다.[26] 종교는 엄연히 사회
적이고 역사적인 현상이다. 포이어바흐는 여전히 인류의 본질을 어떤 의
미에서는 자기 반성적(self-reflective)이거나 정신적인 것이라고 인식했었다.
그렇기 때문에 그에게 있어 인류가 과오로부터 진리로 변화해 가는 것은
기독교 담론의 신학적 의미에 대해서가 아니라 적절하게 탈신화된(demy-
thologized) 인간론적 의미에 대한 정신적 통찰에 의해 이뤄져야 했다. 마르
크스의 관점에서 이것은 비(非)종교적이라기보다는 종교적인 종교 비판의
잔재일 뿐 아니라 사회 변화의 분석에서 지성주의적 또는 유심론적 이설
(異說)의 예이기도 했다.

　　마르크스는 더 나아가 모든 비판적 사상은, 심지어 비(非)종교적인 사
회경제적 사회 비판까지도 변화하는 변증법적인 현실(이 현실은 그 분석 자체
조차도 포괄한다)의 예비 분석일 뿐임을 인식해야 한다고 말했다. 구성적, 비
판적 사회 통찰 내지는 진정한 사회 비판이 그 자체로 억압받는 사람들에
게 독재적 불의를 행하는 사회구조를 바로 잡는 방향으로 나아가는 중요
한 첫걸음이라 생각하는 것은 잘못의 묵인이라고 할 정도로 자기 기만이
다. 이것은 특히 종교와 철학이 구조적 혹은 사변적 역할과 비판적 역할
모두에서 범하게 되는 지성주의적, 유심론적 오류이다. 마르크스의 "포이
어바흐에 대한 논문"(Theses on Feuerbach)에서 핵심적이고 가장 유명한 말에
따르면, "철학자들은 세계를 다양한 방식으로 해석해왔을 뿐이다. 그렇지
만 중요한 것은 세계를 변화시키는 일이다."[27] 이 말은 마르크스의 관점에
서 보면 철학에 대한 실질적일 뿐 아니라 철학적이기까지 한 비판을 담고
있다. 사회경제적 변화의 실현 없이는, 세속화된 해석이나 비판은 오류라

---

26. Ibid.
27. Marx, "Theses on Feuerbach," ibid., p. 72.

고 할 정도로까지 관념적일 뿐이다.

마르크스는 사회 자체는 현대의 산업 생산력이 가져온 사회적·경제적 조건들에 의해 세속화되어가고 있었다고—관념적 상부 구조의 아주 작은 부분만을 제외하면 사실 아주 오래전에 세속화되었다고—확신했다. 그리고 이제는 사상의 상부 구조 속에서 가장 동떨어져서 가장 깊숙이 자리잡고 있는 요소들도 이와 더불어 빠르게 세속화되어 가고 있었다. 이러한 가정에 근거해서 그는 종교 비판이 완성됐다는 예언을 할 수 있었다. 그는 세속화 과정이 역사적 유물론에서 찾아볼 수 있는 역사 변증법의 결과라는 데 동의하는 사람들만큼이나 그저 실증주의적으로 전통적 종교 문제들을 거부했던 사람들에게서도 똑같이 자신의 견해가 받아들여질 것이라고 믿었을 것이다.

세속적 비평은 역사적 구원이라는 이른바 필수불가결한 신학 형식 내지는 근거로 이뤄져야 했었다. 복음서의 역사-비평 분석이라는 역사적 작업은 이 비평에서 역사적으로 간결하고 전문적 역할을 하는 것이었다. 이것이 마무리되면 역사 변증법은 현실과 사상 모두에서 적절한 새로운 작업—즉, 진정한 역사적 구원을 실현하고자 하는 것 같은 혁명적인 사회 변화를 위한 비(非)종교적인 사회 비판—으로 나아갈 수 있었다. 우리가 다루고 있는 주제의 맥락에서 볼 때, 종교 비판에 대한 마르크스 주장의 결론은, 복음서에 대한 역사-비평적 탐구가 전개된다는 것은 기독교인들의 예수 그리스도 신앙을 지지하는 것이든 부정하는 것이든 간에 이미 그 자체로 탐구 대상인 기독론적 신앙이나 교리가 역사적으로 중요하지 않게 됐다는 징후 중 하나라는 것이었다. 처음에는 신앙이, 그 다음에는 과학적 비평이 각기 호시절을 누렸다가 사라졌는데, 전자는 오랜 기간의 장엄한 시간 후에, 후자는 문화 사상의 변증법 속에서 최근 짧은 기간 동안의 화제성과 유용함을 누린 후에 그러했다. 긍정적으로든 부정적으로든 복음

서에 역사비평을 적용한다는 것은, 비록 그 세계의 개별 구성요소들 중
일부가 지금 우리가 우리의 실제 세계로 받아들이고 있는 역사의 세계 관
점에서 실제라고 입증될 수 있든 아니든 간에, 우리가 그 속에 존재하고
있는 실제 세계는 성서 이야기들의 세계가 아니라는 인식을 불가피하게
받아들인다는 것을 뜻한다. 완결된 '종교 비판'의 관점에서 볼 때, 복음서
의 역사-비평 연구란 역사 안에서의 기독론적 구원 개념과, 역사/신앙의
관계 개념에 대해 근본적인 문화적 무관심을 받아들이는 것이다.

그리고 슈트라우스의 『예수의 생애』 출간 이후, 사실 비평적 성서 주
석뿐 아니라 보다 중요하게는 그러한 역사적 주석을 교리나 종교적 신앙
과 연결 짓는 문제는 점차 전문적인 성서 학자들과 신학자들의 독점 영역
이 됐다. 레싱의 시대부터 슈트라우스의 시대까지는 비록 당시에도 성서
연구가 고도로 전문화된 학문 형태를 띠고 있긴 했지만 그래도 달랐었다.
하지만 이때 이후부터는 대학 안이든 밖이든 다른 분야의 지식인들은 더
이상 큰 관심을 기울이지 않았다. 신학자들은 역사적 예수의 생애에 대한
책들을 출판했으며, 슈트라우스가 갈라놓았던 역사적 사실과, 구원에 필
수적이라고 알려진 신앙 사이의 결합을 다시 이어 놓으려고 했다. 마찬가
지로 신학자들은 예수의 생애는 기독론적 신앙을 옹호하기 위해 기록될
수 없거나 또는 그럴 필요도 없다고 주장하는 엄청나게 많은 글들을 출판
했다. 그리고 그들은 신앙과 역사의 일반적 관계—이것의 핵심적 사례는
예수에 대한 우리의 관점일 것이다—에 관한 수많은 저작들을 출간했다.
그들 중 몇몇은 특히 예수에 관한 자신들의 작업 결과를 학문적인 책들뿐
아니라 일반인들을 위해 쓴(für das Volk dargestellt) 책들로도 정성껏 출간했다.
하지만 일반인들(das Volk)이 그 문제에 깊이 관심을 갖고 있다고는 기록되
어 있지 않다. 그리고 이들 교수들의 동료 지식인들이 대학 안팎에서 그
논의에 거의 참여하지 않았다는 것은 분명하다.

비록 비평적 예수 생애 운동(the critical-life-of-Jesus movement)과 신앙과 역사의 관계(또는 그 관계의 결여)에 관한 방대한 문헌은 대체로 전문가들이 다른 전문가들을 위해 기록한 책자였음에도 일종의 내재적 매력을 지니고 있다. 사실 그 문헌들이 그토록 매력적인 이유는, 그 문헌들이 생성된 문화 상황에 대해 커다란 본질적 관심을 갖고 이를 반영했다는 데 있지, 그 문헌들이 미친 극히 미미한 문화적 또는 종교적 영향력 때문은 아니다. 더구나 이 문헌의 전체 발전 과정에는 일종의 파토스(pathos: 작품에 나타난 일반적인 감정적 요소로 도덕적이며 이성적인 보편적 요소인 에토스[ethos]의 상대적 개념—역주)가 있다. '역사적 예수'에 관한 모든 후속 연구 결과에는 바로 직전의 학자들이 예수에 대한 진정한 이해라고 여겼던 것이 결국 또 다른 막다른 길이었을 뿐임이 밝혀지게 되는데, 여기에는 파토스가 있다. 더 이상 예수의 자의식이나 생애의 순서에 대해서가 아니라 그의 독특한 정체성에 대해 역사적으로 믿을 수 있는—그리고 기독론적 믿음에도 중요한—접근 방법을 얻을 수 있을 것이라는 희망 속에 20세기 후반에 이 주제가 다시 부각된 데에도 그러한 파토스가 있다. 이는 예수의 말로 알려진 말씀들이 실제로도 그의 말씀이며, 유일하고 독특한 그 말들이 예수의 유일하고 독특한 존재의 본질일 수 있다는 점을 증명함으로써 이뤄질 것이다. 말씀과 존재의 이러한 일치와 이야기를 통한 존재의 이해 가능성은 역사적 사건, 언어, 존재가 하나로 묶이는 언어의 복합적 존재론(存在論, ontology)에 의해 설명되며, 과거의 말씀들은 곧 역사적 사건이 된다(이 역사적 사건은 곧 과거의 말씀들을 말하는 화자[話者]인데, 이는 존재가 언어적이기 때문이다). 그렇다면 과거에 언어적으로 '짜내어진'(ex-pressed) 것은 숨겨진 하부구조뿐만이 아니다. 여기에도 역시 파토스가 있다. 그것은 의미성—보편적이라고 여겨지는 종교적·역사적 주장, 곧 모든 유형과 조건의 인간에게 가장 중요하다고 여겨지는 주장의 이해 가능성—을 구해 내기 위해 이것과 유사 체계들에서 찾아야 하는 점차 난해해지고 전문화되고 있는 개념 장치에 있다.

예수 또는 신앙의 묘사에서, 그리고 '신앙'과 역사-비평적 판단을 연결시키는 체계에서는 역사 사실주의(historical realism)라고 이름 붙일 만한 모든 것을 계속 피해가는 파토스가 역시 있다. 세속적 세계의 실재, '임의적 개인'(random individual)의 실재, 그리고 쉽게 찾을 수 있는 자연적이고 역사적인 사건들의 실재와 상호관계는 우리의 주제들을 다루는 학술 저자들 대부분에게 매우 중요하다. 사실 그 실제 세계에 대한 확신, 그리고 그 세계가 묘사되는 변화하는 형식들과 기독교 신앙을 화해시키는 과제는 종종 저술 작업의 주된 동인을 이룬다. 하지만 그러한 화해가 실패했으며, 역사 사실주의가 상실됐고, 신앙의 입장이 들어맞는 실제 세계가 부재한다는 것은 그 세계(또는 어떤 세계)에 대한 특정한 종교적 입장의 사유화(privatizing)에서 분명하다. 그것은 믿음의 사람 예수가 자신이 살고 있는 공적 세계와 관련되는 전적으로 윤리적이거나 실존적인 방식에서 분명하다. 믿음의 사람 예수의 자주 묘사되는 급진적 희망, 급진적 신앙, 급진적 복종, 또는 급진적 진실성은 이러한 윤리화, 실존화, 사유화 입장을 증언한다—특히 각 입장이 어떤 잘 맞는 특별 대상(object)을 지니는 차원을 넘어서서(왜냐하면 모든 그러한 대상은 그 입장을 비[非]급진화, '객관화'할 것이기 때문에), '급진적'이라고 표현될 때 그러하다.

예수의 주창자를 대표하는 신학자나 역사가 또는 비평가에 의해 채택된 그러한 입장에는 세계 속에 휩싸인 개인들의 정체성과 운명에 관한 중요한 묘사와 중요한 영향력을 가능하게 해주는 진실되고, 공적이고, 확정적이고, 실제적인 세계에 대한 이해가 극히 미미할 뿐이다. 역사적 세력들, 특정 상황들, 개인들을 서술적으로 제시하는 조정 감각이 결여되어 있으며, 이는 개인들을 구체적인 자아이면서 동시에 확고한 사회적 유형 안에 깊이 뿌리 박고 있게 해준다. 신앙과 역사를 다루는 현대의 저자들에게는 실제적인 역사적 세계가 있지만, 그들이 자신들의 주인공인 믿음의 사람 예수를 위해 전반적으로 채택한 전망은 예수의 실제 세계에 대한 벡터 관점(vector perspective)의 전망이어서 그것의 실재는 그것에 대한 예수의 입장이나 반응을 통해서만 실제로 작동된다.

이렇게 모든 실제 세계의 맥락에서 예수를 몰아내는 것의 대안은 그의 생애와 가르침, 운명을 표상적 재현으로 바꿔놓는 것인 듯 싶다. 이 경우 비록 예수가 당연히 실제 역사적 인물이라고 주장된다 할지라도, 그의 진정한 중요성은 그가 전(前)비평 시대의 문자적, 표상적 해석에 따라 놓여지게 된 세계가 아니라 또 다른 묘사된 역사적 세계에 놓여져 있다는 데 있다. 표상화의 반대 같은 것에 의해 예수는 이제 또 다른 이야기로 들어가게 된다. 그것은 초월적 요소도 있는 역사적으로 제시된 세계일 수도 있고, 아니면 초월적 요소가 없는 세계일 수도 있다. 그것은 칼 마르크스의 변증법적 묘사에 의해 제시된 '진보적' 세계일 수도 있다. 아니면 그 진정한 본질이 곧 '구속사'인 세계일 수도 있다. 어떤 경우든 간에, 재해석은 17세기 말에 시작된 전환이 완전하게 이뤄졌음을 의미한다. 본래 표상적 해석을 통해 하나의 단일 내러티브로 짜여졌었던 이야기 요소들은 또 다른 틀 속으로 옮겨진다. 내러티브적 배경과 분리된 이야기 요소들의 의미는 이제 그것들이 지시하는 다른 이야기, 다른 세계, 다른 해석적 맥락이다.

특히 예수의 사례에서 방법론적으로나 실질적인 묘사에서 모두 신앙과 역사의 관계를 매우 진지하게 고려했던 역사비평과 역사 신학의 사조는 학술 전문가들에 의해 추진된 작업이었다. 더구나 이러한 묘사로 제시된 세계의 의미와 개인이 그 세계와 맺는 관계의 의미는 학술 전문가뿐 아니라 실재와 인간 실존에 대한 현세적이지만 이상화된 생각을 가진 중산층 계급을 대체로 반영했다. 우리는 본질적으로, 그리고 그 작업이 반향한 문화의 문제로서 이 작업의 매혹적 성격에 대해 말할 수 있을 것이며, 또한 18세기 후반 이후의 그 발전 과정에서 보여지는 진실된 파토스에 대해서도 말할 수 있을 것이다. 하지만 바로 이러한 작업 성격을 고려해 보건대, 슈바이처(Albert Schweitzer)가 1906년에 『역사적 예수 탐구』(The Quest of the Historical Jesus)의 인상적인 서문을 썼을 때 그것은 분명히 엄청난 과장이었다.[28]

> 언젠가 미래에, 우리 시대의 문명이 이후 세대들의 눈앞에 완결되고 완성된 채로 놓여 있게 될 때, 독일 신학은 우리 시대의 정신적, 영적 세계에서 위대한 현상, 고유한 현상으로서 우뚝 서 있을 것이다. 독일의 기질에서가 아니라면 그 어디에서도, 철학적 사고, 비판적 예리함, 역사적 통찰, 그리고 종교적 감정 같은 조건들과 요인들의 생생한 복합체를(이것 없이는 어떤 깊이 있는 신학도 불가능하다) 동일한 완벽함으로는 발견할 수 없을 것이다.
>
> 그리고 독일 신학의 가장 위대한 성취는 예수의 생애에 대한 비판적 탐구이다. 여기서 성취된 결과들은 미래 종교 사상의 조건들을 규정했고 그 방향을 결정지었다.

마르크스가 종교 비판이 대부분 완성됐다고 주장했던 바로 그 시대에, 슈바이처가 말한 공관복음서의 문서 자료와 예수의 생애에 대한 탐구는 가장 치열한 시기로 막 들어서기 시작했다. 슈바이처의 예언 이후에 거의 세 세대가 지나 보니 그것의 가장 놀라운 점은 예수의 생애에 대한 역사 기록의 범위, 정신적 힘, 문화적 성취에 대한 전망이 결여되어 있다는 사실이다. 슈바이처는 자신이 전통에 대한 결정적인 종말과 기념비적

---

28. Fifth printing, New York: Macmillan, 1956, p. 1.

금자탑을 모두 이뤄냈다고 생각했다. 그리고 사실 그의 저서는 이 두 가지 임무를 달성하는 데 아주 근접해 있었다. 하지만 슈바이처의 생각에도 불구하고, 그가 그 실재를 회고적으로 기념했던 것만큼 똑같이 뛰어났는지는 의심스럽다. 예수의 생애와 사상에 대한 묘사가 그의 선임자들보다 그의 손에서 더 큰 역사적 신빙성을 얻지 못했지만, 그는 그 이전이나 그 이후에 어느 역사비평가들도 필적할 수 없는 엄청난 힘으로 그것을 제시했다. 전체적인 흐름의 중요성에 대한 그의 판단은 그의 선임자들이나 후계자들의 저서보다 자신의 저서에 훨씬 더 정확하게 들어맞는다.

슈바이처가 생각했던 시기의 종말이 이미 왔을 수도, 그렇지 않았을 수도 있다. 하지만 지금까지는 마르크스가 두 사람이 말한 전승—특히나 나사렛 예수에 대한 우리의 지식을 강조하는 역사적 구원 교리의 신학 형태에 대한 비평적-역사적 연구의 의미를 탐구하는 전승—의 장기적인 문화적 의의에 대해서는 보다 더 예리한 재판관이었던 것 같아 보인다.

제12장
슈트라우스의 '신화적' 선택의 완성

신앙과 역사를 연결하려는 노력은 1835년에 출판된 슈트라우스(D. F. Strauss)의 저서 『예수의 생애』(*Life of Jesus*)에서 초기지만 결정적인 절정에 다다랐다. 나사렛 예수의 이야기에 관한 이 문제를 해결하려는 모든 시도들은 슈트라우스의 다음 질문에서 궁극적인 출발점을 삼았다: (1) 복음서의 의미(그리고 이에 따른 진리)는 하나님과 특별하게 연결된 예수에 대한 믿을 만한 역사적 지식과 반드시 연결되어 있는가? (2) 만일 우리가 이 질문에 대해 긍정적으로 답한다면, 복음서 기사의 '초자연적' 요소들, 즉 예수의 독특성을 드러내는 요소들에 대한 가장 타당한 역사적 설명으로 그러한 일들이 사실적으로 일어날 수 있다는 것을 실제로 증명할 수 있는가?

슈트라우스는 역사 검토를 하면 이 두 질문 모두에 대해 부정적인 답을 얻을 것이라고 생각했다. 첫 번째 질문의 답은 슈트라우스에게 있어 두 번째 질문에 돌아갈 답에 의존하고 있었다. 라이마루스(Hermann Samuel Reimarus)와 달리, 그리고 '자연주의자들'과 '초자연주의자들'과도 달리, 그는 다음과 같은 질문을 하면서 복음서 이야기 내용의 역사적 기원을 적절히 설명할 수 없다고 주장했다: 복음서 기자들은 그 내용이 맞든지 틀리든지 간에 정직한 보도를 하고 있었는가? 아니면 종교적 알레고리화(alle-gorizing)를 위해서든 자기 과시(self-aggrandizement)를 위해서든 간에 거짓말을 하고 있었는가? 복음서 이야기의 기원에 대한 설명과 그 의미의 단서는 오히려 복음서 저자들의 문화적, 종교적 상황의 수준에 맞게 역사적으로 조건 지워졌던 그 저자들의 의식(consciousness)에서 찾아야만 하는 것이다. 궁극적으로 그것은 복음서를 읽을 때 역사적 설명과 해석학적 단서로서 기능하는 근대 이전(premodern)의 문화적 전망의 현상이다. 바로 이것이 18 세기 성서 탐구의 최고 독서법인데, 그로 인해 해석학과 그에 따른 해설은 주석 이론이었다―그리고 본문과 (무엇이든 간에) 본문의 중심 내용은 적절히 훈련받은 탐구자에 의해 철저한 검토를 받게 됐다.

슈트라우스는 저자를 철저히 역사적으로 이해했던 해석학적 극단을 가장 일관되게 주장했던 '신화' 학파('mythical' school)로 알려져 있다(그 반대 극단은 성서 문자주의였다). 그 학파의 다른 모든 사람들처럼 그는 기본적으로 성서의 내러티브 부분에 관심을 가졌다. 신화는―그것들이 신화가 아니라 다른 무엇이라 해도―감각적 기사였고, 이야기가 없는 곳에는 신화가 해석 장치로서 결코 적용될 수 없는 것이었다. 신학적으로, 그 학파는 계시의 확실성을 부정하는 방향으로 분명하게 나아갔다. 우리가 살펴봤듯이, 결국 그 문제는 가장 먼저 기적 내러티브들을 검토하게 된 이유이자 개별 기적들보다 내러티브 순서들에 집중하게 된 이유였다. 이 점에서 슈트라우스도 예외는 아니었다. 후일 그가 진술했듯이, 교리적 또는 오히려 반(反)교리적 문제가 내내 그의 연구 동기였다.[1] "예수의 생애에 대한 비판적 검증이 그리스도의 인성 교리에 대한 테스트"라는 것이 그의 확신이었

---

1. 1846년 7월 22일 그의 친구 Christian Märklin에게 보내는 편지에서. 참고, Strauss, *Ausgewählte Briefe*, ed. Eduard Zeller (Bonn: Strauss, 1895), p. 183.

고,[2] '역사적 예수'(historical Jesus)는 역사적으로나 신학적으로나(또는 철학적으
로) '신앙의 그리스도'(Christ of faith)와 아무런 관련이 없다는 것이 그의 결
론이었다.

하지만 슈트라우스나 다른 신화 학파 구성원들의 신학적 주장은 현재
상황에서 그리 중요한 의미를 띠지는 않는다. 왜냐하면 그들의 신학적 주
장이 동일한 해석학적 입장이라고 생각될 만큼 반드시 일치하지도 않는
데다, 그들의 성서 관련 저서들을 지배했던 것은 신학이 아니라 후자인
해석학이었기 때문이다. 신학적으로, 그 학파의 몇몇 구성원들(예, 바우어[G.
L. Bauer])[3]은 혁신론자들(Neologians)이라고 여겨질 수도 있었었고, 반면에 슈
트라우스가 『예수의 생애』를 쓸 때 그의 신학은 그 당시 젊은 헤겔 학파
들만이 그러했듯이 모호하게 범신론적이었다.[4] 복음서 이야기의 해석학
적 문제와 주석적 문제에 관하여 중대한 양극단이 존재했었다. 일관된 신
화론자였던 슈트라우스는 신화의 기원을 철저하게 역사적으로 설명하는
방법을 선택했는데, 이는 동시에 역사적 설명은 신화의 의미를 완벽하게
설명할 수 있는 단서가 되기도 했다. 그러한 방식으로 다른 모든 해석 가
능성이 배제됐을 것이고, 신학에서 확실성 주장들을 평가하는 명확한 기

---

2. Strauss, *Gesammelte Schriften*, vol. 5, p. 4.
3. 알트도르프 대학교 교수이자 Johann Philipp Gabler의 동료 Georg Lorenz Bauer (1755-1806)는 '신화론자' 논의의 일관된 옹호자였다. 참고, Kümmel, *Das Neue Testament*, pp. 124-26, 132-35; Hartlich and Sachs, *Der Ursprung des Mythosbegriffes*, pp. 69-87.
4. 역사 지향적인 비평가들은 초기부터 본문의 '내적' 혹은 '종교적' 의미를 중시하지 않는다는 이유로 비난받았다. 이 비판은 다양한 신학적 입장(standpoints)에서 제기된 것이었다. Stäudlin 외에도, 우리는 Schleiermacher의 동료이자 추종자였던 Friedrich Lücke (*Grundriss der neutestamentlichen Hermeneutik und ihrer Geschichte* [1817], pp. 72f.)의 입장에서 동일한 비판을 제기할 수도 있을 것이다. 신화론자들은 그러한 결여의 전형으로 간주됐다.

준이 정립됐을 것이다. 그의 목적은 저자들의 의도가 실제로 문자적이지만(혁신론자들의 조화 이론 같은 중도 입장들을 파기해 버리지만), 그럼에도 이 의도 자체는 역사적으로, 다시 말해 저자들 시대의 일반적 사상 세계라는 맥락에서 이해되어야 한다는 것을 증명하는 것이었다. 그렇기에 내러티브가 일부 사실적 반향을 담고 있는 곳에서도(슈트라우스는 그렇다고 믿어 의심치 않았다.), 그것은 내러티브의 의미가 아니다. 내러티브의 의미는 바로 시간적 제약을 받는 의식(time-conditioned consciousness)이다. 바로 그 의식으로부터 내러티브가 쓰여졌으며, 또 내러티브는 이것을 표현하고 있다.

슈트라우스의 획기적인 저작에 대한 반대가 있었는데, 그의 세 가지 주장 때문이었다. 첫째, 그에게 자신의 연구 결과는 기독교가 주장하는 진리—즉, 인간과 인간의 역사 속에서 무한자와 유한자의 화해 또는 결합의 사상—는 본질상 철학적이며(또는 교리적이며: 이 두 가지는 그에게 동일함), 그리하여 어떠한 하나의 역사적 사건 또는 일련의 역사적 사건들과는 근본적이고 필수적인 관련성이 없는 것 같다는 내용이었다. 다른 말로 하면, 기독교 주장은 그 진리의 근거를 과거에 신인(神人, God-man)이 존재했으며, 예수 그리스도가 바로 그 신인이라는 주장에 두고 있지 않다. 이런 점에서, 그리고 아마도 이런 점에서만, 슈트라우스는 '헤겔 좌파'였고, 계속 그러했다. 그는 교리적 주장들의 진리성을 밝히는 데 복음서의 '확실성'이 필수적이라는 사실을 부인했다.

둘째, 기독교의 진리 주장들은 나사렛 예수 이야기에서 무엇이 사실인가를 평가하는 것에 의존하지 않는 것은 말할 필요도 없다. 역사적이라고 추정되는 사실들의 탐구와 평가는 어쨌든 이 문헌들에 담겨 있는 진리와, 그것과 '사실들' 간의 관계에 관한 모든 선험적인(a priori) 철학적 또는 신학적 증언들과는 완전히 분리되어야 한다. 다시 말해, 비록 기독교의 의미와 진리-주장들이 초자연적인 인물 보도의 사실성에 달려있다고 보여

질 수 있겠지만, 그럼에도 그 보도들의 역사적 진실성 탐구는 완전히 별
개의 작업이다. 그것은 역사적인 것이지, 신학적인 것은 아니다. 사실, 기
독교의 의미와 진리가 역사적 진실성에 의존하고 있다면, 역사-비평 주석
은 전적으로 교리보다 선행해야 하며, 교리는 그 주석의 독립적 연구 결
과에 기초해야 한다. 이것이 슈트라우스가 헤겔과 결별하게 된 요지였다.
슈트라우스는 헤겔이 확실한 사실과 교리적 진리, 역사-비평적 방식과 사
변적(종교적이고 철학적) 방식 간의 차이와 관계에 대해 모호하고 명확하지
않다고 생각했다. 헤겔과 그의 학파는 기독교 신앙의 진리에 있어 실제
사건의 비필수성 또는 필수성과, 사변적이거나 존재론적 주장들로부터
사실적 평가의 도출 가능성 또는 불가능성의 문제에 대해 모호한 태도를
보였다.[5]

---

5. 참고, Strauss, "Die Halben und die Ganzen," in *Gesammelte Schriften*, vol. 5, pp.
149ff.; "Literarische Denkwürdigkeiten," in *Kleine Schriften* (Bonn: Strauss, 1895), p.
14; 무엇보다도, Strauss, *Streitschriften zur Vertheidigung meiner Schrift über das Leben
Jesu* (new ed., Tübingen, 1841), part 3, pp. 57-126. 이 책은 그의 책과 Hegel과 그 학
파 사이의 관계 분석에 집중한다. *Gesammelte Schriften*, vol. 5, p. 177: "예수의 삶에
대한 나의 모든 비평은 종교와 철학이 동일한 내용을 가지며, 전자인 종교는 묘사
적인(representational) 형식[*Vorstellung*]을, 후자인 철학은 개념적인 형식[*Begriff*]을
취한다는 Hegel의 주장(thesis)에서 나온 것이다. Hegel 학파가 자신들의 스승의 말
을 이해한 방식은 이렇다: 복음서 기사의 역사적 신뢰도는 그것이 참된 철학적 사
상을 묘사적인 형태로 전달한다는 사실에 의해 입증된다. 역사의 사실성은 사상
(ideas)의 진실됨으로부터 파생되는 것으로 이해된다. 나의 저서인 『예수의 생애』의
모든 비평은 이 입장에 반대되는 방향으로 개진됐다. … 나는 사상의 진실성으로부
터는 역사적 신뢰도와 관련하여 아무것도 도출될 수 없다고 주장했다. 역사적 신뢰
도는 사건들의 규칙(rules of events)과 기사들의 성격(nature of the accounts)에 의
거하여 오로지 그 자체의 법칙에 비춰서 판단되어야 한다. 그러나 나는 바로 동일
한 사상들이 한편으로는 (비역사적이긴 하지만) 종교적인 기사들에 표현되고, 다
른 한편으로 개념적으로 철학에 의해 파악된다는 사실을 당시에 의심하지 않았다."
Strauss가 역사-비평적 설명 범주로 '신화'를 사용한 것과 헤겔주의적-철학적으로
사용한 것을 구별하고, 또한 Strauss를 C. G. Heyne에게서 유래한 18세기 비평 전통

셋째, 복음서 보도들, 특히 초자연적 요소를 포함하는 보도들의 사실적 가치 평가와 그 의미의 핵심은 그 보도들의 문자적 정확성을 입증하려고 하는 설명도 아니고, 그렇다고 해서 자연적 사건들이 기적 보도들의 기저를 이루고 있으며, 그 기적들은 왜곡되거나, 실수로 또는 저자들에 의해 의도적으로 그 시대의 지적 상황에 맞게 조정되어 보도됐다는 것을 입증하려는 설명도 아니다. 오히려, 복음서의 핵심적인(슈트라우스에게는 그렇게 보였다) 초자연적 요소들을 포함하는 복음서 이야기의 의미를 이해하고, 역사적 사실성을 입증하는 열쇠는 저자들이 근동에서 당대의 시대와 문화와 함께 공유했었던 신화적 전망(mythical outlook)이다. 그들의 전망이 신화적이라고 말한다는 것은 '무의식적 민속 시화'(unconscious folk poetizing)라고 불리는 집단 과정(group process)에 그것을 포함시키는 것이다. 이러한 방식으로 저자들은 이른바 '올바름과 진리'를 위해 교묘하게 속임수를 사용하고 있다는 비난의 가능성—다시 말해 성서의 기적 이야기들이 알레고리 내지는 개별적으로 고안된 우화로 분류될 때마다 최소한 암시적으로라도 받게 마련인 비난—으로부터 벗어나게 된다.[6]

슈트라우스는 예수의 실존 자체를 포함하여 전체 복음서를 신화적 이야기(mythical tale)로 환원시키려는 의도는 없었다. 하지만 '신화' 범주를 통해 슈트라우스는 그 기원이 외부적이고 문자적이거나 또는 내면의 정신적인(하지만 어느 경우든 사실적이고 원칙상 연대 추정이 가능한) 사건들인 것처럼 보이지만 분명히 저자들이 초자연적 장식으로 꾸민 이야기들의 기원을 설명할 수 있었다. 외부적이든 심리적이든 간에 각각의 경우에 대해 더 이상 자연적·사실적 자료들을 찾을 필요도 없이 우리는 단순히 그 보도들

으로 포함시키는 대표적인 설명에 대해서는, Hartlich and Sachs, ch. 5를 보라.

6.   Strauss, *Das Leben Jesu*, vol. 1, pp. 90ff.

을 당시의 일반적인 신화적 의식이라고 간주함으로써 그러한 보도들의
발생을 설명할 수 있을 것이다.

슈트라우스 이전에도 헤르더가 이미 시대 정신 또는 집단 의식을 설
명 장치로 사용했었고, 이는 매우 널리 퍼져 그는 한 집단 언어의 언어적
구조와 활용마저도 그 집단의 독특한 집단 의식과 상관 관계가 있다고 설
명한 바 있었다. 우리가 관심을 갖고 있는 문제들과 관련하여, 두 사람 사
이에는 두 가지 본질적인 차이점이 있었다. 첫째, 헤르더는 정신(spirit)이라
는 용어를 이해를 위한 범주로서뿐 아니라 동시에 어떤 특정 과거와 그
과거의 현재 해석자 사이를 이어주는 공통의 연결고리로서도 사용했다.
집단 의식(group consciousness)의 개념은 그에게 비평적이거나 규범적 방식이
라기보다는 오히려 미학적으로 공감적인 차원에서 기능했다. 반대로, 훨
씬 더 합리주의자였던 슈트라우스는 고대 문헌들의 기원과 장르에 대해
기술적 설명을 하기 위해 민족 의식(folk consciousness)의 개념을 비평-분석적
도구로 사용했다. 둘째, 헤르더는 성서의 특정 본문이 구체적 사건들을 명
시적으로 지시한다고 생각되든 아니든 간에, 성서 문헌에 표현된 집단 의
식이 단순하고 사실적이라고 생각했다. 반면에 슈트라우스는 본문이 단
순하고 사실적인 곳에서도, 정말로 그것이 우연하게 지시하게 될 때도, 본
문의 실제 의미는 비의도적으로 시화(詩化)된 전설(saga)의 역사 같은(histo-
ry-like) 형식으로 원시 기독교 사상이 표현된 것이라고 생각했다. 다시 말
하자면, 슈트라우스에게 내러티브적 성서 본문들의 진짜 의미는 그것들
이 표현한 사실주의적 의식이라기보다 오히려 신화적 의식—즉, 그 본문
들이 고대의 다른 원시 집단들과 공통적으로 지니고 있었던 의식—이었
다.

슈트라우스가 말한 바에 따르면, 이러한 유형의 이야기 본문들은 대
체로 현재적이었고, 아직은 추상적 개념화 수준에 이르지 못한 그 특정

집단 문화에 대한 성찰의 자연스러운 표현이었다. 그 이야기들은 예언자적이든 메시아적이든 또는 다른 무엇이든 간에 전형(stereotype)에 맞는 것처럼 보이는, 카리스마적 인물들에게 적용되곤 했었다. 예수의 시험(temptation)과 변형(transfiguration) 이야기는 외적 사건으로 다뤄진다면 모순으로 가득 차 있을 뿐 아니라 자연적으로는 믿을 수 없는 사건들의 뚜렷한 사례다. 반면에, 그것들을 심리적 사건으로 해석한다는 것은 예수의 내면에서 일어났던 일과 그가 제자들에게 말했을 것들에 대한 매우 불확실한 추측일 뿐이다. 게다가 그것은 이러한 이야기들을 말하는 저자들의 명백한 의도와 전면으로 대치된다. 이야기의 기원과 이 모든 불만족스러운 설명에 직면한 가운데, 가장 경제적이고 합리적인 설명은 그 이야기들이 결코 예수에게서 기원하지 않지만, "그에 대해서 만들어졌다는 것이다. 즉, 그것들은 초기 기독교적 전설(saga)이라는 것이다. … 그리하여 모든 역사적 근거를 박탈한 채, 이제 우리는 이 이야기[예수의 시험]가 오로지 사상들에서, 유대교와 초기 기독교의 표현들에서 기원을 찾는 방향으로 나아간다. 그리고 여기서 우리는 다행스럽게도 그 내러티브에는 구약성서 사례나 메시아와 사탄에 대한 동시대의 개념들에서 설명되지 못하는 요소는 없다고 말할 수 있다"는 것이다.[7] 그들 시대의 분위기에서 병행 이야기나 사상들을 발견하는 것이 이 이야기를 어떤 특정한 카리스마적 인물에게 전용하는 것에 대한 가장 합리적 설명이었다. 이것은 그 시대와 지역의 문화를 보여주는 공통된 집단 정신이나 의식, 그리고 그것의 표현 과정에 호소함으로써 도출되는 적절한 추론처럼 보일 것이다. 이러한 공통 과정은 발생학적 출처이며, 그리하여 슈트라우스에게는 이야기의 개별 적용에 대한 충분한 역사적 설명이 된다.

---

7. Ibid., vol. 1, pp. 471, 472.

만일 어떤 내러티브나 문단이 성서의 다른 부분이나 다른 곳에 있는 (특히 동일한 문화적 맥락을 지닌) 비슷한 다른 이야기들과 비교해서 성격상 신화적이라고 입증될 수 있다면, 이러한 사실은 가장 일관된 신화론자에게 그 보도의 기원에 대한 충분한 역사적 설명이거나 아니면 이른바 근본적 사실들로 돌아가야 하는 필요성과 심지어 그 가능성도 제거한다. 이야기가 실제로 일반적 설명 기능을 하기 때문에 모든 종류의 역사적 설명이 필요치 않는 곳에서마다 우리는 '철학적 신화'(philosophical myth)에 대해 이야기한다. 신화 기사의 전설 전승이 실제 사건으로 거슬러 올라가(하지만 거기에 도달하기는 극히 어렵다) 추가적인 역사적 설명이 바람직한 곳에서마다, 우리는 '역사적 신화'(historical myth)에 대해 이야기한다. 하지만 세 번째 경우인 '시적 신화'(poetic myth)에서는 자유롭고 자발적인 상상력만이 작용한다. 이 모든 세 가지 하위 유형들(subtypes)에서 진짜로 중요한 것은 아직은 추상적 개념화와 문자 형태에 이르지 못한 채로 표출된 감각적이고 어린애 같은 수중의 의식 표현에 있다. 이것이 신화의 본질이다. 신화는 신적이고 인간적인 기적적 행동들의 감각적 또는 역사 같은(history-like) 기사 형식으로 제시되며, 그 속에서 신들은 대리자들의 중재 없이 유한한 세계에 직접 나타난다. 알레고리와 마찬가지로, 신화의 의미, 다시 말해 신화가 반향하는 것은 분명 신화의 표현과는 다르다. 하지만 알레고리의 의미와 달리 신화의 의미는 직접적으로 진술되는 사상이 아니며 의도적으로 이야기 형태의 옷을 입고 있다. 오히려, 표현의 의미는 그 표현을 하고 있는 의식(consciousness)이다. 분석을 위한 기술적 비평 도구인 신화는 기적 이야기들의 의미를 설명하고 그 기원을 해명하는 역할을 하는 심리학적-발생학적 범주이다. 설사 어떤 사실적 자료가 특정 신화 기사의 배후에 있다고 하더라도, 그것은 신화의 진정한 의미가 아니고, 단지 신화의 우연한 사건 또는 환기(evocation)일 따름이다. 신화는 구체적 사건을 가리키지 않고, 집단 의식의 일반적인 문화 상황과 유형들을 가리킨다.

슈트라우스는 복음서 이야기에서 초자연적 색채를 띠는 개별 보도들을 대체로 철학적 신화라고 설명했다. 그는 공관복음서 전체를 역사적 신화에 더 가깝다고 특징지었다. 그리하여 자신이 예수의 전체 이야기를 신화로 바꿔 놓았다고 주장하는 비평가들에 대한 응답으로 슈트라우스는 자신의 책 재판본 서문 끝에서 이렇게 말했다: "본서의 저자는 그가 실제로는 '무슨 일이 일어났는지 알지 못한다'(he does not know what happened)라고 설명했음에도 불구하고, '그는 아무 일도 일어나지 않았다고 알고 있다'(he knows that nothing happened)라는 주장이 자신에게 전가된 것에 대해 강력하게 항의한다." 하지만 만일 신화 가설이 공관복음서의 역사적 기원에 대한 총체적 설명으로 결정적이지 못하다 해도, 주로 "신화적인 것과 역사적인 것의 경계선은 신화적 요소를 담고 있는 보도에서는 언제나 변동적이고 유동적이기"[8] 때문에, 신화 가설은 공관복음서 전체에 걸친 초자연적 개별 이야기 사례들의 기원을 특정 사건에서가 아니라 전체 분위기에서 설명하는 데 분명 도움이 된다. 그리고 이것은 물론 우리가 이 내러티브들 전체의 기원을 이해하는 데도 누적적인 효과를 미친다.[9] 그리고 신화 기사가 실제 사건들의 흔적을 담고 있는 것 같은 곳에서조차, 이는 그것의 실제 의미에 아주 부수적인 것이다.

슈트라우스 자신은 복음서 기사들의 영속적 의미보다는 역사적 평가, 즉 사실 보도로서 복음서 기사들의 신빙성을 탐구하는 데 주로 관심을 가졌다. 신화 범주는 그의 이러한 목적에 크게 도움이 됐다.[10] 서문에서 슈트

---

8. Ibid., vol. 1, p. 111.

9. Ibid., vol. 1, pp. 54f.

10. 이 작품의 건설적인 결론에 이르기까지(vol. 2, §§143-51), 이는 Strauss의 '신화' 범주의 활용(utilization)으로 남아 있다. 그것은 (마지막 부분을 제외하고) 복음서의

라우스 자신의 말에 따르면: "이제 우리가 여기서 유일하게 다루고 있는 복음서와 관련해서, 이어지는 전체 작업은 그 보도들의 신빙성과 이에 따른 목격자나 아니면 다른 정확하게 아는 출처로부터 그 보도들의 기원의 개연성 또는 비(非)개연성을 내부 근거로 각기 상세하게 탐구하는 것만을 목적으로 한다."[11] 이 문제와 관련하여 내부적 연구 방식을 채택한 이유는 명확하다. 이 방식은 성서 보도의 사실적 신뢰성을 조사하는 데 있어서 영국 전통과 대비되는 독일의 전통일 뿐 아니라 예수의 생애 또는 이 기록들(고고학 자료는 말할 것도 없고, 예수와 동시대거나 조금 늦은 시기의 비[非]성서적 기록 증거물)의 초기 연대와 신뢰성에 관한 외부 증거가 너무 희귀해 그 문제를 해결하는 데 크게 도움이 되지 못하기 때문이다.

이러한 증거 부족으로 인해, 보도들의 신뢰성 평가를 위해 평가의 내부 근거들이 거의 전적으로 쓰여야 할 것이다.[12] 문헌 자체는 다음 세 가지

역사적 기원을 설명하는 데 사용된 개념이다. 따라서 당연히도 Strauss의 강조는 Rudolf Bultmann의 '탈신화화' 작업(project)과 완전히 다르다. Bultmann의 '탈신화화' 작업에서 신화란 변치않는 실존적 의미가 원저작들에 부여되는 형식이기에 그것은 제거되는 것이 아니라 해석되는 것이다. 이는 Strauss가 자신의 작품 마지막에 제안한 것과 비슷하지만, 논문 본론에서 '신화'를 사용한 방식은 아니다. Strauss와 Bultmann의 비교를 위해서는, Gunther Backhaus, *Kerygma und Mythos bei David Friedrich Strauss und Rudolf Bultmann*, in *Theologische Forsckung, Wissenschaftliche Beiträge zur kirchlich-evangelischen Lehre*, no. 12 (Hamburg-Bergstedt: Reich Verlag, 1956).

11. Strauss, *Das Leben Jesu*, vol. 1, p. 66.

12. 여기서 모호한 용어를 짚고 넘어가는 것이 좋겠다. Strauss는 복음서 보도의 신뢰도를 평가하기 위해 외적 및 내적 '근거'(grounds)에 대해 말한다. 근거와 증거 (evidence)라는 용어가 정확하게 일치하는 것은 아니라는 점에 유의해야 한다. Strauss가 복음서의 많은 부분의 비역사적 성격을 정립하는 데 사용했던 내적 근거는 물론 문학적 종류이기는 하지만 사실상 실제로는 외적 근거를 사용한 것이었다. 이는 문학적 평행으로부터의 논증으로서 종교사 학파 연구 방법의 전형적 특징 중 하나가 됐다. Strauss는 복음서, 구약성서, 그리고 '성서 시대'의 비(非)성서 작품들에서 예수에게서 발견할 수 있는 초자연적 이야기/개념과의 평행점을 발견했

기준에 따라 평가되어야 한다. (1) 동일한 연속 사건들을 다룬다고 알려진 이야기들이 상호 간에, 그리고 내적으로 일관성이 있는가? 이 질문은 18세기에 복음서 '대조서'의 숫자가 급격히 증가한 것을 설명해 준다. (2) 그 이야기들은 자연적, 역사적, 심리적 사건들에 대한 우리의 일반 경험 기준에 의해 판단될 때에도 본질적으로 믿을 만한가? 슈트라우스는 두 가지 측면 모두에서 복음서가 아주 형편없는 점수를 받는다고 생각했음은 말할 필요도 없다. 그가 우리의 자연적 경험을 분석해서 도출한 이러한 결론의 근거들은 과거에 일어났을 일과 일어나지 않은 일에 대해 편견 없이 ('전제 없는') 평가하는 기준에 대한 표준적 설명이 됐다.[13] (3) 문자적으로,

---

다. 이때 비성서 작품들을 많이 사용하지는 않았지만 말이다. 그러한 문학적 평행이 외부에서—구체적인 적용이 없거나 아니면 예수가 아닌 다른 누군가에게 적용되면서—발견될 때마다, 복음서의 신뢰도에 대한 옹호는 결정적으로 약화됐다는 것이 그의 주장의 근거였다. 첫째, 예수 이야기의 독특함 및 예수가 고대 역사, 특히 구약 역사에서 신적으로 운명지어진 정점이라는 주장은 모두 완전히 힘을 잃었다. 후자는 사실상 혼란에 빠졌다. 물론 복음서 저자들이 했던 것은 사용 가능한 자료들을 자신들의 뜻에 따라 예수에게 적용한 것이다. 둘째, 만일 우리가 성서 밖에서 사용된 동일한 내용들이 성격상 신화적이라고 믿는다면, 우리는 이것들이 성서에 나타날 때 어째서 그렇게 하기를 거부해야 하는가? 셋째, 동일한 지리적, 문화적 배경에서 평행하거나 비슷한 이야기는 공통된 자료를 가지고 있으며, 그것은 초자연적인 것이 아니라 그 시대와 지역의 일반적이고도 완전히 자연스러운 신화적 의식(consciousness)이다. 다른 말로 하자면, 전체 신화 학파(mythical school)가 지향하는 종교 혼합주의의 주장은 기독교 이야기의 독특함뿐 아니라 사실로서의 신뢰성을 약화시킨다. 그러나 혼합주의 가설이 없더라도 다양한 지역과 시대에 있는 신화들의 평행 구조를 주장할 수도 있고, 따라서 공통의 원시 의식(primitive consciousness)을 주장할 수 있다. 이는 그 사례들을 다른 사례들보다 더 높이는 것을 방지할 수 있다. 이것은 성서를 고전 그리스-로마 신화들과 비교할 때, 신화 학파의 일반적인 절차였다. 참고, Georg Lorenz Bauer, *Hebräische Mythologie des Alten und Neuen Testamentes* (1802), vol. 1, p. 49.

13. Strauss의 것과 같은 절차의 완전함과 (20세기의 신정통주의 신학자들에 반대하는) 신학적 진리 주장과의 관련성에 대한 가장 맹렬하고도 설득력 있는, 최근의 옹호는 Van A. Harvey, *The Historian and the Believer* (New York: Macmillan, 1966)이다.

다시 말해 문헌으로서의 그 특성상, 이 기록들은 본질적으로 역사적인가 아니면 비(非)역사적인가? 그들은 사실을 보도하고 있는가 아니면 신화적 유형인가?

마지막 질문에 대한 답이 슈트라우스에게는 분명히 핵심적이다. 왜냐하면 만일 그가 이 기록들 대부분의 장르가 실제로 신화라는 것을 입증할 수 있다면, 그는 그것들의 역사적 신빙성과 관련된 자신의 중요한 질문 대부분에 대해 가장 그럴듯한 역사적 기원에 관한 확실한 가설을 갖고 대답하는 것이기 때문이다. 이것은 그러한 사건들이 내재적으로 믿을 수 없고, (그렇기에) 그것들을 역사적이라고 말하는 주석 연구들이 부적절하다는 근거에서, 그 사건들이 일어나지 않았을 것이라고 주장했던 과거의 부정적 연구들을 더욱 강화시키고 더 나아가 완성시켰을 것이다. 그리고 이는 사실 슈트라우스의 실제 연구 작업의 결과이기도 하다. 처음 두 개의 기준에 의거하여 부정적 비평을 한 다음에, 그는 이어 각 문항에 대해 다음과 같은 긍정적 질문을 했다: 우리가 여기서 접하는 것은 실제로 어떤 유형의 기록이며, 이것은 그 기록물의 기원과 신빙성 문제에 대해 어떤 입장을 갖는가? 그리고 물론 그 대답은 대체로 그 기록들이 본질적으로 신화라는 것이다. 그리하여 초(超)역사적인 색채를 띠는 특정 이야기의 기원을 밝히기 위해 실제적인 역사적 사건이 가정되어야 할 필요는 없다. 그리하여 그 이야기의 기원을 설명하는 데 문자적(literal) 가설은 믿을 수 없고 불필요할 뿐 아니라 기사의 배후에 초자연적이라고 알려진 사건이 아니라 자연적 사건이 있다는 주장 역시 대체로 불합리한 데다 불필요하다.

그렇다면 슈트라우스가 신화 범주를 사용했던 이유는 명백하다. 그가 복음서 기사들의 장르와 관련하여 이 범주를 사용해서 시행한 문학적-심리학적 분석 결과로, 그는 사실적이라고 추정된 주장들의 자격을 묻는 질문의 답을 얻을 수 있었다. 신화 범주의 도움을 받아 복음서의 역사적 신

빙성을 평가하기 원했던 것은 슈트라우스뿐만이 아니었다. 하틀리히
(Christian Hartlich)와 작스(Walter Sachs)에 따르면, 슈트라우스가 속했던 신화해
석학파는 18세기 후반의 성서 연구 및 역사적 설명 탐구의 토양에, 그리
고 조금 앞선 하이네(C. G. Heyne)의 고전적 언어학에 깊이 뿌리 내리고 있
었다.[14] 슈트라우스는 성서 속 사실 같은(fact-like) 이야기들의 기술적, 역사
적 평가에 주로 관심을 가졌던 해석 전통을 가장 극단적으로 이어받았다.
슈트라우스 이전의 헤겔적인 전입자들은 그가 최소한 문학적-역사적 범
주로 신화를 이해하고 활용한 것과는 대체로 관련이 없었다.[15]

슈트라우스의 신화 사용이 헤겔의 것과는 달리 신화가 '묘사적으
로'(representationally) 예견해주는 '개념'이나 '사상'을 발견하기 위한 탐구라
기보다는 역사적-사실적 설명을 위한 탐구에 도움이 됐다는 것은 분명 사
실이다. 그가 그것을 헤겔에게서가 아니라 18세기의 자료들에서 도출했
다는 것 또한 사실이다. 그렇지만 설명 도구로서 신화 범주 자체는 18세
기의 역사 이해와 19세기의 역사 이해 사이의 과도기적 개념과 비슷한 것
으로, 우리가 일반적으로 양 시대 모두의 특징이라고 생각하는 몇몇 특성
을 띠고 있다. 신화 학파에게 신화란 대체로 기술적인 설명 범주였다. 초
창기의 낭만주의적 견해에 있어서 신화는 순진함으로부터 자기 인식으로
변화해가는 것을 반영해주는 역할과 같이 주로 그 내용 때문에 중요했다.
낭만주의자들은 신화에서 많은 것들을 보았는데, 만일 그들이 종교적 경
향을 띠었다면(대체로 그러했다) 그들은 신화가 초월적 또는 신적 존재가 인
간 정신에게 자기 계시(self-revelation)를 하는 형식이자 인간 정신의 간접적

---

14. *Der Ursprung des Mythosbegriffes*, chs. 2, 3.
15. Strauss 자신은 이미 *Streitschriften* 제3권에서 이 상황에 주의를 기울였다(위의 각주
    5를 보라). 그러나 반대로 잘못된 생각은 예컨대 Joachim Wach, *Das Verstehen*, vol.
    2, pp. 272f.(위의 제9장 각주 3을 보라)와 같은 곳에서 계속되어 왔다.

이고 외면화된 자기 반성(self-reflection)의 형식이라고 생각했다.

이 모든 것은 하틀리히와 작스의 논문이 일정 정도 수정되어야 함을 의미한다. 이 두 사람은 신화 학파와 초기 낭만주의적·관념주의적 전통들의 신화 이해에서 모든 차이에도 불구하고 존재했었던 공통 요소들과, 그리하여 이들 전승이 19세기 역사가들의 매우 다른 '역사실증주의'뿐 아니라 슈트라우스에게 끼친 공통된 영향을 최소화하는 경향이 있다. 역사-비평적 신화 이해와 낭만주의-관념주의적 신화 이해 사이의 그러한 공통의 특징 중에서, 우리는 보편적인 인간 영역이자 동시에 특수하고 문화 결정주의적인 표현인 '의식'을 역사 탐구를 위한 자료로 활용한 것을 언급할 수 있을 것이다. 그리하여 이 두 전승들이 특정 과거 시대에 만연했던 합리적인 이성 너머의 것에 대한 감정이입—즉, 집합적 집단과 특정 개인 모두 안에서 사고하고, 느끼고, 상상하고, 행동하는 통합적이고 내면적인 원천에 대한 감정이입—을 강조해야 할 필요성을 언급할 수 있는 것이다. 우리는 18세기 말의 헤르더와 여타의 사람들에게서 이러한 사고 방식을 살펴본 바 있다.

슐라이어마허의 해석학으로 인해 유명해진 한 구절에는, 해석자는 저자를 "저자가 자신을 이해하는 것보다 더 잘" 이해해야만 한다는 취지가 담겨 있다.[16] 역사-비평적 신화 사용자와 보다 철학적(낭만주의적, 관념주의적, 역사실증주의적) 신화 사용자는 모두 이 주장에 동의할 수 있었을 것이다. 그들은 자신들이 마치 그 속에서 나온 것처럼 신화 저자가 자기 시대의 특수한 원시적 의식—즉 발단(inception), 개념 형성(conception), 표현(expression)에서 선(先)개념적이고 순수한 감각적 차원—에 필연적이고 무의식적으로 속해서 그것을 표현하는 것을 파악할 수 있다고 생각했다. 비록 낭만주

---

16. F. D. E. Schleiermacher, *Hermeneutik*, ed. and introd. by Heinz Kimmerle (Heidelberg: Winter, Universitätsverlag, 1959), p. 87.

의-관념주의적 신화 학파는 역사-비평적 신화 학파와 달리 '신화를 만든'(myth-making) 사람과 '현대인'(modern) 사이의 연속성을 강조했지만, 두 전통 모두는 이 초기의 신화적 사고 방식과 근대적 사고 방식 사이의 커다란 차이점을 강조했다.[17] 하틀리히와 작스는 신화 학파와 낭만주의적-관념주의적 학파가 슈트라우스의 성서 해석 같은 성서 해석 연구에 미친 영향의 공통 요소들을 크게 강조하지는 않았지만 두 사람의 위대한 장점은 이 두 전통 사이의 차이점을 인식했다는 점이다. 우리는 두 가지로 그러한 차이점을 정리할 수 있을 것이다.

첫째, 신화 학파는 자신들이 신화적 의식을 준(準)내적(quasi-internal)으로 이해한다고 주장했음에도 불구하고, 연구 중인 자료에 대해 시종일관 합리주의적 입장에 국한되어 있었다. 신화론자들이 고대 신화에 담긴 항구적(만일 있다면) '내용'이나 '진리'에 대해 어떻게 생각했든 간에(어떤 사람들은 높게 평가했고, 또 다른 사람들은 낮게 평가했다), 최소한 그들이 사실적이라고 여겨진 저자의 보도들의 가치와 그 저자들의 세계관을 역사적 관점에서 평가하고 있지 않는 한에서, 그들은 궁극적으로 자신들이 그 저자들과 동일한 사고나 감수성 또는 담론의 세계에 있다고는 생각하지 않았다. 이것은

---

17. 아주 중요한 과도기적 인물은 Herder와 초기의 Schelling 같은 인물로, 이들의 논의는 Heyne나 Eichhorn과 같은 합리주의적이고 역사적-비평적인 사상에 영향을 받았지만, 이들 자신은 신화와 역사 이해에 관한 낭만주의적 개념을 발전시켰다. Herder에 대해서는 Meinecke, *Die Entstehung des Historismus*, ch. 9; Fritz Strich, *Die Mythologie in der deutschen Literatur von Klopstock bis Wagner* (Halle a.S.: Niemeyer, 1910), vol. 1, ch. 2; (간결하지만 통찰력 있는 표현으로 연대기적, 발전적 배경에서 Herder의 역사적 관점을 설정한) Ernst Cassirer, *The Philosophy of the Enlightenment* (Boston: Beacon Press, 1955), ch. 5, "The Conquest of the Historical World"에 있는 논의를 보라. Schelling에 대해서는 그의 초기 논문, "Über Mythen, historische Sagen und Philosopheme der ältesten Welt" (1793), in *Sämmtliche Werke* (Stuttgart and Augsburg: Cotta, 1856), vol. 1, pt. 1, pp. 43-83을 보라.

물론 비평적 입장의 본질이다. 하틀리히와 작스가 옳게 강조했듯, 신화론
자들은 헤르더 같은 사람과는 대조적으로 고대 시대의 그 정신 속에 담겨
있는 고대의 의식과의 '감정이입'을 신화의 이해에 도달하기 위한 첫 단
계일 뿐이라고 생각했다.[18] 두 번째 단계는 신화가 생겨난 문화 상황과, 삶
의 깨달음에 대한 그 고대적 형식들을 공정하고 합리적으로 평가하는 것
이었다. 이러한 비평적 입장을 신화론자들은 그들 시대의 다른 모든 전문
적 해석학파들과 공유했다. 역사 자료에 대한 이러한 합리주의적 입장에
서 볼 때, 슈트라우스를 포함하는 신화론자들이 그 신화 개념을 함께 개
발했던 낭만주의자들보다 그들의 적대자였던 문자주의적인 초자연주의
자들과 더 많은 공통점을 지녔다는 것은 이상하긴 하지만 그럼에도 불구
하고 사실이다.[19]

둘째, 우리는 신화론자들과 낭만주의자들의 이러한 입장 차이를 바로
해석의 목적으로까지 확대할 수 있을 것이다. 낭만주의자들이 고대의 신
화를 만든(myth-forming) 의식의 정신에 즉각적 접근을 추구했던 곳에서, 신
화론자들은 고대 기록들을 이해하고 설명하는 것은 궁극적으로 사실적
사건들의 보도로서 그 기록들의 신빙성과, 그 기록들이 전하고 있는 전승
들의 기원을 설명하기 위한 유용성을 평가하는 것과 동일하다고 생각했
다. 신화론자들에게 중요한 설명적 또는 해석학적 질문들은 다음과 같다:
실제로 무슨 일이 일어났으며, 우리는 그 기록들에 대해 어떻게 설명해야
할까? 이러한 문제들을 가장 먼저 염두에 둔다면 왜 그들이 구약과 신약
성서의 내러티브 부분에 해석학적으로 천착했는지는 다시 한번 전적으로
분명하다. 신화론자들은 성서 해석에 있어서 자신들의 후임이자 최고의

---

18. *Der Ursprung des Mythosbegriffes*, pp. 50f.
19. 다른 많은 면에서도 그러하듯이, 이러한 면에서 합리주의자들과 낭만주의자들의
차이를 '중재하고' 뛰어넘었던 사람은 Hegel이었다.

대변자인 슈트라우스처럼 이 질문들에 대한 답은 다음과 같은 단순한 이분법적 대안에 있다고 생각했다: 내러티브는 처음에 구전 또는 민담 전승이 발생한(그러다 후대에 기록됐다) 시대의 신화 형성(myth-making) 의식으로부터 기원하고, 또 그 의식을 표현하기 때문에, 기적 내러티브의 의미는 외부의 기적 사실들을 가리키든가, 그렇지 않든가이다. 다른 선택의 여지는 없다.

제13장
세기의 전환과 해석학적 선택들

'사실'(fact) 문제가 해석의 중대 목표까지는 아니라 해도 해석의 목적 중 하나를 제공했기 때문에, 역사적 문제들이 중요했던 신화론자들과 다른 학자들은 해석의 두 단계를 명확하게 구분지었다. 첫 번째 단계는 문서의 문자적 또는 문법적 의미를 결정하는 단계이고, 두 번째 단계는 그것을 역사적으로 평가하는 단계이다. 첫 번째 단계에서 순수한 신화론자는 저자와의 감정이입에 호소하고 싶어 했을 것이다. 하지만 중요하게 고려해야 할 문제는 여전히 두 번째 단계에 남아있었다. 만일 우리가 문서의 영속적 의미나 취지 또는 종교적 내용에 대한 질문을 추가로 제기했다고 해도, 그 대답을 얻으려면 두 번째 문제의 해결을 기다려야 할 것이다.

그렇지만 슈트라우스에게조차 내러티브 본문의 영속적 의미나 적용 문제는 혼란스러운 것이었다. 본문에서 제기된 어떠한 사실 주장들도 그러한 의미에 가까이 근접할 수 없었다. 반면에 우리가 본문에 표현된 의식에서 '영속적' 의미를 더 많이 찾을수록, 그 의미는 본문을 만들어낸 시대 정신에 더 많이 초점을 둬야 했다. 그리고 낭만주의자들과 달리 신화론자들에게 있어서 전(前)개념적(preconceptual), 감각적 단순함의 그 시대는 우리 시대와 너무 달라서 두 가지 의식 양태들의 공통 연결고리를 정립하거나 표현하기가 어려웠던 것이다. 1817년에 프리드리히 뤼케(Friedrich Lücke)가 신화론자뿐 아니라 모든 역사비평가들이 본문의 '내적' 또는 종교적 의미나 적용 가능성에 대해 잘 알지 못한 것 같다고 불평한 것이 정당하다고 생각될 수 있었던 것은 그리 놀랄 일도 아니었다. 그 문제는 20세기 해석학에서는 암울한 문제가 될 것이었다. 19세기 초에 그 문제는 그때까지 늘 당연한 것으로 여겨져 왔었던 것—그러니까 본문의 의미가 무엇이든 간에, 본문이 과거에 그 자체로 의미했던 것과 지금 의미하는 것이 원칙상 하나이고 동일한 것이기 때문에 본문의 해설과 적용은 실질적으로라기보다 기술적으로 또는 형식적으로 별개의 일이라는 사실—에 종말을 고했다. 예를 들어, 성서 본문의 의미를 평가함에 있어 역사비평의 범위에 대해 논쟁했던 카일(K. A. G. Keil)과 슈토이들린(K. F. Stäudlin)은 이 점에 대해서는 상당 부분 동의했다. 그렇지만 신화론자들에게 이러한 주장이 불가능했다. 해설은 고대와 현대 의식 사이의 엄청난 차이, 다시 말해 고대 의식의 신화적 모습과 현대 의식의 비평적 모습을 보여줬다. 그렇다면 고대 성서 본문의 적용적 의미는 무엇인가? 이 지점에서 슈트라우스 (D. F. Strauss)는 『예수의 생애』(The Life of Jesus)의 결론에서 후일 그가 포기하게 되는 헤겔의 방향을 택했다. 신화적 의식은 인간 의식의 오랜 역사를 통해 발전해온 이상과 실제의 보편적 통합인 화해(reconciliation) 사상을 표현적 형식으로 나타낸다는 것이다. 이러한 견해를 지녔다고 해서 궁극적으로 슈트라우스가 알레고리 해석 진영에 놓이게 되는지 아닌지를 말하기는 어렵다. 어쨌든 그는 얼마 지나지 않아서 그것을 포기했다.[1]

---

1. 1846년에 Strauss는 '헤겔의 체계'가 마치 흔들리는 이빨 같아서 자신이라면 그 이빨로 세게 물지는 않을 것이라고 말했다(Friedrich Vischer에게 보내는 편지, 1846년 6월 3일, *Ausgewählte Briefe*, p. 177).

초기 신화론자들은 성서 내러티브의 해설적 의미와 적용적 의미의 차이, 확실성으로서의 의미와 전적으로 비(非)확실적인 의미의 차이 같은 명백한 구분을 받아들이지 않았다. 이 모든 문제들에 대한 그들의 모호한 입장의 결과로, 본문의 영속적 의미에 대한 평가는 철저한 모호함으로 이어졌다. 일정 부분 그들은 자연주의자들(Naturalists)이 되어 신화 기사 이면에 있는 특정 유형의 비(非)기적적 사건을 규정하기도 했다.[2] 또 일정 부분 그들은 내러티브들에서 종교 철학의 평범한 합리주의적 교훈들을 도출했고, 사실상 그 내러티브들이 하나님의 구체적인 세상 개입이 없는 신인동형론의(anthropomorphic) 목적론적 유신론(有神論)을 생생하게 묘사한 것이라

---

2.   J. P. Gabler and G. L. Bauer 둘 모두가 그랬다. Strauss는 복음서의 기적 보도에 기초하여 자연적인 사건의 가능성을 추정한 H. E. G. Paulus의 잘못된 노력에서 즐거움을 느낀 첫 번째 사람이 아니다. Gabler는 34년 전, *Neuestes theologisches Journal* (vol. 7 [1], 1801), pp. 363-413, esp. 384ff.에서 Paulus의 *Kommentar über das neue Testament*, pt. 1을 평가하면서 이미 그렇게 했다. Paulus와는 달리 Gabler는 예수의 탄생과 관련된 기적을 역사적 신화가 아닌 철학적 신화로 다루어, 이 이야기들에 관한 '사실'을 찾거나 이야기들을 의미로서 다루려 해도 소용이 없다고 강하게 주장했다. Gabler가 가능할 때마다, 예를 들어 예수의 시험 이야기에 대한 설명에 관해 우리가 직접 다루게 될 논문에서도, 역사적 사실들(그는 이것들을 전반적으로 역사적 신화들이라고 불렀다)을 주장하는 것은 오히려 놀라운 일이다. 거기서 Gabler는 예수와 관련된 심리적인 사건(psychic event)을 본문의 기원, 설명, 의미로서 가정했다. (참조, *Kleinere theologische Schriften*, 1831, vol. 1, pp. 201-14.)

   더욱 놀라운 것은 G. L. Bauer의 경우다. 그는 *Hebräische Mythologie des Alten und Neuen Testamentes* (1802)에서 신성한 신화(*mythologia sacra*)에 대한 Gabler의 주장을 실현시켰다. 조금 앞서서는 *Entwurf einer Hermeneutik des Alten und Neuen Testamentes* (1799)에서 이 작업에 대한 해석학적 토대를 마련했다. (Hartlich and Sachs, *Der Ursprung des Mythosbegriffes*, pp. 70-87에 나오는, 이 작업들에 대한 찬사를 보라.) 하지만 *Biblische Theologie des Neuen Testaments* (vol. 1, 1800)에서 그는 계속해서, 기적들에 대한 자연주의적 설명에 의존했을 뿐 아니라, 예수의 부활의 경우에는 어찌 됐든 기적의 역사성을 확인하는 데 의존했다(ibid. §53). Strauss가 이들과, 비슷한 다른 사람들이 신화의 범주를 혼란스럽고도 소극적으로 사용했음에 항의한 것은 크게 놀라운 일이 아니다(*Das Leben Jesu*, vol. 1, §§10, 11).

고 간단하게 정리해 버렸다.[3] 그들이 확신할 수 있었던 것은 해석의 두 번
째 단계 또는 역사적 단계는 영속적 의미의 평가 이전에 이뤄져야 한다는
것이었다.

사실 내러티브 본문의 해석을 이렇게 이해한 것은 기록된 본문과 그
본문이 '말하고자 하는 것'의 관계에 관한 중요한 결정과 관련이 있었다.
대체적으로 이 결정은 성서 역사학자들의 집단적인 의견 일치에 관한 최
초의 대변인 격이었던 젬러(Johann Salomo Semler)에 의해 만들어졌다. 에르
네스티(Johann August Ernesti)와 젬러는 모두 '일반'(general) 성서 해석학의 아
버지로 여겨지지만, 이 중 젬러는 역사적 해석의 선구자였다. 두 사람 모
두 특수한 성격의 개별 문헌들을 탐구했기 때문에, 이 두 사람의 분석은
정경의 모든 교리적 또는 경건주의적 기반의 통일성을 깨뜨리는 특징을
지녔다. 이 둘은 성서를 포함하는 모든 문헌을 해석하기 위한 일반 규칙
을 만들어 그렇게 탐구하고자 했다. 또 두 사람은 특정 문헌들의 언어 활
용에 숙달하기 위해 언어학적 원칙을 따르는 것이 중요하다고 생각했다.

하지만 의견 일치는 여기서 끝났다. 젬러와 그의 뒤를 이은 대다수 비
평가들은 해석은 역사적이어야 한다고 덧붙여 주장했다. 그리고 이것은
당연히 단어들의 용법을 그것들의 특수한 역사적인 언어학적 맥락에서
이해하는 것—이것은 전적으로 사전적(lexicographical) 방법이다—뿐 아니라,
저자와 1차 독자들의 사상을 그들이 처한 특수한 문화적 배경과, 우리의
문화 배경을 포함해 다른 사람들의 문화 배경과 구별되는 특수성 속에서
이해하는 것을 의미했다. 신중한 사실 평가와 함께 이것은 역사적 이해,
그리고 내러티브의 경우에는 해석학 작업의 중요한(전체까지는 아니고) 부분
을 구성했다. 젬러 자신은 후대의 역사비평가들이 하려고 했던 것처럼

---

3.   또다시 Gabler를, 예를 들어, Eichhorn's *Urgeschichte* (1790), pt. 1, pp. 30f.; (1793),
pt. 2, vol. 2, pp. CXIIff.에 대한 Gabler의 서문을 보라.

'역사-해석적 해석학적 작업'과 '신학적-해석학적 작업'을 언제나 명확하게 구분하지는 않았다(우리는 그가 조화 이론[accommodation theory]을 사용했던 것을 기억한다!). 하지만 그의 의도는 그럼에도 역시나 확실하지 않다. 특히 그가 비규범적(non-normative)이고 역사적으로 변하는 신학과, 변하지 않고 권위적인 기독교 종교를 아주 명확하게 구분 지은 것과 같은 유사한 구분의 관점에서 볼 때 특히나 그러하다. 그는 해석 규칙을 다음과 같이 요약했다: "간단히 말해서, 해석학 기술에서 가장 중요한 것은 성서 담론의 역사 상황들을 잘 구별하여 제시하는 것뿐 아니라 우리가 성서의 언어 사용을 제대로, 정확하게 아는 것에 달려 있으며, 또한 오늘날 우리의 동료 인간들의 변화된 시대와 상황이 요구하는 방식으로 이 문제들에 대해 말할 수 있는 능력에 달려 있다. … 해석학의 나머지 모든 것은 이 두 가지 것들로 환원될 수 있다."[4]

이와 대조적으로 에르네스티와 이 부분에서 그를 추종한 사람들은 일반 해석학은 본문의 단어들—다시 말해 문자적이든 표상적이든 간에 문법적 의미와 언어의 규칙—을 넘어서서는 안 된다고 주장했다.[5] 이 두 해석학 학파 사이의 결정적 차이점은 단순히 한쪽은 해석학을 문법적 의미에 국한시키려고 했고, 다른 한쪽은 역사적 해석을 포함시키려 했다는 것만은 아니었다. 그것은 보다 폭넓은 의견의 불일치였다. 왜냐하면 역사적 해석은 일반 해석학을 본문 단어들과 다른 중심 내용으로까지 확장하는

---

4. J. S. Semler, *Vorbereitung zur theologischen Hermeneutik* (1760), vol. 1, pp. 160f.
5. Ernesti (*Institutio interpretis Novi Testamenti*)와 그 학파—S. F. N. Moras, K. A. G. Keil, Friedrich von Ammon 같은 사람들을 포함하여—의 영향은 상당했지만, 주로 '상위'(higher) 역사비평과 대조하여 '하위'(lower) 또는 본문비평의 형태에 국한됐다. 그러나 Keil과 Stäudlin 사이의 갈등이 분명해지면서, Keil과 같은 Ernesti의 추종자들에게는 문법적-역사적 과정과 역사적-비평적 과정 사이의 경계가 Ernesti에게 그랬던 것보다 훨씬 더 모호해졌다.

것으로 이해한 하나의 예—하지만 아마도 그 시대에는 중요한 예—일 뿐
이기 때문이다. 이 결정적 차이는 양편 모두에 의해서 똑같이 명확하게
구분됐다. 그리고 양편 모두에 있어 그 차이는 최우선적 선택의 문제와
관련이 있었다. 에르네스티에게 중심 내용(실체[res]; 또는 일반 독일어로는 *Sache*,
Gehalt, 또는 *Sachverhalt*)을 해석하는 것은 또 다른 별개의 문제로서 더 이상 일
반 해석학 작업이 아니라 신학 작업이며, 또한 그 전에 앞서 이뤄지는 문
자적 의미의 결정에 근거하여 조화를 이뤄야만 수행될 수 있는 작업이었
다. 반면에, 젬러를 추종한 사람들에게 문법적 또는 본문적 이해의 우선
순위는 연대기적이거나 방법론적 문제일 뿐이었다. 단어들 자체는 그것
들이 표현하거나 묘사한 중심 내용에 대한 이해에 근거하여 이해되지 않
는다면 실제로 이해된 것이 아니었다.

그리고 여기서 해석학의 범위, 다시 말해 신학적 특권이 없는 일반 해
석 원칙의 적용 범위에 대한 근본적인 불일치가 생겨난다. 에르네스티와
그의 추종자들에게 있어 이 범위는 단어들 또는 문자 배열에 국한됐거나
그것들과 동일시됐다. 젬러와 그를 따른 엄청난 대다수의 사람들에게 있
어 일반 규칙들로 이해될 수 있는 의미란 최소한 부분적으로는 그 단어들
과는 별개인 본문의 중심 내용으로 확대됐다.

가블러(J. P. Gabler)가 에르네스티의 견해에 의도적으로 반박하며 쓴 논
문에서 그 차이점은 뚜렷하다. 그 논문에서는 젬러의 역사적 접근과 중심
내용(*Sacherklärung*)을 설명하는 연구의 예를 든다. 이 논문은 중심 내용에 관
한 확고하고 중도적인—그러나 더 탐구된다면 일관된 신화론적 극단으로
이어질 뿐인—관점을 분명하게 보여주기 때문에 매우 도움이 된다. 그리
고 사실 가블러가 자신의 글에서 비(非)기적적 확증성의 의미를 구할 수
있기를 바라는 희망에서 이 논문에서는 명백하게 '자연주의적'이었다고

할지라도, 평소에 그는 분명 신화론자들 중 한 사람이었다.[6]

"예수의 시험 내러티브를 다루는 다양한 방법들을 통해 밝혀진 주석과 해설의 차이점들에 대해서"(Concerning the differences between exegesis and explanation, elucidated through the differing ways of treating narrative of Jesus's temptation)라는[7] 논문에서 가블러의 보다 포괄적인 질문은 분명 기적에 관한 것이었다. 만일 그가 분명히 믿을 수 없었듯이 우리도 그 기적을 믿을 수 없다면, 이 같은 이야기의 자격이나 의미는 무엇일까? 예수의 시험 내러티브는 사탄의 외적인 영향력과 출현에 대해 이야기한다. 한편으로는 그것을 믿기 어렵고, 다른 한편으로는 복음서 기자들은 사건을 보도한 그대로 그 일이 일어났었다고 믿은 점을 고려할 때, 우리는 이것을 어떻게 해석할 수 있을까? 가블러는 복음서 기자들이 계획적인 알레고리자들(allegorizers)이라는 선택을 거부했다. 그들은 이야기를 문자적으로 이해했다. 본문을 대충만 살펴봐도 이야기 시작 부분의 가장 자연스러운 느낌은 예수가 실제로 사막으로 갔다는 것을 알 수 있다. 따라서 복음서 기자들은 자신들이 사막에서 실제로 일어났던 사건을 보도하고 있다고 생각했다. 가블러는 "그리고 이와 함께 자신이 연구하는 저자의 참된 의미에 관심을 가져야만 하는 문법적 주석가의 작업은 끝나게 된다"라고 말한다.

그렇지만 우리 시대에 이것은 우리를 아주 멀리까지는 이끌지 못했다. 현재 역사적·철학적 비평의 전환이 일어나고 있는데, 가블러는 이를

---

6. 그의 논문, "Ob es Mythen auch im neuen Testament gäbe" (*Kleinere theologische Schriften*, 1831, vol. 1)와 무엇보다도 Eichhorn의 *Urgeschichte*에 대한 Gabler의 판본에서 신화적 관점에 대한 강한 옹호를 보라.
7. "Über den Unterschied zwischen Auslegung und Erklärung, erläutert durch die verschiedene Behandlungsan der Versuchungsgeschichte Jesu," in *Kleinere theologische Schriften*, vol. 1, pp. 201-14. 이어지는 단락들에 나오는 인용들은 동일한 논문에서 가져왔다.

"단어 해석"(*Wortauslegung*) 또는 문법적 의미의 발견과 대비하여 "내용 설명"(*Sacherklärung*)이라고 불렀다. 이것이 주석(본문 의미의 탐구)과 해설(중심 내용 자체의 설명)의 차이이다. 고대의 저자가 어떤 사건에 대해 말하면서 그것이 사실이라고 믿었다는 데 만족하는 것으로는 충분치 않다. "그것이 과연 사실이었는가?"라고 물을 필요가 있다. 그리고 만일 그 일이 그런 식으로 일어났을 수 없다면, 우리는 계속 탐구해야 한다: "저자는 그 이야기를 어떻게 알게 됐는가? 그 이야기의 기저에 참된 것이 있는가? 그것은 무엇인가? 추가된 내용은 어떻게 발생했는가? 아니면 모든 이야기가 허구인가? 사기꾼이나 열광주의자의 의도적 허구인가—아니면 그저 좋은 의도의 허구인가? 철학적 또는 시적 신화인가?"

가블러는 다른 주석가를 인용하면서 해석에서는 사실이냐가 아니라 오로지 기록된 것만이 중요하다는 에르네스티의 규칙은 중심 내용에 대해 논란이 전혀 없을 때만 옳다고 거듭 말한다. 하지만 논쟁이 있는 경우에, "어떤 것이 신화 또는 역사라고 진실되게 설명될 수 있는 곳에서는 어떤 설명이 정말로 적절하게 타당한지가 실로 중요하다." 그는 언어학자와 신학자가 서로 다른 관심을 지닌다는 것을 간과해서는 안 된다고 경고하면서 마무리한다. "언어학자는 주석에만 관심을 갖고, 반대로 신학자는 성서의 설명에 관심을 갖는다. 참된 주석가는 이 둘을 결합한다. 그는 주석으로 시작하지만, 설명이 그의 목표이다."

이 두 단계는 서로 다른데, 가블러의 관심은 분명 두 번째에 있었다. 기적과 확실성에 대한 관심으로 인해 가블러는 참된 의미를 본문의 단어들보다는 중심 내용과 동일시하게 됐다. 그리고 여기서, 또 가능한 곳 어디서든 중심 내용이란 본문이 사실적 사건을 지시하는지 확인하기 위해 먼저 본문의 역사적 기원을 평가하는 것을 의미한다. 본문의 의미가 다른 중심 내용으로 변하기 전에 말이다. (이 경우, 가블러의 설명은 신화로부터가 아니

라 자연적 또는 비[非]기적적인 사건으로부터—다시 말해, 예수 스스로가 오해했든 아니면 의
도적으로 '조정'했든 간에 외부적으로 실제 일어난 사건들의 보도에 의한 예수의 환상으로부
터—자신들이 듣고 믿었던 것들을 정확하게 기록한 복음서 저자들에게로 이동한다.)

　가블러는 이야기의 적용적 의미에 대해서는 다루지 않는다. 만일 그
가 이 문제에 대해 무엇인가를 했다면 그는 무엇을 했을까? 분명 단어
가 아니라 중심 내용이 이러한 측면에서도 의미를 지배했을 것이다. 그가
이 이야기와 관련하여 일시적으로나마 알레고리나 조화의 개념을 수용했
을 수도 있다는 사실은 이를 명확하게 해준다. 그가 다른 곳에서 신약성
서의 신화에 대해 확신했다는 것도 그러한데,[8] 왜냐하면 그것은 그가 저
자의 문자적 의도를 넘어 중심 내용까지를 살펴봐야 한다는 것을 뜻하기
때문이다. 그렇지만 그도, 다른 모든 신화론자들도—슈트라우스가 했던
미온적인 헤겔적 노력을 제외하고는—신화에서 진리나 영속적 의미가 무
엇일지를 진지하게 논하려고 하지 않는다. 그렇기 때문에 우리는 낭만주
의자와 그들의 후계자들을 눈여겨 봐야 한다. 하지만 그러면 본문이 적용
적 중심 내용을 위해 신화적으로—다시 말해 초자연적이고 실증적으로—
표현된 종교적 내용과 해설적 중심 내용을 위한 확실성을 동시에 포함할
수 있는가라는 질문이 새롭게 제기될 것이다. 그러나 이것은 가블러의 관
심사가 아니었다.

　가블러와 에르네스티는 명확하게 구분되는 두 개의 해석 단계에 대해
동의했었을 것이다(비록 가블러에게는 비명시적이거나 신화적인 본문들에서 논리적으
로 세 번째 단계가 있었음이 분명한 반면에, 에르네스티에게 그 세 번째 단계 또는 적용 단계
는 순전히 실천 작업, 아마도 설교 작업이었을 것이지만 말이다). 하지만 그들은 신화적
으로 중립적이고 비특권적인(nonprivileged) 일반 해석학의 범위에 대해서는

8.　논문, "Ob es Mythen auch im neuen Testament gäbe."

엄청나게 뜻이 달랐다. 에르네스티는 그것을 '중심 내용' 의미가 아닌 언어학적 또는 문자적 의미로 국한했다. 에르네스티가 글을 쓴 이유는 경건한 해석자들의 자의적인 변덕, 그러니까 성서 말씀 속에 있는 성령의 현존은 그들 자신의 동일하게 영감받은 성서 읽기와 직접적으로 일치한다는 주장으로부터 주석을 보호하기 위해서였다는 점을 기억해야 한다. 독실한 정통주의 루터교인이었던 그는 영감받은 언어적 해석이라는 이러한 주장에 반대하는 것을 빼면, 신학적으로 중립적이고 비판적인 일반 해석 방법의 사용을 더 촉구하지는 않았다. 그는 성서 속의 중요한 교리 문제들이나 진실들 또는 '내용들'이 자연적이고 이성적인 분석에 호소함으로써 결정될 수 있다고 생각하지 않았다. 그리고 이러한 금지 목록에는 실증적인 계시에 관한 '사실들', 다시 말해 계시의 정성적 의미뿐 아니라 계시의 발생이 포함됐다.[9]

히르쉬(Emanuel Hirsch)가 "순수하게 세속적-과학적 성서 주석의 기초자"라고 부른[10] 에르네스티는 (1) 단어들의 사용, (2) 그 단어 사용을 지배하는 역사적 상황, (3) 저자의 의도, 이 세 가지가 모든 본문의 의미를 정립하는 유일한 기준이라고 주장했다. 그의 관점은 놀라울 정도로 우리 시대의 언어학 분석가들을 연상시킨다. 그는 "단어의 의미는 말하는 용도(*usus loquendi*)에 달려 있다. 단어의 의미는 관습적이고 전적으로 용도에 의해 규정되기 때문에 분명 그러하다. 그리하여 용도가 이해되어야 단어의 의미도 물론 이해된다"라고 주장했다. 다시 한번, 일반적인 언어-분석 유형의

---

9.   Semler에 Ernesti가 동의하지 않는 점을 보라. 이는 Semler의 신약의 마귀 개념에 대한 논의에 의해 촉발됐고, 그리고 나서 해석의 일반 원칙에 대한 논쟁으로 확대됐다. 단편적이지만 그럼에도 문제에 대한 훌륭하고 섬세한 논의는 Dilthey, *Leben Schleiermachers*, XIV, 2, pp. 635-49에 나온다(본서 제6장 각주 2을 보라).

10. Hirsch, *Geschichte der neuem ... Theoiogie*, vol. 4, p. 11.

해석자들처럼 그는 어원학(語原學, etymology)을 단어의 의미를 이해하기 위한 지침으로 여기는 것을 경고했고, 단어의 문법적 의미와 논리적 의미 사이의 어떠한 차이도 거부했다. 언어의 활용은 문자적이거나 은유적('비유적')일 것이다.[11] 이 중 후자인 은유적('비유적') 활용에 에르네스티는 알레고리적 사용을 상당 부분 모호하게 덧붙였다. 그의 모호함에 놀랄 필요도 없는데, 그 역시 은유적 의미에 더해진 어떠한 독립적인 알레고리적 의미로는 만족할 수 없었기 때문이다. 왜냐하면 은유적 의미는 언어를 보면 명백한 반면에, 알레고리적 의미는 저자의 단어들과는 별개인 저자의 의도에 대한 지식 또는 저자의 의도를 전혀 고려치 않는 본문의 의미를 필요로 하기 때문이다. 어떤 경우든 간에 의미의 분석은 언어학적 또는 문법적 해석보다는 중심 내용을 다루게 될 것이다. 에르네스티는 문자적 의미가 단어의 주된 용도이기 때문에 가능할 때마다 그것이 주도해야 한다고 주장했다. 그리하여 앞에서 언급했던 세 가지 기준들—즉, 단어들의 사용, 그 단어 사용을 지배하는 역사적 상황, 저자의 의도—은 사실 동일한 하나의 원칙의 세 가지 측면이라고 할 수 있다. 다시 오늘날의 철학적인 분석자들처럼 에르네스티는 저자의 의도를 저자 또는 주석가인 우리들만 특별히 접근할 수 있는 저자의 단어 너머에 있는 특권적 영역으로 생각하

---

11. J. A. Ernesti, *Elements of Interpretation*, trans. by Moses Stuart (1824), esp. introduction and pt. 1, ch. 1. (참조, 본서 제6장 각주 1)을 보라.

 Ernesti가 의미를 관습적인 사용에 한정하는 것처럼 보이지만, 이것이 반드시 언어의 자연적 생장(life and growth)에 대한 부정을 포함하는 것은 아니다. 반대로 그는 이를 확신하지도 않는다. 현대의 독자는 사용, 규칙, 그리고 '삶의 형식'으로서의 언어 문제에 관한 Ludwig Wittgenstein의 후기 저작과 Ernesti 사이의 분명한 유사성에 놀랄 수도 있다. 그러나 (둘 사이의) 비교는 표면상 매우 매력적이긴 하지만 어렵다. Ernesti는 분명 18세기의 합리주의자로서, 그에게 있어 '의미'(sense)는 대체로 불변하고 특정 시대와 주어진 어휘 구조 내에서 고정되며, 단어는 주로 지시하는 기능(signifying use)을 가지고 있다. (§§27, 30, 105을 보라.)

지 않는다. 단어들이 곧 의도가 되고, 단어를 넘어서는 모든 의미는 일반 해석학의 영역 밖의 특별한 중심 내용이긴 하지만, 그것은 성령에 의해 특별히 계시된 '실체'(res)다. 경건주의 해석자들에 반대하여—그리고 여기서 젬러와 그 후계자들과 의견을 같이 하며—그는 본문에 하나 이상의 의미를 부여해서는 안 된다고 강력하게 주장했다. 젬러와 달리 에르네스티는 그 의미를 저자의 것으로 국한시켰다.

이러한 입장에는 아이러니가 있었다. 경건주의자들에게 반대하는 다른 구조들과 더불어, 그는 그 경건주의자들이 본문의 문자적 의미에 자유로이 덧붙였고 에르네스티와 다른 대다수의 주석가들이 모형론적 성서읽기와 동일시했던 신비적 또는 영적 해석에 적용하고자 했다. 우리는 (영적 성서 읽기가 아니라) 모형론적 성서 읽기가 전(前)비평적인 개신교 해석의 주요 흐름이었음을 기억한다. 사실 기본적인 모형론적 해석 방식은 성서, 특히 구약과 신약성서가 통일성을 이룬다는 핵심 주장의 체계를 제공했다. 모형론 체계는 신비적이거나 알레고리적인 본문 이해라기보다는 문자적이고 역사적-사실적인 본문 이해에 기초하고 있다고 생각됐었다. 그러한 이해에 상충되거나 아니면 본문에 다른 의미를 덧붙이기는커녕, 고전적 개신교 신학자들에 따르면 모형론은 실제 사건들이라고 문자적으로 묘사되고 확증된 두 개 이상의 일련의 사건들을 중요한 연쇄 패턴으로 연결한다고 생각됐다.

이것이 모형론에 반대하는 에르네스티 주장의 아이러니이다. 바로 그 개념은 에르네스티가 큰 관심을 가졌던 단어들의 문자적 의미를 보호하는 역할을 일정 부분 했다. 그렇다면 단어의 문자적 의미를 강조하고 싶어하는 보수적인 고백교회의 루터교인인 그가 모형론에 반대하는 주장을 항상 하지 않았던 것은 놀랍지 않다. 그는 그것이 모든 독자들이 이해할 수 있는 본문의 의미로부터 도출되지 않았기 때문에, 어찌 됐든 (일반적 유형의) 적절한 주석이 아니라고 분명히 말한다. 그것은 단어들로부터, 또는 우리가 기억하기론 대부분 저자가 사용한 단어들과 일치하는 저자의 의도로부터 추론될 수 없다. 그렇다면 분명 모형론적 의미의 부여는 본문의 단어들로부터가 아닌 중심 내용으로부터 파생된 의미에 의해 이뤄진다. 예언이 실제로 실현되어 후대의 사건이 이전 사건의 명백한 목적론적 지시 대상이기 때문에 두 사건이 시공간의 연속체 내에서 특별한 연속성을 이루는 곳에서, 거기서 우리는 실제 중심 내용으로부터, 다시 말해 사건 자체 또는 하나님의 말씀으로부터 파생된 모형론적 의미에 대해 이야기할 수 있을 것이다. 그렇지 않다면 의미는 언어적이고, 대체로 문자적이다. 그 경우 모형론은 저자가 분명하고 의도적으로 그것이 자신의 목적임을 드러내는 곳에서만("그때에 말씀되어진 것이 성취됐다") 이해하게 될 것이다. 에르네스티는 어떠한 중심 내용이라 해도—그것이 사건이든, 저자의 단어와 구별되고 분리될 수 있는 저자의 의도이든, 아니면 본문의 단어들에 의해 알레고리적으로 표현된 일반 사상이든 간에—본문의 문자적 의미를 바꿔 놓을 수 없으며, 일반 해석학은 그 문자적 의미까지로만 확대된다는 점에 있어서 확고했다.

저자의 의도와는 독립적이면서 본문의 단어들이 아니라 주제에 연결되어 있는 중심 내용의 의미란 신자들과 성서 안에서 독자적으로 일하시는 성령의 의미일 수 있다. 만일 그게 아니라면 그것은 인간의 광신이 만들어낸 무지한 발명품일 뿐이다. 고백적 해석과 대조적인 대부분의 개인적 해석에서 에르네스티는 후자의 견해 쪽으로 기울어 있었다. 즉, 일단 우리가 성서의 중심 내용을 하나님이 예정하신 예고된 사건들의 실현이며, 그러한 '사실들'의 소통이 인간이 알고 있는 구원 진리라고 생각한다면, 우리는 그 주제가 성서의 모든 곳에, 모든 본문 안에 은밀히 존재하며 모든 구절을 지배하고 있음을 발견할 것이다. 그리고 우리의 해석이 옳다는 것을 보증해주는 것은 성서를 지배하는 동일한 성령에 의한 우리 자신의 깨달음(illumination)일 것이다. 이러한 연구 방식에 반대해서 에르네스티는 "유형들(types)은 단어가 아니고 사물이며, 하나님은 그것을 미래 사건들의 징표로 지정하셨기" 때문에, 우리는 중심 내용의 확증과 관련하여 성령의 가르침을 넘지 않도록 주의해야 한다고 경고했다. 에르네스티는 성서의 모든 부분에 자의적으로 모형론을 적용하는 사람들을 반대한 것을 빼면(정경의 중심 내용의 통일성을 파악하고 해석하기 위한 교리적 도구인 신앙의 유비 [analogia fidei]에 대략적으로, 아마도 모순적으로 호소하는 것을 제외하고는), 어떠한 추가적이거나 보다 구체적인 가르침을 주지 않았다.[12]

그가 주석에서 이러한 연구 방식을 얼마나 경시했는지는, 그가 그 관행을 최소한 허용은 했을 것 같았던 위에서 인용된 구절 바로 다음에 그것을 전적으로 거부한다는 사실을 보면 잘 알 수 있다. 그는 독자들에게 "사물에서 단어의 의미를 수집하는 방법은 전적으로 기만적이고 허위적이다. 사물들은 오히려 단어들의 의미를 적절하게 가리키는 것을 통해 알려져야 하기 때문이다. 우리가 사물들에 대해 생각해야 하는 것을 알게끔 인도하는 것은 오로지 성령의 말씀들에 의해서이다"라고 경고했다.[13]

여기에 에르네스티와 그의 학파가 전체 학계와 싸우게 된 문제들이 있었다. 초자연주의자부터 역사비평가에 이르기까지 다른 모든 사람들은 해석학의 범위가 중심 내용으로 확장된다고 확신했던 것이다. 그리고 경건주의자들과는 달리 다른 모든 사람들은(물론 에르네스티는 다시 한번 제외된다) 중심 내용으로 확장되는 것은 일반 해석학이라고 확언했다. 단어들보다 중심 내용을 논리적으로 우선 순위에 두는 이러한 선택은 18세기 후반

---

12. Ibid., §25.

13. Ibid., §33.

해석학이 택했던 숙명적 결정이었다.

계시의 확실성 문제에 상응하고, 또 주로 그 문제에 의해 야기된 성서 내러티브의 해석학적 양극단을 상기해 보자. 중도적 입장은 구체적이거나 명시적이거나 지시적인 해석—다시 말해, 성서 문자주의의 확증과 기사들의 사실적 신빙성—방향으로, 또는 전적으로 역사적, 비(非)명시적 내러티브 이해 방향으로 나아가는 경향이 있었다. 슈트라우스는 후자의 입장에 가장 철저한 경우였다. 우리가 기억하기에, 그는 내러티브가 사실적 보도로서 신뢰할 수 없다는 것을 입증하기 위해 그런 입장을 채택했다. 젬러는 에르네스티를 눌러 이겼는데, 에르네스티라면 참된 중심 내용에 대한 그러한 문제들을 일반적으로 이해 가능한 내러티브 본문의 의미 탐구에서 분리시켰을 것이다. 기사 내용의 역사성 또는 비(非)역사성 증명에 대한 커다란 관심을 고려할 때 이러한 결과는 놀랄 일이 아니다. 결국 중심 내용의 선택은 신뢰할 수 있는 사실적 보도인 문자적 의미의 기사들과, 사실 보도와는 본질적 관련이 없이 역사적으로 이해되는 신화 기사들이라는 양극단 사이에 있게 됐다.

중심 내용에 관한 다양한 입장들

비록 독자들은 오늘날의 특정 해석학 입장들에서 그 흔적을 발견할 수 있을 것이긴 하지만, 이처럼 점차 확산되는 영향력의 결과로 다양한 입장들이 비신뢰성의 늪에 빠지게 됐다. 일반 해석학의 범위에 대한 기본적인 결정이 이뤄졌기에, 우리는 신학에서 낭만주의적-관념주의적 혁명이 승리를 거둬 해석학에서 신화론자들의 승리를 강화시키기 이전인 18세기에서 19세기로의 전환기에 나타났던 입장들의 스펙트럼을 간략하게 그려볼 수 있다. 그 후에 논의의 제목이 바뀌었고, 계시 또는 확실성과 성서 해석에 관한 문제들이 '신앙과 역사의 관계'라는 제목하에 다시 등장했다. 하지만 세기의 전환기에 이것은 아직 미래의 일이었고, 성서 내러티브들의 의미를 구성하는 중심 내용의 선택권은 상당히 넓었다. 비록 그들 중 일부는 하나로 합쳐질 수 있다(실제로 그러했다)는 사실이 추가되어야 하긴 하지만, 이 문제와 관련해서 세 가지 다른 입장들을 찾아볼 수 있을 것이다.

1. 가장 먼저, 중심 내용이 명시적이어야 한다고, 다시 말해 내러티브들의 의미는 그 내러티브들이 지시하는 시공간적 세계의 상황이라고 생각했던 사람들이 있었다. 이 상황은 대체로 정신 외적(extramental)일 것이다. 일부 내러티브에서는 그것이 정신적일 수도 있겠지만, 그럴 때조차도 그 상태는 정신 외적이고 시기를 추정할 수 있는 사건들과의 연관성에 의해 정해질 것이다. (복음서와 관련하여 예수의 사역이나 부활은 대다수 해석자들에게 정신 외적인 사건의 결정적 예였으며, 예수의 시험과 변용은 훨씬 더 쉽게 정신적 사건이었다고 인정됐다.) 신학적으로, 명시적 의미 이론(the ostensive meaning theory) 견해를 채택한 사람들은(라이마루스라는 하나의 분명하고 두드러진 예외가 있지만) 계시의 확실성을 이야기된 사건들에 집중시켰든 아니면 역사적 예수의 성격에 집중시켰든 간에 바로 그 계시의 확실성에 전념했다. 이들 명시적 의미의 지지자들에게는 세 가지 선택사항이 있었다.

(i) 내러티브를 문자적으로 받아들인 이른바 초자연주의자(Supernaturalist)들이 있었다(독일어로는 *eigentlich*다. 이 단어의 뜻은 '문자적으로'와 '사실적으로' 사이에서 애매하게 왔다 갔다 하는데, 이는 논쟁에 상당한 혼란을 가져온 요소였다). 이들에게 내러티브의 의미는 내러티브의 기적 보도와 일반적 내러티브 보고의 신뢰성과 밀접한 관계가 있었다.

이들 초자연주의적 문자주의자는 아주 많이 수세에 몰려 있었는데,

왜냐하면 그들이 반대자들의 논거로 논쟁하고 있었기 때문이었다. 반대자들처럼 그들도 중심 내용이 내러티브의 의미라고 주장했지만, 물론 반대자들과는 달리 기적을 포함하여 내러티브의 모든 것들이 동일하게 문자적으로 받아들여져야 한다고 주장했다. 단어들을 이해한다는 것은 중심 내용을 이해하는 것이다. 하지만 동시에 단어들은 중심 내용을 통해 이해되어야 한다. 이 모순은 실제적인 것을 넘어 그저 누가 봐도 알 수 있게 명백한데, 우리는 명시적 서술에 사용된 모든 단어들을 알고 있는 것과 똑같이 이 단어들을 알고 있기 때문이다. 다시 말해, 이 경우에 중심 내용은 우리가 잘 알고 있는 다른 것들(단어들에 의해 묘사되거나 반영된 시공간적 사건들)과 같은 것이어서 그 유사성이 단어들의 의미를 보장해준다는 것이다. 철학적으로, 그리고 신학적으로, 이 입장은 초자연주의자들이 자연 이성(natural reason)의 법정에서 기적은 일관성 있고, 그렇기에 의미있는 개념이며, 실제 사건이었을 것이라고 주장해야 하는 것을 의미했다. 가능한 진리가 아니라 실제의 진리, 다른 말로 하면 실제 사례에서의 신빙성은 이 문제가 일반 주장의 차원을 넘어 신앙의 차원으로 제기되는 유일한 지점이다. 그리고 여기서조차도 '증거'가 신뢰성을 높이거나 낮추는 데 중요하기 때문에 이 문제는 의심스럽다.

　해석학적으로는, 초자연주의자들은 내러티브들의 의미가 저자들의 의도와 상응하며 그 의도는 문자적이라고 주장했다. 단어들 자체가 저자들의 계획을 표현한다는 것이다. 하지만 또다시 그들은 반대자들의 논거 위에서 논쟁하고 있었다. 그들은 사실상 의도와 단어들의 동일성을 의도와 중심 내용의 동일성과, 다시 말해 시공간적 사건들을 신뢰할 수 있게 보도하려는 저자들의 의도와 동일시하고 있었다. 사실 그들의 문자주의는 에르네스티의 문자주의와는 아주 다르다. 에르네스티에게 본문의 의미는 단어들의 사용이며, 저자의 의도는 단어들 이면에 있는 독립된 요소

로 단어들 뒤의 중심 내용을 가리키는 것이 아니라 오로지 단어들과 일치
하는 것으로만 생각됐다. 하지만 중심 내용에 대한 모든 해석에도 불구하
고, 저자의 의도는 분명 단어들과는 독립적이어서 단어들의 의미는 저자
가 의도적으로 지시하는 중심 내용, 다시 말해 (명시주의자들에게 있어서의) 외
부 사건들인 것이다. 문자적(literal)에 해당하는 독일 단어 '아이겐틀리
히'(eigentlich)는 이러한 모호성을 포괄했기에 그것이 의미하는 바가 일련의
단어들이 (이를테면) 알레고리적으로나 상징적으로가 아니라 문자적으로
말이 된다는 뜻이었는지 아니면 그저 단어 배열이 외부 세계를 서술하려
는 저자의 추정된 의도를 실현함으로써 '뜻을 갖게 된' 것이었는지 결코
알 수 없었다.

　이러한 모호함의 전형적 예는 신화론자들을 반대한다고 가장 자주 인
용되는 초자연주의 신학자 헤스(Johann Jakob Hess)의 문헌에서 발견될 것이
다.[14] 그는 자신의 논문 "성서 신화, 인류학, 의인화된 묘사, 시, 환상 속에
들어 있는 것과, 실제 역사적인 것들의 경계 확정"(Gränzenbestimmung dessen,
was in der Bibel Mythus, Anthropatie, personifizierte Darstellung, Poesie, Vision und was würkliche
Geschichte ist)[15] 서문에서, 종교와 '내러티브화된 역사'가 성서에서 특이하게
결합된 것을 언급한다. 그가 사용한 단어는 '게쉬히테'(Geschichte)인데, 그가
이 단어를 이야기 또는 일련의 실제 사건들이라는 의미로 사용했는지 알
아내기는 불가능하다. 이러한 모호함은 '아이겐틀리히'(eigentlich, '문자적')의
의미와 관련하여 다른 것에서도 비슷하다. 그를 비판하는 반대자들은 즉
각적으로 그가 중심 내용에 대해 말하고 있다고, 그가 명시적 의미를 옹

14.　Hess에 대한 일반적 설명에 대해서는, RE 7, pp. 793ff; Hirsch, vol. 4, pp. 192-203을
　　보라.
15.　Hess (ed.), *Bibliothek der heiligen Geschichte* (1791, 1792), pt. 2, pp. 153ff.에 수록되어
　　있다.

호하는 의견을 내고 있다고 주장했다. 그리고 이것은 물론 그가 신학적으로 하고 있던 일이기도 하다. 이것이 또한 그의 해석학적 입장인지 아닌지는 결론이 나지 않은 문제지만 여기에 대해 우리는 그가 상당히 일관성이 없고 혼란스러웠음을 보여줬다고 말할 수 있을 뿐이다. 이러한 사실이나 그의 반대자들이 그의 해석학을 명시적 의미로 자동 귀속시킨 것은 놀랄 일은 아니다. 그것은 일반 해석학이 중심 내용을 다루는 것이라고 자동적으로 여겨지던 당시의 분위기 안에서 이뤄진 일이었다.

헤스는 역사 같은(history-like) 성서 기사들의 의미와 신빙성을 분명하게 구별하고 싶어 했다. 성서의 문자적이고 신화적인 의미의 경계 설정(Gränzenbestimmung) 작업이 그 신빙성과 혼동되어서는 안 될 것이다. 하지만 그러한 구별을 위한 그의 기준 중 하나는 저자의 의도에 호소하는 것이다. "그들은 자신들이 이야기한 대부분의 기적 자료들이 문자적으로 이해되어야 한다는 뜻으로 말했다." 여기에 대해, 셸링(F. W. Schelling), 슈트라우스, 그리고 하틀리히와 작스가 차례로 지적했듯이, 신화론자들은 반박할 수 없는 답변을 갖고 있었다. 즉, 저자들 자신이 그들이 속한 문화의 신화론적 사고 양식에 무의식적으로, 그리고 불가피하게 참여했었기 때문에 그들은 당연히 자신들의 서술이 문자적으로 받아들여져야 한다는 뜻으로 말했다는 것이다. 그리하여 헤스가 적절하게 주장할 수 있었던 것은 저자들이 알레고리주의자들(allegorists)이 아니었다는 것이다.

헤스는 신중하게 에르네스티의 말을 인용했다: "해석한다는 것은 어떤 일이 일어났는가, 또는 그 말이 얼마나 정확한가를 밝혀내는 것이 아니고, 누가 어떻게 말을 했는가를 밝혀내는 것 외에 다른 것이 아니다"(in interpretatione nihil aliud quaeritur, quam quid dictum sit, non quale fit aut quam vere dictum). 에르네스티는 그에게 실로 커다란 영향을 끼쳤다. 그는 내러티브 양식(Erzählungswetse)과 문자적 또는 문법적 의미에 주의를 기울이게 해줄 일종의 표면적 독서(kursorische Lesart)를 수행하고 싶어 했다. 그럼에도 불구하고, 이것과 내러티브들의 신빙성 논의 사이에서 그는 내러티브들의 의미 탐구의 새로운 차원을 규정했으며, 이는 중심 내용(Sache)의 이해와 관련이 있었다. 이 중심 내용은 단어들의 명시적 의미와 동일하며, 헤스는 저자들의 의도를 그들의 서술과 외부 사건들 간의 유사성과 조화를 이루게끔 해야 했다. 하지만 신화론자들은 저자들이 신화적 태도를 갖고 있었고 그 사건들이 그렇게 믿기 어렵다는 점을 볼 때, 왜 우리는 단어들의 의미와 저자들의 의도 사이에 동일성이 있다고 가정해야 하는지를 물었다. 하틀리히와 작스의 말을 빌리자면 다음과 같다: "내러티브가 신화적인지를 결정하는 것은 … 신화 저자의 의도가 아니라 객관적 기준이다." 이런 상황들하에서 바로 이 똑같은 주석가들이 확실성의 철저한 거부 혹은 옹호라는 압박의 결과로 보여지는 이분법적(중심 내용에 관한 다른 모든 선택 사항을 배제하는) 대안을 채택했다는 사실이 별로 놀랍지 않을 것이다. 다시 말해, 이 내러티브들은 문자적으로—즉, 명시적으로—의미하거나 아니면 신화적으로 의미한다는 것이다. 하틀리히와 작스는 "정통주의가 더 이상 즉각적 영감의 교리를 엄격하게 고수할 수 없게 됨에 따라 이제 모든 것은 성서에서 무엇이 문자적으로 이해되어야 하고 무엇이 신화적으로 이해되어야 하는지의 경계를 정하는 확실한 기준에 달려있게 된다"라고 말한다.[16]

저자들의 의식과 그들의 시대에 대한 '역사적 이해'로는 기적적이거나 경험 불가한 성격의 모든 내러티브 사례에 그러한 '확실한' 기준을 찾는다는 것이 불가능했다는 것은 분명하다. 하틀리히와 작스는 한편으로는 승리주의적이고, 다른 한편으로는 파토스적인 이 진술에서 정확하게 무엇을 요구하고 있는 것인가? 우리에게 필요한 것은 일부 성서 본문의

16. Hartlich and Sachs, p. 59.

중심 내용과, 단어 혹은 서술 사이에 존재하는 논증 가능한 동일성이며, 그렇게 된다면 우리는 다른 본문에서도 그것이 가능하다고 확신할 수 있을 것이다. 하지만 (단어들을 지배하는) 독특한 중심 내용과 (단어들과 구별되는) 저자의 의도에 대한 특권적 접근이 단어들의 읽기를 지배하는 한, 우리가 이 동일성을 논증할 수 있는 유일한 방법은 외부 증거에 의해서이다. 그런데 이 외부 증거를 확보하기란 쉽지 않다.

에르네스티는 해석학에서 교리적 초자연주의와 다투었지만, 교의신학에서는 매우 보수적이고 고백적인 입장을 취했다. 짧은 기간 안에 그의 신학적 입장이 자신이 전에는 지나치게 포괄적이라고 거부했었던 바로 그 해석학적 접근 방법에 의해 변호되어야 했다는 점—즉, 중심 내용은 일반 해석학이 접근할 수 있는 본문의 의미라는 것—은 아이러니였다. 이것은 문자적 초자연주의자들이 자신들의 과학적-역사적 반대자들과 마찬가지로 주장하고 있던 것이었다.

(ii) 성서 내러티브의 중심 내용이나 의미가 명시적이어야 한다고 주장한 두 번째 집단은 이른바 자연주의자들(Naturalists)이었는데, 그들 가운데서 파울루스(H. E. G. Paulus)가 가장 유명했다. 기적을 믿을 수가 없었던 그들은 개별 기적 보도들에 대한 문자주의적 해석 및 성서 전체와 관련된 약속-성취(promise-fulfillment) 구도도 포기했다. 하지만 그들은 여전히 내러티브의 의미는 그 내러티브가 지시하고 있는 시공간적인 세계의 사건들이라고 생각했다. 초자연주의자들처럼 그들에게 있어서도 구체적인 내러티브 성격은 약속-성취와 함께 내러티브의 이해에서 벗어나 있었다. 대신 개별 보도 사건들 이면에 있는 어떤 비(非)기적적인 역사적 사건의 가능성을 옹호하는 것이 해석의 주된 목적이 된다. 성서 내러티브 진술들의 주제와 이에 따른 의미는 역사적으로 재구성할 수 있는 비(非)기적적 또는 자연적 사건들—하지만 직접적인 초자연적 개입이라고 잘못 보도됐던 사

건들—이다.

이 입장은 그 자체로는 중요하지 않았지만, 내러티브화된 사건들의 순수한 발생 특성이 계시적 의미를 지닌다는 것보다는 더 온건한 형태로 그리스도 중심적 계시의 확실성을 지지하고 싶어했던 사람들에게는 중요한(필수적이지는 않지만) 부차적 주장이었다. 우리는 계시의 확실성이 비(非)물리적(nonphysical) 기적의 문제로서, 이는 예수의 가르침과 행적에서 발견되며 예수의 유일성을 나타낸다고 보았던 사람들을 기억하고 있다. 바로 혁신론자들이 대체로 이 입장에 가까웠고, 때로는 가블러와 바우어 같은 신화론자들도 그러했다. 젬러 같이 기독교의 도덕적 측면과 공적이고 법령적인 측면 같은 것들을 구분하고 싶어 했지만 계시의 확실성에서 손을 떼기 싫어했던 모든 사람들은 종종 자연주의적 입장으로 방향을 바꿨다.

(iii) 마지막으로, 복음서 기사들, 특히 부활 기사들이 실제로 명시적으로 의미한다고 믿었던 사람들(고전적인 예, 라이마루스)이 있었다. 하지만 그 기사들이 지시하고 있는 실제 사건은 사람들을 속이기 위한 플롯이다. 복음서 기자들의 실제 의도는 그들이 보도했던 것과는 정반대였다. 그들은 부활의 기적을 이야기할 때 거짓말을 했다. 그 이야기는 그들이 영적인 권력 장악을 할 수 있도록 의도된 것이었다.

2. 두 번째 집단은 성서 내러티브들의 중심 내용이나 의미가 명시적이라는 개념을 거부했던 사람들이었다. 그들에게 있어 내러티브들의 주제는 내러티브 형태로 진술된 사상 또는 도덕적, 종교적 진리들(Gehalt)로 구성되어 있었다. 우리는 그들을 알레고리주의자들이나 합리주의자들이라고 부를 수 있을 것이다. 그들은 내러티브들이 명시적으로가 아니라 관념적으로 지시한다고 생각했다. 이 견해에는 두 부류가 있었다.

(i) 몇몇 사람들은 이러한 사상이나 진리들이 저자들의 의도와 분리될 수 없다고 생각했다. 그 결과, 해석자들은 내러티브는 의도적으로 고안된

알레고리나 우화이며, 이 방법을 통해 저자들은 동시대 사람들의 사고방식에 맞춰 관념적 진리들을 소통했다고 이해했다. 이것은 저자가 실제로 말한 것과는 완전히 별개인 저자의 의도가 중요한 역할을 담당했던 유일한 해석학적 입장이었다. 에르네스티와, 에르네스티 이전의 초자연주의자들과 콜린스(Anthony Collins)도 본문이 저자들의 의도에 따라 해석되어야 한다고 주장했다. 하지만 그들 모두의 요지는 본문을 읽을 때에는 저자들의 단어와 그들의 의도 사이의 차이가 아니라 바로 그 동일함이 결정적이라는 것이었다. 이와 반대되는 것이 알레고리적 해석자들의 주장이었다.

이것은 18세기 후반의 비(非)초자연주의적 해석자들 사이에서 인기 있던 개념이었다. 하지만 그것은 순수한 형태로는 비교적 드물게 나타났다. 대신에 보통 명시주의적 입장들 중 하나와 불편스럽게 연결되어 있었다. 알레고리에 담겨진 사상이란 그럼에도 자연적 형태나 문자적인 기적 형태로 일어났다고 보도된 사건들의 종교적 의미라는 것이다. 차카리에(G. T. Zachariä)의 입장은 이러한 조합의 예이다. 알레고리가 저자의 의도이기 때문에 오로지 알레고리만이 의미이며, 사건 발생에 관한 질문은 실수거나 단지 요점을 벗어난 것일 뿐이라는 보다 순수한 형태로는 바르트(K. F. Bahrdt), 바제도프(J. B. Basedow), 그리고 이보다 정도는 덜하지만 에버하르트(J. A. Eberhard), 슈타인바르트(S. Steinbart) 같은 신학자들에게서 발견된다. 성서 해석의 문제에서 이들은 멘델스존(Moses Mendelssohn), 니콜라이(Friedrich Nicolai), 시인 빌란트(C. M. Wieland) 같이 잘 알려진 사람들의 보다 일반적인 합리주의에 부합했다. 독일에서 그들 모두는 프랑스와 영국에서 훨씬 빠르게 성장했던 순수한 합리주의나 자연 종교에 대한 지지를 대변했다. 앞서 언급했듯이 이는 덜 순수하거나 덜 일관된 형태로지만 많은 중도 신학

자나 혁신론자들이 가장 선호한 입장이었다.[17]

　(ii) 다른 사람들은(사실 칸트는 18세기 후반에 유일하게 중요한 인물이었던 것으로 보인다) 저자의 의도로부터, 또한 저자 시대의 사고 형태를 이해하려는 모든 노력으로부터, 그리고 가능한 사건들과 알레고리적 내러티브의 관계에 관한 모든 탐구들로부터 알레고리 형태의 중심 내용을 완전히 분리시켰다. 칸트에게 있어 성서 내러티브들의 의미는 엄밀하게는 내러티브들이 이야기 형태로 재현하고 있는 사상을 이해하는 문제였다. 모든 역사 기록학적 고려사항은 (인간 내부의 순수한 도덕 성향 및 그 성향과 이상적인 목적 영역과의 연결의 기반이자 진전인) 중심 내용의 해석과는 전적으로 관련이 없다.

　성서 기자들이 실제로 알레고리화하려고 하지 않았다는 사실을 역사적 근거에 의거하여 밝혀낼 수 있다는 아이히호른(Johann Gottfried Eichhorn)의 반대 주장은 알레고리주의적 입장의 과거 형태에 대한 반대로는 결정적이긴 했지만 칸트를 조금도 놀라게 하지는 못했을 것이다. 본문의 의미와 그 중심 내용의 적절한 해석은 이성의 일반 규범들과 조화를 이루어야 한다. 이러한 이유로 본문의 의미는 여타의 역사적 또는 역사학적 고려사항뿐 아니라 저자의 의도와도 전혀 별개의 것이다. 하지만 모든 사람들이 아이히호른의 역사적 근거와 비슷한 근거에서 칸트의 견해를 거부했다는 사실은 그 당시에 역사적 해석이 지녔던 힘을 잘 보여준다. 칸트는 어떤 해석학 학파가 됐든 간에 거의 모든 사람들이 단결해 자신에게 반대하는 것을 보는 영예를 누렸다. 100년이 지난 후에도 딜타이(Wilhelm Dilthey)는 칸트의 해석학적 입장의 악명에 대해 말할 수 있었다.

　임마누엘 칸트의 『이성의 한계 안에서의 종교』(Religion Within the Limits of

17.　참조, G. Heinrici의 논고, "Hermeneutik," RE 7, pp. 737f.

Reason Alone)는[18] 매우 어려운 책이어서 대충 분석하느니 전혀 하지 않는 것이 가장 좋다. 하지만 한 가지는 반드시 지적되어야 한다. 칸트의 이 책은 독특한 성서 메시지를 일반적이고 합리적인 관념들로—다시 말해, 역사적인 신앙과 구원을 역사적이고 교회적인 용어를 통해 알레고리적으로 제시된 도덕 성향으로—해체한 전형적인 예라고 말해진다. 하지만 이것은 칸트의 입장을 지나치게 단순화한 것이다. 이 매혹적인 책의 가장 흥미로운 부분 중 하나는 자유주의 개신교 신학자들이 그토록 집착했던 회개 과정에 관한 기사를 제시한다는 사실이다. 그들은 언제나 신앙의 가능성으로부터 실제 신앙 사건으로, 또는 죄의 상태(칸트의 동일한 용어로는 '근본적 악')로부터 은혜의 상태로 전환하는 것에 대해 우리가 의미있게 묘사하는 방식에 대해 늘 의문을 제기해 왔다. 그들은 보편적인 인간의 상태(죄의 상태 같은)와 이에 따른 신앙의 자유로운 역사적 행위(그리고/또는 기적) 사이의 일관성을 찾고 싶어 했었다. 칸트는 최소한 그의 책 앞부분에서 이러한 노력에 대한 도덕적-종교적 병행에 몰두했었다. 그리고 그는 책의 제2권에서 근본적 악의 상태라는 하나의 상태로부터 선한 의지의 지배 상태라는 다른 상태로 옮겨가는 것의 논리적 근거를 서술한다. 그 과정에서 그는 성서적이고 전통적인 기독교 용례에서 파생된 개념과 이야기들을 이러한 전환에 적합한 용어로 재해석하고자 최선을 다했다.

이러한 노력의 흥미로운 결과를 주석가 중에는 오로지 딜타이만 최소한 부분적으로나마 주목했다.[19] 칸트는 정경의 통일성을 다시 주장했던 당대 몇 명 안 되는 주요 사상가들 중 한 명—헤르더와 성서 신학자들을 제외하면—이다. 그렇지만 이는 부분적으로 그가 성서의 의미를 성서 저자의 의도로부터 분리시키고, 성서의 모든 책들에 대해 동일한 도덕적 해석

---

18. New York: Harper Torchbooks, 1960.
19. Dilthey, pp. 651f.

틀을 적용했다는 사실에 기인한다. 부분적으로(그리고 딜타이는 이것을 보지 못했는데), 정경의 통일성 회복은 칸트가 진지하게 이해한 내러티브 형태의 중요성 회복에 기인한다. 그는 이것을 개인의 근원적인 도덕적 변화에 대한 서술과, 목적의 왕국(kingdom of ends: 칸트의 윤리학에서 윤리에 따라서 행동하는 사람들이 속하는 이상적인 공동체—역주)을 위해 사는 삶에 대한 서술 모두에서 진지하게 생각한다. 내러티브적 특징과 그것이 실제 도덕 과정에 반영되는 것을 이렇게 강조함에 따라 칸트의 신약성서 내 '중심 내용'은 단순하고 추상적으로 진술 가능한 도덕 관념을 훨씬 넘어서게 된다. 이로 인해 칸트는 무엇보다 이야기의 사건 연쇄와 전통적으로 밀접하게 연결된, 사실은 그것에서 파생된 복음서 기사들의 의미 요인들을 진지하게 생각했다. 그리하여 칸트는 혁신론자들에게 가장 골치 아픈 교리들 중 하나였던 보상 만족(substitutionary satisfaction) 교리를 다른 합리주의자들보다 훨씬 더 긍정적으로 다룰 수 있었다.[20] 확실히 그는 다른 합리주의자들보다도 그것을 훨씬 더 공정하게 다룰 수 있었다. 사실 그는 툍너(Johann Gottlieb Töllner)나 젬러 같은 혁신론자들보다 그것을 훨씬 더 긍정적으로 평가할 수 있었다.

　이 모든 것들은 칸트가 왜 알레고리적 해석자라고 불리는지를 설명해준다. 이러한 연관성 속에서 알레고리적 해석자라는 이 용어는 느슨하게 사용되고 있다. 만일 우리가 알레고리를, 용기, 덕, 교만, 또는 우울 같은 일반적인 성격을 의인화(擬人化, personification)한 것으로 의미했다면, 알레고리적인 해석자들 중에서 그 누구도 엄밀하게 말해 알레고리를 사용하고 있지 않다. 게다가 만일 알레고리의 정의가 저자의 신중한 의도가 일반 관념들에 이야기 형태의 옷을 입히는 것이라는 주장과 관련이 있다면, 칸

---

20. Kant, *Religion Within ... Reason*, pp. 65-70.

트는 복음서의 알레고리적 해석자가 아니다. 오히려 반대다! 하지만 만일 알레고리가 (내러티브의 각 단계들을 그 내러티브가 지시하고 있으며 또 우리가 그 내러티브와 별개로 알고 있는) 참된 중심 내용의 비슷한 단계들과 병행하는 단계적인 과정(a stage-by-stage process)의 묘사와 관련 있다면, 그는 이 폭넓은 명칭하에 언급되는 다른 어떤 사람들보다 훨씬 가깝게 알레고리에 들어맞는다.[21]

3. 마지막으로 신화론자들이 있었다. 그들은 성서 이야기가 과거의 사건들에 대해 의도치 않게 어느 정도의 정보를 제공한다고 해도, 내러티브들의 의미가 결코 명시적이라고 믿지 않았다. 마찬가지로 단호하게 그들은 두 부류의 알레고리주의적 입장도 거부했다. 첫 번째 입장은 실제적으로 저자들의 명예를 손상시켰다. 두 번째 입장(칸트의 입장)은 저자들을 무시하고 성서의 의미를 외부에서 가져왔다. 신화론자들이 신화의 '내용'을 생각하도록 강요되던 때가 있었지만, 알레고리적 입장을 지향했던 그 당시에 그들의 자신 없는 움직임은 혼란스러웠고, 심지어 그들은 아무 말도 하지 못했다. 왜냐하면 그들의 주요 강조점은 성서 내러티브들이 가리키는 사건들이나 또는 내러티브 형식의 사건들에 진술된 관념들에서가 아니라 내러티브들이 묘사하고 있는 의식에서 성서 내러티브의 중심 내용을 파악하는 것이었기 때문이다. 신화론자들이 표현과 표현 대상을 명

---

21. 그러나 다른 관점에서 이 주장은 검증되어야 한다. 여러 면에서처럼 해석학적으로도 Kant는 낭만주의와 관념주의의 지평을 꿰뚫어 볼 수 있는 유일한 위대한 계몽주의 인물이기 때문이다. 그는 성서(scripture)를 알레고리화했지만, 그 알레고리 사용은 상징주의로 향하는 경향이 있었다. 만일 상징화라는 것이, 어떤 사실 같은(fact-like) 묘사들이 문자적 의미를 갖는 것은 아니지만 그럼에도 그것들과는 별개라고 알려진 의미의 복합체를 재현하는데 반드시 필수적이라는 것을 뜻한다면 말이다. 예컨대, 대리 속죄 교리는 Kant에게 이런 식으로 기능한다. 그것은 악에서 선으로 변화된 모든 사람의 단일한 인격의 내적 연속성을 외적으로 표현한 것이다. 이러한 연속성과 그 사람이 겪은 급진적 변화를 설명할 다른 방법이(그리고 분명 직접적 방법도) 없을 때 그렇게 표현했던 것이다.

확하게 구분지은 것은 저자들의 문자적 의도와 저자들의 실제 마음 상태
(이것은 필수적이고 무의식적인 신화화[mythologizing]의 하나다)를 구분하는 것과 똑
같다. 후자가 중심 내용이고, 이것에 접근해서 있는 그대로 적절하게 평가
하는 능력을 지닌 사람이 바로 비평적 역사가이다. 앞서 언급했듯이, 전문
적 설명 도구로서 '신화'는 비평-역사적 이해의 과정에서 채택된 발생학
적-심리학적 범주이다.

한 가지 중요한 점에서 신화론자들의 해석학 원칙은 헤르더의 해석학·
원칙과 유사했다. 헤르더 역시 내러티브의 중심 내용을 그 내러티브가 묘
사하거나 구현한 역사적 집단 의식 속에서 이해했다. 하지만 그는 그 의
식과, 자신이 그 의식이 구현된 사실주의 묘사라고 생각했던 것 사이에
완벽한 조화가 있다고 끈질기게 주장했다. 이런 이유로 해서 그는 내러티
브의 영속적 의미를 알레고리화하는 신화론자들의 암묵적 경향이나 또는
내러티브의 중심 내용과 이야기 형식의 간극에 대한 그들의 다분히 일반
적인 주장에 동조하지 않았다. 부분적으로는 이런 이유들 때문에, 또 부분
적으로는 다른 이유들 때문에, 그는 기술적, 역사비평적 방법으로 내러티
브들의 실질적인 중심 내용에 도달할 수 있다는 신화론자들(과 다른 학자들)
의 견해에 회의적이었다. 그리고 또다시 신화론자들과는 달리, 의식과 사
실주의적 묘사 사이에 일관성이 있다고 믿었기 때문에 헤르더는 일부(전
부는 아니지만) 성서 이야기들의 의미가 그것들이 구현한 의식처럼 그것들
의 명시적 지시 대상이라고 주장하게 됐다.

* * *

여기까지가 18세기에서 19세기로의 전환기에 널리 만연했던 성서 내
러티브들에 관한 다양한 해석학적 입장들이다. 나는 계시의 확실성 문제

가 주는 부담감으로 인해 신학적으로나 해석학적으로 중도적 입장들이 약화됐다고 여러 차례 강조했다. 자연주의자들은 기적 이야기를 설명하기 위해 터무니 없는 자연적인 사건을 가정해야만 했었다. 라이마루스(Hermann Samuel Reimarus)의 기만 이론(the deception theory)은 잠시 혼란을 야기했지만 오래 가지는 않았다. 알레고리주의자들(첫 번째 부류)은 저자들의 의도와, 그들이 독자들의 아마도 낮은 통찰력 수준에 맞춰주는 자기조정(self-accommodation)에 관한, 전적으로 추측적이고 믿기 어려운 가설을 뒷받침하는 증거를 성서 저자들에게서 거의 또는 전혀 찾지 못했다. 내러티브의 의미를 파악함에 있어 그러한 의도를 무시하기로 한 칸트의 결정은 성서의 의미가 저자들의 의도와 본문 단어들 모두와 관계없다고 생각될 수 있었던 이전의 교회론적-신학적 시절에는 효력이 있었을 것이다. 하지만 이러한 유형의 기적 상태는 성서 문헌 속 성령의 독립적 권위와 직접적 작용 같은 것에 의해 보증받아야만 했다. 역사 의식이 드높았던 시대에는 이것이 잘 먹히지 못했을 것이다. 만일 칸트가—단어들을 무시하거나 저자와 저자의 역사적 상황을 포기하는 것 중에서—이것이든 저것이든 한 가지만 주장했더라면 약간의 동의를 얻었을 것이다. 이 두 가지를 동시에 주장하는 것은 그의 동시대인들에게는 너무 벅찼다. 알레고리주의자와 자연주의자의 입장, 자연주의와 신화론 사이의 다양한 통합, 절충, 변형에 있어서 그들은 모두 계시의 확실성 문제와 관련된 신학적, 해석학적 모호성 내지는 불일치에 시달렸다. 이 중요한 신학적 문제를 고려할 때, 그리고 본문의 의미는 곧 본문의 중심 내용이라는 (에르네스티 학파를 제외한) 모든 학파들 사이의 하나의 해석학적 의견 일치를 고려할 때, 해석학적 선택은 문자주의적 초자연주의자와 신화 학파 사이에서 이뤄져야만 했다.

제14장
신화와 내러티브의 의미: 범주에 관한 질문

정통주의(orthodoxy)가 즉각적인 영감 교리를 더 이상 굳건히 고수할 수 없게 됐을 때, 모든 것은 성서에서 무엇이 문자적으로 이해되어야 하고, 또 무엇이 신화적으로 이해되어야 하는지를 정하는 분명한 기준에 의존하게 된다.[1]

성서 기록에 대한 비평적 역사 탐구의 출현, 그리고 하나님이 유한한 사건들의 연쇄에 직접 개입한다고 기술하는 기적적인 사실 주장(factual claims) 논쟁은 언뜻 보면 신학자들을 명백한 딜레마에 빠지게 한 것처럼 보일 것이다.

한편으로, 신학자들은 이 기록들의 자연적이고 인간적인 기원을 인정해야 했을 것이다. 그는 그 기록들이 관념적 내용에 있어 부정확하고 시간 제약을 받을 뿐 아니라 사실로 신뢰할 수도 없으며, 그리하여 (최종적으로는) 그 기록들이 제시하는 어떠한 진리 주장이 절대적이라기보다는 상

---

1.   Hartlich and Sachs, *Der Ursprung des Mythosbegriffes*, p. 59

대적이라는 것을 받아들여야 했을 것이다. 이 모든 것은 그 기록들이 처음 만들어질 당시에 민족의 자연적-역사적 발전 수준과 양립할 수 있을 정도까지, 단지 상대적으로만 '영감받았음'을 뜻할 것이다. 따라서 성서 기록들은 다른 종교 문헌이나 모든 시대의 지혜롭고 학식이 뛰어난 사람들의 사색적 산물들과 비교하여 질적으로 독특하거나 특별한 진리를 계시하는 위치를 점하지 못한다. 성서적 계시는 민족 의식의 역사적 발전과 동일하다. 이것이 레싱(Gotthold Ephraim Lessing)과 (보다 보수적 형태로) 헤르더 (Johann Gottfried Herder)가 성서 내러티브들과 씨름하면서 도출해낸 교훈이다.

다른 한편으로, 만일 신학자들이 이러한 방향으로 나아가길 원하지 않았다면, 그는 성서 기록들이 영감을 받아서 절대적으로 일관적일 뿐 아니라, 사실적으로도 믿을 수 있어서 성서 기록의 확실하고 분명히 참된 명시적 성격은 그 언어와 메시지의 무오한 진리 및 일관성과 동일하다고 주장해야 했을 것이다. 이러한 관점에서 명백한 내부 증거에 의해 표상적 (또는 '비유적')이라고 나타내어진 곳을 제외하고는 성서 문헌의 본질은 사실 전달일 뿐 아니라 진리 전달이다. 다른 말로 하면, 성서 문헌의 신뢰성과 영감받은 성격을 문제 삼고 있는 이신론자들과 다른 비평가들 앞에서, 그들은 (1) 성서에서 주장되고 있는 '사실들'의 신빙성(개연성은 아니라 해도), (2) 성서 기록의 대부분이자 핵심 부분, 특히 하나님의 개입을 묘사하는 부분의 명시적 성격 또는 명시적 의미(다시 말해, 그것들이 명시적 성격 이외의 다른 어떤 의미도 지니지 않는다거나 그 명시적 성격에 추가되어도 모순되지 않는 한에서만 그러한 다른 의미를 지닌다는 것), (3) 문자적 의미와 명시적 성격을 지닌 부분과 그렇지 않은 부분을 제대로 구별하는 기준을 증명해야 했을 것이다.

특히 주로 계시의 확실성 문제가 주는 부담감 속에서, 독일 학계에서 제기되는 해석학적 논제에 있어서 기본 질문을 간단하게 요약하면 이렇

다: 그 기록들의 의미는 명시적이었는가? 만일 명시적이지 않았다면, 그
것들의 의미는 무엇이었는가? 해석학의 기본 논제는 성서 기록들이 역사
적이라고 여겨지게 보증해주는 충분히 역사처럼(history-like) 보이는 진술들
과, 그것들이 역사적이지 않을 경우에 그 '실제' 의미 사이의 간극을 메우
는 문제였던 것 같다. 이제까지 우리는 그 간극을 메우기 위해 제시된 다
양한 제안들을 살펴보았다. 그 내용이 어떠했든 간에 그 제안들은 진술과
의미 사이의 이러한 간극을 암묵적으로든, 명시적으로든 수용하는 것에
기반했다. 심지어 초자연주의자들도 내러티브는 그 자체를 넘어서는 것—
즉, 외부 세계의 사건들—을 지시함으로써 '의미를 지닌다'고 주장했다.
단어 또는 내러티브와 '실제' 의미 사이의 간극을 메우기 위해 우리는 다
음 중에서 하나 이상의 것에 호소해야 한다. 곧, 역사적 사건들, 자신의 단
어들과는 다른 저자의 생각, 이 둘과 본문 단어와도 독립된 사상들이다.
세 가지 모두에서 의미는 단어들과는 별개인 중심 내용이다. 게다가, 세
번째 경우(칸트)를 제외하고 의미의 평가는 역사적 평가와 관련이 있다. 첫
번째 경우에서 이 점은 명백하다. 두 번째 경우에서 의미의 평가는 저자
의 의도에 소구하는 형식을 취하며, 그 이후에 저자의 생각이 만들어진
문화 배경에 대한 역사적 이해를 통해 저자의 의도에 대한 가치 평가가
뒤따른다.

　신화 학파가 승리하여 점점 주도권을 확보한 것은, 그들이 단어와 의
미 사이의 간극을 메워줄 수 있는 믿을 만한 제안을 한 데다, 만일 본문이
명시적이지도, 알레고리적이지도 않다면 어떤 의미를 갖는지를 증명했기
때문이었다. 내러티브 형식과, 그것에 의해 재현된 의식(즉, 내러티브 형식의
의미)의 연결은 역사적 이해라는 방법을 통해 이뤄졌는데, 신화를 만들어
낸 독특한 의식을 증명하기 위해 신화의 발생-심리학적 범주를 사용했다.
이것과, 문자 형태의 명시적 의미 사이에서 신화 학파는 설득력 있는 입

장을 찾지 못했다. 이런 이유로 이 장의 서두에 나오는 명구에 인용된 바와 같이, 이분법적이고 철저히 상호 배타적인 대안이 나왔다. 그것은 신화론자들이 주장했던 주제를 반영하고 있다. 그들은 문자주의자들이 자신들의 견해에 가장 적합한 대안을 지녔다고 생각했다. 바로 그 견해가 어떠한 타협적인 입장들보다 내러티브를 훨씬 잘 이해했다는 것이다. 하지만 초자연주의자들이나 문자주의자들은 특정 기록이 신화론적 가설로는 잘 설명되지 않는다는 주장을 어떻게 이어나갈 수 있었을까?

이제 이 질문이 문자주의자들로 하여금 내러티브는 그 저자에 의해 문자 그대로를 의미했을 뿐만 아니라 실제로도 문자적으로 명시적이고, 그에 따라 탈신화적이라고 이해되어야 한다는 것을 입증하게 한다면, 신화론자들의 주장은 안전해 보인다.

하지만 이것이 정말로 내러티브 의미에 관한 대안들 중에서 유일한 것일까? 그렇게 느슨한 그물로는 파악될 수 없었던, 내러티브를 이해하는 한 가지 특수한 방법이 있다. 신화 학파의 주석가들은 막연하게, 하지만 분명하게, 그리고 여기에 하나 더하면 편치않은 마음으로, 그 방법을 알고 있었다. 그것은 모든 중도적인 해석학적 입장들에 의해서도 진지하게 고려되지 않았다. 헤스(Johann Hess)는 그것을 개략적으로 설명하고자 했지만 뚜렷하게 이해할 수 없었다. 그 이유는 분명한데, 이 제안은 내러티브와 중심 내용 사이의 간극이 틀린 것은 아닐지라도 오해하게 만들 여지가 있다는 주장과 관련되어 있기 때문이다. 에르네스티(Johann August Ernesti)가 단어들과 중심 내용을 구별해야 한다고 주장했지만 해석학을 단어들의 의미로만 국한시켰을 때, 그는 성서 내러티브의 의미와 관련하여 그 자신의 반대자들보다—이들이 중심 내용의 제안 범위에 있어 어디쯤 위치하고 있었든지 간에—훨씬 더 진실에 가까웠다. 일반 해석학을 본문의 중심 내용으로—즉, 단어들의 의미와 다르면서도 그 의미를 지배하는 중심 내용으로—확장했던 사람들로서는 내러티브 자체가 곧 본문의 의미이고, 내러티브가 다른 '중심 내용'을 지시하지 않으며, 그 의미는 우리가 본문과 구별된다고 생각하는 한 본문 자체로부터 반복적으로 나온다고 주장하는 제안을 할 여지가 없었다. 이러한 제안은 틀린 것 이상이었을 것이다. 그것은 (에르네스티를 제외한) 다양한 해석학적 주창자들의 세계에서는 궁극적으로 이해할 수 없는(unintelligible) 것이었다. 그들 모두는 곧바로 그것을 내러티브의 명시적 성격에 관한 제안으로 잘못 이해하거나, 또는 저자의 역사적 상황과 역사적으로 조건 지어진 그의 사상과 언어의 역사적 상황과 별개인 모든 묘사를 어떻게 이해할 수 있을지를 물었을 것이다.

다른 한편으로는, 만일 그들이 틀렸다면 그러한 제안은 최소한 가능은 하다. 또 이 장의 서두에 나오는 명구에 진술된 바와 같이 성서(또는 최소한 성서의 내러티브 부분들)의 중요성 문제에 관한 딜레마는 오해의 소지가 있고 불필요하게 복잡한데, 이는 그것이 내러티브의 문자적 의미와, 내러티브가 외부 사건들의 정확한 묘사라는 문자적-명시적 주장 사이에 동일성까지는 아니더라도 유기적 관련성이 분명히 있다는 가정에 근거하고 있기 때문이다. 만일 그렇지 않다면, 이 가정은 계속될 것이고, 문자적 의미는 말이 되지 않는다.

신화론자들은 의미를 성서 이야기, 특히 창세기 1-3장과 공관복음서의 내러티브 형식이나 구조에 적절히 분류하고 할당하는 것에 분명 마음이 편치 못했다. 이런 유형의 이야기들은 어떤 장르에 속하고, 또 우리는 그 분류를 어떻게 결정짓는가? 사실 그들이 보기에, 자신들의 해석학적 장치가 갖는 이점 가운데 하나는 보다 합리주의적 연구 방식과는 대조적으로 그것이 내러티브 구조를 주변 항목으로 설명하지 않고, 대신에 그것을 해석하고자 했다는 사실에 있다. 여기서 질문되어야 하는 것은 이 해석의 효과성이다. 이것은 또한 헤스의 요지이기도 했고, 그가 해석학적 원칙들을 개략적으로 설명하면서 이야기 기술(*Ezrählungsweise*)이라는 독특한 범주의 자리를 만들고자 열심히 노력한 이유이기도 했다. 하지만 그는 내러티브 양식(narrative mode)은 명시적 주장을 하는 저자의 의도를 표현하는 것이라고 주장했기 때문에 자신의 요지를 분명히 하지는 않았다. 만일 저자의 의도가 내러티브의 단어들이나 기술 형태와 동일하다는 것을 입증할 수 없다면(그리고 헤스가 이를 입증하지 못했거나 아니면 그 문제를 혼란스럽게 남겨 뒀다면), 우리는 내러티브 본문의 의미를 파악함에 있어 저자의 의도 문제를 전적으로 내버려 두는 것이 가장 나을 것이다. 이것이 에르네스티의 요지였다. 이는 성서 내러티브들과 관련해서 괜찮은 요지였지만 당시의 해석학적 핵심과는 거의 완전히 반대되는 방향이었다.

신화론자들은 내러티브 본문에서 독특한 현상을 인식했지만 그 구체적인 차이를 제시하고자 할 때마다 실패했다. 사실상 그들은 자신들이 거기에 있다고 인식했던 것들이 결국 실제 그곳에 없었다고 설명했기 때문이었다. 그들의 해석학 도구나 범주는 단지 그 작업에 맞지 않았을 뿐이었다. 모든 신화론자들은 어떤 '신화들'이 다른 신화들보다 더 '역사 같다'(history-like)는 점을 인정했다. 때로는 그 신화들은 다른 신화들보다 더 단순하고, 덜 꾸며져 있다고 이야기됐다. 하지만 이 문제를 다루는 과거의 방식이 아마도 더 나은 것 같다. 다시 한번, 슈트라우스는 이 문제에 대한 그의 일관되고, 명석하고, 동시에 단순 소박한 환원주의에 힘입어 신화 학파 최고의 대변자 역할을 할 수 있을 것이다. 가장 단순하면서도 널리 받아들여지는 신화의 정의는 신화가 곧 신들의 역사라는 것이다. 바로 이점에서 슈트라우스는 신화라는 용어를 포기하지는 않더라도 수정해야만 했다. 왜냐하면 그것은 성서에 잘 맞지 않기 때문이다. 그가 발견한 바에 따르면, 성서 이야기들까지도 포함하는 신화의 가장 좋은 기준은 신이 인간들과, 특별히 영웅적이고, 거의 신적 모습을 갖춘 인간들과 맺는 직접적

관계였다. 다른 신화들, 특히 고전 신화들과 비교해 볼 때, 성서 영웅들의
모습은 완벽하게 들어맞는 것과는 다소 거리가 멀다. 그럼에도 불구하고,
다른 묘사 부분은 분명히 잘 들어맞는다. 사실 슈트라우스는 성서의 신화
를 포함해서 신화를 무엇보다도 기적과 동일시한 것 같다. 그것은 "신이
중재없이 인간에게로 들어오고, 관념들이 체현된 형태로 중재 없이 스스
로 드러나는 사건"인 것이다. 둘째로, 하이네(Christian Gottlob Heyne), 아이히
호른(Johann Gottfried Eichhorn), 쉘링(F. W. Schelling), 가블러(Johann Philipp Gabler)
와 바우어(Georg Lorenz Bauer)의 뒤를 이어, 그는 신화를 "상황상 어느 누구
도 증인이 될 수 없는 초자연적 세계와 같이 절대적으로 경험 불가한 일
들이나 또는 상대적으로 경험될 수 없는 일들을 역사 같은(history-like) 방식
으로 이야기하는 모든 내러티브들"[2]이라고 상술했다. 이와 같은 일반적
의미에서 성서 신화는 기적과는 다소 다르며, 창조, 약속, 구원, 종말의
'거룩한 역사'와는 완전히 일치한다.

신화의 '내용'이 사상이든—다시 말해, 아직 추상적 일반화 단계에 이
르지 못한 이제 시작 단계의 설명이거나 일반 사상이든(철학적 신화)—또는
구전이나 설화를 통해 전수된 과거 사건의 상술이든(역사적 신화), 아니면
이 두 요소들이 포함되어 있지 않은 화려한 언어 장식의 표출이든(시적 신
화), 그 내용은 "역사적 형식으로, 그러나 고대 사상과 언어의 감각적이고
환상적 양식에 의해 결정되는 형식으로" 제시된다.[3]

신화의 의미 또는 내용과 묘사 형식, 표현 대상과 표현은 각기 숙고해
볼 가치가 있긴 하지만 분명 분리 가능한 것이다. 성서 신화는 분명 이 패

---

2. Strauss, *Das Leben Jesu*, vol. 1, pp. 80ff; p. 2; p. 31.

3. Ibid., p. 31. 그의 발표 내용 중 이 부분에서, Strauss는 G. L. Bauer, *Hebräische
    Mythologie des Alten und Neuen Testamentes*, pp. 3-58의 처음 7개 부분(section)에 크
    게 의존하고 있다.

턴에 잘 맞는 것이 틀림없다.

그렇지만 슈트라우스와 초기 신화론자들은 이러한 적합도가 최소한 정확하지는 않다는 것을 알고 있었다. 이미 제안된 바와 같이 그 차이는 보다 역사 같음(history-likeness)이나 보다 단순함과 관련이 있어 보였고, 보다 신빙성이 있는 것과는 반드시 관련이 있는 것 같지는 않았다. 결국, 자세한 설명도 없이 죽은 자가 살아나는 것 같은 단순한 기적이 윤색된 기적보다 실제적인 사건으로 더 신뢰받아야 할 본질적인 이유는 없다. 분류에 관한 이러한 혼란이 성서 '신화'와 관련하여 제기됐다는 사실은 거의 의미가 없다. 요점은 일반 해석학 범주로서 신화의 효용성이라는 보다 더 폭넓은 문제다.[4] 그리고 그 이면에는 기적과 관련된 고대 내러티브 문헌들의 의미를 탐구하는 데 어떤 단일 해석 범주가 얼마나 적절한가라는 문제가 있었다. 다른 말로 하면, 성서 신화에 관한 논쟁의 주요 논점은 단순히 신화 범주를 성서의 다양한 내러티브 부분들에 적용 가능한가도 아니고, 성서의 이 부분들이 의미 측면에서 독특한지, 그리하여 매우 특수한 해석학에만 해당되는지 여부도 아니다. 문제의 핵심은, 확실하지 않은 명시적 가치를 지녔지만 사실적 또는 역사 같은 형식을 지닌 고대 내러티브들은 어디서 발견되든 간에 내러티브 형식과 의미 간의 긴밀한 관계를 예증하는데, 과연 이 고대 내러티브들이 동일한 해석 장치—즉, 신화 범주, 보다 폭넓게는 의미를 묘사 형태와 구분하는 모든 범주—에 의해 해석될 수 있느냐의 문제다. 성서 내러티브를 신화로 분류하는 것과 관련해 신화

---

4.   해석 범주로서의 신화에 대한 질문에 대해서, 특히 구약 연구에 있어서 Brevard S. Childs, *Myth and Reality in the Old Testament*, Studies in Biblical Theology no. 27 (Naperville, Ill.: Allenson, 1960)을 보라. 제1장에는, 본서에서 제시한 신화론자들의 것과 유사한, Hartlich and Sachs에 대한 간략하지만 설득력 있는 비판이 포함되어 있다.

론자들이 계속 염려하는 것은 이러한 연구 방법의 적절성에 관한 것이었음이 분명하다. 이 학파의 구성원들은 일반 해석학(과 그 해석학의 특수한 도구인 신화)을 본문의 중심 내용으로 확대하는 것에 대해 편치 않았던 것이 분명하다. 왜냐하면 그로 인해 그들은 일반 해석학 장치에 의해 주장된 중심 내용에 맞춰 성서 읽기를 해야 했기 때문이다. 사실주의적 내러티브 문학과 관련하여 일반 해석학의 기능이 실질적이라기보다는 형식적이어야 한다는 주장은 최소한 가능은 하다. 다시 말해, 일반 해석학의 최소 기능은 한 편의 문학 작품이 다른 어떤 장르에 속한다고 하기보다는, 그리고 그 작품의 의미나 중심 내용을 해석하기 위한 주장을 하기보다는, 그저 그 특정 장르에 속한다고 확인시켜 주는 일에 국한되어야 한다는 것이다.

　　의미나 중심 내용의 해석 작업과 관련해서는, 이 문학 유형의 특성으로 인해 그 작업을 만족시킬 만한 단일 해석 장치는 없을 것이다(그렇게 무거운 해석 장치가 반드시 필요한 것도 아니다!). 그리고 그것이 성서에서 발견되는지, 아니면 다른 곳에서 발견되는지는 중요하지 않다. 어떤 의미에서는, 이야기와 의미가 밀접하게 연결된 유형의 모든 내러티브는 그것 자체의 특수한 해석학을 지니고 있다. (내러티브의) 장르 분류와 의미 이해를 구분하는 것에 상응하여 일반 해석학과 특수 해석학을 이렇게 구분하는 것이 에르네스티가 단어의 의미 이해와 중심 내용 이해를 구분한 뒤에 해석 작업을 전자에 국한시킨 것과 동일하지는 않지만, 이 두 제안들 사이에 관련성이 있다는 것을 부인할 수는 없다.

　　신화론자들은 표현과 표현 대상, 내러티브 형태와 의미의 차이가 보다 단순한 역사 같은(history-like) 성서 신화에서는 다른 신화들에서처럼 크지 않다는 사실을 주목했다. 그들은 기적들과 경험 불가능한 자료들이 이야기되는 성서의 특정 지점들에서 이러한 특징을 아주 분명하게 인식했다. 이런 이유로 해서 그들이 성서 신화와 다른 신화들 사이에서 인지했던 차이란 그들에게 있어 역사적 사실과 허구 사이의 차이와는 분명 같은 것은 아니다. 모든 기적적이고 경험 불가능한 특징들이 그들에게 명백히 허구였기 때문에, 단순한 것과 윤색된 것, 더 '역사 같은' 것과 덜 '역사 같은' 것의 차이는 사실 그들에게는 한 유형의 내러티브 기록과 다른 유형의 내러티브 기록 간의 차이였을 뿐이다. 그들은 문학적 또는 해석학적 차이를 알고 있었고, 그 차이를 감지했지만, 그것을 다룰 수는 없었다. 그들은 성서 내러티브에 명시적 또는 신화적 지위를 부여하는 이분법적 장치 외에는 성서 내러티브의 의미를 다룰 수 있는 어떤 범주도 알지 못했기 때문이다. 그것은 분명한 범주 혼동(範疇混同, category confusion)의 예였다. 발생-심리학적 범주인 '신화'가 문학-분석적 장치와 혼동됐고, 그리하여 양쪽의 역할을 다 해야 했던 것이다. 문학적 또는 해석학적 분석의 실패는 불가피하게 됐다. 문학적 분석이 나타나 성서 신화와 다른 신화의 차이를 보여주자마자, 그것은―역사 분석의 일부라고 생각됐기 때문에―곧바로 역사 분석으로 변형되고 말았다. 내러티브의 역사 같음에 관한 분석은 아마도 명시적인 내러티브 의미에 대한 분석으로 생각됐고, 그리하여 내러티브의 역사적 신빙성 평가의 일부라고 여겨졌다.

'모세의' 창조 이야기에 대해 가블러는 이렇게 썼다: "주요 중심 내용과 관련하여, 고대 우주론 중 어느 것도, 그것들이 신화이든, 철학적 구성물이든 간에, 모세의 우주론과는 막연하게라도 비교될 수 없다는 것을 … 부인할 수는 없다. 그것은 가장 단순하고, 가장 고상한 개념이고, 심지어 자연의 운행에 대한 가장 통찰력 있는 현대적 관찰에도 유일하게 가장 적합한 것에 가깝다."[5] 슈트라우스 이전 세대 가운데 일관성 있는 신화론자

---

5.   Eichhorn, *Urgeschichfe*, pt. 1, pp. 30f.에 나오는 Gabler의 서문.

중 한 명인 바우어는 그리스와 로마의 저자들과 비교해서 히브리인들에게는 원(原)신화들을 후대에 형성하고 꾸미는 다양성이 부족했다는 점을 인정했다. 그는 또한 히브리 신화가 기이한 요소(기적까지는 아닌)의 결여, 유일신 사상, 천지창조설, 그리고 일관된 종교적 성격으로 인해 다른 신화들과는 우월하게 다르다고 생각했다.[6]

하지만 성서 내러티브와 다른 내러티브의 차이점들을 가장 생생하게 인식하고는, 그 차이들을 사실 대 허구의 역사적 문제로, 그리고 문자적-명시적 의미 대 신화적 의미 또는 중심 내용이라는 해석학적 문제로 환원시킴으로써 즉시 해결하고자 했던 사람은 슈트라우스였다. 사실 그는 자신이 차이점을 식별했다고 말했는데, 그런 다음에 그것이 무엇인지 체계적으로 살펴보려고 하는 대신에 사실 그것은 거기에 있지 않았다고 이어 말했다. 그는 그 차이들을 다음과 같이 분석했다.

1. 서기 2세기의 변증론자들 이후의 대다수 주석가들처럼, 그는 다른 고대 전승들보다는 하나님과 거룩한 역사에 대한 성서적, 특히 신약성서적 개념이 더 높은 도덕적 차원을 지닌다고 주장했다. 곧이어 그는 이러한 사실이 성서 내러티브들의 역사적 실제성을 지지해 주는 논증력을 지니고 있는 것은 아니라고 덧붙였다: "신들의 비도덕적 역사는 허구임에 틀림없으며, 심지어 가장 도덕적인 역사라 해도 허구일 것이다." 진짜 중심 내용, 다시 말해 실제 의미는 명시적이거나 신화적이거나 둘 중 하나이다. 위의 인용구는 그의 전체 접근 방향을 보여준다. 그는 특수한 문학 장르를 보자마자 해석학적 논점과 역사적 논점을 혼동했으며, 이어 문자적 의미를 가능한(그럴 법하거나 실제적이라는 것과는 다른) 역사적 사실성의 문제로 축소시켰다.

---

6. Bauer, *Hebräische Mythologie*, vol. 1, pp. 40, 56.

2. 그는 기이한 요소가 이교적 신화보다는 성서 내러티브에서 훨씬 덜 나타난다는 데 동의하면서, 이러한 특징이 전자인 이교적 신화가 허구임에 틀림없지만 그렇다 해서 성서 내러티브가 사실이어야 한다는 표식은 아니라고 거듭 말했다. 그의 상상 속 대화자는 이렇게 말한다: "믿을 수 없고 생각할 수 없는 것들이 이교도 우화에 너무도 많이 있는 반면에, 만일 우리가 하나님의 즉각적 역사를 전제로 하기만 한다면 성서 이야기에는 그러한 유형의 것들이 하나도 발견되지 않는다." 여기에 대해 저자는 이렇게 답한다: "만일 우리가 그것을 전제할 수 있다면, 정말로 그렇다."[7] 단순하고 역사 같은 것과 장식적이고 기이한 것의 차이는 다시 한번 여기에도 있다. 하지만 그것은 즉시 분명한 차이로서의 가치를 상실하는데, 이 두 가지 다른 이야기 유형들은 동일한 중심 내용과 관련되어 '의미를 지니기' 때문이다. 그것은 신화거나 사실 둘 중에 하나여야 한다. 그리고 사실-허구 문제와는 아무 관련이 없는 의미의 차이도 그렇게 가치를 잃는다.

3. 슈트라우스는 성서에는 신화가 포함되어 있지 않다고 주장하는 것은, 신들이 너무도 인간적인 역사를 지닌 이교도 신화들과 이와는 대조적으로 우리가 형이상학적으로, 도덕적으로 신의 개념에 적합하다고 생각하는 것과 성서 내러티브 간의 유사성 사이에 상존하는 본질적 차이에 궁극적으로 의존하고 있다고 주장했다. 우리의 절대자 관념에 거슬리는 것은 이교적 다신교 신들의 욕망과 행동이라는 특성만이 아니라, 그들이 역사(태어나고, 성장하고, 결혼하고, 아이를 낳는 것 등등)를 지닌다는 바로 그 사실이다. 우리는 절대자가 시간과 변화, 감정과 열정에 영향받는 존재로 인식되는 곳에서마다 신화들을 보게 된다.[8] 이와는 대조적으로, 슈트라우스는 성

7.   Strauss, *Das Leben Jesu*, vol. 1, p. 78.
8.   Ibid., pp. 79f. Strauss의 역사적-비평적 관점에 대체로 동의하는 우리 세대의 몇몇

서 내러티브들은 신과 인간 사이에 구분을 유지하고 있다고 주장했다. 특히 형이상학적 질문과 관련하여, 하나님-인간의 관계를 그토록 강조하는 신약성서조차도 신적 존재는 신적 불변성(不變性, unchangeability)과 불역성(不易性, immutability)을 손상시키지 않는 방식으로만 시간적 존재와 관련된다고 주장한다.

슈트라우스가 성서 이야기가 다른 신화에 비해 형이상학적 우월성을 지닌다고 주장하는 대신에, 성서 이야기의 역사적-사실적 가능성이 더 크다는 논거로 그토록 명백하게 형이상학적(비신화적) 개념을 사용했다는 것이 조금 놀랍다. 하지만 사실을 말하자면, 그는 현재적 맥락에서 그렇게 했다. 그리하여 다시 한번, 우리는 그가 성서 내러티브들에서, 이번에는 신(deity)과, 신-유한자(divine-finite) 관계의 형이상학적 '특징 묘사'에서 비신화적 특징이나 최소한 독특한 특징을 발견했음을 알 수 있을 것이다. 다시 한번, 그것은 서술과 서술 대상이 신들이 역사를 지닌 다른 신화들에서보다 훨씬 더 밀접한 관계(비록 완전한 동일성까지는 아니지만)임을 보여주는 사례였다. 그리고 또다시 그는 이 문제를 역사적 문제로 변환하여 '의미'의 선택지를 신화 대 명시성이라는 이분법적 대안으로 제한해 버렸다. (그가 물론 성서의 이러한 비신화적 특징은 훨씬 더 중요한 반대편 주장에 의해 균형을 이룬다고 생각했기에 결국 성서 이야기의 의미를 신화에 귀속시킬 수 있었다는 사실을 덧붙여야 할 것이다. 그는 신화 개념 정의의 무게 중심을 신들의 역사로부터 유한한 차원으로의 신의 직접 개입으로 바꿔 놓았고, 그리하여 성서는 즉시 신화가 됐다.)

다른 신화론자들처럼 슈트라우스는 자신이 본문의 중심 내용이라고

신학자들은 이 문제에 대해서는 그와 의견을 같이하지 않을 것이다. 시간과 세상의 변화에 영향받지 않는 하나님의 존재는 신화가 전혀 아니며, 신의 본성에 대한 올바르고 적절한 형이상학적 확신이라고 이야기한다. 이는 누군가의 신화가 다른 사람에게 있어서 이성(reason)이라는 것을 보여주는 셈이다.

생각했던 것에 대해 모호했다. 그는 알레고리주의적 입장의 두 견해를 모두 피하고 싶어하는 과정에서 신화론적 가정과 독특한 관념적 '내용'을 둘 다 확증하고 싶어했다. 그가 이 조합에 성공했는지 여부는 우리가 현재 논의하는 요지가 아니다. 명시주의적 입장과 논쟁을 벌이는 가운데, 그는 성서 내러티브의 중심 내용은 그것들이 표현하고 있는 매우 감각적이고, 전(前)개념적인 의식이라고 주장했다. 그러면서 그는 자신이 인식할 뻔했던 사실—즉 문헌으로서 성서 내러티브의 특징은 동일한 유형이라고 생각되는 다른 이야기들의 특징과는 아주 다르다는 사실—에 대해 이 내러티브들이 갖는 의미의 중요성을 고려하지 않았다. 그 다른 이야기들에 대해 그는 그 이야기 속의 표현 대상과 표현 간의 차이 때문에 훨씬 더 쉽게 신화라고 규정지을 수 있었다. 성서 내러티브들의 경우, 이것은 훨씬 더 어려운 작업이었다. 하지만 관련된 해석학적 논점—즉, 본문의 의미—을 이해하려는 목적으로 그 차이를 활용하는 대신에, 그는 그것을 사실 대 허구의 문제로 변환시켰다. 성서 신화와 다른 신화라는 두 종류의 이야기들은 그에게는 명백히 허구적이었기 때문에, 그는 자신이 그 둘 사이에서 발견했던 바로 그 차이를 부인하는 것으로 마무리했다.

왜 해석학적 문제와 역사적 문제를 이렇게 혼동하는 것일까? 왜 명백한 해석학적 요소인 문헌의 독특한 특징을 그 자체로 다루지 못하는 것일까? 이러한 질문은 신화 학파와 이후 추종자들의 이분법적—신화적 의미거나 명시적 의미 중 하나라는—주장에 대해 과도한 단순화라고 비난했던 과거 진술을 반복하는 것일 뿐이다. 사실 이것이 한 요인이긴 하지만 그것은 본질적이라기보다 징후적(symptomatic)이다. 신화 학파가 거의 모든 사람들과 함께 본문의 중심 내용(Sache)을 이해하는 것이 본문의 단어를 이해하는 것에 우선하며, 본문의 단어들은 주제를 통해 해석되어야 한다고 주장했던 것을 기억한다면, 우리는 문제의 핵심에 더 가까이 간 셈이다.

일단 이러한 요지가 정당화되면, 주제가 역사적 사건, 특정 시대의 일반적 의식이나 삶의 형태, 사상 체계, 저자의 의도, 개인들의 내적인 도덕적 경험, 인간 실존의 구조, 아니면 이것들의 합이냐 하는 것은 다 부차적이다. 어찌 됐든, 본문의 의미는 본문과 동일하지 않다.

이 모든 것들 뒤에는, 특히나 성서 이야기의 '중심 내용'에 대해 일반 해석학을 지향하는 동기와, 이에 따라 이 이야기들을 내러티브적으로 읽는 것을 해석학적 선택사항으로 생각하지 못한 것 뒤에는, 앞서 이 책의 여러 곳에서 열거한 요인들이 있었다. '사실'(fact) 문제—즉, 계시의 확실성—에 대한 신학적 집착이 있었다. 더 나아가, 해석학 경향이 좌파적 또는 우파적 종교 변증론자들과 연관되곤 했다. 슈트라우스조차도 『예수의 생애』(The Life of Jesus) 집필 당시에는 변증론적으로 기울었다. 만일 그가 그 내러티브적 선택을 진지하게 고려하고, 성서 신화와 다른 '신화들'의 차이가 갖는 중요성을 보다 확고하게 탐구했더라면, 복음서 이야기의 의미란 그가 사실이라고 믿을 수 없었으며 그리하여 종교적으로 불가능하다고 생각했던 예수의 특별한 메시아 됨(messiahship)을 이야기로 재연하는 것에 대한 바로 그러한 강조라는 가능성을 직면해야 했을 것이다. 그 경우 복음서는 역사적으로뿐 아니라 종교적으로도 시대착오적이라고 선언되어야 했을 것이며, 그는 자신의 책에서 (변증적인) 결론 부분(150-51)을 쓸 수 없었을 것이다—여기서 그는 우리에게 신인(神人, God-man) 교리가 전혀 의미 없기는커녕, 오히려 전체 인류와 역사적으로 발전하고 있는 인류의 일반 의식에 신적인 이데아(Idea)가 영원한 성육신을 한 것을 의미한다고 말한다. 슈트라우스가 『옛 신앙과 새 신앙』(Old and New Faith)을 썼던 말년기에 그에게 있어 진실이 무엇이었든 간에, 젊은 시절의 그는 기독교와 성서로부터 의미 깊은 종교를 결코 분리시키려 하지 않았다.

계시의 확실성 문제와 해석학의 변증론적 경향 외에도, '중심 내용' 해

석학은 의미 이론과 지식 이론을 동일시하는 것에서 영향을 받았는데, 이
는 사실 같은(fact-like) 진술의 의미가 거의 자동적으로 그것의 관념적 지시
대상, 또는 보다 명확하게는 명시적 지시 대상으로 바뀌는 것을 뜻했다.
사실주의적 내러티브 문헌이나 해석에서 문학적 전통이 전반적으로 부재
했고, 이러한 경향에 발맞춰 성서 이야기에서 '사실주의'는 보수적 또는
급진적인 역사-비평적 '실재'(reality)의 재구성과 동일시된 반면, 이야기의
의미는 그 사실성의 중요성에 대한 일치되는 확증이 있든 없든 간에 인간
의 정신적 내면성(interiority)일 것이라고 사실상 확증했다.

문자적 주석보다 중심 내용 해설이 우선한다는 사실이 점차 의심의
여지없이 받아들여지게 되면서, 일반 해석학이 모든 특수 해석학보다 우
선한다는 주장이 나왔다. 에르네스티가 주장했듯이 일반 의미 규정에 의
해 이해되어야 하는 것에는 문법적 또는 문자적 의미뿐만 아니라(사실 이것
이 제일 먼저 이해되어야 했던 것도 아니었다) 그가 해석학의 논제가 아니라고 주
장했던 중심 내용도 포함됐다. 이러한 점에서 일부 초자연주의자들을 제
외하고는 거의 만장일치로 에르네스티와 의견을 달리했다. 이제는 (주제가
무엇으로 규정되든 관계없이) 주제와 단어들이 가장 먼저 분리된 다음에, (종교적
의미뿐 아니라 논리적 의미의 일반 규정들이 적용될 수 있는) 주제를 통해 그 단어들
을 해석함으로써 이 둘이 다시 결합될 때마다, 언어적 형식이 의미와 일
치하는 그러한 문헌 형식을 제대로 다루기란 사실 매우 어려웠을 것이다.
하지만 이는 더 중요한 성서 내러티브들을 포함하여 몇몇 성서 내러티브
들에 있어서 정확하게 사실이었다. 사실 아이러니하게도 이 특수한 문학
적-문자적 내러티브 형태는 거의 보편적으로 인정받았다. 알레고리주의
자들과 자연주의자들과 달리, 신화 학파는 이 독특한 특징을 거의 다 인
식했지만 결국에는 분석하지는 못했다. 앤서니 콜린스(Anthony Collins) 시대
이후의 수많은 사람처럼, 그들도 이야기의 의미와 내러티브 형식의 긴

밀하고 친밀한 관계에 관한 주장과, 이야기의 의미와 그 보도들의 신뢰성
또는 비신뢰성의 일치에 관한 주장을 혼동했기 때문이다.

이것은 놀랄 일도 아닌데, 역사 기록과 역사 같은(history-like) 기록 간의
문학적 병행이 매우 뚜렷하기 때문이다. 두 경우 모두에서 의미는 대체로
등장인물과 환경의 상호작용과 상관 관계를 지니고 있기 때문에 각각의
경우에서 내러티브 형식과 의미는 분리될 수 없는 것이다. 이야기가 곧
의미라고 말하거나, 아니면 알레고리에서 그러하고, 신화에서는 다른 식
으로 그러하듯이 의미가 단순히 이야기 형식에 의해 예증된다기보다는
아예 이야기 형식으로부터 나온다고 말한다 해도 과언이 아니다. 소설 유
형의 문학에서 대주제(大主題)는 역사적 단락의 패턴처럼 일반 진술로 풀
어 말할 수 없다. 그렇게 하는 것은 그것을 무의미한 것으로 축소시키는
것에 가깝다. 각각의 경우에 주제는 그것이 예증되고 이야기되는 한에서
만 의미를 지닌다. 그리고 예시를 통한 이 의미는 (비록 그것이 지적으로 전부터
존재했거나[presubsisting], 전에 형성된[preconceived] 원형이었거나, 관념적 본질이었다 해
도) '예증되는'(illustrated) 것이 아니라, 필수불가결한 내러티브망(narrative web)
을 형성하는 요인, 언어, 사회적 맥락, 상황들 간의 상호적이고 특수한 결
정을 통해 '구성되는'(constituted) 것이다.

만일 우리가 '의미의 자리'(location of meaning)라는 은유적 표현을 사용
한다면, 사실주의적 유형의 내러티브에서 의미의 자리는 곧 본문, 다시 말
해 내러티브 구조나 단락 자체라고 말하고 싶을 것이다. 만일 이해를 위
한 탐구에서 우선되어야 하는 것이 중심 내용인지 아니면 문자적 의미인
지를 묻는다면, 답은 그 질문이 부적절하거나 불필요하다는 것일 것이다.
다른 유형의 본문들에, 그리고 등장인물, 언어적 의사소통, 상황들이 각기
서로에 대해, 그리하여 결국은 주제 자체에 대해 결정력을 갖는 유형의
내러티브에 어떤 상황이 존재하든 간에, 본문과 문자적 의미, 그리고 깊지

는 않지만 그 아래에 숨겨진 층들은 중심 내용 자체를 구성하거나 결정한다.

게다가, 성서 문헌 이해의 '무(無)저자'(no author) 이론은 마치 사상과 투사된 행동들이 저자의 펜을 매개로 해서 저절로 기록된다는 것처럼 터무니없지만(이는 '더 최신의' 문학 비평가들 중에서도 가장 극단적인 성서 영감 및 함의에 관한 근본주의 이론의 옹호자들이 의견 일치를 보는 기이한 영역이다), 그럼에도 불구하고 저자의 의도는 집필을 계속하는 연속 행위로부터 분리될 수 있는 정신적 실재나 행동이 아니다. 의도는 표현되지 않은 내포된 행동이며, 행동은 표현된 의도다. 길버트 라일(Gilbert Ryle)의 말을 빌리면, "지적으로 행한다는 것은 한 가지 일을 하는 것이지 두 가지 일을 하는 것이 아니다." [9] 그리고 이것은 다른 모든 지적 활동을 이해하는 것에서처럼, 성서 본문 읽기에서도 기억되어야 한다. 만일 이것이 사실이라면, 그렇다면 자신에게 주의를 기울이는 쪽으로부터든, 다른 사람이 관심을 갖는 것에 주의를 기울이는 쪽으로부터든 어느 것으로부터도, 어떤 지적 행동을 공적 혹은 공통적으로 이해되게 하는 것이 무엇인지를 찾기 위해 존재와 의미의 신비로운 영역 또는 똑같이 신비로운 사적-주체(private-subject)의 세계로 들어갈 필요가 없다. 의미가 단어들로부터—즉, 규칙 패턴으로서의 이야기의 서술적 형태로부터—거의 분리될 수 없는 내러티브적이거나 소설적이거나 또는 역사 같은 형식에서는 특히나, 구조(분리될 수 있는 '중심 내용') 아래의 더 깊은 층에서, 분리 가능한 저자의 '의도'에서, 또는 그러한 배후의 예측들 조합에서 의미를 찾을 필요도 없고, 찾아봐야 아무런 소용이 없다.

---

9. *The Concept of Mind* (New York: Barnes and Noble, 1949), p. 40.

제15장
이해의 해석학

모든 주석가들은 성서 해석학이 19세기 초에 엄청난 변화를 겪었다는 데 동의한다.[1] 물론 이러한 변화는 문학과 비평뿐 아니라 철학과 역사 연

---

1. 참고 문헌은 너무나 방대해서 여기에 언급할 수 없다. 그러나 20세기를 뒤돌아볼 때, Schleiermacher의 해석학이 이 주제 연구에서 분수령이 된다는 데는 폭넓은 동의가 있다. 해석학은 주석(exegesis) 원칙 및 규칙으로부터 이제 이해와 관련된 작업에 대한 일관되고 통합된 탐구가 됐다고 일반적으로 이야기된다. 그리하여 Gerhard Ebeling은—정보성(informativeness)뿐 아니라 그것이 제시하는 관점에 있어서도 표준적인 참조가 되는 훌륭한 논문에서—이렇게 말한다: "Ernesti와 Semler에게서 나온, Schleiermacher는 계몽주의를 넘어서는 이 충동들을 활용하여, 이해의 분석을 통해 일반 해석학을 체계적으로 발전시킨 첫 번째 사람이었다"(Ebeling, "Hermeneutik": RGG 3, cols. 242-62; 참조, col. 255). 그 핵심은 해석학에 대한 Schleiermacher의 초기 명구들 중 하나에 잘 진술되어 있는데, 이 작품의 가장 최근 편집자는 그것을 전체 본문 서두에 배치했다: "사실상 그것은 Ernesti가 *subtilitas intelligendi*라고 부른 해석학에 속할 뿐이다. [*subtilitas*] *explicandi*가 이해의 외적 측면 그 이상이라면, 그것은 또다시 해석학의 대상이자 표현 기술에 속하게 되기 때문이다"(Schleiermacher, *Hermeneutik*, ed. Heinz Kimmerle, Heidelberg: Winter Universitätsverlag, 1959 [Abh. Heidelberger Akad. Wissenschaften, Phil. hist. Kl., 1959, pt. 2, p. 31]). Schleiermacher가 이 문제에 가져온 엄청난 변화를 인식한 주석가들 중 하나는 바로 Wilhelm Dilthey였다(그의 유명한 논문 "Die Entstehung der Hermeneutik" [*Gesammelte Schriften*, vol. V, pp. 317ff.]에서 말이다). (Schleiermacher

구를 휩쓸고 있었던 낭만주의적이고 관념주의적인 혁명의 결과였다. 다

의 해석학에 대한 Dilthey의 분석은 그가 이 논문에서 Schleiermacher의 '심리학적'
해석에 대해 단면적으로 강조한 것보다 훨씬 더 복잡하고 균형적이라는 사실을 주
지해야 한다.)

　　Schleiermacher가 해석학의 본질에 도입한 중대한 새로운 발전을 충분히 인식
하면서도, 일부 현대 작가들은 우리가 담론을 어떻게 이해해야 하는지에 관한 그의
이론의 후기 진술들에 '주관주의'(subjectivism), '심리주의'(psychologism), '개인주
의'(individualism)라고 생각되는 것이 있다고 그를 비난했다. 이러한 방향을 지향
하는 작가들 중에는 James M. Robinson and John B. Cobb, Jr., *The New Hermeneutic*
(New Frontiers in Theology, vol. 2) (New York: Harper, 1964), 이 중 특히 J. M.
Robinson, "Hermeneutic since Barth" (pp. 1-77)가 있다. Robinson에 동의하고,
Schleiermacher, Dilthey, Emilio Betti의 해석학과 관련된 언어-존재에 대한 관점, 하
지만 특히 영미 문학비평(Anglo-American literary criticism)의 형식주의(formalism:
추정컨대 사실주의[realism])에 대한 M. Heidegger와 H.-G. Gadamer의 관점을 지
지하는, 영어로 된 가장 열광적인 진술은 Richard Palmer, *Hermeneutics* (Evanston,
Ill.: Northwestern Univ. Press, 1969)이다.

　　독일에서는 이미 언급된 더 오래된 역사적 탐구인 Joachim Wach, *Das Verstehen*
(esp. vols. 1, 2) 외에도, Emerich Coreth, *Grundfragen der Hermeneutik* (Freiburg:
Herder, 1969)을 Schleiermacher 이후의 철학적, 신학적 해석 문제에 대한 유용한
입문서로 거론할 수 있을 것이다. Ludwig Wittgenstein의 후기 작품에 영향을 받은
사람들을 제외한 대부분의 주석가들은 Schleiermacher의 새로운 출발점이 온당하
다고 확신하는데, 그것이 다음과 같은 질문에 지배받기 때문이다: "말이든, 글이든
담론을 이해한다는 것이 무엇인가?" 이것은 결국 질문이 덜 방법론적이고 더 존재
론적인 문제로 바뀌어야 한다고 생각하는 사람들에게도 참이다: "이해한다는 것
이 어떻게 '가능'한가?" 따라서, 자신이 Schleiermacher보다는 Hegel의 전통에 있
다고 생각한 H.-G. Gadamer의 해석학을 열렬히 환영했음에도 불구하고, Richard
Palmer (*Hermeneutics*, p. 86)는 해석학적 문제들에 대한 Schleiermacher의 기본 입
장을 다음과 같이 분명하게 지지한다: "대화의 상황에서, 대화란 무언가를 표현하
고(formulate) 그것을 말하는(speech) 작업이다. 이는 말해진 것을 이해하는 것과
는 완전히 다르고 구별된 작업이다. Schleiermacher는 해석학이 후자를 다루는 것
이라고 주장했다. 말하기와 이해하기에 대한 이러한 근본적인 구분은 해석학에 있
어 새로운 방향의 기초를 놓았고, 이해의 이론에서 해석학의 체계적인 기초의 길을
열었다. 해석학이 다양한 종류의 문서를 해석할 때 더 이상 성가신 실천적 문제들
을 명료하게 하는 데 기본적으로 몰두하지 않는다면, 이해 행위를 진정한 출발점으
로 삼을 수 있다. 해석학은 Schleiermacher 안에서 참으로 '이해의 기술'이 된다." 이

른 본문들의 해석과 마찬가지로, 성서 본문의 해석 역시 정신의 세계에서 인간 정신이 차지하는 위치를 평가함에 있어서의 극적인 변화에 영향을 받게 될 것이라고 기대됐다. 그렇기에 이전 시대와 비교하여 해석학이라는 이름으로 새로운 것이 비교적 적게 집필됐다는 사실이 오히려 놀랍다. 하지만 일단 우리가 해석학이라는 용어의 의미가 본문 해석의 규칙 및 원칙을 정립하는 것으로부터 담론과 그 안에 표출된 것들을 이해하는 성격으로 변화됐음을 알게 되면, 해석학 저서들이 그토록 적었다는 사실이 별로 중요하거나 놀랍지 않다. 사실, 해석학적 성찰은 다른 이름하에, 다른 주제들과 결합해서 다시 나타났던 것이다. 신학적 해석학은 이해의 두 가지 유형들이나 관점들의 관계를 논하는 문헌들을 통해 재등장하곤 했다. 그 두 가지란 각각 자체적인 완전성, 어쩌면 자율성까지도 지닌 방법론적 절차였는데, 그에 적합한 어떤 중심 내용이나 담론에도 쉽게 적용될 수 있었다. 이는 곧, 비평적-역사적 이해와, '신앙'의 관점 내지는 이해였다. 그리고 다시 이 두 관점을 전체적으로뿐 아니라 동일한 대상에, 특히 성서의 경우라면 나사렛 예수의 이야기에 초점을 두고 연결 짓는 (아마도) 적합한 방법이 있었다. 이 두 가지 관점 또는 비슷한 관점들이 기독교 초기 역사나 전체 교회 역사에 적용되자마자, 이 둘이 기독교의 '본질'을 제시할 것이라고 기대됐다.[2]

것들이 유일한 대안들이든 아니든, 그리고 하나('실천적 문제들')에서 다른 것('이해의 행위')으로 옮겨가는 것이 진보이든 아니면 Hobson이 택한 예이든 간에, 핵심은 명료하다. (Ludwig Wittgenstein의 후기 저작에 기초하는, Schleiermacher에서 Gadamer에 이르는 해석학적 전통에 대한 탁월한 비평에 대해서, 나는 Charles M. Wood의 미출판된 박사학위 논문, *Theory and Religious Understanding: A Critique of the Hermeneutics of Joachim Wach*에 빚졌다.) 또한 아래 각주 30을 보라.

2.   이 19세기 관점의 절차를 규범적인 것으로 받아들일 경우, Peter C. Hodgson, *The Formation of Historical Theology* (New York: Harper and Row, 1966), pp. 271ff.의 분석이 유용할 것이다. '신앙'과 '역사적 지식'이라는 언뜻 보기에 불변의 권위적인 이

그렇지만 이뿐 아니라, 19세기에는 특히 복음서들과 관련된 성서 해석학을 포함하여 실제적인 해석학 탐구에서 일시적 퇴보가 있었다. 이것은 대부분 슈트라우스의 저서 『예수의 생애』(*Life of Jesus*)가 거의 단독으로 미친 어마어마한 영향에 기인했다. 슈트라우스 훨씬 이전에도 복음서 자료 비평의 흐름이 크게 발전하고 있었지만,[3] 그의 이 저작으로 인해 계시의 확실성과 관련된 논의의 성서적 측면이 이 무대에 오르게 됐다. 말하자면, 그는 이 논의가 해석학적 문제에서 역사적 문제로, 특히 예수가 실제로 존재했고 가르쳤던 대로 예수에게 접근할 수 있게 해주는 기록 자료들의 신뢰성 내지는 비신뢰성의 문제로 나아가도록 촉구했다.[4] 마르틴 켈러(Martin Kähler)까지 대부분의 19세기 역사가들과 신학자들에 있어서,[5] 이 문제의 답을 얻기 위해서는 무엇보다 현존하는 문서들의 가장 초기층이나 또는 그 문서들의 가장 원시적 형태가 무엇인지를 알아내야 하는 것 같았다.

하지만 이른바 공관복음서 문제에 대해 의견 일치가 있었다 해도, 신앙의 본질과 범위, 그리고 복음서와 예수라는 인물을 이해하는 데 있어서의 신앙의 역할을 제대로 규정하지 않는다면 아무런 의미가 없었을 것이다. 삶의 실천적 맥락에서뿐 아니라 인간 본질에 대한 일반 탐구에서도 신앙과 그 환경은 신학자들의 한결같은 숙제가 됐다. '이성'을 이론적 기능과 실천적 기능으로 엄격하게 나누고, 무엇보다도 확실성 영역의 탐구

두 가지 방법론적 실체가 병치(juxtapose)되자마자, Hodgson은 '신앙'과 '역사적 지식'이 관련되는 다양한 방식을 도식화하고자 했다.

3. W. G. Kümmel, *Das New Testament*, pp. 88-104을 보라.

4. Reimarus에서부터 그 책의 저자 시대까지의 논의에 관한 이야기는 Albert Schweitzer, *The Quest of the Historical Jesus*에서 다뤄지고 있다.

5. M. Kähler, *Der sogenannte historische Jesus und der geschichtliche, biblische Christus* (2nd ed., Leipzig: Deichert, 1896)을 보라.

를 형이상학적 대상의 초월적 또는 교리적 영역으로부터 이성 자체의 초월적 구조 영역으로 옮겨 놓았던 칸트의 철학 혁명 이후 수십 년 동안, 신학 탐구는 점진적으로, 그러나 철저하게 변화하고 있었다. 칸트 이후의 종교 이론은 다른 것으로 환원될 수 없는, 독특하고 자의식적인 인간의 주장으로서의 신앙에 점점 더 집중했다. 그리고 이러한 의미에서의 신앙은 그것이 접하게 되는 '현실'을 규정하게 되는데, 칸트에게 있어 이는 마치 이성 구조가 초월적 자아와 감각 세계의 대상들과의 접촉을 규정해서 그 대상들을 자신들 가운데 있는 것들(things-in-themselves)로부터 인간 의식을 위한 현상으로 전환시키는 방식과 유사하다. 우리는 신과 맺는 종교적 관계(그것이 계시이든 다른 것이든 간에)라는 조건하에서만 신을 알며, 신이 신 자체일 때는 신을 알지 못한다는 것이 19세기 개신교 신학에서는 흔한 일이 됐다. 이러한 관계에 대한 이론적이고 실천적인 탐구는 기독교의 확증성—즉, 대다수 개신교 신자들에 의해 규범이라고 여겨졌던 예수 그리스도의 계시의 역사적 사실—과 접해야 했다는 사실로 인해 엄청난 과업이 됐고 점점 더 복잡해졌다.

신학에서 이러한 입장을 상세하게 설명하여 완벽한 신학 체계로 만든 사람은 다름 아닌 바로 슐라이어마허(Friedrich Schleiermacher)였다. 그의 신학 체계에 있어 모든 교리는 신앙적 진술(*Glaubensaussage*)인 한에서만—즉 신앙 또는 하나님과의 살아있는 종교적 관계의 직접적 표현인 한에서만—규범적이었다. 그는 또한 병행 관점을 성서 해석에 적용하는 일도 개척했다. 성서가 개신교인들에게 특별한 중심적 위치를 차지하고 있고(이에 대해 그는 부분적으로만 동의했다), 또 비평적 성서 해석을 일상적이고 종교적인 성서 읽기에 적용시키는 작업을 해야 했음을 감안할 때, 인간 언어와 기록의 모든 사례를 이해하는 것과 관련있는 보다 일반적 탐구 결과를 성서에 적용하는 것이 더욱더 중요했다. '신앙'(faith)과 '이해'(understanding)는 같은 것은 아니지만, 그 당시에 이 둘은 우리의 의식 안에서 무슨 일이 일어나고 있는가, 그리고 그것이 적절한 기능을 수행하기 위해 얼마나 잘 준비되어 있는가를 알아내기 위해 우리 자신의 의식 내면으로 한 걸음 후퇴해 들어가는 것과 관련이 있어 보였다.

슐라이어마허는 뵈크(August Böckh) 같은 언어학자들에게 영향을 끼쳤지만, 그가 성서 해석학을 위해 추구했던 길은 19세기 말까지는 그저 가볍게 다뤄졌을 뿐이었다. 이렇게 경시된 데에는 몇 가지 이유가 있었다. 첫째, 그것은 슐라이어마허가 해석학과 비평학을 엄격하게 구분하여 이 둘의 관계를 모호하게 했던 경향이 있었다는 데 기인했다.[6] 둘째는 첫 번째와 연관이 있다. 그의 해석학적 반성에는 슈트라우스의 『예수의 생애』(Life of Jesus)의 영향이 깊이 드리워져 있었으며, 이로 인해 신학 논의가 해석학적 문제보다 역사-비평학적 문제로 이어지게 됐다.[7] 셋째, 슐라이어마

---

6. 이 문제는 복잡하고도 특별하게 다룰 가치가 있다. 물론 Schleiermacher는 이들의 연관성에 대해 생각했지만, 이 문제에 대한 그의 생각은 여전히 명확하지 않았다. 그는 역사적 이해와 해석학적 기술 사이의 관계가 해석학 자체 내에 있는 문법적 해석과 심리학적 해석의 관계와 유사하다고 생각했던 것 같다. 두 학문, 곧 해석학과 역사비평 가운데 그는 전자를 기본적인 것으로 간주했다. 해석학 작업은 비평 작업이 이뤄지기 전과 후에 요구된다는 것이다. 그러나 그가 (넓은 의미로, 비평학을 포함하지만 거기에 한정되지 않는) 역사적 이해와 해석학을 이해 작업 자체 내에서 '부분-전체' 관계와 비슷하게 중첩되는 것으로 생각했다는 진술도 있다. 이런 의미에서 저 둘의 관계는 그가 Friedrich Ast를 따라 '해석학적 순환'(hermeneutical circle)이라고 부른 작업과 중첩된다. 참고, Schleicrmacher, *Brief Outline of the Study of Theology*, trans. by T. N. Tice (Richmond, Va.: Knox, 1966), §§110-48; *Hermeneutik und Kritik*, in *Sämmtliche Werke* (Berlin: Reimer, 1838), pt. 1, vol. 7, pp. 3, 272 passim; *Hermeneutik* (ed. Kimmerle), pp. 83f, 88f.

7. Strauss는 Schleiermacher의 해석학에 대해 거의 이야기하지 않았지만, Schleiermacher의 기독론이 전통적인 교회론적 주장과 현대 역사적-비평적 연구의 실행 불가한 절충이었으며, 이 둘 각각의 온전함을 제대로 다룰 수 없었다고 누차 주장했다. 참고, Strauss, *Das Leben Jesu*, vol. 2, §147; *Die christliche Glaubenslehre*, vol. 2, §65; *Der Christus des Glaubens und der Jesus der Geschichte* (reprinted in Texte

허의 신학보다는 그의 해석학이 훨씬 더, 19세기 중반의 관념론적 사상
양식에 반대했던 반발에 몰두해 있었다. (당시 이러한 반발은 신학보다는 다른 학
문들을 더 강하게 휩쓸었다.) 19세기 후반의 가장 영향력 있는 신학자였던 알브
레히트 리츨(Albrecht Ritschl)은 본문 해석의 연구 방식에서 슐라이어마허보
다 더 실증주의적이고 도덕주의적이었다. 그는 우리가 다른 사람들의 담
론 및 그 담론이 생겨나게 한 존재나 의식을 이해하거나 내면화하게 되는
미묘한 과정에 대해 슐라이어마허가 가졌던 관심을 갖지 않았다.

   20세기가 되면서 철학에서는 딜타이(Wilhelm Dilthey)와 이어서 하이데
거(Martin Heidegger)의 영향, 그리고 신학적 성서 주석에서는 초기 바르트
(Karl Barth)와 후기 불트만(Rudolf Karl Bultmann)의 영향으로 슐라이어마허 해
석학에 대한 관심이 다시 일어났다. 현재 이 책의 탐구는 슐라이어마허의
해석학적 반성의 모든 영역이나 영향을 연구하기 위한 것이 결코 아니다.
나의 궁극적 목적은 단순히 다음 물음에 답하는 것이다: 이들 다음에 내
러티브 의미에 무슨 일이 일어났는가?

   슈트라우스의 『예수의 생애』는 슐라이어마허 사후에 출판됐다. 그럼
에도 불구하고, 슈트라우스는 18세기에 시작되어 우리 시대까지 계속 이
어지고 있는 전통의 가장 중요한 대변자였다. 이와는 대조적으로, 플라톤
을 번역하면서 시작된 슐라이어마허의 해석학적 반성은 새로운 것을 별
로 제시하지 못했던 그의 역사비평 저서들과는 전혀 다르게 이후의 시대
를 대변한다. 슈트라우스가 대표했던 전통에서 역사적 사고의 가장 중요
한 기능들은 (그 단어 자체의 기술적 의미에서) 비평적이라고 할 수 있다. 즉, 성
서 기사들과 거기에 보도된 추정적 사실들 사이의 유사성 또는 유사성의
부재를 평가하는 것, 그 보도들이 먼저 쓰여지게 됐다는 사실을 설명하는

---

zur Kirchena und Theologiegeschichte, no. 14; Gütersloh: Mohn, 1971).

것, 그리고 비평적 차원은 물론 해석학적 차원에서 특정 기록의 중심 내용이 명시적인지 아니면 어떤 다른 유형인지에 관한 문제를 판결하는 것이다.

19세기의 역사 기록은 18세기를 대표하는 이러한 유형의 비평적 탐구를 포기하지는 않았지만, 여기에 다른 것을 추가했고, 이에 따라 설명(explanation)은 역사 서술이나 묘사에 훨씬 가까이 합쳐지는 경향이 있었다. 이와 더불어, 역사와 역사 기록학을 포괄하는 해석학 작업인 이러한 연구 방식의 논리나 근거에 대한 탐구가 일어나기 시작했다. 과거 특정 시대들의 독특한 의식 형태, 개별 사상들, 집단적 전제들과 경향들을 제시하는 것과 관련된 원칙들이 무엇인가라는 질문이 제기됐다. 더 나아가, 관념적이고 문화적인 운동들의 기원과 발전 순서를 제시하는 것과 관련된 원칙은 무엇인가? 지적이고 문화적인 역사가들은 능력있는 비평적 평가자뿐 아니라 예술가와 철학자여야 했다. 개별적 또는 집단적 사상들의 서술이나 내러티브 전개는 자의식적인 연구 방법의 위치로까지 격상됐다. 역사가는 내레이터(narrator)였지만, 주로 개별적이고 집단적인 사상, 태도, 경향들의 내레이터였다. 헤르더가 이러한 발전 과정에 미친 영향은 분명했다. 역사적 연구 절차의 방법이나 원칙들은 이제 일관성 있는 전체를 이룬다고 생각됐다. 일부 사상가들의 의견에 따르면, 이것들은 칸트의 초월적 이성 구조와 아주 유사한 통일된 구조라고 진술될 수 있었다.

다른 사람들은 동의하려 하지 않았을 것이다. 그들은 역사 기록학적 연구 방법의 초월적 일관성을 인식하고 그것이 작동하는 것을 보여주는 데 몹시 열광했지만, 반면에 그것과 그것의 논리를 추상적으로 또는 단독으로 진술하려는 시도를 믿지 않았다. 그들에게는 사상사와 문화사를 기록한다는 것은 구체적인 과거 상황에 이념적이고 독특하게 자의식적으로 구체화된 인간을 기술하는 것을 뜻했다. 역사 기록학이란 저자가 자료 내

에 그 형태가 이미 내재되어 있음을 발견한다고 해도, 서술 자료를 형성
해가는 저자의 이해 과정이다. 중심 내용과 연구 절차는 자연적인 유사성
을 지녔다. 즉, 이 둘은 하나의 (그러나 지속적으로 자기 분화하고 있는) 보편적 발
전 과정에 있는 정신으로부터 발생했지, 단순히 서로 외적으로, 우연하게,
또는 '실용적' 체계(관념주의 시대에는 폄하되어 사용된 용어)를 통해 관련되어 있
는 것이 아니었다.[8] 하지만 이들 사상가들은 연구 방식과 거기에 적용된
자료를 초월적으로 분리하는 것을 믿지 않았다. 그들에게 있어 그렇게 한
다는 것은 역사 기록을 역사 과정으로부터 잘못되게 추상화(그리고 강경화)
하는 것을 의미했다.

낭만주의적, 관념주의적 혁명의 가장 흥미로운 측면 중 하나는 그것
의 주요 주제들이 지적 영역 전체에 걸쳐 널리 퍼져 있다는 사실이다. 자
연과학 학문과, 유사한 연구 방식을 요하는 자연과학적 요소들을 지닌 다
른 학문들을 제외하면, 관념론자들에게 학문(*Wissenschaft*)이란 모든 곳에서
동일하게 체계적이고 완벽한 탐구를 의미했다. 철학적 성찰과 문학적이
고 문자-비평적인 활동이 19세기 초반 독일에서보다 다른 시대와 장소에
서 서로 간에 더 가까웠을지는 의문이다. 복수의 주석가들은 괴테(Goethe)
의 『파우스트』(*Faust*)(제1부)가 헤겔(Hegel)의 『정신현상학』(*Phenomenology of Spir-
it*)을 위한 미학적 시나리오처럼 읽힌다는 점에 주목했으며,[9] 헤겔의 저작
자체는 그 시대와 이전 시대의 문학 작품에 반영되어 있듯 이러한 시대들
의 정신적 상태에 대한 인유(引喩, allusion)들로 가득 차 있다.[10] 방법론적인

---

8. 철학에서 관념론(Idealism)의 시대 초기에 '실용적'(pramatic) 연구 절차와 '발생
    적'(genetic) 연구 절차를 비교한 Dilthey의 설명을 참조하라. *Gesammelte Schriften*,
    XIV, 2, p. 661.

9. 예컨대, Ernst Bloch, *Subjekt-Objekt Erläuterungen zu Hegel* (Berlin: Aufbau-Verlag,
    1952), p. 69.

10. 시대에 걸맞는 예술적 표현 방식—그는 소설이 '매우 산문적인'(so prosaic) 시대

측면에서 모든 시대와 장르의 문학을 그 '내적 형식들'을 통해 총괄적으로 이해하려는 연구는 프리드리히 슐레겔(Friedrich Schlegel)의 많은 저작들에 동기 부여가 됐고, 또한 슐라이어마허의 해석학적 반성에 깊은 영향을 미쳤을 뿐 아니라 그 자체로도 당시의 지적 작업을 대표했다. 슐레겔과 쉴러(Johann Christoph Friedrich von Schiller)는 (괴테와 달리) 철학적 반성과 문학의 유사성을 제시하려고 노력했던 당대 수많은 저자들의 전형이었다.

슐라이어마허, 헤겔, 그리고 이해의 과정

해석학이 자의식적 작업이자 '예술 이론'(슐라이어마허는 *Kunstlehre*라고 부름[11])으로도 여겨지는 한, 그것은 역사 기록학 이론 및 문학 이론 모두를 아주 많이 닮았다. 하지만 보다 폭넓고, 사실상 무한한 적용 가능성으로 인해 해석학은 그 자체로도 체계적인 탐구의 대상이 될 수 있었을 것이다. 다른 체계적인 지적 작업들처럼, 해석학은 중심 내용과 연구 방식 모두에 있어서 이 시대 들어 급격히 변화했다. 그리고 역사 기록에서처럼, 해석학의 연구 방식과 논리는 그 적용 과정에서 도출되어서는 안 되며, 그렇기

에 적절하다고 생각했다—에 대한 Hegel의 미학적 판단과는 완전히 별도로, 그의 저서 『현상학』(*Phenomenology*)은 어쩌면 그가 생각했었을 가능성이 있는 또는 가능성이 없는, 미학적, 문학적 유형의 함의를 짐작할 수 있는 보고다. 예를 들어, E. Hirsch의 논문, "Die Beisetzung der Romantiker in Hegel's Phänomenologie," in *Die idealistische Philosophie und das Christentum* (Gütersloh: Werner, 1926), pp. 117-39 을 보라. 이 논문에서 유명한 문학 범주인 '아름다운 영혼'(the beautiful soul)[근대 미학의 미적 범주를 설명하기 위한 Schiller의 개념-역주]을 Hegel이 사용한 것을 Friedrich Schlegel, Novalis, Hölderlin에게 적용했는데, 그는 Hegel이 『현상학』의 이 부분에서 이들 모두를 염두에 뒀다고 생각했다.

11. *Hermeneutik*, pp. 79, 127 passim; *Brief Outline*, §132.

에 그 자체로 단독 진술되어서는 안 된다고 생각했던 사람들이 있었다. 반면에 다른 사람들은 이것은 이뤄질 수 있고, 또 이뤄져야 하는 작업이라고 주장했다. 헤겔은 전자의 견해를 갖고 있었고, 반면에 슐라이어마허는 부분적으로는 인간과 의식에 대한 그의 이해의 결과로서, 또 부분적으로는 성서 해석과 권위의 문제에 대한 몰두로 인해 후자 쪽 견해의 뛰어난 대변자였다. 하지만 이 두 사람의 해석 작업에서 해석자의 자율적이고, (최소한 헤겔에 있어서는) 창조적인 역할(또는 덜 개인적인 방식으로 말하자면, '정신'의 역할)에 대한 불일치는 없었다. 이해되어야 하는 것이 무엇이든 그것은 해석자의 이해를 통해 굴절되는 것이어서 이제 해석학은 이제까지 그러했듯이(그리고 슈트라우스에게는 여전히 그러했듯이) 본문 해석을 위한 규칙이나 지침으로부터 앎 또는 이해 과정에 관한 이론으로 바뀌게 됐다. 해석학 연구의 목적은 다음 질문에 답하는 것이 되어야 한다: 이해한다는 것은 무엇을 의미하는가?[12]

슐라이어마허와는 달리, 헤겔은 이해의 논리나 구조를 적용과 분리하여 그 자체만으로 진술하려고 하지 않았다. 대신, 현상학에 대해 저술했는데, 그는 그것을 "표명된 앎"(knowing in manifestation)의 제시 또는 체계적 연구나 학문이라고 칭했다(*Darstellung des erscheinen Wissens, Wissenschaft des erscheinenden Wissens*).[13] 그는 (자신의 용어 중에서 슐라이어마허의 이해[*Verstenhen*]에 가장 가까운[14])

---

12. *Hermeneutik*, p. 32: "만일 우리가 이해를 해석학 작업으로만 생각하고, 사고(thought)를 객관적인 것, 중심 내용으로서가 아니라 사실로 다루는 견해에 충실하다면, 우리는 다른 의미의 모든 잘못된 변증법적 차이들에 이르지 않을 것이다."

13. G. W. F. Hegel, *Phänomenologie des Geistes*, ed. J. Hoffmeister (Hamburg: Meiner, 1952), pp. 66, 564.

14. Schleiermacher는 *Hermeneutik*에서 이따금 *wissen* ('알다')이라는 단어를 *verstehen* ('이해')과 동의어로 사용하거나 최소한 총칭적으로는 비슷하게 사용한다. 하지만 그는 이어 *wissen*을 변증법적 연구 절차의 검토 개념으로 언급한다. 그리고 이 용어가 (이 용어에) 내포된 모든 것과 더불어 주요 관심을 차지하는 것은 물론 그의

학문(Wissen)을 자율적인 작업이라고—다시 말해 문자 배열이든, 단어들 이면의 중심 내용이든 간에, 고정된 대상에 교리적으로 묶여있지 않다고—생각했다. 다른 어떤 논제보다 훨씬 더 해석학에 있어서, 슐라이어마허도 헤겔도 앎이나 이해가 어떤 외부 자료의 동일한 내적 재생산에 불과했던 칸트 이전의(pre-Kantian) 입장으로 결코 돌아갈 수 없었다.

하지만 헤겔은 이해와 그 구성요소들을 별도의 단일하고 명확한 총체성으로 추상화하려고 하지 않았다는 점에서 슐라이어마허와 달랐다. 다른 부분에서처럼 여기서도 그들 사이의 차이는 이해에 도움을 준다. 슐라이어마허는 보편 언어가 없기 때문에 보편 철학의 가능성 자체를 부인했다.[15] 하지만 그는 이해에 관한 별도의 일반 또는 종합 이론의 가능성, 실은 필요성을 주장했다. 헤겔에게는 이와 반대되는 것이 진실이었다. 그에게 있어 지식과 존재의 연구에 관한 완전히 발달한(full-fledged) 철학 작업과 분리될 수 있는 해석학이란 불가능한 것이었을 것이다. 왜냐하면 앎이나 이해는 중심 내용에 적용될 때만 이뤄질 수 있을 뿐 아니라(슐라이어마허도 여기에는 동의했을 것이다), 적용 시에만 자체적으로 이해될 수 있기 때문이다. 이것의 이유는 헤겔에게 있어 이해는 지속적인 움직임 내지는 변화 중에 있는 것이어서, 변화하는 불확실한 이해의 내용 또는 대상과 함께 서로 상호적으로 변화하기 때문이었다. 우리는 바로 그 이해의 내용 내지는 대상은 이해되기도 하고 이해를 형성하기도 하고, 그리하여 이해의 결과에 의해 형성되기도 하고 그 자체로 이해의 결과물이기도 하다고 말해야 할

저서 *Dialektik*에서이다. 후기 저작(*Sämmtliche Werke*, pt. 3, vol. 4/2, pp. 39ff.)에서 *denken* ('생각하다')과 *wissen* ('알다')을 분명하게 구분하고는 전자인 *denken*에 추상적 지위를 부여한다. 이는 사고(thinking)는 왜곡되게 사용된 경우를 제외하고는 결단코 현실-지향적이라고 생각했던 Hegel로서는 결코 동의하지 않았을 것이다.

15. 참고, "Brouillon zur Ethik 1805/06" in *Schleiermachers Werke*, ed. Otto Braun (Leipzig: Meinef, 1913), vol. 2, p. 101.

것이다. 이러한 상호 변화의 과정은 헤겔이 중재(mediation) 또는 변증법(dia-
lectic)이라고 칭한 그 주도적인 움직임의 한 사례이다. 그것은 의식 및 그
의식과 관련된 대상의 출현과 함께 즉각적으로 시작되는 과정이다.[16] 그리
고 그것은 이전에 언젠가 시작됐던 것을 완성하고자 하는 그 자체적인 부
단한 추동력을 통해서만 실제로 이해될 수 있다. 슐라이어마허와는 대조
적으로, 이해의 통일성이나 전체성은 전체 의식과 일관성을 이루는 의식
의 모든 내용들을 체계적으로 표현하거나 서술하지 않고서는 단순하게
진술될 수 없다. 의식은 그 자신의 완성을 향해 필연적으로 애쓰고 있기
때문이다.[17] 다양하고 변화하지만 통일된 내용과, 다양하고 변화하지만 통
일된 의식의 이러한 일관성과 이 일관성의 이해 가능성은 새로운 중재 과
정이다. 의식과 그 내용의 즉각적인 결합은 없다. 하지만 결합이 일어난다
해도, 그러한 일관성은 또한 그 결합의 두 측면의 이질성을 포괄 또는 포
함한다. 의식과 그 대상의 일관성을 향한 과정은 곧 영(Spirit)의 자기 중개
다. 의식이 현상학적 묘사의 끝에서 그렇게 이해될 때[18] (그리고 또다시 논리학
에서부터 존재론에 이르는 모든 사변적 탐구의 끝에서 그렇게 이해될 때, 하지만 그 과정에서
앎의, 그리고 앎을 위한 현상학 내지는 표현이라는 형식에서뿐 아니라 현실 판단으로서 그렇
게 이해될 때), 앎과 앎의 대상 사이의 주체-객체 이중성은 영구적인 이질성
상태라기보다는 오히려 영(Spirit) 자체에 내재된 이중성이라고 생각될 것
이다. 그리고 그렇다면 물론 그 이중성은 영 자신의 초월성 안에서 이해

---

16. *Phänomenologie*, pp. 70-74.

17. Ibid., pp. 74f. Schleiermacher와 대조적으로, Hegel은 역사적, 문화적 세계의 현상을
     상상적으로 묘사하는 데 뛰어난 기술을 지니고 있었다. 이는 몇몇 그의 초기 주석
     가들, 예를 들면, Rudolf Haym과 같은 사람들에 의해 언급된 사실이다. 물론 이는
     그의 철학적 작업에 있어서 결코 우발적인 것은 아니었다. 반면에, Schleiermacher
     는 변증법적 연결의 정확성과 미묘함에 있어서 분명 Hegel보다 한수 위였다.

18. Ibid., p. 558.

된다.

그런 다음에, 오로지 그런 다음에야만, 우리는 안다는 것 또는 이해한다는 것이 무엇을 의미하는지를 진정으로 알 수 있다. 그리고 이러한 이해에 대한 지식은 그 적용 범위—다시 말해, 그 내용의 정돈된 또는 이해된 순서—와 분리되지 않고 하나가 된다. 그래서 헤겔은 『현상학』의 힘든 여정을 마무리하는 의기양양한 글에서 다음과 같이 기록한다.

> 목표—곧 절대적 앎 또는 스스로를 절대 정신으로 알고 있는 절대 정신—는 정신들이 스스로 존재하고 자신들의 영역들의 구성을 수행하기 때문에 바로 정신들의 기억을 자신의 길로 삼는다. 그 정신들이 우연성 형태로 나타나는 자유로운 실존[*Dasein*]으로서의 자신들의 모습을 보존하는 것이 곧 역사이다. 하지만 정신들의 파악된[*begriffnen*] 구조 측면에서 그것은 표명된 앎의 학문이다. 이 둘은 함께 절대 정신(absolute Spirit)의 기억과 골고다[*Schädelstatte*], 그의 보좌의 실재, 진리와 보증을 구성하며, 이러한 것이 없다면 그 절대 정신은 그저 생명없는 고독자(Alone)일 따름이라는 사실을 역사는 파악했다.[19]

이러한 상황에서 헤겔의 해석학에 대해 언급하는 것은 정말 적절하지 않다. 그럼에도 불구하고 꼭 언급한다면, 가다머(H.-G. Gadamer)가 말한 대로 헤겔의 연구 방식을 슐라이어마허의 '재구성'(reconstruction)의 해석학과 대조되는 '통합'(integration)의 해석학으로 특징짓는 것이 분명 바람직할 것이다.[20]

---

19. Ibid., p. 564.
20. H.-G. Gadamer, *Wahrheit und Methode* (Tübingen: Mohr, 1960), p. 158.

슐라이어마허의 해석학

왜냐하면 슐라이어마허는 우리가 현재에서뿐 아니라 과거로부터도 특정 담론을 택해—원칙적으로 이 둘을 이해하는 일에는 차이가 없다[21]— 단순한 기계적 복제품이 아니라 해석자의 이해에 의해 관통되는 바로 그러한 재생산 방식으로 그 원문을 재생산할 수도 있을 것이라고 생각했기 때문이다. 훨씬 더 역사실증주의적인 헤겔이라면 이러한 주장을 거부했었을 것이다. 하지만 슐라이어마허는 이 주장에 커다란 관심을 갖고 있었다. 그에게 있어 시간과, 역사적 전달 또는 중개 과정 사이의 벽들은 사라지고, 원문과 해석자 이 둘은 서로 적합하거나 유사하거나 심지어 동질적이기까지 한 이질성 속에서 직접적으로, 그리하여 변하지 않은 채로 서로에게 존재하게 된다.[22]

슐라이어마허가 이해 과정의 기술적 또는 심리학적 측면이라고 부른 것(마찬가지로 필수불가결한 '문법적' 측면과는 다른)을 통해, 그리고 특히 심리학적 해석에서 즉각적으로 직관적이거나 '예시적'(豫視的)인 작업을 통해(그렇지만 예시적 작업이 반대되는 '상대적' 작업에 의해 한정되거나 수정될 때만이다), 해석자는 자기 자신을 원문과 직접적으로 동일시한다. 슐라이어마허는 "해석자는 자기 자신을 이를테면 원문으로 변화시키고, … 그리고 즉각적으로 자신

---

21. *Hermmeutik*, pp. 86, 130.
22. Richard R. Niebuhr는 Schleiermacher의 해석학에 대해 다음과 같이 옳게 이야기했다: "Schleiermacher의 방식(style)은 반제의 간접성(indirectness in antithesis)이 아니라 대립의 직접성(directness in polarity)과 같다." "합리적 자아의 본래 상태는 … 대화적(dialogical)이다." *Schleiermacher on Christ and Religion* (New York: Scribner, 1964), pp. 74, 81. 또한 H.-G. Gadamer를 보라: "Schleiermacher의 문제는 신비스러운 역사의 문제가 아니라 신비스러운 타자(thou)의 문제다"(*Wahrheit und Methode*, p. 179).

안에서 구체적인 것[*das Individuelle*]을 파악한다"라고까지 말한다.[23]

헤겔은 원문과 그것이 현재화된 모든 의식을 포괄하는 중재 과정을 설명하지 않는 역사적 재생산을 결코 진정으로 적절한 이해라고 생각하지 않았고, 단지 한 조각의 지적 화석일 뿐이라고 생각했다. 만일 슐라이어마허가 동의했다 해도, 그는 해석학이 가능하다고 생각하지 않았을 것이다. 슐라이어마허에게 있어 해석학 작업의 바로 그 가능성이란 단순히 그러한 이해와 그 이해 대상이나 내용이 직접적이고 양극적 관계 속에 함께 주어졌다는 것과는 관련이 없다. 게다가 그는 그 관계의 각 측면이 일종의 명확하고 독립적으로 서술 가능한 속성을 지니고 있다고 생각했다. 그리하여 우리는 이해 과정과, 이와 비슷한 담론의 본질을 독립적으로, 최소한 추상적 형태로 간추려 내고 진술할 수 있는 것이다. 최소한 부분적으로나마 슐라이어마허가 헤겔에 동의했던 사실—즉 그 두 측면 각각과 그들의 관계는 정적인 분석 자료보다는 오히려 과정(process)과 관련이 있다는 사실—과 관련하여, 슐라이어마허에게는 두 경우 모두에서 기원과 발전은 확실하고 자립적인 속성 안에 포함되어 있는 것 같았다. 해석 작업이란 단일 작품이나 담론에도 표현되어 있지만 동일한 저자의 상호 연관된 전체 작품 안에 훨씬 더 많이 표현되어 있는 개별적 총체성을 그 발전 과정에서 이해하는 것이다. 다시 말해, 이해되어야 하는 것은 저자의 자기 표현 속에 있는, 그리고 저자의 자기 표현으로서의 저자 자신이다.

하지만 이런 방식으로 해석학적 작업을 진술하는 것에는 불완전하거나 심지어 오해할 만한 소지가 있다. 어떤 해석자의 이해에 있어서든 문

---

23. *Hermeneutik*, p. 109. 이 작업은 Friedrich von Blanckenburg가 *Versuch über den Roman*에서 소설의 적절한 목적으로 제안한 것과 매우 유사하다. 영웅의 독특한 내적인 영적 삶은 타인과는 구별되어야만 했고, 소설가에 의해 묘사되어야만 했다. 이는 후기 계몽주의와 낭만주의의 관점 사이에 두드러지게 중첩되는 부분이었다.

자적 작품과 저자의 사상은 분리될 수 없기에, 해석학은 담론의 맥락 속에 있는 사상에만 국한될 뿐 그 사상을 개별적 실재로 다룰 수 없다는 것은 사실이 아니다.[24] 게다가, 개별 담론 자체는 보편성과 개별성 사이의 복잡한 변증법적 조정점 내지는 교차점으로 이해되어야 한다. 그것은 공동의 언어적, 문화적 축적에 대한 개별적인 강조이면서, 또한 개별적이고 자기 발전적인 정신의 자기 표현인 것이다.[25]

이러한 복합적 상황은 해석학 작업에서 두 가지 다른 연구 방식을 필요로 하게 되며, 또 담론을 이해한다는 전체적인 단일 행위가 과학적 작업이라기보다는 예술적 작업을 닮은 이유를 설명해 준다. 해석의 '문법적' 요소는 전체 언어 내에서의 강조점으로서 담론을 이해하는 방향으로 향하게 되며 언어가 전체 어족(語族)과 맺는 관계에 의해 특징지어진다. '심리학적' 또는 '기술적' 요소는 '사상가 안의 사실로서' 담론을 이해하는 방향으로 향하게 된다.

이해라는 단일 행위는 두 가지 측면으로 구성되어 있고, 이 두 요소들의 통합 방법에 관한 추가적인 방법이나 정확한 규칙이 없기 때문에 체계적 또는 과학적 행위보다는 예술적 행위에 보다 더 가깝다. 물론 이 둘 사이의 '진자 운동'이 포함되어야 한다.[26] 마찬가지로, 물론 화자(話者)의 언어와 사상 간의 통일에 관한 추가적인 진술은 없다. 언어와 사상은 그렇게 화자 자신에 의해 통합되어 화자 자신이 곧 각 요소인 동시에 이 둘의 통합이 된다. 그 두 요소를 함께 묶어주게끔 화자에 대해 진술할 수 있는 요

---

24. "해석학에서 전제되어야 할 것은 오로지 언어뿐이며, 다른 객관적·주관적 전제들을 포함해서 찾아야 할 모든 것은 언어로부터 찾아야 한다"(*Hermeneutik*, p. 38).
25. "모든 담론이 언어의 전체성(totality) 및 화자의 전체 사고와 이중적 관계를 지니는 것과 마찬가지로, 모든 이해는 담론을 언어에서 가져온 것으로 이해하고 또한 사상가 안에 있는 사실로서 이해하는 두 가지 순간으로 구성된다"(*Hermeneutik*, p. 80).
26. *Hermeneutik*, p. 56.

소나 측면은 더 이상 없다. 담론의 통일과 이해의 통일은 서로 상응한다. 이들 각각은 이중성 안에서의 통일성(a unity-in-duality) 같은 것과 관련이 있으며, 그러므로 이해가 내용의 통일성을 단일하게 파악하는 것은 예술 행위와 비슷한 것이다. 게다가, 보편성의 실례이자 개별적 행위이기도 한 담론과 관련하여, 해석은 무한한 또는 한계가 없는 근사치(approximation)와 관련이 있기 때문에 과학적이라기보다는 예술적이다. 따라서 이해는 결코 완전할 수가 없다. 이해라는 단일 행위의 복잡하고 근사치적 성격을 요약하며 슐라이어마허는 이렇게 말한다: "만일 문법적 측면이 독자적으로 완전해지려고 한다면, 완전한 언어 지식이 있어야 할 것이다. 다른[기술적인] 경우에서는 그 사람에 대한 완전한 지식이 있어야 할 것이다. 이 두 가지가 결코 주어질 수 없기 때문에, 우리는 항상 한 방법에서 다른 방법으로 옮겨가야 한다. 그리고 이것을 하는 방식에 있어 법칙들이 있을 수 없다."[27]

　　담론과 이해는 서로를 위해 존재한다. 이 둘의 이질성과 유사성이 놀랍고도 신기하게 통합된다는 것이(이는 다시 슐라이어마허에게 있어 윤리학과 변증법에 대한 해석학의 관계와 관련이 있다) 무척 흥미롭다. 모든 담론은 사고의 외적 측면이다. 그리고 이해 행위는 "담론의 기저에 있던 사상을 의식해야 한다는 점에서"[28] 담론 행위의 반전이다. 이해 행위는 사실 반전의 행위이다. 어떤 담론을 이해하기 위해서든 우리는 담론의 언어로부터 담론의 사상으로 나아가야 하기 때문이다. 문법적 이해가 없는 기술적 이해는 없다. 그렇지만 우리는 한 방법에서 다른 방법으로 '옮겨가야' 하고, 게다가 그 이행 과정을 설명해 주는 법칙이 없는 것만도 아니다. 궁극적으로 기술적 또는 심리학적 이해는 담론의 사상가와 사상을 직접 파악하는 것과 관련

---

27. *Hermeneutik*, p. 82.
28. *Hermeneutik*, pp. 80, 128.

이 있다는 것도 사실이다. 해석학 기술의 심리학적 측면에는 비록 대조적
인 비교 연구에 의해 늘 제한을 받아야 하긴 하지만 예시적(豫視的, divinato-
ry) 연구 방식이라는 것이 있다. 이해는 특정 담론을 다룸에 있어 반드시
반전과 관련이 있기 때문에, 우리는 그것들의 이질성에 대해 말할 수 있
을 것이다. 하지만 이해는 마찬가지로 반드시 우리 자신이 "다른 사람이
된 것과도 같은" 예시(豫視, divination)와 관련이 있기 때문에, 우리는 그것들
의 유사성에 대해서도 말할 수 있을 것이다.[29]

　　다소 특별한 결과들이 이 유사성 개념과 관련이 있다. 그것은 명시적
이고 확실한 사상이나 의도의 차원에서만의 동질감이 아니라, 어쩌면 더
중요하게는 기본적 인간성 차원에서의 동질성이기도 하다—즉, 내적으로
특수한 하나의 삶이 다른 삶을 직면하게 되고, 후자에 의한 전자의 재구
성(Nachildung)을 통해 파악되는 것이다.[30]

---

29. *Zusammengehörigkeit, Gleichstellung*은 Schleiermacher가 사용한 단어들이다
　　(*Hermeneutik*, pp. 80, 88).

30. *Hermeneutik*, pp. 135, 138. Schleiermacher의 해석학적 관점이 가진 이런 측면에 대
　　해 Wilhelm Dilthey는 그의 뛰어난 소논문인 "Die Entstehung der Hermeneutik"
　　in *Gesammelte Schriften* vol. V, pp. 317-38, esp. pp. 329f.에서 한쪽으로 치우쳤지만
　　(one-sided) 심오한 표현을 제시했다. 이런 편파성은 *Hermeneutik*의 가장 최근 편집
　　자인 Heinz Kimmerle와 다른 이들(예, Gadamer)에 의해 크게 비판받았는데, 이들
　　은 한편으로 Dilthey가 Schleiermacher 생애 대부분을 통해 그의 해석학에 있는 '심
　　리학적인'(psychologistic) 요소들을 과도하게 강조했다고 주장했고, 다른 한편으로
　　Dilthey가 그가 인정했던 것보다 생각과 말이 더욱 분명하게(그리하여 결국 심리학
　　적이고 주관주의적으로) 분리되는 경향이 있었던, Schleiermacher 견해의 최종 단
　　계를 무시했다고 주장했다(*Hermeneutik*, 편집자 서문, pp. 14-24을 보라). Dilthey의
　　Schleiermacher 이해에 관한, 그리고 Schleiermacher 자체에 대한 이러한 관점의 적
　　절성은 Dilthey의 *Leben Schleiermachers* (Dilthey, *Gesammelte Schriften*, XIV, 1, 2; 참
　　고, XIV, 1, pp. LVff.)의 두 번째 부분 편집자이자 Schleiermacher 논평가인 Martin
　　Redeker에 의해 다시 격렬한 도전을 받았다. Schleiermacher의 사상에 대한 Dilthey
　　의 장황한 해설을 다룬 Redeker 저서들의 출간으로 인해 Kimmerle는 Dilthey에
　　대한 비판을 포기하지는 않았더라도 대폭 수정해야만 했다. (참고, H. Kimmerle,

해석의 이러한 측면이 슐라이어마허에게 중요하다고 해도, 그것은 그 변증법적 대응물—즉, 일반적인 언어적 배경에서 모든 작품을 이해하는 것—에 반대하여 주장되어야 한다. 그는 자신의 가장 상세하고 원숙한 강연들에서[31] 단순히 문법적 해석만이 아닌 언어학적 해석에 대해 이야기하면서 그 해석의 풍부한 문화적이고 문학적인(협소하게 언어학적이 아닌) 중요성에 대해 언급했다. 슐라이어마허에게 언어는 (철학자 비트겐슈타인[Ludwig Wittgenstein]의 표현을 사용하자면) 삶의 형식과 같은 것이고, 삶은 언어에 매여 있다. 그렇기에 그는 '문법적-언어학적 해석'의 우위는 '기술적-심리학적 이해'의 우위처럼 참된 이해로 이어질 수 있다고 주장할 수 있었다. 이 사실을 강조하는 것은 중요하다. 그렇지 않다면 우리가 지금 이야기하고 있는 측면—즉 기본적 인간성의 차원에서 하나의 개인적 삶과 또 다른 개인적 삶의 동질성 또는 유사성의 의미—은 담론의 발생과 이해에 대한 매우 낭만적 견해로 이어질 수 있기 때문이다.

어떤 의미에서 슐라이어마허는 그러한 의견을 주장했다. 하지만 그의 해석자들 중 일부는 슐라이어마허의 이해 이론의 기술적-심리학 측면을 비(非)변증법적으로, 그러니까 비교적 언어학과 분리해서 다룸으로써, 슐라이어마허보다 훨씬 더 멀리 나아갔다. 그리하여 그들은 그를 '개인주의', '심리주의', '주관주의' 등으로 계속 비난한다. 왜냐하면 그 자체로만 놓고 볼 때, 이해 이론의 기술적-심리학적 측면의 절정은 곧 담론에서 스스로를 표현하는 개별성의 핵심인 무의식적 창조(unconscious creation)이기 때문이다. 슐라이어마허는 해석학의 임무란 "먼저 담론을 이해하는 것이

Nachbericht zur Ausgabe Fr. D. E. Schleiermacher Hermeneutik, Heidelberg: Winter Universitätsverlag, 1968, p. 5)

31.   1829년에 있었던 해석학에 관한 학술 강연들을 보라. *Hermeneutik*, pp. 123-56, esp. pp. 148f.

고, 또한 그런 다음에 그 원저자보다 더 잘 이해하는 것"이라는[32] 유명한 말을 하면서 이 방향으로 나아갔다. 왜 그런지를 묻고 싶을 것이다. 그 답은 해석자가 작품의 기원과 발전에 대해 이해하고 싶어하는 것의 대부분은, 저자가 곧 자신의 독자가 되는 경우를 제외하고는, 그 저자에게도 무의식적인 채로 남아있다는 것이 분명하다는 것이다. 그리고 슐라이어마허는 이렇게 덧붙였다: 독자 역할을 할 때도 저자는 다른 어떤 해석자와 비교해서 더 특권적 위치에 있지 않다.[33]

그렇다면 이처럼 한정된 범위 내에서는, 해석자의 재구성적 또는 재창조적 이해 행위는 저자의 그것보다 더 높은 위치에 있지만 그럼에도 물론 그것과 동질적이다. 이해 행위는 담론과 사상 행위에 상응한다. 하지만 해석자는 저자가 보지 못하는 담론의 개인적 자발성과 유기적 발전, 그리고 그것과 문화적 맥락 사이의 일관성을 본다. 그는 이해라는 근사치의 지속적 행위를 통해 한 작품이 그 기원으로부터 완전한 최종 형태로 진화하는—그리하여 작품의 모든 부분들이 총체성으로 정리된—과정의 연속성 내지는 필요성을 본다. 그렇지만 슐라이어마허는 마치 즉각적이고 내면으로부터인 것처럼 저자를 이해함으로써 담론을 이해하는 것을 이처럼 강력하게 강조하는 것이 언제나 한도를 넘지 않게 했다. 그의 의견의 다

---

32. *Hermeneutik*, p. 87; 또한 pp. 50, 91, 138을 보라. "자신에 대해 설명할 수 있는 것보다 더 잘"이라는 이 마지막 구절은 미묘하고도 중요한 변형을 보여주고 있다. 이 표현의 기원에 관한 몇 가지 언급에 대해서는, Gadamer, *Wahrheit und Methode*, pp. 182f.를 보라. Victor Gourevitch 교수는 그 표현을 사용했던 Kant가 아마도 Fielding에게서 그것을 가져왔을 것이라는 정보를 내게 알려주었다. Kant가 이 문장을 사용한 의미는 Schleiermacher의 의미와는 다르다는 점을 기억해야 한다. Kant에게 있어서 그것은 중심 내용에 대한 해석자의 비평과 논리적 이해를 의미했지만, Schleiermacher에게 있어서는 창조 과정과 저자의 사상에 대한 해석자의 이해를 의미했다.

33. *Hermeneutik*, p. 88.

른 측면은 언제나 사상은 언어로서가 아니면 이해될 수 없다는 것이었다. 그리고 문법적 해석에서 담론은 공통의 언어와 문화의 산물로 이해된다.

슐라이어마허와 쉘링: 가능한 병행

저자가 자신을 이해하는 것보다 해석자가 저자를 더 잘 이해하는 그 친밀성은 쉘링(F. W. Schelling)이 19세기 초에 추구했던 훨씬 대담한 사변적 움직임을 연상시킨다. 그것은 쉘링에게는[34] 작품의 기저를 이루고 있으며 또 작품에 질서를 부여하는 예술가의 창조적 통찰력이야말로 인식과 실제 재현 측면 모두에서 관념 또는 사상(주관성)과 실재(객관성) 사이의 완전한 통합을 보여주는 유일한 최고의 사례 같았다. '미학적 직관'이란 다른 모든 형태의 인식을 보여주는 수동성과 능동성의 차이를 초월하는 것과 관련이 있다. 예술가의 직관은, 자발적으로 능동적인 주체가 자신이 받은 자료를 창조적으로 꿰뚫어보는 하나의 예이다. 그 자료는 전적으로 예술가의 직관에 따라 형태가 만들어지기에, 그 예술가의 전망은 단순히 그것에 형태를 제공하는 것 이상이다. 그는 자료를 받는 그 순간에, 그 자료에

---

34. "System des transcendentalen Idealismus" (1800), in *Schellings Werke* (from the original edition; new arrangement), ed. M. Schröter (Munich: Beck, 1958), vol. 2, pp. 327-634, esp. pp. 612-29. "미학적 직관이 단지 객관적으로 된 초월적 [직관]이라면, 예술은 철학이 외적으로 묘사할 수 없는 것—곧 활동과 생산 중의 무의식성 및 그것과 의식적인 것과의 본래적 유사성—을 언제나 늘 새롭게 확증해주는 유일하게 참되고 영원한 철학의 도구이자 문서라는 것이 자명하다. 예술은 철학자에게 있어서 최고의 것이다. 왜냐하면 그것은 그에게, 영원하고도 본래적인 통일성(unity)이 있는 지극히 거룩한 것을 열어주기 때문이며 … 자연과 역사에서 분리된 것과, 생각 속에서처럼 삶과 행동에서도 부질없는 것을 하나의 불길로 불태워버리기 때문이다"(pp. 627f.).

사실성을 부여하게 된다. 그는 자신을 통해 깨달음을 얻게 되는 창조 과정의 기관(organ)이다. 그렇지만 그것은 그 안에서 '완전한' 의식(full consciousness)을 획득하지 못한다. 완전한 의식은 무슨 일이 일어나고 있는지를 이해하는 철학자에 의해서만 획득된다. 하지만 그가 그것을 이해했다고 해도 창조 과정 자체에는 참여하지 않는다. 쉘링은 1800년에 이렇게 말했다. (무의식적[unconscious] 또는 전[前]의식적[preconscious] 인식이라는 관념은 쉘링이 피히테[Johann Gottlieb Fichte]에게 동의했던 사상이라는 점을 덧붙여야 할 것이다. 비록 피히테는 그 관념을 미학적 측면이 아닌 도덕적 행동에서 강조했지만 말이다.) 궁극적으로 이 견해가 실제 예술 작품이 사실적 작품이라기보다는 관념적 작품이라는 것을 의미하는지 여부는 논의의 여지가 있는 문제다. 어떤 경우든, 실제 예술 작품의 중심은 완성된 작품이 아니라 그것을 창조하는 행위여야 한다. 게다가, 이 책에서 미학적 직관은 전체 철학 체계의 주요 부분들을 하나로 연결시켜 주는 결정적 좌표이기 때문에 당시 쉘링의 경향은 전체 철학 체계 안에서 문학을 조형미술이나 회화보다 높은 위치에 두곤 했다.[35] 인식 주체와 객체의 초월적 차이보다 예술가의 직관이야말로 주로 문학에서 예증됐듯 실제 자연 세계와 관념 세계, 그리고 자유 영역과 종속 영역의 이질성이 극복되는 곳이기도 하다.

2년이 채 지나지 않아 쉘링은 이러한 초월이 무의식적이지 않거나 혹은 부분적으로 무의식적이지 않으며, 즉각적이고 자의식적으로 인지적, 지적 행위라고 주장했다. 요약하면, 이제 그는 그것을 미학적 직관이라기보다 지적 직관으로 생각했다. 사실 철학은 성찰의 가장 일반적 형태이기 때문에 학문의 여왕일 뿐만 아니라 가장 유익한 지식 형태이기도 하다.[36]

---

35. 이 논문에서 명시적으로 언급되지는 않았지만 이 관점은 그가 '본래적 직관'으로서의 *Dichtungsvermögen*을 강조한 것에 분명하게 암시되고 있다("System ..." p. 626).
36. 이 주장을 하면서 나는 Schelling과 Hegel의 공통된 발전에 대한 Dilthey의 1801

슐라이어마허는 결코 그렇게 높은 목표를 지니지 않았었다. 그는 자연과, 정신—곧 대상도 주체도 아닌 절대자—의 조정 지점, 또는 절대자와 개별적이고 특수한 존재의 통일성을 아는 지적으로 직관적인 지식에 관한 모든 인식론적, 존재론적 주장들을 거부했다.[37] 그 후자는 물론 그에게 있어 감정, 또는 즉각적이고, 초(超)지성적(transintellective)이고, 초(超)의지적인(transvolitional) 자의식을 발견하는 문제였다. 그는 초(超)주체적인(transsubjective) 유한한 실재에 대한 즉각적인 지적 이해를 주장하지도 않았다. 다시 말해, 그는 존재나 지식에 있어서 주체-객체 이중성의 지적이고 유익한 초월성을 주장하지 않았다. 이런 점에서 그는 칸트의 편에 굳게 서 있었다. 슐라이어마허가 쉘링의 지적 직관과 비슷해 보이는 예시(豫視, divination) 또는 즉각적 직관에 대해 말한 것은, 한 주체가 문자적 자기 표현에서 (즉, 해석학에서만) 다른 주체의 정신적 행위를 이해하는 것에서만이었다.[38]

이렇게 한정된 범위에서 그의 시도는 (예술가가 자신이 창조적으로 직관한 것

년 강력한 표현을 따르고 있다. 이는 이후에 상당한 비판을 받았지만, 내 생각에는 그것이 옳은 것 같다. Dilthey는 모든 주관적-객관적 차이(differentiation)를 초월하는, 의식적인 앎(knowing)인 '지적 직관'—보편적인 것과 특별한 것, 유한한 것과 무한한 것 사이의 차이와 심지어 이질성(heterogeneity)까지도 극복하는 본래의 '사물들의 신적 연결성'에 대한 이해—에서 그들의 공통적 견해의 핵심을 발견했다"(Dilthey, *Gesammelte Schriften*, vol. IV, p. 206을 보라). Schelling에게 있어서 그의 철학화(philosophizing)의 이 발전 단계와 가장 직접적으로 관련되는 논문들은, "Darstellung meines Systems der Philosophie" (1801)와 "Bruno oder über das göttliche und natürliche Prinzip der Dinge: Bin Gespräch" (1802)이다. 두 논문은 모두 *Schellings Werke*, vol. 3에 있다.

37. Schleiermacher는 이 점에 대해 항상 확고하고 분명했다. 예컨대, *Dialektik*에서는 이렇게 말한다: "하나님의 직관은 결코 실제로 실행되지 않고 단지 간접적인 도식(schematism)으로 남아있을 뿐이다"(*Sämmtliche Werke*, pt. 3, 4/2. p. 152).

38. 후자의 용어에 대해서는 *Hermeneutik*, p. 119 passim를 보라. '즉각적 직관'(immediate intuition)과 '예시'(divination)의 명확한 대등 관계, 그리고 둘 사이의 대조 및 '비교 방법'(comparative method)에 대해서는 pp. 109과 119를 비교하라.

이 무엇인지를 알지 못하는) 무의식적인 미학적 직관을 의식적인 지적인 직관으로 대체했던 쉘링의 시도와 유사했다. 하지만 쉘링은 이러한 움직임을 (원칙적으로) 미학적 관점이 지적 관점에 종속되는 것으로, 그리하여 최소한 관념적으로는 동일한 주체 내에 위계적 순서로 상정했던 반면에, 슐라이어마허는 저자와 해석자 두 주체 사이의 두 입장을 나눴다. 설사 저자가 자신의 해석자가 된다고 해도, 이 두 관점들 사이에는 통일성이 있을 수 없다. 예술적 담론(그리고 예술적 담론만이 상응하는 해석학적 행동을 불러 일으킨다)은 일정 부분 미학적인 직관이자 표현이다. 그리고 그러한 만큼 예술적 담론은 저자 자신의 직관과 이해에 있어 불완전하게 지적이고, 불완전하게 투명하다. 하지만 해석자는 재구성적 행동을 하면서 즉각적인 지적 직관이나 예시(豫視)의 순간을 포함하여 의식적이고 지적인 방식으로 원래의 행동을 똑같이 모사한다. 그리고 그는 담론의 자발적 시초와 유기적 발전, 개별성, 그리고 담론과 문화적 관계, 담론의 유기적 전체성과 개별적 요소들과의 연결 안에서 저자들보다 더 자세히 담론을 고찰한다. 그렇게 함에 있어 예시(豫視)를 하는 해석자는 자신의 개별성이나 주관성을 상실하지 않고도 그것을 초월하며, 자신을 직관적으로 이해하는 형식을 통해 타자(他者)가 된다.

* * *

직관과 감정의 관계에 관한 슐라이어마허 사상이라는 복잡한 문제 속으로 들어가지 않고도, 우리는 그가 특히 초기에 이 둘 사이의 강한 유사성을 믿었지만[39] 그의 해석학에 이러한 유형의 연결이 존재하는지 의심스

---

39. 예컨대, 그는 감정이 직관과 행동 모두를 계속 수반할 뿐 아니라 그들 사이의 변화

럽다는 것을 강조해야 한다.[40] 왜냐하면 어떤 사람을 그 사람의 담론과 그 담론에 표현된 문제를 통해 이해할 때, 우리는 그의 존재에 주의를 기울이고 있는 것이긴 하지만, 그것은 그의 지적이고, 문자적인 자기 표현 안에 있는 그의 존재에 주의를 기울이고 있는 것이기 때문이다. 그리고 우리는 우리 자신의 유사한 존재와 행위에 의거하여 이렇게 하기 때문이다. 사실, 우리가 저자를 이해하는 행위는 저자의 행위보다 더 완전하게 지적이고 인식적이며 의식적이다. 그리고 해석자의 예시(豫視)나 즉각적인 직관의 필수불가결한 요소는 이 과정의 지적 특성에 대한 예외가 아니다. 요약하면, 그것은 적어도 지적 직관과 대략적이나마 비슷한 것이며, 슐라이어마허가 그러한 주장의 여지를 둔 유일한 예인 것 같다. 물론 슐라이어마허는 상대적(추론적) 지적 해석과 언어학적(문법적) 해석의 순간들에 의해 담론을 이해함에 있어서 직관적 요소를 수정했다. 하지만 이렇게 한정 짓는다고 해서 절대로 예시(豫視)나 즉각적 사고 작용을 배제하는 것은 아니다. 요컨대, 해석자와 저자의 유사성에 있어서 슐라이어마허는 자기 자신에 대한 즉각성(immediacy)과는 다르지만 그에 못지않게 실제적인 직접성의 요소에 주목했다. 나는 자신에 대해 즉각적으로 자기의식적이지만, 지적으로나 인식적으로는 자기직관적이지 않다. 나는 감정 안에서 나 자신과 연결되어 있으며, 감정 안에서 우리는 곧 우리 자신이라고 말할 수 있을 것이다. 나는 그렇게 똑같은 방식으로 다른 사람을 즉각적으로 의식하지 못한다. (내가 알고 있는 한, 슐라이어마허는 헤르더가 만들었던 감정이입[*Ein-*

와 통일의 지점이라고 기술한다. 예로서, *Sämmtliche Werke*, pt. 3, 4/2, pp. 429f.를 보라. *On Religion: Speeches to Its Cultured Despisers* (New York: Harper Torchbook, 1958)에서 초기의 Schleiermacher는 직관과 감정의 전(前)의식적(preconscious)이고 즉각적인 결합에 대해 말한다(두 번째 강연, 예를 들면, pp. 40, 44를 보라). 이는 그가 후기 저작들에서 명시적으로 반복하지 않았던 주장이었다.

40. H.-G. Gadamer, *Wahrheit und Methode*, p. 179.

fühlung]이라는 용어를 결코 사용하지 않았다.) 반면에, 내가 다른 사람의 자기 표현
에서 그를 이해하는 것은 내 자의식의 단순한 추론이거나 간접적 투사는
아니다. 나는 자기 표현 안에서, 그리고 자기 표현으로서 그의 존재를 즉
각적으로 이해한다(물론, 다른 방식으로도 이해했지만 말이다). 예시적(豫視的) 이해
를 통해 내가 그를 즉각적으로 파악한 것, 내가 나 자신과 그를 동일시한
것(*Gleichstellung, Hineinversetzung*)은 즉각적인 자의식이나 감정 중에 하나라기
보다는 즉각적인 지적 행위이다. 물론 비슷하게 다른 누군가가 나를 즉각
적으로 이해할 때는 지적으로 이해해야 한다. 왜냐하면 나 자신의 자의식
이나 '감정'은 지적 행위보다는 미학적 행위에 더 가깝기 때문이다. 요컨
대, 저자나 화자는 그런 식으로 자신의 해석자일 수는 없지만, 다른 사람
은 그럴 수 있을 것이다. 그리고 저자를 진정으로 이해한다는 것은 비록
그것이 늘 근사치적일 뿐이라 해도 절대로 그 과정에서 상실되지 않는다.
우리는 다른 사람들의 예술적 담론을 그들이 자기 자신을 이해하는 것보
다 더 잘 이해한다. 그들은 또한 우리가 우리 자신을 이해하는 것보다 우
리를 더 잘 이해한다.

　침묵 논증(argument from silence: 진술의 부재에 근거해서 결론을 내리는 것—역자)
은 분명히 위험하다. 하지만 슐라이어마허가 그의 해석학 저서들에서 감
정(feeling)이라는 단어를 거의 언급하지 않았다는 것을 우연으로 치부해야
할까? 그 단어가 나올 때조차도, '직감'(hunch) 이상의 것을 의미하지 않아
전적으로 무의미한 뜻으로 나온다.[41] 그리고 해석학에 관한 글을 집필했던
오랜 기간 동안 그는 즉각적인 자의식으로서의 감정 개념에 몰두해 있었
다는 사실에도 불구하고 그러하다. 슐라이어마허 해석학의 가장 체계적
이고 포괄적인 개요(1819)는 그가 『신앙론』(*Glaubenslehre*) 초판 작업을 하는

41.　참고, *Hermeneutik*, pp. 50, 61, 79, 91, 95.

중에 쓰여졌는데, 여기서 감정 개념은 상당히 중요한 역할을 하고 있다. 하지만 그 개요에서는 이 개념에 대해 두 개의 부차적 언급만을 담고 있을 뿐이다. 반면에, 이 용어와 그 등가물들은 슐라이어마허가 아마도 가장 주지주의적 또는 낭만주의적일 때였던 『미학』(*Aesthetics*)에 관한 강연에서 많이 나타난다. 실제적 또는 관념적 존재에 대한 예시(豫視)나 직관은, 슐라이어마허가 『미학』에서 유일하게 커다란 주의를 기울였던 예술가의 관점에 아무런 역할을 하지 못한다.[42] 요약하면, 슐라이어마허는 『해석학』(*Hermeneutik*)에서 우리가 감정과 해석의 형식적 유사성을 기술할 수 있다고 주장했던 것 같지는 않으며, 예시 또는 직관 개념이 이러한 연관성을 내포한다고 여겨서는 안 된다고 주장한다. 그것은 감정과는 전혀 다른 것이다.

우리는 슐라이어마허의 해석학과 그의 감정 이론의 일반적 관계에 대한 가다머(H.-G. Gadamer)의 주장을 의심할 수도 있겠지만, 슐라이어마허의 입장에서는 저자가 자신을 이해하는 것보다 해석자가 저자를 더 잘 이해하는 행위는 담론의 중심 내용이나 저자의 신중한 의도를 가리키지 않고, 담론의 창조 행위와 과정, 담론과 저자 존재의 관계를 가리킨다는 점에서 가다머는 의심할 여지 없이 분명 옳다.[43] 그렇지만 가다머는 슐라이어마허 해석학의 심리학적 측면이 갖는 이러한 중요성을 과장하고 있으며, 그리하여 또한 해석의 기술에 대한 슐라이어마허의 이해에서 무의식적 창조의 중요성을 과장한다. 저자가 자신을 이해하는 것보다 해석자가 저자

---

42. "Vorlesungen über die Aesthetik," in *Sämmtliche Werke*, pt. 3, vol. 7. Schleiermacher 의 미학(aesthetics)에 관한 간략한 개요는 René Wellek, *A History of Modern Criticism: 1750-1950*, vol. 2, pp. 303-08에 나온다.

43. Schleiermacher는 1829년의 학술 강연들에서 그 말을 완전히 명료하게 상술했다. *Hermeneutik*, pp. 138f.과 Gadamer, pp. 180-85을 보라.

를 더 잘 이해하는 것에 관한 언급과, 그것을 구체화하는 모티프는 슐라이어마허의 오랜 해석학 집필 기간 동안 (내가 발견할 수 있었던 한) 단지 네 번만 나타날 뿐이다. 게다가, 슐라이어마허는 이 해석 방식과 관련하여 해석의 심리학적 측면과 기술적 측면은 문법적 해석에 의해 균형을 이뤄야 한다는 점을 분명히 했다. 그는 이해 행위가 미학적일 뿐 아니라 변증법적인 통일성의 하나이며, 문법적 요소와 기술적-심리학적 요소 모두는 가치와 중요성에서 동등하다는 믿음에 언제나 충실했다.[44]

이해와 해석학의 변화

이제까지의 내용을 요약해 보자. 우리가 신중하고 잠정적이어서 이 문제에 슐라이어마허가 하지 않았던 엄격한 형식을 강요하지 않는 한에서, 우리는 그의 해석학적 입장을 이 같은 방식으로 재구성할 수 있을 것이다. 담론을 '이해'한다는 것은 그 담론이 이해되어야 하는 방식과 유사하게, 확정적이지만 그럼에도 내적으로는 창조적인 과정과 관련이 있다. 쉘링의 초기 철학에 크게 의존하는 해석학을 집필한 아스트(Friedrich Ast)가 제시했던 몇몇 단서를 따라,[45] 슐라이어마허는 이해의 발전이 순환적(circular)이면서 동시에 해설적(explicative)이라고 생각했다. (이는 후일 20세기에 이해의 해석에서 중요한 역할을 하게 되는 이른바 해석학적 순환[hermeneutical circle]에 관한 슐라이어마허의 생각이었다.)[46] 이해란 단일 작품이나 또는 심지어 전체 작품의

---

44. *Hermeneutik*, pp. 50, 81, 87, 91, 138.

45. Friedrich Ast, *Grundinien der Grammatik, Hermeneutik und Kritik* (1808). 참조, Dilthey, XIV/2, pp. 657ff., 70.

46. 이 개념에 대한 Schleiermacher의 포괄적 설명만을 위해서는 *Hermeneutik*, pp. 141ff.

유기적 전체가 그 개별 부분들과 연결된다고 시사(*Ahndung*)하는 것으로부터 이 동일한 관계를 아주 분명하게 파악하는 것으로 나아가는 것이다. 여기서도 총체성과 개별성의 상호 관계는 매우 중요하다. 이해는 체계적 (*wissenschaftlich*) 과정일 뿐 아니라 미학적 과정이며, 이해되어야 하는 담론도 마찬가지로 하나의 과정으로, 그리하여 어떤 의미에서는 역사 자료로 간주되어야 한다. 그것은 그 언어와 사상과 관련하여 개인적 문체나 (화이트헤드[A. N. Whitehead]에게서 적절한 용어를 차용하면) 구체화(concretion)가 보다 폭넓은 총체성 안에서 나타나는 과정으로 이해되어야 한다. 그리하여 비록 슐라이어마허가 "심리학적 작업에서는 예시(豫視)를 더 강조하는 것이 불가피하다"라고 덧붙였음에도, 예시(豫視)와 비교는 모두 기술적-심리학적 해석뿐 아니라 언어학적 또는 문법적 해석의 모든 방법에서 이해를 위한 필수 도구들이다. (여기에 더해, 문법적-언어학적 해석의 강조점이 변화하는 삶의 형식일 뿐 아니라 특정 작품과 관련하여 발전적이라기보다는 지속적인 특정 일반 구조이기도 한 언어에 있다는 점이 덧붙여져야 한다. 그러한 이유로 인해, 모든 특수 해석학은 일반 해석학 규칙들을 적용하기 위한 축약 작업일 뿐이다.[47])

이와 같이 담론을 보다 폭넓은 과정에서의 특수한 구체화로 이해하는 것과 동시에, 우리는 담론을 창조적 구성의 개별적이고, 확정적이고, 자기 발전적이며, 궁극적으로는 완성된 행위나 과정으로서도 이해해야 한다. 우리가 담론을 그 개별성 안에서 이러한 식으로 이해할 때, 우리는 다음과 같은 세 가지 측면을 분리하지 않으면서 구별할 수 있을 것이다.

첫째, 저자의 개인적 삶이나 정신 속에(in), 그리고 그것으로부터(from) 발단, 다시 말해 그 기원이 있다. (*Keimentschluss*: 즉, '초기의 결단'은 바로 이 순간에

를 보라.

47. *Hermeneutik*, pp. 93, 149f.

대해 슐라이어마허가 생애 후기에 사용한 용어다.[48])

둘째, 저자의 의도적인 사상과 제시의 발전이 있다. 슐라이어마허는 종종 이것과, 담론의 주제나 사상 또는 해석적 의미(*Sinn*)를 구별했다.[49] 해석에 관한 과거의 사유들에서 아주 많이 사용됐던 이 개념에 그가 상대적으로 시간을 조금 할애했다는 사실은 그의 해석학이 직전 과거의 해석학들과 결별했음을 아주 잘 보여준다. 물론 그 이유는 그에게 있어 해석의 단서는 이해 과정을 통해 담론 과정을 재구성하는 것이기 때문이다. 이와 대조적으로, 저자의 의도나 심지어 그의 단어들과 작품의 실제 중심 내용 간의 관계에 관한 논쟁은, 작품의 중요한 통일성은 (작품의 기원과 전개와는 별개라고 생각된) 작품의 완성 구조라는 것을 전제로 하고 있다. 그렇지만 슐라이어마허는 작품의 주제와, 단어들이나 표현된 의도는 일치할 필요가 없다는 점을 분명히 했다. 한편, 그는 저자의 목적은 본문에 직접 표현되기보다는 문맥상으로, 그러니까 본문과 다른 증거들로부터 간접적으로 재구성되어야 한다는, 일반적으로 의도적 오류(intentional fallacy)라고 알려진 공동 환상(共同幻想, common illusion: 사적[私的]인 환상을 공동화[共同化]한 환상으로 자아, 국가, 도덕, 법률, 경제, 과학, 예술, 종교 등 인류가 문화라고 부르는 모든 것—역주)에 빠지지 않았다. 만일 그가 이와 같이 의도와 표현을 분리하는 방향으로 나아가지 않았다면, 그것은 부분적으로 그가 저자의 사상과 언어 사이의 밀접한 관계에 주목했기 때문이기도 하고, 부분적으로는 그가 다른 문제들—주로 사상이 담론에서 어떻게 표현되는가—에 관심을 지녔기 때문이기도 하며, 또 부분적으로는 그가 언어를 화자나 사상가 자신의 구현으로 보았지, 단순히 화자나 사상가의 특수한 의도로 보지 않았기 때문이다. 인

---

48. *Hermeneutik*, pp. 163ff.
49. *Hermeneutik*, pp. 117f.

어는 표현적이거나 자기 표현적이지, 단순히 특정한 중심 내용과/또는 의
도를 신중하게 기술한 것만은 아니다.

셋째, 언어는 저자의 독특한 자기 표현 내지는 문체이기 때문에, 우리
는 이 특성을 담론 과정에서 분리할 수는 없지만 구별할 수 있는 한 측면
으로 이해할 수 있을 것이다. 언어가 특정 순간이나 일정 기간 동안에 화
자의 개인적 삶의 표현이라는 사실에도 불구하고, 그의 언어는 공적 의사
소통 행위를 하지 않는 자기 전달을 하기 위한 매우 개인적이고 특이한
도구는 아니다. 예술적 담론에서 한 사람의 문체는 그 자신, 곧 문자적 표
현으로 된 그 자신이다. 하지만 그것은 공통된 언어 전통의 문체론적, 수
사학적 형식과 밀접하게 연결되어 있으며, 사실상 때로는 그것에 의해 지
배받는다. 때때로 자기 표현과 언어 형식, 이 둘은 완벽하게 일치한다. 이
것이 슐라이어마허가 저명한 언어학자인 볼프(F. A. Wolf) 연구에서 익히 배
운 교훈이었다.[50]

이 과정의 최소한 첫 두 가지 측면들은 이해의 특수한 측면에 각기 상
응한다. 곧, 심리학적인 것은 첫 번째에, 기술적인 것은 두 번째에 상응한
다. 저자의 독특한 문체를 이해한다는 것은 심리학적이라기보다는 기술
적 해석의 문제, 사실상 기술적이고 문법적인 해석의 문제처럼 보인다.[51]
하지만 세 번째 측면의 논제는 구분짓기 어려운데, 이는 어떤 의미에서
문체는 즉각적인 자의식의 본래적 자기 표현—이는 언어라기보다는 동작
이다—과 가장 가까운 언어적 등가물이기 때문이다.

---

50. 참고, *Hermeneutik*, pp. 133-35.
51. 개인의 삶의 시작 순간과 이어지는 사고와 표현의 후속 발전 간의 이러한 구
    분과, 해석의 심리학적 측면과 기술적 측면 사이의 상응하는 구분을 위해서는,
    Schleiermacher의 해석학 두 번째 부분(즉, 문법적인 것과 대조되는 기술적 부
    분)에 관한 1820, 1829년 강의록에 남겨진 광범위한 여백 기록(1832/33)을 보라.
    Hermeneutik, pp. 163f. 또한 pp. 108, 116f, 133ff.를 보라.

궁극적으로 해석의 통합된 통일성을 위한 법칙이 없긴 하지만 해석의 '예술'이란 담론 자체의 상호 연결된 과정, 구조, 내용 이해를 요약하는 것이다. 이를 위한 최종적이고 통합적인 규칙은 없다. 다시 말해, 그것은 '과학'이 될 수 없는데, 이는 우리가 이해의 행위를 서술할 때 우리는 그것의 언어학적-문법적, 그리고 기술적-심리학적 측면의 음조를 넘어설 수 없기 때문이다. 또다시, 우리는 심리학적 이해와 언어학적 이해에 있어 상대적이고 예시적(豫視的)인 이해 방식의 변증법적 동작을 결코 넘어설 수 없다. 마지막으로, 우리는 담론으로부터 사상으로 되돌아가는 본문의 역행으로서의 이해이자, 특히 예시의 경우에서처럼 구성적 혹은 재생산적 전진 운동으로서의 이해라는 이중적 움직임을 결코 넘어설 수 없다. 하지만 각각의 경우에 변증법적 움직임의 두 측면은 계속 함께 남아있어야 한다. 이는 해석 행위에서 가장 크게 대비를 이루는 요소인 문법적 해석과 심리학적-기술적 해석에서 특히 그러한데, 만일 그렇지 않다면 우리는 슐라이어마허의 고도로 균형잡힌 견해에서 후자만을 강조하고 싶어질 것이기 때문이다.

다음에 소개된 슐라이어마허 특유의 길고 복잡한 문장은 그가 자신의 해석학적 성찰에서 계속 생각했었던 통일성과 다양성의 균형과 범위를 잘 보여준다.

> 예술 이론은 분명히 … 객관성을 지닌 언어와, 개별적인 정신적 삶의 기능인 사상의 탄생 과정이 사고의 본질과의 관계에 있어 완전히 투명해져서 사상들을 연결하고 의사소통하는 방식으로부터 우리도 완전히 연결된 상태로 이해의 연구 방식을 제시할 수 있을 때만 발생할 수 있다.[52]

---

52. *Hermeneutik*, p. 141.

앞서 살펴본 사상가들에게 있어서, 이해와 해설은 구별할 수 있었기 때문이다. 하지만 그것들은 분리될 수 없을 뿐 아니라 서로 똑같이 중요했다. 해설은 우리가 읽는 작품의 이유 또는 의미에 가장 가깝게 적절한 해석 방식이었다. 해설은 작품을 주어진 확정적 구조로 적절하게 재생산한 것이었다. 적용은 원래적인 것과는 다른 상황 속에서 본문의 중요성과 권위와 관련이 있기에 별개의 문제였다. 적용이 중요한 해석학적 문제가 되는 것은 원래의 시간과 현재의 시간 간의 시차에 대한 감각으로 인해 스스로가 특별히 현재적 위치를 점하고 있음을 인식하고 있는 의식(consciousness)에 심각한 문제가 될 때만이다. 게다가 현재에 존재하고 있다는 이러한 감각은 의미에 관한 모호성과 연결되어야 한다. '의미'가 작품의 해설적 의미와 그것이 누군가에게 지니는 중요성 사이를 맴돌고 있는 곳에서, 적용은 해석학의 중요한 부분이 된다. 분명히 이러한 모호성은 현재적 위치와, 과거와 현재의 시차에 대한 감각과 더불어 이해의 해석학에서 발전됐는데, 이는 시간적 관점은 덜 중요했지만 해설적 의미와 적용적 의미의 분열이 분명하고 명백했던 과거의 연구 방식과는 대조적인 것이었다. 해석의 목표가 해석자의 이해와 관련하여 원래적인 것의 의식 또는 이해라는 특수한 행위를 찾는 일이 되자마자, 이미 이해하는 것은 적용하는 것—즉 해석 과정 속으로 함께 들어가는 우리 자신의 선(先)이해(pre-understanding)나 주관성이 우리가 해석 과정에서 얻게 되는 이해에 의해 수정되거나 또는 아마도 결정적으로 재형성되기도 하는 것—이 됐다. 작품 안에서 얻게 되는 이해가 단순히 저자 자신의 이해라고 단정지을 필요는 없다. 우리가 접하게 되는 것은 선이해에 상응한다고 말할 수 있다. 선이해와 함께 작품 속으로 들어가서는 다시 그 선이해를 수정, 발전, 또는 재형성시키는 것이다. 우리는 해석자와 해석되는 작품을 하나로 통합시키는 이해로서의 의미(meaning-as-understanding)라는 이 공통된 현상의 근거에 대한 물음을 잠시 보류한 채로 남겨둘 수 있다. 그 원천이 무엇이든 간에, 작품의 의미는 이제 해석자가 갖는 작품의 중요성으로 합쳐지게 되고, 해설은 적용과 동일하게 된다.

해설과 적용을 구별했던 과거의 해석자들은 적용을 부차적인 위치에 놓곤 했다. 반면에 그들은 작품을 이해하는 것과 해설하는 것의 차이를 아주 강하게 강조하지는 않았었다. 이 두 가지 행위는 하나의 공통된 작업을 형성한다. 오히려, 해설의 정교함(subtilitas explicandi)이 지적 정교함(subtilitas intelligendi)보다 훨씬 더 본문에 부합했다. 그것은 사실 해석의 중요한 측면이어서 본문 자체의 구조에 상응하는 의미의 고정된 구조를 제시한다.

하지만 슐라이어마허에게 있어서는 문자적 형태가 사상으로부터 발생하고, 그 사상은 저자의 삶의 순간으로부터 발생하는 바로 그 과정이 기술적-심리학적 해석의 중심을 이뤘다. 다시 말해, 부분적으로 이해란 해설이 단순히 이해의 외적 표현일 뿐인 자기 완결적 작업 또는 과정이기 때문에, 또 부분적으로 불변하는 중심 내용과 언어들의 고정된 관계가 더 이상 해석의 목표가 아니기 때문에 해설은 이차적인 것이 된다. (그것이 명시적 자료 내지는 다른 것을 가리키는지 여부와 관계없이) 중심 내용의 설명과 더불어 언어적 주석은 이전의 해석자들에게서처럼 그에게도 의미를 더하지 못했다. 이해 행위는 담론이 존재하게 되는 과정에 상응해야 한다. 저자의 의식적 의도가 담론의 의미일 필요는 없으며, 사실 그럴 것 같지도 않고, (비록 단어들이 작가의 의도보다도 의미를 밝히는 데 더 가깝다 해도) 단어들 역시 그렇지 않다. 슐라이어마허에게 있어서, 단어 해석(Wortauslegung), 의미 이해(Sinnverstand), 그리고 내용 설명(Sacherklärung) 작업을 마친 후라 해도 해석학 작업은 다시 시작되어야 한다. 그 작업은 역사비평이 시작되기 전과 종료된 후에 있는 것이다. 담론의 의미는 저자 시대의 정신과 저자 개인의 정신 속에서 이 모든 것들을 과정의 기원과 연결시키는 것이다. 해석학적 작업은 의식적인 의도적 사상, 참된 의미, 개인적 자기 표현과 문체 모두가 발생하게 된, 담론의 복합적인 단일 근원에게까지 이르게 된다. 작품의 확정적 또는 규범적 구조만이 아니라 이것이야말로 이해의 목표이다. 그리고 이것이 파악되면 해설은 단순히 해석자의 관심의 일부로 간주될 뿐이다.

슐라이어마허는 해석학에 관한 두 개의 학술 강의 마지막 즈음에 다음과 같이 말했다.

> 아주 분명한 것은, 단어와 중심 내용 설명은 아직은 주석이 아니고 주석의 부분 요소일 뿐이며, 해석학은 이들 요소에 의해서이긴 하지만 그래도 실질적으로는 의미의 결정과 함께 시작된다는 점이다. 그리고 마찬가지로 아주 분명한 것은 (의미의 결정으로서의) 설명은 만일 그것이 고대의 [정신]뿐 아니라 저자의 정신에 의한 평가 시험을 통과하지 못한다면 결코 정확하지 않을 것이다. … (아스트[Friedrich Ast]도 이것을 논하며, 의미의 설명에 대해 말하면서 저자의 정신을 파악하지 못한 사람은 누구든 개별 구절들의 참된 의미를 밝혀낼 수 없으며, 그 정신과 일치하는 그 [의미]만이 참되다고 말했다.) [53]

우리가 저자의 시대 정신뿐 아니라 저자 개인의 정신을 강조하는 이런 류의 구절을 고찰하고, 문법적 해석 외에 이러한 정신이 의식 과정과 해석자의 이해라는 유사한 과정과 더불어 이제 해석학의 중심이 된 것을 볼 때, 우리는 해석학에서 얼마나 철저한 변화가 일어나고 있었는지를 알 수 있다. 이해와 적용의 수렴, 중심 내용 설명의 퇴조는 단지 이러한 변화

---

53. *Hermeneutik*, p. 154.

의 기술적 표현일 뿐이다. 다른 추론 기능의 연구처럼 해석학도 이해 과정 자체가 해석 대상이나 결과에 어떠한 기여도 하지 않고, 단지 규범적 중심 내용을 그린 그림이었던 전(前)비평적 입장으로 되돌아갈 수는 없었다.

제16장
'이해'와 내러티브적 연속성

해석 연구 방식에서 변화되지 않는 것은 거의 없었다. 처음에는 유사성은 물론이고 대조 목적을 위해서라도, 슐라이어마허와 이전의 사상가들에 있어서 해석 기술의 의미를 비교하는 것이 거의 불가능해 보였다. 그렇지만 그들 사이의 차이가 아무리 크더라도, 궁극적으로 내러티브 본문의 평가에서 관념주의적·낭만주의적 혁명은 우리가 앞서 살펴본 경향들을 강화했을 뿐이었다. 그들의 전임자들에게서처럼 새로운 해석자들에게 있어서도 일반 해석학은 내러티브의 단어들과 서술 형태를 넘어 의미와 의미의 이해가 발생하는 보다 깊은 차원으로까지 확장됐다. 비록 그것이 이전 주석가들에게 그러했던 것처럼 단순하고 분명하게 식별 가능한 중심 내용이 아니긴 했지만 말이다.

요컨대, 그의 전임자들처럼 슐라이어마허에게 있어서도 내러티브의 의미는 결코 내러티브 자체거나 내러티브의 서술 형태 또는 내러티브 구조일 수 없었다. 이전의 저자들에게 있어서 단어와 문장 배열, 그리고 궁극적으로는 연결 구절이나 작품 같은 전체 배열은 동일한 유형의 진술이라는 보다 폭넓은 표제 아래에 포함됨으로써 '의미'를 지녔다. 이것이 일

반 해석학이었고, 특수 해석학은 바로 이 일반 해석학의 특수 사례일 뿐
이었다. 게다가, 단어들, 문장들, 그리고 최종적으로 더 큰 배열들의 의미
는 중심 내용의 의미에 비해 이차적인 것이었다. 사실 그것은 중심 내용
을 통해 이해되어야 했다. 내러티브는 내러티브 자체와는 분명 다른 중심
내용을 지시하거나 진술함으로써 외부 사건들, 사상들, 신화적이라고 불
리는 독특한 유형의 고대 의식, 또는 이 세 가지의 여러 조합을 '의미'했
다. 그리고 이러한 요소들 뒤에는, 성서 해석학을 맨 앞으로 오게끔 이끌
었던 보다 커다란 비(非)해석학적 요소들이 있었다. 바로 성서, 특히 역사
같은(history-like) 성서 내러티브들의 권위와 진위 문제, 그리하여 기독교 변
증가들이 기독교의 본질과 동일시하고 싶어했었던 계시의 확증성 문제였
다.

　일반 해석학의 문제에 대해 슐라이어마허는 전임자들의 견해에 강하
게 동의했다. 비록 중심 내용의 해석학을 이해 또는 의식의 해석학으로
대체했지만, 그는 모든 해석학이 모든 담론에 똑같이 적용될 수 있는 완
전하게 일관되고 연결된 해석 이론이라고 생각했다. 중심 내용의 지시 대
상 문제에 대해 슐라이어마허는 상당히 모호한 입장을 보였는데, 그에게
중심 내용은 의미의 핵심 구조가 아니었고, 또 그는 단어들과 그 단어들
이 표현하는 것의 연관성을 해치고 싶지 않았기 때문이었다. 보다 중대한
비(非)해석학적 논제들과 관련해서라면 슐라이어마허에게 있어 그것들은
그의 전임자들에게 그랬던 것만큼이나 크게 다가왔다.

　단어, 서술 형태, 이것들이 표현하는 것의 관계에 관한 문제는 미묘한
문제다. 슐라이어마허가 이 두 가지를 일관되게 만드는 데 성공한 것은
다시 그가 두 가지 다른 작업을 하는 데 성공했다는 사실에 기인했다. 첫
째, 그는 담화의 단서가 주로 사상과 개인 정신에 있는 기술적-심리학적
해석과, 담화를 공통 언어 축적물의 기능으로 다루는 문법적-언어학적 해

석 간의 명확한 일관성을 제시해야 했을 것이다. 하지만 슐라이어마허는 이 둘 사이에는 '양쪽 사이를 진자 운동하는 관계' 빼고는 별 특정할 만한 관계가 없다는 점을 인정했다. 이 둘의 통일성은 절대 신조가 됐지만, 그 근거는 오로지 해석자의 의식이 단일할 것이라는 사실뿐이었다. 해석자, 아니 해석자의 이해가 단일하고 유일한 입장일 것이라는 가정만이 의미와 이 두 가지 해석 방법들을 하나로 통합한다.

둘째, 슐라이어마허가 단어들과 그것들이 표현하는 것을 일관되게 하는 데 성공한 것은, 담론이 서로 연결되지 않는 두 측면으로—즉, 사상이나 개인의 정신이라는 측면과, 언어나 자기 표현의 측면으로—나뉘지 않는 방식으로 만들어지는 과정을 기술할 수 있었던 그의 능력 때문이었다. 데카르트(René Descartes) 이후의 수많은 사상가들이 그러했던 것과는 달리, 그는 의도적 행동을 두 부분으로, 그러니까 하나는 내적이고 실제적인 것으로, 다른 하나는 외적이고 주변적인 것으로 나누는 것에 위협을 느끼지 않았다. 의도는 그의 해석학에서 그렇게 큰 역할을 하지 않았다. 하지만 그는 자아를 의식과 말로 된 자기 표현으로 나누는 것에는 위협을 느꼈다. 그를 변호하자면, 그에게 있어 담론이나 단어들은 더 실제적이라고 생각되는 이른바 내면성(internality)의 이차적 표현이 절대 아니었다는 점을 말해야 한다.[1] 그는 자신의 해석학에 있어서 단순한 주관론자(subjectivist)가 아니었다. 하지만 개인성(individuality)의 두 측면을 통합하는 것은 그에게 커다란 고민을 안겨 주었다. 슐라이어마허가 자신의 해석학의 기술적 측면에서 깊이 몰두했던 발생적 또는 과정 같은(process-like) 서술은, 자기 계시의 실제 순간이나 행위에서 저자의 자아를 충분히 평가하는—즉, 의식으로부터 자기 표현으로 이행해 가는—이해 방법을 찾을 수만 있다면 효

---

1. Kimmerle에 반대되는 내용에 대해서는, *Hermeneutik* (편집자 서문), pp. 20ff.를 보라.

과를 지닐 수 있을 것이다. 그의 궁극적 해석학적 반성은 분명 이 문제에 집중하고 있지만, 이는 단지 그가 이를 알고 있었음을 나타내고 있을 뿐이다.[2] 이 문제는 어렵기로 유명한 것이어서, 헤겔에서부터 현재까지의 사상가들이 다음과 같은 일반 주제하에 계속해서 다뤄왔다: "자아(self-hood)의 이러한 실제적 측면—즉, 자아의 자기실현 또는 외적 자기 표현 행위의 주체로서의 자아—을 이해하기 위하여, '비(非)객관주의'(non-objectivist)적이면서 그러나 마찬가지로 '비(非)주관주의'(non-subjectivist)적인 사고 방식이 있는가?" 어찌 됐든 슐라이어마허가 자신의 해석학에서 이 문제에 대해 칸트를 넘어섰다는 흔적은 없다. 칸트처럼 그도 이해와 이해해야 하는 담론을 기술함에 있어서 일반적인 '객관화하는' 생각의 규범을 버리지 않았다. 예시(豫視)는 여기서 한 걸음 더 나아간 것일 수도 있겠지만, 다른 한편으로는 그렇지 않을 수도 있다. 어쨌든, 슐라이어마허는 예시가 전적으로 현실적인 객관화하는 (비교 해석 같은) 이해 방법과 양립 불가하다고 생각했던 것 같지는 않다. 그리고 그가 보기에 이 둘 모두는 자기 표현으로서의 담론 과정을 서술하기 위해 필요한 것이었다. 하지만 담론의 해석에서 의식과 명백한 자기 표현의 실제 결합 지점을 아는 것이 어렵다는 점을 고려한다면, 의미의 강조점은 지속적으로, 그러나 미묘하게 그러한 담론으로부터 의식이나 이해 또는 담론에 표현된 정신으로 이동하는 경향이 있을 것이다. 문법적 해석과 기술적-심리학적 해석의 통일성도 극히 작다고 밝혀졌기에, 어쨌든 단어나 서술 형태와, 그것을 만들어낸 의식의 결합에 대한 압박은 너무도 컸다.

그리하여 의미는 특정 담론의 이른바 외적 형태와 내적 형식 모두에서 '발견'됐다. 이 둘 사이의 결합이 미미하다는 점을 차치하고, 내러티브

---

2.   *Hermeneutik*, pp. 163ff.

본문을 포함하여 본문의 의미에 관한 문제는 본문의 연속성, 그리고 부분과 전체의 관계라는 문제와 관련이 있다. 슐라이어마허와 헤겔은 모두 이 문제에 대해 숙고했다. 그리고 여기서도, 실은 우리의 특별한 목적에 결정적인 이 문제에 있어, 이 두 사람은 내러티브의 의미를 내러티브 구조 자체로 보려 하지 않았다. 최소한 그들 이전의 몇몇 학자들과는 달리, 헤겔과 슐라이어마허는 내러티브 본문의 통일성이나 연속성이 일반 사상에, 또는 명시성에—즉, 내러티브가 가리키고 있다고 추정되는 시공간적 세상의 연쇄에—있다고 가정하지 않았다. (그렇지만 공관복음서의 연결되지 않은 '집합적'[aggregational] 형태와 달리, 요한복음서의 연결된 '전기적'[biographical] 성격은 슐라이어마허에게 있어 이 제4복음서의 역사적 신빙성 주장을 뒷받침하는 것처럼 보였다.[3])

그렇다면 내러티브의 연속성은 어디에서 찾아야 하는가? 답은 내러티브적 연속성은 상호작용을 통해 서로를 형성해가는 등장인물과 사건의 내러티브적 연쇄에 있지 않고, 의식에 있다는 것이다. 그리고 이는 최소한 이중적 의미를 지닌다. 먼저, 저자가 있다. 이해되어야 하는 것은 그의 정신이다. 딜타이가 슐라이어마허의 기술적-심리학적 연구 방식에 대해 논하면서 "작품의 기원에 관한 단일한 직관 안에는 주석 작업의 총체적 통일성도 있다"라고 말한 것은 전적으로 옳았다.[4] 이러한 이유로 슐라이어마허는 역사-비평적 고찰을 해석학에서 이차적 위치로 밀어내려 했고, 또 이를 저자의 독특성을 파악하는 데 있어서 주변적인 것이라고 가정했으며, 심지어는 제4복음서 같은 작품들의 경우에는 문학적 통일성 속에 표명된 정신적 통일성과 역사적 신빙성 간에 연결이 있다고 주장하기까지 했다. 공관복음서에서 그를 신경 쓰이게 했던 것은 그 복음서들이 연결된

3. Schleiermacher, "Einleitung ins neue Testament," in *Sämmtliche Werke*, pt. 1, vol. 8, pp. 218ff.
4. Dilthey, XIV, 2, p. 777.

시간적 연쇄나 전개를 보여주지 못했을 뿐 아니라 결정적이거나 지배적인 체계가 없다는 점이었다. 그는 공관복음서를 유기적이라기보다는 집합적이며, 그 순서가 연결되지 않고 그저 한데 배열되어 있어서 하나의 사건이나 이야기 단락이 다음 사건이나 이야기 단락으로 이어지는 것으로 보았다. 20세기 양식비평가들처럼, 그는 개별 구절들과 그 묶음들을 공관복음서의 주도적 문학 단위로 보았다. 기록들에서 유기적 통일성을 찾는 것을 좋아하는 성향으로 인해, 그는 비록 편집비평 연구 방식을 잘 알지 못했어도 편집비평을 환영했었을 것이다. 분명히, 저자의 정신을 직접 표현하는 비(非)내러티브적 작품들은 저자의 구체적 의식을 표현하는 데 있어서 허구적 또는 역사적 기사들보다 훨씬 나았다. 슐라이어마허의 해석 연구는 공관복음서에서보다는 신약성서의 플라톤적 대화들과 서신서에서 훨씬 더 성공적이었다고 말했던 딜타이는 옳았다[5]—슐라이어마허가 아주 지혜롭게도 별 관심을 기울이지 않은 구약성서의 내러티브적 작품들은 더 말할 필요가 없을 것이다.

둘째, 내러티브들의 연속성은 저자의 정신과 분명 양립하고 있긴 하지만 동일하지는 않은 내러티브의 내적 형식 또는 유기적 연결에서 찾아야 한다. 복음서 내러티브에서 이 내적 형식이란 곧 내러티브의 주인공인 예수의 의식이다. 사실, 신약성서 정경의 통일성을 이루게 하는 유일한 것은 바로 신약성서 기자들의 다양한 개별 관점들과 소통하는 예수의 의식의 지배적인 현존 내지는 확산이었다. 그리고 여기서 그가 다른 복음서들보다 요한복음서를 선호했으리라는 것은 또한 분명했다.[6] 왜냐하면 공관복음서의 불연속적 특징과 달리 요한복음서의 전기적 성격은 예수의 온

---

5. Dilthey, XIV, 2, p. 787.

6. 특히 *Sämmtliche Werke*, pt. 1, vol. 6 (예, pp. 461, 463)에 있는 Schleiermacher의 예수의 삶에 대한 강의를 보라.

전한 의식이 일련의 자기 표명으로 짜여지는 진정한 결합을 제공해 주기 때문이다. 이 결합은 곧 의식 자체이자 동시에 의식의 자기 표현들의 유기적 연쇄 내지는 순서이다. 자기 표현들의 통일성이라는 신비는 시간적 연속성을 통해—즉, 하나된 사상과 담론, 하나된 의식과 자기 표현을 통해—발전해가는 인간 존재 자체의 신비이기도 하다.

우리가 담론을 저자의 자기 표현 과정으로 보든지 아니면 등장인물이 제시되는 과정으로 보든지 간에, 내러티브의 연속성은 의식에 있다. 그리고 이와 같은 연속성의 위치는 등장인물, 상황, 주변 여건의 상호작용에서 연속성을 찾는 것을 당연히 배제한다. 내러티브가 주요 사건이 아닌 자기 표명으로 축소된 제4복음서 요한복음을 슐라이어마허가 좋아했다는 사실은 그의 일반 해석학 관점과 완벽하게 일치한다. 다른 관점은 그의 사고 지평으로 들어올 수 없었다. 설사 그 내러티브 연쇄가 어느 것에도 의미의 우선권을 명확하게 부여하지 않는 사건과 등장인물의 상호작용으로 이뤄져 있다고 해도, 그는 그 내러티브 연쇄 자체에서 내러티브의 구조나 연속성을 찾을 수 있는 개념 틀을 갖고 있지 않았다.

이와 비슷하게, 그는 상호 지시를 통해 등장인물과 주요 사회 상황들을 규정하는 유사한 작업을 하지 않았으며, 여기서도 다시 한번 어느 것도 더 선호하지 않았다. 왜냐하면 그러한 작업은 표면적 관습과 사회의 행동 양식에 그 자체의 진정한 중요성을 부여하는 것을 뜻했을 것이고, 개인들로 하여금 그가 이 특수한 상황과 맺는 관계에 의해 자신을 정의하게끔(의의되게끔) 했었을 것이기 때문이다. 하지만 바로 이것은 프리드리히 슐레겔(Friedrich Schlegel) 같은 낭만주의적 또는 사실주의적 문학 평론가들이 당대 영국의 사회적 사실주의 소설에 대해 개탄했던 류의 특징이었다.[7]

---

7.   제2장 각주 17, 18에 있는 Schlegel에 대한 논평을 보라.

해석학과 해석이, 해석자의 독특한 입장과 이해 과정이 해석되는 담론 안에서 동일한 움직임으로 대면해 있고, ('언어학적 집합'을 제외한) 이러한 유사성만이 이야기되고 있는 것을 이해하기 위한 근거라는 확신에 의해 지배되고 있는 곳에서, 등장인물과 사회가 깊게 관련되어 있음을 찾아내는 '표면적' 읽기('surface' reading)—내러티브의 우연성 속에서 내러티브의 연속성을 발견해내는 읽기—는 깊이 없이 피상적이라거나 또는 더 안 좋은 것으로 여겨졌음이 분명하다.

요약하면, 내러티브 의미가 그 서술 형태의 역동성—그 안에서는 등장인물들, 그들의 사회적 상황, 주변 여건 또는 사건들, 그리고 주제들이 모두 상호의존하고 있다—과 동일하다는 관점은, 그 똑같은 견해가 이전의 해석학 저자들에게 그러했듯이, 슐라이어마허의 이해의 해석학에서는 불가능했다. 당시에는 본문 너머의 중심 내용에 대한 탐구로 인해 내러티브 의미를 이해하기란 어려웠다. 이제 저자의 의식에서 또는 등장인물들의 의식에 의해 재현된 내적 형식에서 내러티브적 통일성이나 연속성을 찾는 탐구로 인해 서술 형태나 내러티브 형태는 그 정당한 자리를 주장할 수 없게 됐다. 헤스(Johann Jakob Hess)와 슈트라우스(David Friedrich Strauss)가 파악해내는 데 거의 근접했지만 결국은 파악하지 못했던 성서 내러티브들의 해석학적 현황과 관련하여, 낭만주의적·관념주의적 혁명에 의해 생겨난 새 해석학은 어떠한 변화도 가져오지 못했다. 어떻게 그럴 수 있었을까? 일단 의식이 인간을 특징짓는 기본 요소가 되어 사회와 개인의 결속이 느슨해지고, 등장인물이 중요한 행동이나 사건을 겪거나 행하는 것과의 상호 적합성도 마찬가지로 점차 미미해지면서, (인간의 핵심이 행하거나 경험하는 것 너머에 있는 전기 문학과 달리) 내러티브의 중요성이 사소해질 수밖에 없었다.

의식과 내러티브: 복음서

예수가 십자가에서 단지 가사(假死, Scheintod) 상태였을 것이라는 슐라이어마허의 추론과 관련하여 흥미롭고 놀라운 사실은 그가 부활을 믿지 않았다는 것이 아니다.[8] 물리적인 기적, 특히 부활에 대한 회의(懷疑)는 어찌됐든 전형적으로 현대적인 태도이다. 그가 부활의 사실에 관해 무엇을 믿기로 했을지와는 관계없이 훨씬 더 주목할 만한 것은, 그렇게 엄청나게 실망스런 결말을 가능하게 하는 방식으로 예수의 이야기를 풀어감에 있어서 부적절하다거나 터무니없는 것이 있다는 생각이 그에게 들지 않았다는 사실이다. 하지만 물론 사실을 말하자면, 만일 이야기의 핵심적 연속성이(그리고 그것으로부터 파생된 핵심적 역사적 사실도) 예수의 내면—즉, 연결된 형태로 표현된 그의 의식—에 있었다면, 그것이 가능해지고, 아니 사실 완벽하게 적절해진다. 그 경우 이야기 속의 전통적인 중요 사건들은 다소 부적절하게 된다. 이것은 우리가 앞에서 살펴보았던 명시주의적-자연주의적 유형의 전형적인 주장이며, 파울루스(H. E. G. Paulus)를 공정하게 평가하게 해줄 것이다. 하지만 합리주의 시대에는 보다 진보적인 도덕 사상과 조화를 이루기 위해 『리어 왕』(King Lear)의 결말을 수정하는 것이 적절해 보였던 점을 상기해야 한다. 그렇다면 우리로서는 그토록 혼란스러운 정보를 지닌, 그러나 수정되지 않은 형태보다는 역사적으로 더 믿을 수 있게 만들고 싶은, 이른바 역사적 근거를 지녔다고 추정되는 이야기의 결말

---

8. 이와 관련하여 Schleiermacher는 정말 중요한 문제는 십자가 처형 이후 예수와 제자들 사이의 실제 물리적 접촉이라고 반복적으로 주장한다. 이는 예수의 죽음 이전에 그들 사이에 있었던 충분히 자연스럽고 인간적이었던 관계처럼 사실적이다. 참고, *Sämmtliche Werke*, pt. 1, vol. 6 (예, pp. 463f, 471, 473f, 493, 495f, 498-511).

을 바꾸지 못할 이유는 무엇인가?[9]

사실, 슐라이어마허는 예수를 그러한 성격연구론적(characterological) 방식으로 접근했던 다른 주석가들보다는 훨씬 더 일관성이 있었다. 슐라이어마허와 마찬가지로, 그들은 예수의 죽음을 예수의 자의식과 연결해 그 죽음을 그의 자의식이나 성격(나는 서로 다른 이 단어들을 현재는 동의어처럼 사용한다)의 적절한 외적 표현으로 만들었지만 그래도 예수의 자살 성향을 암시하는 데까지는 가지 않도록 언제나 (최소한 슈바이처의 『역사적 예수의 탐구』[The Quest of the Historical Jesus]에서의 다소 무모한 주장 이전까지는) 조심했다. 하지만 그들 역시 그 죽음을 실제적인 역사적 사건으로 확증했다. 예수는 정말로 죽었다! 그리고 그렇게 함으로써 그들은 서로 다른 두 가지 요소를 해석학 지평 안으로 가져 왔다. 첫째, 그들은 (비록 그들은 물론 역사를 염두에 두고 예수의 죽음을 확증했었음에도, 사실에서가 아니라 이야기에서) 예수의 의도나 의식(다른 말로 하면, 필요하다면 기꺼이 죽겠다는 예수의 의향)이 아닌 실제 죽음의 발생이 이야기 의미 모음의 일부를 구성한다고 주장하고 있었다. 물론, 이것은 예수의 성격이나 의식과는 매우 이질적인 요소가 이야기의 결합을 일부 형성한다는 위험을 의미했다.

둘째, 슐라이어마허는 그렇지 않았지만, 그들은 내러티브에서 부활의 의미 문제에 직면케 됐다. 예수의 죽음은 외적 표명으로서의 그의 성격이나 의식과 연결될 수 있겠지만, 부활은 그런 식으로 간주될 수 없었기 때문이다. 우리가 역사적 사실 주장으로서 부활을 어떻게 다루든 간에, 그것은 내러티브적 연결의 나머지 부분과 너무도 이질적이었기 때문에 해석

---

9.   예수의 십자가 처형 후 예수와 제자들의 접촉을 설명하면서 Schleiermacher는 개별적인 세부 사항의 불일치(confusion)를 중요시한다. 하지만 그는 이것이 이 이야기 순서에 있어서 역사적 근거가 있을 법함(likelihood)을 훼손하는 것이 아니라고 말한다.

학적으로 불편한 문제였다. 이 시점에서 우리가 할 수 있는 일이란 전적으로 성격연구론적인 해석 틀과 결별하여 그것을 넘어서거나 아니면 이제 하나님의 관점(우리는 '의식'이라고 말할 수도 있다)이 갑자기 '데우스 엑스 마키나'(*deus ex machina*)처럼 이야기 속으로 투사되는, 새로운 표명된 성격(character-in-manifestation), 다시 말해 하나님의 성격을 언급하는 것이었다. 이 후자의 대안에서 부활은 (그것의 역사적 정확성에 대한 주장이 무엇이든지 간에) 그저 이 새로운 자의식의 당황스러운 자기 표명에 대한 신화적 명칭 내지는 약칭일 뿐이지만 바로 여기서부터 전체적인 이야기 전반에 계속 나타나고 전체 성격연구론적 발전에 새로운 관점을 제시해 준다.

역사적 주장 또는 허구적 주장으로서의 부활이 무엇이든지 간에, 이야기 속에서 부활의 위치는 사건을 지시하는 것이 아니라 예수의 자기 표명 전체가 사실은 하나님의 자기 표명이라는 확인일 뿐이다. 이는 이야기의 끝에 이르기까지는 알 수 없으며, 그리하여 그 모든 것을 회고적으로 돌아보게 만드는 일종의 폭로라고 할 수 있다. 그리고 이야기의 연결은 표현된 예수의 자의식이 아닌 하나님의 자의식의 연결이 되는 것이다. 부쉬넬(Horace Bushnell)은 19세기에 이 관점의 탁월한 대변자였다. 20세기에는 루돌프 불트만(Rudolf Bultmann)과 그의 추종자들 일부가 있는데, 물론 이들은 이전 세기의 의식 표명에 대한 이해와 비교해 볼 때 현존재(*Dasein*), 자기 이해, 그리고 (궁극적으로) 존재에 대한 20세기의 더 커진 역사적 회의주의와, 더 복잡한 '현상학적' 견해를 적절하게 고려했다. 하지만 이 견해를 지지하는 사람들의 이름을 추려낼 필요는 없다. 그들의 이름은 아주 많기 때문이다.

슐라이어마허가 택한 방향이 이것보다 더 경제적이고 일관성이 있었던 것 같다. 그는 예수의 존재와 다른 부수적 사건들(실제적 죽음, 그리고 특히 부활 같이 그의 의식과는 아주 다른)의 상호작용이 아니라 예수의 존재 자체에 확고하게 내러티브의 의미와 연속성을 둠으로써, 이질적인 것이 해석학적 연속성으로 침입할 위험을 피했다. 만일 예수의 존재나 의식 표명이 동시에 그 안에 있는 하나님의 존재라면—즉, 우리가 만일 복음서 이야기의 해석학에서 성격연구론적 대안의 조건을 따른다면—우리는 이 해석 틀에 맞추기 위해 다시 열심히 재작업해야 하는 이질적 요소들(부활 같은)을 모두 피하는 것이 분명 최선일 것이다.

만일 우리가 기독교 신앙의 핵심 본질에 속해 있는 역사적 계시의 확실성에 전념하고 있다면(그리고 슐라이어마허는 특히 『뤼케에게 보내는 두 번째 서한』 [Sendschreiben an Lücke]에서 그렇게 전념하고 있다는 것이 아주 분명하다면),[10] 우리는 비평적-역사적 주장을 해석학적·신학적 주장들과 일관되게끔 노력하는 것이 최선일 것이다. 슐라이어마허는 언제나 탁월한 섬세함과 일관성을 지닌 사상가였다. 그는 예수의 가사(假死, Scheintod) 가능성에 관한 비평적-역사적 가설과, 부활에 관한 성서의 전달이 기독교인의 경건한 자의식의 즉각적 표현이 아니라는 주장(복음서 이야기에 대한 그의 해석학적 입장의 일부이자 기독론에 대한 그의 조직신학적 관점의 일부) 간의 완벽한 상호 연관성 측면에서 더할 나위 없이 가장 일관적이었다. 구속자로서 예수 그리스도의 개인적 위상은 부활 사건의 발생 유무와는 완전하게 별개의 것이라고 알려져 있다.[11] 다른 사람들은 비슷한 생각을 갖고 있었다 해도 역사-비평적, 해석학적, 그리고 교의학적 주장들을 서로 조화시키는 데 있어서 동일한 경제성과 일관성을 발휘하지 못했다. 종종 주석가들은 슐라이어마허가 (부활 같

---

10. Schleiermacher, *Sämmtliche Werke*, pt. 1, vol. 2, pp. 614ff. passim.
11. Schleiermacher, *The Christian Faith* (Edinburgh: Clark, 1928), 199. 또한 이것을, 하나님의 공의의 성취 같은 영적 행위가 그 완성을 위해 총체적 죽음 같은 물리적 사건을 필요로 한다는 것을 부정하는 표현과 비교해보라. (참고, *Sämmtliche Werke*, pt. 1, vol. 6, p. 443.)

은) 기적 보도들을 합리주의적 또는 자연주의적으로 재구성한 것이 그의 신학(과 해석학)의 낭만주의적 기조와 조화롭지 못하다고 주장한다. 매우 일반적 차원에서 무엇이 진실이든 간에, 성서의 내러티브와 관련하여, 특히 예수의 내러티브와 관련하여, 그리하여 기독론과 관련하여, 그의 견해에서 이 두 가지 노력은 완벽하게 함께 어울린다.

　　슐라이어마허와는 달리, 헤겔은 역사적 사실 주장이 복음서 내러티브의 의미와 일치하느냐에 대해 걱정할 필요가 없었다. 계시의 확증성 문제에 대한 그의 최종 입장이 무엇이었든지 간에—그에게 그 개념은 화해 사상의 감각적인 표현일 뿐이었다고 주장한 (좀 더 그럴듯해 보이는) 그의 좌파 추종자들이 옳았든지, 아니면 그가 그 확실한 사건은 진리의 완전한 자아실현에 이르는 실제적이고 필수불가결한 단계들을 구현한다고 믿었다고 주장하는 그의 우파 추종자들이 옳았든지 간에—그는 그 개념에 궁극적인 변증론적 관심이 없었다. 그 이유만으로도 헤겔은 성서 이야기들의 내러티브 형태를 슐라이어마허보다 더 공정하게 평가할 수 있었다. 그는 역사적 계시로 이야기된 사건의 궁극성을 옆으로 제쳐 놓고, 성서 이야기들을 내러티브적으로 해석할 수 있었던 것이다. 게다가, 그는 언제나 기독교야말로 진리는 구체적이고, 우연적이고, 묘사적 형식으로 이해되어야 한다는 사실의 중요한 역사적 예라고 생각했다. 슐라이어마허와는 다르게 (하지만 헤르더와는 매우 비슷하게), 그는 창세기의 창조와 타락 기사를 매우 진지하게 받아들일 수 있었으며, 복음서 이야기의 핵심이자 절정인 죽음-부활 연쇄를 슐라이어마허보다 훨씬 더 공정하게 평가할 수 있었다. 다른 많은 사례들에서처럼, 이 경우에서도 그는 『현상학』(Phenomenology)에서 이미 분명히 했었던 바, 다시 말해 추정적 사건 같은 객관적 요소들이 받아들이고 형성하는 의식과 매우 본질적인 형성적(formative) 관계를 갖는다는 해석학 원칙을 적용했다. 그렇지만 그에게 있어서도 가지성(可知性, intelligibility)을 제공하는 이야기의 연속성은 등장인물과 의도의 상호작용, 다시 말해 사실주의적 내러티브 형태는 아니었다. 대신에 그것은 의식-사건 간의 상호작용을 의식의 역사나 성령이 곧 그 자신이 되는 단계들로 통합시키는 것이었다. 예수 그리스도의 죽음과 부활 이야기는 성령이 개인적 의식의 단계로부터 일반적 의식의 단계로 전환하는 것을 나타낸다. 헤겔은 슐라이어마허보다 내러티브를 그 자체의 연속성과 의미로 보는 데 더 근접해 있었지만, 의미란 사건과 등장인물의 상호작용이 일어나는 공통의 틀이며 그리하여 그 상호작용은 부수적인 외적 관계 이상의 것으로 여겨지게 될 것이라는 점은 궁극적으로 그에게 있어 사실이었다. 그리고 그 틀은 존재론적인 차원이라기보다는 현상학적이고 해석적인 차원에서의 의식 또는 지식의 틀이다. 우리가 기억하는 바, 헤겔은 과거의 것들에 대해 "우연성의 형태로 나타나는 자유로운 존재들로서 그것들의 모양으로 보존하는 것이 역사이다"라고 말했다. 신화와 구별되는 성서 내러티브들의 주된 특징 중 하나는 그것들의 역사 같은(history-like) 특성이라면, 형식 또는 의미를 부여하는 지식의 능력에 의해 역사 자체처럼 거부되거나 초월되는 것은 바로 이러한 특성이다. 헤겔은 과거의 것들을 보존하는 것에 대해 "그것들의 이해된 구조 측면에서 그것은 표명된 앎의 학문이다"라고 말하기까지 했다. 다시 말해, 비록 그 연쇄가 슐라이어마허의 개인적 의식보다 더 폭넓은 것이라고 해도, 그 연쇄 자체에 의해서만 이해되는 내러티브적 연쇄는 의식 연쇄에 배치됨에 의해 극복되거나 파악된다. 예수의 죽음과 부활의 내러티브 연쇄는 궁극적으로 의식 과정에서의 전환 단계이자 동시에 의식의 묘사적 그림, 다시 말해 의식의 신화적 또는 역사적 묘사이다. (헤겔에게는 의식의 신화적 형식과 역사적 형식이 궁극적으로 차이가 없었는데, 이 둘 모두가 개념적이거나 순수하게 합리적이라기보다 묘사적이기 때문이다. 그렇기에 그는 기독교 신학자들과 슈트라우스가 그러했던 것처럼, 역사적 사실 판단과 추정적 사실들의 의미에 대한 해석적 판단을 조화시키는 것에 대해 고민하지 않아도 됐다.) 내러티브의 의미는 그것이 개인 의식의 부정(죽음)과 그 부정의 부정, 다시 말해 개인 의식이 공동체-의식인 일반 정신의 일부로 이행하는 것(부활)을 반영한다.[12]

슐라이어마허에게는 담론에서 '당신'(thou)이 그와 만나는 것을 파악하는 개인적 이해의 형태로, 또는 헤겔에게는 우연하고 확실한 사건들을 의식과 함께 성령의 지평으로 배치하는 현상학적 연구 방식의 형태로 나타나는 이해의 해석학은 내러티브적 연속성과, 이 연속성의 기능인 내러티브적 의미를 다룰 수 없을 뿐이었다. 연속성의 연결고리인 내러티브의 의미는 등장인물과 사건의 상호작용을 통한 묘사 또는 반복적 제시의 의미보다 더 먼 차원에서 발견되어야 한다. 내러티브의 의미는 내러티브 형태 자체와는 다른 것이다. 이처럼 전체적 관점에서 보자면, 내러티브의 의미를 보다 심오한 층으로 전환하지 않고서는 결코 서술 형태나 내러티브 형태를 다룰 수 없을 뿐이다. 문서들은 그것들이 말하고 있는 바와는 다른 것을 뜻하고 있다.

* * *

슐라이어마허에 대해 제기된 주관주의, 개인주의, 심리주의라는 비난은 아무런 조건 없이는 성립되지 못할 것이다. 주관주의라는 첫 번째 비난과 관련해서는, 그가 항상 문법적 해석은 기술적-심리학적 해석만큼 중요하다고 주장했었다는 점이 이야기되어야 한다. 개인주의라는 두 번째

---

12. *Sämmtliche Werke*, ed. H. Glockner (Stuttgart: Frommann. 1959), vol. 16, esp. pp. 300-33의 Hegel의 *Philosophy of Religion*에서 '아들의 영역'(realm of the Son)에 관한 마지막 부분과 '영의 영역'(realm of the Spirit) 부분을 보라.

비난에 대해서는, 우리는 문법적 해석이 단순히 개인적 표현이라기보다 더 폭넓은 문화적 표현의 예로서 저자가 쓰는 주요 언어 조합은 말할 것도 없고 저자의 정신까지도 살핀다는 점에 주목하게 될 것이다. 심리주의라는 세 번째 비난에 관련해서는, 그가 언제나 해석적 이해를 위한 자료로서 의식이나 사상, 그리고 담론을 한데 결합했었다는 점을 재차 반복해야 할 것이다. 오히려 여기서 이야기되어야 하는 것은, 슐라이어마허가 목표했던 통일성이 커다란 위험에 처해 있다는 점이다. 심리학적 해석과 문법적 해석의 결합과 관련하여, 슐라이어마허는 그 문제를 인정하긴 했지만 그는 분명히 그 문제에 대해 결코 관심이 없었다. 사상으로서, 그리고 언어로 된 표현으로서 자아의 통일과 관련하여 그는 결코 문제를 제기하지 않았다. 해석자 자신이 구성한 통일성이라는 사실을 고려할 때, 더 나아가 해석자의 해석적 시야 아래에 있는 자료들을 향해 움직이는 그 자신의 행동 안에서, 그 행동과 함께, 그리고 그 행동을 통해 이해가 일어난다는 점을 고려할 때, 그리고 마지막으로 다른 사람에게서 자신과 같거나 같지 않은 '당신'(thou)을 발견하게 된다는 점을 고려할 때, 그는 정말로 두 가지 해석 양식의 결합 같은 문제들을 고민할 필요가 없었다.

반면에, 만일 주체의 선험적 통일과, 주체-객체의 상호관계와 초월의 선험적 개념 체계가 모든 가능한 본문 해석의 기초로서 당연하게 받아들여질 수 없다면, 슐라이어마허의 연구 방법은 훨씬 더 위험하다. 독단주의(dogmatism)는 차치하더라도, 문법적 해석과 기술적-심리학적 해석처럼 서로 상이한 두 가지 해석 장치들이 하나의 공통 틀에서 결합되어야 한다고 말하는 것은 우리에게 무엇을 이야기하는가? 만일 그것들이 결합되지 않는다 해도, 문법적 해석이 성서 이야기 같은 사실주의적 본문들의 명백한 내러티브적 특징들을 정당하게 다룰 수 있다고 반드시 말할 수는 없다. 하지만 이 둘 중에서 문법적 해석만이 후보가 된다고는 말할 수 있다. 왜냐하면 그것만이 문자적 연결성에 관심을 갖는 반면, 기술적-심리학적 해석은 해석자에게 정보를 제공하는(또는 곧 그 해석자인) 의미나 이해 구조의 차이점뿐 아니라 유사성에 부합하는 담론에서 중요한 점을 찾는 데 분명 관심을 갖기 때문이다.

　기술적-심리학적 해석은 이러한 개념 체계 내의 작업에 한정되어 있다. 그렇기에 그것은 여러 해석 방식 중 하나의 해석 방식으로서 하나의 특정하고 제한된 작업을 수행하는 것이 당연한 일이었다. 몇몇 내러티브(혹은 그 방법에 더 잘 어울리기 때문에, 비[非]내러티브적인) 본문들이 기술적-심리학적 해석학이 수행하는 분석 유형을 허용하는 한도에서, 이 방법에 의해 수행되는 놀랍지만 늘상 잠정적인 해석 방식이 있다고 말할 수도 있을 것이다—여기서 잠정적이라는 것은 해석 방법에 상정되어 있는 자아(self-hood)의 의식이나 구조에 불가피하게 비교되기 때문이다. 하지만 이러한 제한을 고려할 때, 본문에서 확인된 '의미 구조'(meaning structure)에 대한 이러한 기술적-심리학적 해석은 유용할 것이다. (권면하는 본문, 비유 등을 이해하는 것은 본문이 곧 청자[聽者]를 '대면'하는 사건이 되는 심리학적 해석이나 그 후대 변형들에 의해 아마도 가장 잘 설명될 수 있을 것이다. 하지만 이야기에서 한 사람의 정체성을 찾는 것은 분명 다른 문제다.)

　그렇지만 두 가지 해석 방식들—즉, 문법적인 것과 심리학적인 것—의 통합이 필수적이고 분리불가능한 주체-객체의 상호관계와 그 해석학적 초월이라는 철학 체계에 의존하고 있으며, 그 체계가 자동적으로 모든 종류의 해석에 절대적이게 된다는 사실이 잊혀지자마자, 쉽사리 이런 유형의 해석이 적용되지 않았던 본문들에 두렵고도 놀라운 일들이 일어나기 시작한다. 그리고 이러한 일 중에서, 사건과 등장인물이 우발적 상호작용 속에 의미를 형성하게 되는 내러티브들은 가장 훌륭한 예이다. 그 내러티브들은 이런 방식으로 다룰 수 없었을 뿐이거나 아니면 이러한 개념 장치는 그 내러티브 구조를 제대로 다룰 수 없었다. 그것은 슈트라우스의 비평 범주인 신화보다 더 뛰어나게 그렇게 할 수 없었다.

주체-객체 상관관계의 개념 체계를 절대적이 아니라 상대적 또는 제한적으로 적용할 수 있다는 점을 고려할 때, 슐라이어마허가 무심하게 주장했던 심리학적 해석과 문법적 해석의 통일성을 상정할 이유는 없다. 그것들은 그저 서로 다른 두 가지 연구 방법일 뿐이고, 이들의 통일성이란 사변적, 임시적 문제로 남게 된다. 해석학적 목적을 위해서, 해석하는 이해의 단일 의식을 상정할 필요는 없다. 요컨대, 다양한 해석학 연구 방식들이 있을 것이고, 그것들 중 어느 것도('의식'으로부터 시작하는 것을 포함해서) 특권적 위치에 있지 않다.

마찬가지로, 해석학적 목적을 위해 특별한 해석학 체계—즉, 객관화될 수 없는(non-objectifiable) 주체와, 그 주체의 (객관화되거나 비객관화된) 언어와 사건 속 공적 구성요소—에 의해 선택된 인간상의 규범성을 상정할 필요도 없다. 우리는 그 인간상이 두 개의 구성요소로 분리되곤 한다는 것을 살펴보았다. 하지만 그렇지 않다고 해도, 다시 말해 관점에 내재된 특수한 차이와 다른 문제들을 극복하기 위해 고안된 '존재의 언어성'(linguisticality of being) 같은 의심스러운 개념들이 이해 가능한 것이라고 밝혀진다고 해도, 주체-객체 상호관계라는 개념 체계의 규범성과 불가피성에 대한 과거의 가정하에서가 아니라면 이 특수한 인간상이 규범적이라고 가정해야 할 필요는 없다. 만일 인간 상황이란 외부의 '객관적인' 우연한 상황과 사회적 맥락들에 존재하는 의도적 섭리에 의해 특징지어지기에, 다른 개념 체계와 다른 해석 상황에서 어떤 인간상이 더 잘 기능하고, 다시 그것들에 의해 형성된다면, 우리는 왜 내러티브 본문들과 다른 종류의 본문들까지를 이해하는 대신에 그 상을 선택하지 않아야 하는가?

하지만 이것은 슐라이어마허의 방식이든 헤겔의 방식이든 간에 이해

의 해석학을 추종하는 사람들에게는 가능하거나 상상할 수 있는 대안도
아니었다.[13] 그것의 기저를 이루는 개념 체계는 의심의 여지 없는 절대적
인 가정이라는 자격을 획득했다. 하지만 심지어 이 체계 자체 내에서도,
그 체계가 이바지하는 다양한 해석학 연구 방법들이 하나의 상부 구조 안
에서 한데 결속될 수 있을지에 대해 궁금해할 이유가 있다. 슐라이어마허
의 문법적 해석은 두 해석 방식의 통일성을 구성하는 해석자 자신의 단일
성을 전제로 하지 않는다면, 사실 그 체계에는 전혀 어울리지 않는다. 하
지만 그것들 가운데 과연 어느 것이 어울리겠는가? 헤겔은 해석하는 의
식의 독특한 위치, 우리의 '역사적 지평', 그리고 본문이 현재의 의식에 이
르게 되는 전달(transmission) 과정이 본문 의미의 이해에 변화를 낳는다고
주장했다. 그것들은 본문의 원래 지평을 변화시킨다. 우리는 분명 거기에
무엇인가가 있다고 말할 수 있을 것이다. 반면에 슐라이어마허는 우리 자
신의 역사성과 원(原)담화의 역사성이라는 상황을 고려해 볼 때 우리는 그
럼에도 불구하고 그 안에 나타난 정신을 본문을 통해 직접 대면하게 된다
고 주장했다. 다시 말해, 과거의 어떤 저자에 대해 "나는 그 사람을 분명
히 이해한다"라고 말한 적이 있는 우리들 대부분은 헤겔 주장의 정당성을
부인하지 않으면서 슐라이어마허의 주장에 동조하고 싶을 것이다. 마지
막으로 (비록 이 주장과 개념 체계의 관계가 나머지 둘의 그것보다 덜 명확하다고 할지라

---

13. 이러한 단일 방식의 예외는 물론 Marx가 Hegel의 방식을 역사적, 서술적 사실주의
　　형식으로 수정한 것이다. 하지만 여기서조차도 우리는 등장인물, 사회적 맥락과 상
　　황의 우연한 상호작용이 충분히 고려되고 있는지에 대해 의문을 제기하고 싶다. 우
　　리는 변증법적 역사 운동이 궁극적으로 실제적인 역사 세계에 대한 서술 표현의 필
　　요성을 약화시키지는 않는지 항상 궁금하다. 게다가, '변증법적' 설명의 체계적 특
　　징은 유물론적 장식에도 불구하고, 집단 의식이 사실주의적 내러티브의 연속성과
　　의미를 구성한다는 관념주의적 개념에 상당 부분 빚을 지고 있을 것이라는 의혹은
　　여전하다.

도), 우리는 본문을 저자의 정신과 연결시키지 않으면서 동시에 오랜 시간에 걸쳐 본문의 변화하는 의미에 주의를 기울이지 않고서도, 특정 본문이 어떻게 해설적 의미, 다시 말해 본문의 중심 내용이나 형식적 주제를 만들어내는지 이해한다고 생각할 것이다—그렇다고 해서 이것이 우리가 다른 것들도 또한 사실이라는 것을 부인한다는 의미는 아니다! 하지만 그것들 모두를 (최소한 처음 두 가지가 분명하게 속해 있는) 동일한 해석학 구조의 부분으로 설명하는 것과, 그것들의 상호관계를 단일한 주체-객체의 상호관계 체계하에서 추적하는 것은 불가능할 것이다. 우리가 본문을 이 세 가지 방식 중 하나로 해석할 때, 우리는 본문을 나머지 두 가지 방식으로는 해석하지 않는다.

그렇지만 우리의 일반적 상황에서 가장 중요한 것은—슐라이어마허와 그의 후대 추종자들이 부여했던 형태로든지, 아니면 헤겔과 그의 추종자들이 부여했던 형태로든지 간에—전체 연구 방식이 모든 사실주의적 내러티브를 약화시킨다는 점이다. 우리의 관점, 곧 이해 과정 자체가 본문이 해석되어야 하는 용어들을 도식적으로 정하자마자, 본문의 의미는 이해 또는 '언어성'(linguisticality)의 구조, 아니면 인간의 자기-타인(self-and-other) 이해의 다른 특수 구조와 비슷해지게 된다. 우리는 이러한 것이 내러티브들에 어떤 작용을 했는지를 예수의 죽음과 부활에 관한 슐라이어마허의 사례에서 살펴봤다. 이 구조에 배치될 수 없는 것은 무엇이든지 간에 무의미하게 되거나 아니면 그것의 '객관화된' 형식을 재해석함으로써 그 구조 속으로 다시 되돌아가야 했을 뿐이다. 자기 표현이나 '말씀 사건'(word events)으로서가 아니라 그저 단순히 이야기의 형식적인 내러티브 형태로서의 본문 자체는 내러티브의 의미나 중심 내용이 될 수 없다. 그렇지만 서술 형태와 의미가 일치되어 있는 바로 이러한 역사 같음(기적적이든 아니든 간에, 등장인물, 서술적인 의사소통 단어들, 사회적 상황, 여건들의 직접적 상호작용)이 수많은 성서 내러티브의 주요 특징이라는 것은 일반적으로 동의되고 있다.

성서 해석학이 18세기 후반의 중심 내용 해석과 19세기 초 이해의 해석학 사이에서 급격한 변화를 겪은 것은 의심의 여지가 없다. 이 둘은 종교적이거나 도덕적인 적용적 의미뿐 아니라 해설적 의미라는 보다 일반적인 원칙 아래에 성서적 의미를 두는 공통점을 지녔다. 이것을 빼고는 이 둘은 공통점이 거의 없다. 이전의 학자들은 본문은 직접적으로 이해 가능하며, 그리하여 해석의 학문은 연구 방법의 원칙과 규칙들을 성문화한 것일 뿐이라고 확신했었다. 후대의 주석가들은 철학에서 칸트의 코페르니쿠스적 혁명과 그 후계자들의 그늘 아래에 있었다. 이러한 변화에 따른 해석학적 결과는, 탐구의 초점이 이제는 그같이 기록된 본문보다는 이해의 단일 구조에 주어졌다는 것이다. 탐구는 종종 본문, 더 정확하게는 본문의 (구별 가능한) 의미가 해석 연구 방식에 실제로 존재한다는 자연스러운 확신을 갖고 수행됐다. 하지만 이것이 그렇지 않을 수도 있을 것이며, 해석하는 '주제'와 과거로부터 본문의 의미에 대해 알려진 것들 사이에 간극이 있다는 불편감이 고조되고 있었다. 그 간극을 메우고, 본문의 규범적 해석을 이루려는 시도—즉 기술적·언어학적 작업과 역사-비평적 작업, 그리고 보다 폭넓은 인간적 독서를 모두 공정하게 다루려는 시도—가 점차 잦아졌고, 복잡해졌고, 그리고 불편해졌다.

이것은 성서 내러티브 연구에서 특히나 그러했다. 이러한 해석학적 혁명과 그것이 성서 해석에 미친 막대한 영향에 비추어 볼 때, 더욱더 흥미로운 것은 성서 이야기의 내러티브적 읽기의 운명이 계속 이어지고 있다는 점, 다시 말해 이신론의 시대로부터 19세기의 초반 30여 년에 이르기까지 중단되지 않은 채로 남아있는—성서 연구에서 일어난 다른 어떤 일에 의해서도 변화하지 않은—바로 그 연속성이다. 성서 이야기(특히, 복음서)의 사실주의적인 내러티브 읽기는 시대를 거치며 쇠퇴해 왔다. 슐라이어마허와 헤겔 시대 이래로 이러한 면에서 무엇이 변했는지 여부는 다음 시대에 다루어야 할 문제다.

한국어 음역 인명